KB102610

호모 데우스 너머 호모 호모

— 카오스모스로 모색해본 새 인간상

이 도서의 국립중앙도서관 출판예정도서목록(CIP)은 서지정보유통지원시스템 홈페이지
(http:// seoji.nl.go.kr)와 국가자료종합목록 구축시스템(http://kolis-net.nl.go.kr)에서
이용하실 수 있습니다. (CIP제어번호 : CIP2020026119)

김상일 사상 전집 1

호모 데우스 너머 호모 호모

카오스모스로 모색해본 새 인간상

Homo Homo beyond Homo Deus

김상일 지음

동연

머 리 말

　1960년대 포스트모더니즘과 카오스 이론이 나타난 지 30여 년 만인 1994년『카오스와 문명』(1994)을 썼다. 다시 30여 년이 지나 이를『호모 데우스 너머 호모 호모』라는 이름으로 재출간하게 되었다. 처음 책을 쓸 당시는 사무엘 베게트(1906~1989)의 <고도를 기다리며>가 국내 연극 무대에서 이제 막 공연될 시기였다. '카오스와 문명'은 카오스 이론과 켄 윌버의 초인격심리학을 결합시켜 새로운 문명의 탄생과 새로운 신(고도)을 기다리고 모색하기 위한 것이었다.

　그러나 30여 년이 지난 지금 우리 앞에 나타난 것은 기다리던 고도(God)가 아니고, 불청객 코로나(Corona)이다. '코로나19'와 함께 가장 조롱 받는 대상이 종교이고 신인 것 같다. 전지전능한 신이 어디 있느냐는 조롱의 목소리가 사방에서 들려온다. 이 와중에 유발 하라리는 고도는 '호모 데우스'란 이름으로 곧 올 것이라고 예단하고 있다. 4차산업의 총 아들과 함께 기술 인본주의는 인간이 신이 되는 시대가 도래할 것을 재촉한다. 하라리도 베케트를 의식하고 이런 주장을 하고 있는 것 같다.

　그러나 필자는 하라리에 대하여 '호모 데우스 너머 호모 호모'가 올 것이라고 주장한다. 하라리는 현재 사피엔스가 격상(upgrade)돼 신인(神人)이 될 것이라 하지만, 필자는 그와는 반대로 격하(downgrade)돼야 한다고 주장한다. 현생 인류는 좌우 뇌의 균형이 파손되었고, 상하 삼층 뇌 구조 가운데 최상층의 신피질이 아래 두 층과 비교해 과대하게 비대해진데에 사피엔스의 문제가 있다고 본다. 신피질이 아래 두 층, 즉 파충류층과 포유류층과 균형·조화를 이루어야 한다는 것이다. 이렇게 조화된 인간을 '호모 호모'라고 한다. 그러면 우리 인간은 마치 곰어머니 한테서 갓 태어난 짐승몸을 하고 있는 신인류가 될 것이다.

현생 인류를 사피엔스라 할 때 호모 호모는 인류에 대해 '한류'(韓類: Hanthropo)라 할 것이다. 한류는 신피질이 고피질과 균형이 이루어져 있기 때문에 이념 같은 것을 만들어내 같은 한류들을 살생하지도 자연을 파괴하지도 않을 것이다. 만약에 사피엔스를 격상시키면 더 지능적이 되고 이성적이 되어 더 무서운 이념이나 사상 같은 것을 만들어 낼 것이다. 벌써 인류 역사에는 수많은 호모 데우스가 나타났었다. 그러나 직면한 위기 앞에 속수무책이다. 현재 어떤 종교도 대안이 될 수 없다는 말이다. 신이 대안이 되지 않을 땐 인간 자신에서 문제를 찾아야 한다. 이런 일련의 움직임이 '인류세'를 예고하는 일련의 운동인 것이다.

인류세(Anthropocene)에 대해 한류세(Hanthropocene)가 주도하여 코로나 이후 문명을 주도할 것을 기다리면서 책을 저술하였다. '인류'는 자연 환경 파괴와 인간이 인간을 죽이는 전쟁광들이었지만, '한류'들은 즉 호모 호모들은 사피엔스를 격하시켜 좌우뇌와 상하층의 뇌가 잘 균형 잡혀 있기 때문에 폭력과 야만적 이기주의 같은 것이 없을 것이다. 마치 인간과 원숭이 사이에 있는 보노보(Bonobo)족과 같이 말이다.

호모 호모 한류들이 우리 가운데서 출현할 것을 믿어 의심치 않는다. 책 안의 자료들은 거의 우리 역사와 문명 속에 있는 것들이다. 그래서 이 책은 단순히 한 개인의 사상 전집을 출간하기 위해 출간하는 이상으로 과거와 미래를 좌고우면(左顧右眄)하면서 다시 출간하게 된 것이다.

전집 출간을 제안해 주신 김영호 동연 대표님께 감사의 말씀을 드린다. 아울러 코로나 속에서도 단시간 내 책을 펴내기 위해 수고해 주신 모든 분께 함께 감사의 말씀을 드린다.

2020년 6월 초하

'도봉산 아래 첫 동네' 서재에서

저자 김상일 씀

났네 났네 난리 났네, 사람이 신이 되었네!

현대 과학의 3대 혁명으로 상대성이론, 불확정성이론 그리고 카오스이론이 손꼽힌다. 그 중 카오스이론은 20세기 말을 장식할 가장 큰 과학혁명이 될 것으로 예측되고 있다. 토마스 쿤은 과학의 이론적 틀(par-adigm)이 바뀌는 것을 과학혁명(scientific revolution)이라고 했으며, 과학혁명은 곧 다른 분야에도 틀의 변화를 가져오게 한다고 하였다. 이 책은 바로 현대 과학의 카오스이론이 인류 문명사를 보는 틀을 어떻게 바꾸어 놓을 수 있는가를 살펴보기 위해서 썼다.

'카오스'(Chaos)가 과학의 이론으로 처음 등장한 것은 20세기 중반부터이지만, 이 말은 이미 문명사의 여명기부터 있어 왔다. 즉, 고대 그리스의 시인 해시오도스(Hesiodos)는 기원전 8세기경에 천지개벽설을 주장하면서, 태초에 카오스(이 책 제목의 카오스는 바로 이 카오스 여신의 이름에서 따온 것이다)가 끝없는 공간 속에 나타나서 가이아(Gaia)를 낳았고, 가이아가 에로스(Eros)를 차례로 낳았다고 했다. 카오스, 가이아 그리고 에로스를 카오스 가족이라 할 때, 가이아는 제임스 리브록의 『가이아의 시대』로, 에로스는 마르쿠제의 명저 『에로스와 문명』(*Eros and Civilization*)으로 잘 알려져 있다. 필자의 『카오스와 문명』 역시 이들 책과 비슷한 맥락에서 썼다.

카오스란 말을 번역하면 '혼돈'(混沌)이다. 놀라운 사실은 서양뿐만 아니라 동양에서도 이 혼돈을 인류 문명의 기원으로 보고 있다는 점이다. 태초에 혼돈이 있었으며, 혼돈에서 프랙털(盤古)이 나왔고, 프랙털에서 삼황오제(三皇五帝)가 나왔다고 동양 고대사서에 기록되어 있다. 장자가 혼돈을 우주의 중앙에 있는 왕(王)으로 본 것은 너무나 유명한 얘기이다. 문명사에 나타난 '카오스' 혹은 '혼돈'은 동·서양을 막론하고 하나의 인격적 존재였다. 즉, 카오스와 그녀의 가족들은 서로 사랑하고, 낳고, 다투고, 죽는 인격적 요소를 공통으로 지니고 있었다.

그렇다면 여기서 제기될 수 있는 질문은 이렇게 문명사에 등장하는 카오스와 현대 물리학에서 말하는 카오스가 과연 같은 성격의 것이라고 할 수 있느냐이다. 후자에서 다루는 카오스는 결코 인격성을 지닌 존재가 아니라는 점에서 전자와는 같을 수가 없다. 그렇지만 양자 사이에는 놀라울 정도로 같은 점이 있어 주목된다. 즉, 현대 과학이나 문명사에서 공히 카오스를 제거하거나 억압했을 경우 비능률적인 현상뿐만 아니라 병적인 현상마저 초래하게 되었다는 공통점을 보여준다는 것이다.

뉴턴물리학은 고전 물리학으로서 그것은 현대 물리학과 구별된다. 뉴턴 이후 서양 과학은 정확하고, 분명하고, 확실한 것만을 지상의 가치로 추구해 왔다. 그 결과 뉴턴 이후 300여 년 동안 서양 과학사는 불확실하고 애매한 요소들을 비과학적인 것이라 하여 철저하게 제외시켜 버린 역사를 가지고 있다.

그런데 현대에 들어와서 과학은 많은 병적인 요소들을 빚어내고 있으며, 혼돈과 애매성이 배제된 이론에 의해 만들어진 제품들은 도리어 편리하지 못하다는 사실마저 발견하였다. 1960년대부터 애매성의 과학, 즉 '퍼지'(fuzzy)가 등장하였다. 최근에는 퍼지 이론이 가전제품에 응용되면서 그 편리함과 쾌적함은 상상을 초월하였다. 특히 우리나라에서는 처음으로 카오스 세탁기를 개발하여 세탁물의 엉킴을 풀어주고 때는 쏙 쏙 빼준다고 선전하고 있다. 정확한 합리성보다는 애매모호하고 혼돈스러워 보이는 퍼지와 카오스가 더 편리하고 인간다움을 느끼도록 만들어 준다는 것이다.

이 무슨 과학의 반역행위 혹은 과학혁명이란 말인가? 이와 비슷한 과학 혁명적 사건이 카오스라는 시각으로 볼 때 인류 문명사에도 나타나고 있다. 즉, 인류 문명사에서도 인간들이 합리성과 정확성만 추구해 온 결과 자연은 파괴되고, 몸과 마음은 균열되고, 남성과 여성 간의 대립만 심화되어 구제불능 상태에까지 이르게 된다. 이 책에서는 이러한 현상의 원인이 기원전 2000년경에 카오스와 그녀의 가족들이 살해당한 엄청난 사건에서 유래한다고 진단했다. 그리고 이러한 현상을 비(非) 카오스화라고 정의하였다. 이점에 있어서 이 책은 마르쿠제의 『에로스와 문명』과 그 궤를 같이한다고 볼 수 있다. 즉, 마르쿠제도 에로스의 상품화, 악마화 그리고 억압이 서양 문명을 병들게 했다고 그의 책에서 진단하고 있기 때문이다. 러브록의 가이아 이론 역시 지구를 살아 있는 가이아 여신의 몸으로 보며, 자연 파괴는 곧 가이아의 죽음에 대한 원인이 된다고 주장한다. 그런데 죽었다고 생각되었던 카오스, 가이아, 에로스가 사방에서 꿈틀거리며 다시 나타나기 시작한 것이다. 여기저기 우뚝우뚝 서 있는 장승들이 그 대표적인 전령들이다. 한편 100년 전 동학도들은 이를 두고 "났네 났네, 난리 났네"라고 했다. 수천 년 동안 억눌려 있던 카오스 세력들의 등장으로 큰 혼란이 예상되지만, 그 혼란 다음에는 후천개벽의 새 질서가 열릴 것으로 기대된다.

지금 서구 문명은 기원전 2000년경에 카오스와 그녀의 가족들을 죽인 대가를 톡톡히 치르고 있다고 해도 과언이 아닐 것이다. 서양에서는 오래전부터 남성적 특징을 가지고 있는 비카오스적인 요소들이 여성적 특징을 가지고 있는 카오스적인 요소들을 살해하고 추방시켜 왔다. 이를 '유럽적 균열'이라고 한다. 그러나 동양이나 한국 문명사에서는 이런 균열 현상이 심각하지 않았거나 없었다고 본다. 이를 '프랙털'이라 한다. 이 책에서는 이 균열과 화합을 대비시키면서 한국 문명사를 중심으로 제 문명 현상들을 고찰해 보았다. 특히 동·서양의 신화 속에서 남신과 여신의 대결과 화해 구도를 그러한 관점에서 생동감 있게 피력해 보고자 하였다.

이렇게 카오스를 문명사의 중심개념으로 놓고 생각해 보면 문명사를 보는 틀이 근본적으로 달라질 수 있다. 지금까지의 문명이란 개념은 주로 비카오스화 부분에 해당된다. 그러나 비카오스화의 이전과 이후로 나눌 때 결국 전체 문명사는 세 부분으로 나누어 생각해 볼 수 있다는 것이 필자의 주장이다. 비카오스의 이전의 것을 '알카오스'라 했고, 이후의 것은 '얼카오스'라고 했다. 그런데 알카오스적 요소 속에는 종래에 무시되고 비과학적인 것으로 팽개쳐져 왔던 많은 신화적 사실들이 포함되어 있어 그것을 새롭게 이해해야만 하는 과제가 제기될 수밖에 없었다. 더욱이 카오스, 가이아, 에로스는 모두 신화적 인물들이기도 해서 이 책에서는 이 신화적 자료들을 많이 도입하였다.

이러한 신화에 대한 심리학적 접근은 칼 융과 노이만 등의 학자들에 의하여 시도된 바 있었다. 우선 이 책에서 문제 접근의 시각은 바로 이들 학자의 도움을 많이 받았음을 밝혀 둔다. 또 독자들은 전에 들어보지 못한 새로운 방법론이 이 책에 도입된 것을 보고 좀 혼란스럽게 느낄지도 모르겠다. 인류학, 종교학, 심리학, 과학의 여러 학문 분야가 뒤섞여 썼기 때문이다. 이런 학제적인 방법론을 사용하여 저술작업을 한 학자가 바로 초인격심리학자 켄 윌버(Ken Wilber)이다. 윌버의 여러 책을 참고로 하여 그것을 한국적인 것으로 토착화시키는 작업이 이 책에서도 시도되었음을 밝혀 둔다.

헌팅턴이 예견한 바 대로, 다가올 시대에 엄청난 문명충돌 사태가 일어난다면 이 책은 그런 병든 문명의 기원과 발전 양상 그리고 충돌이 생길 수밖에 없는 이유 등을 근본적으로 파악하는 데 도움을 줄 것으로 보인다. 그와 아울러 이 책에서는 문명의 충돌을 막고 화해의 길을 새로운 각도에서 모색해 보고자 하였다. 그리고 그 길이 바로 의상대사에게 있음을 발견하였다. 즉, 문명의 엉킴을 푸는 지혜를 의상대사의 '화엄일승법계도'에서 찾았다. 이 도상(圖像)은 한민족의 얼을 담고 있는 상징물이라 할 수 있는데, 불교 특히 화엄불교는 이미 카오스 이론의 근본원리를 꿰뚫고 있었다. 필자는 바로 이 도상 속에 있는 절대평등과 자유의 정신을 현대 과학의 카오스 이론을 통해 풀어내고자 하였다. 그리고 그 과정에서 카오스 이론의 지적 소유권을 7세기 한국의 의상대사에게 돌리는 것이 당연하지 않나 하는 생각까지 해보았다.

필자는 이 책을 좌뇌로만 쓰지는 않았다. 이 말은 우뇌 속에 있는 직관적 발상도 한껏 발휘하려고 했음을 의미한다. 그래서 나름대로 순수한 우리말이 갖는 의미를 발굴하여 신조어를 만들어 사용해 보기도 하였다. 독자들도 좌뇌와 우뇌를 함께 조화시켜 가면서 이 책을 읽어주기 바란다.

끝으로 이 책의 출간에 많은 관심을 가졌던 한신대학교 과정철학반 학생들과 또한 이 책을 만드는 데 각별한 관심과 혼신의 노력을 아끼지 않았던 동아출판사 관계자 여러분들에게 심심한 감사의 말을 전한다.

1994년 6월 5일
한신대학교의 연구실에서

차 례

모 둠 글

『카오스와 문명』(1994년)을 거의 30여 년 만에『호모 데우스 너머 호모호모』란 제목으로 출판사 동연에서 재 간행하게 되었다. 원래 책의 의도는 켄 윌버의 초인격심리학이 갖는 3원8소적인 문명소를 그대로 한국인 의식구조 발전사에 적용해『한민족 의식전개사』(지식산업사, 1987)로 펴낸 바 있다. 이를 다시 과학의 카오스 이론에 접목시킨 것이『카오스와 문명』이다. 책의 장과 절은 3원 8소적 구조를 순서대로 따랐다.

돌이켜 생각해 볼 때에 30여 년 사이에 2, 3차산업이 4차산업으로 돌변하였고, 인간의 의식구조는 급속히 메타화되어가고 있다. 세계화, 블록체인 유전공학, 인공지능, 기계학습과 같은 말을 피부로 감지하지 못하던 시기에 책을 썼다. 사이보그와 알고리즘 시대에도 어떻게 30여 년 전의 책이 그 의의를 가질 수 있을까 고민하지 않을 수 없었다. 그러나 그렇지 않았다. 최근 유발 하라리의 책들이 출구를 보여 주었다.

유발 하라리는 그의 세 권의 책들,『사피엔스』,『호모 데우스』,『21세기 21가지 제언』을 통해 미래 지향적인 제안들을 하고 있다. 그러면서 그는 "모기가 귓속에서 앵앵거려 잠을 방해하면 모기를 잡는 법은 알았지만, 머릿속에서 생각이 윙윙거려 밤잠을 설칠 때는 우리 대부분이 그런 생각을 죽이는 법을 몰랐다. 생명 기술의 혁명을 통해 우리는 우리 내부 세계까지 통제할 수 있고, 나아가 생명을 설계하고 만들 수도 있게 될 것이다. 우리는 뇌를 설계하고 삶을 연장하고 우리의 생각도 임의로 죽이는 법까지 터득할 것이다. 그 결과가 어떨지는 아무도 모른다"[1]고 한다. 첨단 과학이 가져오는 결과가 새로운 신인간 즉, '호모 데우스'(Homo Deus)

가 나타날 것을 하라리는 확신한다.

유발 하라리가 *HOMO DEUS*를 출간한 것은 2015년이고 2017년에 우리나라 말로『호모 데우스』로 번역되었다. 하라리는 한국어판 서문에서 말하기를, "『사피엔스』에서 나는 인간이 가진 신, 인권, 국가 또는 돈에 대한 집단 신화를 믿는 독특한 능력 덕분에 이 행성을 정복할 수 있었다고 설명했다.『호모 데우스』에서는 우리의 오래 된 신화들이 혁명적인 신기술들과 짝을 이루면서 어떤 일이 일어날지 검토할 것이다"(하라리, 2017, 6). 그러면서 본문에선 "짐승 수준의 생존투쟁에서 인류를 건져 올린 다음 할 일은 인류를 신으로 업그레이드하고, '호모 사피엔스'를 '호모 데우스'로 바꾸는 것이다"(같은 책, 39)라고 한다. 신을 '업그레이드'(upgrade)하는 데는 세 가지 방법이 있는데, 생명공학, 사이보그 공학(인조인간 만들기) 그리고 비(非)유기체 합성이다.

하라리는 일면 마치 사물숭배자(fetishism) 같이 보인다. 인간이 신이 되는 것이 위 세 가지 과학에 의해 과학적으로 가능할 것으로 보고 있기 때문이다. 오늘날 사람들은 옛날의 그리스, 힌두교, 아프리카의 신들보다 훨씬 더 쉽게 먼 거리를 이동하고 의사소통할 수 있다. 고대인들이 오늘날 인간들이 스마트 폰을 사용하는 것을 보면 분명히 자기들의 신보다 더 위대하고 할 것이다. 그래서 위 세 가지 과학은 호모 사피엔스를 호모 데우스로 업그레이드 시켜 '신성'(divinity)을 획득하게 하고도 남음이 있을 것이라고 확신한다. 그는 이를 '기술 인본주의'라고 한다. "그런 식으로 새로운 신을 창조할 것이고, 그렇게 탄생한 초인류는 우리가 호모 에릭투스(직립보행인간)와 다른 만큼이나 지금의 사피엔스와 다른 것이다."[2]

---

1 유발 하라리,『21세기 21가지 제언』(김영사, 2018), 26.
2 유발 하라리,『호모 데우스』, 70.

그러면 그날 지금 우리는 정육점에 살점으로 걸려 있게 되고, 호모 데우스는 우릴 식용으로 먹을 날도 올 것이 아니겠는가?

초인격 심리학자 켄 윌버 역시 하라리와 같이 인간이 신이 되는 길을 모색하고 있다. 윌버의 '초인격'이란 말이 하라리의 '호모 데우스'라고 해도 좋을 것이다. 그러나 윌버는 인간이 신이 되는 길은 '자아 죽음'을 통해서 하라리와 같이 업그레이드해서 된다고 하지만 기술 인본주의는 아닌 것 같다. 하라리는 창세기에서 신이 진흙을 빚어 인간을 만들 듯이 인간이 로봇을 조립하는 과정에서 어느 날 기계에서 인간이 튀어나올 것을 확신하고 있으며 그것이 호모 데우스라고 하는 것 같다. 윌버는 하라리를 향해 그러한 길은 또 다른 자아 죽음이 아닌 '자아 비틀림'(Atman projet)이지 인간이 신성을 획득하는 길이 아니라고 할 것이다.

『카오스와 문명』을 쓸 당시엔 윌버의 이런 생각들을 우리 문화와 의식 전개에 연관시켰다. 지금 책을 재출간하면서 필자는 윌버와 하라리의 가운데 서 있는 기분을 갖는다. 인간, '업그레이드'의 대상인가, 아니면 '자기 죽음'의 대상인가?

이 책을 읽는 사람들은 누구나 하라리가 자기 책에서 말하지 않고 넘어간 그가 기다리고 있던 호모 데우스가 이렇게 문명사적으로 그리고 개인의식 구조 속에서 창발돼 나오는 가를 볼 것이다. 유발 하라리의 배경인 유대민족적 배경의 인격신관적 한계는 그의 책의 한계이다. 그는 호모 데우스를 기다리면서('고도를 기다리면서') 호모 데우스의 내용을 밝혀 채우기에는 한계가 있었다. 그의 동양 사상에 대한 한계 때문에 그 내용을 더 채울 수 없었을 것이다. 그는 4차산업을 조망할 때에 신관에 있어서 하나의 그림을 그리는 정도에서 끝났다고 본다. 그래서 부족한 내용을 이 책을 통해 채울 수 있을 것이다. 그리고 맹목적으로 그에 쏠리지 않고 우리 주체적 시각에서 한결 높여 조망할 수 있을 것이다.

다시 말해서 600여 쪽의 방대한 저술에서 그의 책명 '호모 데우스'는 고작 네 군데 밖에 안 나오고 그것도 단편적이지만, 이 책은 유발 하리리가 기다리던 '고도'를 구체적으로 안내할 것이다. 그리고 필자로서는 하리리가 4차산업과 연관시켜 놓은 작업에 편승하는 효과를 보게 되었다. 호모 사피엔스 이어 호모 데우스가 도래한다고 하지만 필자는 이 점에서도 한 발 더 나아가 '호모 데우스'(7. 法) '호모 호모'(8. 然)가 도래하였다고 한다. 호모 데우스란 호모 사피엔스에 이어 도래할 인간을 두고 하는 말이다. 네안데르탈인이 어느날 지구의 한 구석에 나타나 오늘날 지구를 석권하고 주인이 되듯이 앞으로 신인(神人)이 나타나 우리를 정육점으로 보낼지도 모른다는 것이다. 기술적 인본주의라는 수단으로 사피엔스를 업그레이드시켜서 말이다.

여기서 필자는 하리리와 근본적으로 다른 입장을 취한다. 7소(법)에서 호모 데우스가 등장한다면 그 너머 호모 호모는 업그레이드시켜서가 아니고, 다운그레이드(downgrade)시켜 탄생할 것이란 점이다. 지금 사피엔스의 문제는 뇌 구조에 있어서 신피질이 아래 두 층에 비해 너무 비대해졌다는 데 있다. 그래서 아래 두 층과 신피질이 조화를 이루지 못하고 있다. 이 신피질에서 이데올로기, 사상, 종교, 철학 같은 것이 나오고, 우리 인간이 다른 종들과 달리 가장 같은 종인 인류를 대량학살하고 있다. 현대 철학이 혐오하는 '존재신학'이 모두 신피질의 소산이라는 것이다. '정글의 법칙'이라고 하지만 이것은 잘못된 말이다. 정글 속에 사는 동물들에게 이념과 사상 같은 것이 있었더라면 다 멸종되고 말았을 것이다. 이념이 다르다는 한 가지 이유로 동물들이 핵 개발을 하지는 않을 것이기 때문이다.

지금 1945년을 기점으로 홀로세에 이어 인류세란 지층이 형성될 것이라 예고하고 있다. 19세기 낭만주의 철학들은 모두 인간이 도덕적으로 업그레이드될 것이라 확신하고 유토피아를 향해 돛을 올렸다. 그러나 20세기 들어 양차 세계대전으로 배는 산산이 파선되고 말았다. 그러면 답은 무엇인가? 답은 간단하다. 인간을 다운그레이드시켜야 한다. 이 말은 3층 구조의 인간 뇌의 크기를 상하로 조절해 균형이 맞도록 해야 한다는 것이다. 1층 파충류층, 2층 포유류 층과 3층 사피엔스 층이 조화되도록 해야 한다. 윌버는 1층을 마르크스 층 그리고 2층을 프로이트 층이라고 했다. 3층을 칸트-헤겔 층이라고 했다. 계급투쟁의 차원에서가 아닌 인류세란 관점에서 마르크스와 프로이트를 다시 읽어야 할 이유가 여기에 있다. 그러면 주체사상이 갖는 의미가 새롭게 해석될 것이다.

그러면 21세기 신인간상은 3원 8소 가운데 곰-타이폰(2층)으로 되돌아간, 즉 그리스의 켄타라우스나 곰어머니가 갓 낳은, 다시 말해서 짐승몸을 하고 있는 덕천-력포 사람의 모습을 하고 있어야 할 것이다. 그런데 이런 짐승몸으로 거리를 걸어가는 그의 가방에는 노트북과 '자본론'과 '순수이성비판'이 들어 있다고 상상해 본다. 이를 두고 '호모 호모'라고 한다. 이런 짐승몸 이간이 동학의 '인내천' 사상이라고 본다. 다시 말해서 '사람이 사람인 시대'가 온다는 말이다. 이 점에 있어서 유대교적 배경과 서양적 배경을 가진 하라리와 다른 점이라 할 수 있다. '호모 호모'의 의식 변화로 이미 100여 전 전에 농민전쟁까지 한 경험이 있다는 말이다. 호모 호모 인간은 지금 인간보다 더 야수적이라서 성폭력과 같은 폭력이 더 심할 것이라 생각할지 모르지만 사정은 그 반대라는 것이다. 새인간-짐승몸 인간은 추방된 낙원에 다시 불러들어질 것이다.

우리나라 독자들은 이미 유발 하라리를 통해 4차산업이 갖는 인문학적 배경을 충분히 독습했다고 본다. 그러나 이에 머물러서는 안 된다. 우리 문화는 유대인 하라리가 갖지도, 경험도 하지 못한 독특한 유산을 가지고 있다. 그것을 독해하는 방법은 윌버와 하라리를 현대 과학의 용어인 카오스모스를 통해 이루어 내는 것이다. 우리 문화 전통과 유산으로 그를 거꾸로 읽어야 할 것이다. 이 책이 그것에 공헌할 것이다. 다른 한 편 켄 윌버의 초인격심리학과 유발 하라리를 이어 붙일 때에 우리 것이 더욱 확산되는 경험도 이 책을 통해 갖게 될 것이다. 나아가 현대 3대 과학혁명 가운데 하나인 카오스 이론은 이를 견인해 내는 역할을 하게 될 것이다.

끝으로 유발 하라리는 유대인 학자로서 북한에 대하여 자주 언급하는 데 우리나라 태극기 부대보다 더 반북적이다. 그러나 김일성 우상화를 말하면서 자기 역사 속에서 모세와 다윗이 우상화돼 있는 지는 간과하고 있는 것 같다. 독재와 인권유린을 말하고 있지만 한반도가 일제의 식민지 질곡에서 벗어나 지금 자주권이 유린되고 있는 상황에 대해선 언급하고 있지 않는다. 그는 주체사상에 대한 이해를 제대로 이해하고 있지 않는 것 같다. 그러나 필자는 책의 말미에서 인류세와 주체사상의 관계를 설명해 놓고 있다. 이런 것들은 모두 하라리의 대척점에 있다는 것을 말하기 위해서이다. 요약하면 사피엔스는 업그레이드의 대상이 아니고 다운그레이드의 대상이다.

우리 시대는 연결의 시대이고 비대면 시대일수록 연결은 더 강조되어야 한다. 학문 간의 학제적 연결만이 '비대면 시대의 대면'이라는 이중적 삶의 자세를 갖게 할 것이다. 코로나19 사태로 미래 향방을 가늠할 수 없는 때에 이 책이 우리의 앞에서 빛이 들어오는 통로를 알려주고 길잡이 노릇을 하였으면 하는 것이 재출간이 갖는 진정한 의미일 것이다.

제 1 장

신화와 우주과학

I
우주에 "해 뜨다"

혼동의 죽음과 문명의 시작

어느 문명을 막론하고 거의 예외 없이 우주가 혼동(混同)이나 무(無)로부터 시작되었다고 하는 점에서는 같다. 아직 아무런 구별이나 분별이 생기지 않은, 애매하고 모호한 것이 혼동과 무의 특징이라고 할 수 있다. 가장 잘 알려진 「구약성서」 <창세기>에도, "태초에 하나님이 천지를 창조하셨다. 땅이 혼동하고 공허하며, 어둠이 깊음 위에 있고, 하나님의 영은 물 위에 움직이고 계셨다"(창세기 1장 1-2절)라고 씌어져 있다. 어둠과 혼동 그리고 어둠과 물 같은 것이 태초에 있었다고 한다. 고대 그리스인들은 그들의 신화에서, "가장 먼저 생긴 것이 카오스(Chaos)이고, 다음에 가슴이 넓은 가이아(Gaia, 대지)가 생겼는데, 그것은 모든 것에 대하여 움직이지 않는 자"라고 했다.

고대 이집트인들은 태초의 모습으로 누트(Nut)라는 무정형의 모호한 혼동의 존재가 있었으며, 누트가 라(Ra)라는 태양을 낳아 세상이 밝고 명확해졌다고 한다. 「구약성서」 <창세기>의 창조 설화에 막대한 영향을 준 것으로 보이는 바빌로니아의 창조 설화에 의하면, 혼동은 티아마트(Tiamat)라는 여신으로 불린다. 티아마트는 <창세기>의 혼동을 의미하는 'Tehom'과 그 어원이 같다.[1] 바빌로니아 신화에서 작은 신들은 이 혼동의 갖가지 얼굴에 지나지 않는다. 혼동의 여신 티아마트는 그 혼동에서 어떤 존재가 빠져나와 무형의 혼동을 파괴시켜 우주의 유형적 틀을 짜는 것을 발견하고 대노한다. 그는 이 유형의 틀을 짜는 질서를 소멸시키기 위해서 혼동의 괴물들을 풀어 세상을 공포에 떨게 한다. 그러나 끝내 마르두크(Marduk)라는 하늘의 남신이 혼동을 정복하자 세상은 혼동의 어둠에서 빠져나와 밝고 환해진다.[2] 이 바빌로니아의 창조설화는 기원전 6~4세기경에 「구약성서」 기자들에게 그대로 전해졌다. 즉, <창세기>의 '혼동'은 그대로 '티아마트'이었으며, 야훼신은 빛으로 이 혼동을 정복한 것이었다. <시편> 74장 13절에서 14절에 빛과 질서인 하느님이 바다의 용인 리바이어던(Leviathan)의 머리를 부수라고 했다.[3] 이는 곧 티아마트가 용과 리바이어던 그리고 바다로 그 상징이 바뀐 것을 의미한다. 이것으로 혼동의 힘에 대항하는 신의 우주창조의 근본개념을 알 수 있다.

인도나 중국의 경우에서도 예외는 아니다. 인도의 인드라(Indra)는 밝음과 질서이며, 이는 흑암과 무질서의 브리트라(Vritra)를 물리친다. 중국의 창조 설화에 의하면 '양'(陽)이란 밝은 빛이 혼동의 어둠을 뚫고 나와 세상을 창조한다. 「구약성서」에서 말하는 리바이어던이 바로 용인데, 중국 설화와 「구약성서」의 설화가 다른 점은 분명하다. 즉 용이나 리

---

1 Heinz Westman, *The Structure of Biblical Myths* (Dallas: Spring Publications Inc., 1983), 25.

2 존 브리그스 데이비드 피트/김광태·조혁 역, 『혼동의 과학』(서울: 범양사출판부, 1991), 20.

3 『리바이어던』은 토마스 홉스의 저서명이기도 하다. 정치적으로 독재자를 의미한다. 즉 힘 있는 권력 그리고 우주의 힘을 상징한다. 「구약성서」는 바다의 용이라고 하며 악마와 사탄을 가리킨다. 그리고 용에 대한 악마화는 기원전 7세기에 이르러 절정에 이르게 된다.

바이어던 같은 파충류를 「구약성서」나, 특히 지중해 문명권에서는 혼동, 흑암, 악마 등과 같은 여성적 혼동의 힘으로 본 데 반하여, 중국이나 한국 같은 동북아시아 문화권에서는 서광을 지닌 남성적 광명의 힘으로 본다. 이 점에 대해서는 뒤에서 좀더 구체적으로 다루어 보겠다.

이렇게 보는 시각의 차이는, 혼동 혹은 카오스에 대한 시각도 다르게 만든다. 장자가 <응제왕편>(應帝王篇)에서 남해의 숙(倏)과 북해의 홀 (忽)이 중앙의 혼동의 초대를 받아 가 융숭한 대접에 사의의 대가로 하루 하루 일곱 개의 구멍을 내었더니 7일째 그 혼동이 죽고 말았다는, 소위 '숙홀의 오류'[4]에서 나타난 바와 같이, 혼동과 애매성을 그대로 내버려 두어야 거기에 인위적인 작위성을 가해서는 안 된다는 것이 동북아문 화권의 혼동에 대한 입장이다. 반면에 인도-유럽 쪽의 문명권에서는 그 반대적 입장을 취하고 있다. 혼동을 파괴시키려 한다. 다시 말해서 숙홀 의 오류를 범하고 있다 할 수 있다.

어쨌든 헤시오도스(Hesiodos)가 그의 저서 『신통기』(*Theogony*)에 서 지적한 대로, "카오스가 가이아(대지)를 낳고, 가이아는 에로스(사랑) 를 낳았다"라는 말은 모두 여성 상징의 신들이 신통기 계보를 만들고 있 다는 것을 의미한다. 그러나 이들 카오스 가족들이 모두 살해되거나 박 해받은 사실을 인도-유럽 방향의 신화들이 여실히 보여주고 있다. 그래 서 인도-유럽 쪽의 창조론은 혼동의 파괴로부터 시작된다고 점에서 같 다고 결론 내릴 수 있다. 그리고 카오스, 가이아, 에로스는 여성 원리를 대표하는 문명층을 형성하고 이에 대척하는 제우스 등은 남성 원리를 대표한다고 할 수 있다. 이 두 원리 사이의 균열과 화합은 큰 문명사적 의의를 갖게 된다.

---

4 숙과 홀을 합치면 '갑자기'라든지 '잠깐 사이'를 의미한다.

누트신이 하늘과 땅을 나누는 모습: 이집트 신화에서 슈가 누트를 양손으로 받치고 있으며, 누트는 겝 위를 덮고 있다. 누트는 혼동을 상징한다.

결국 동·서양을 막론하고 우주론의 출발점을 애매한 혼동 상태부터 본다는 점에서는 같다고 할 수 있다. 그러나 혼동을 처리하는 방법에 있어서 상이한 태도를 취하고 있는 것임을 알 수 있다. 따라서 오늘날 최첨단의 전자기술이론이라고 할 수 하는 '카오스 이론'도 그 기원을 우주론적 신화에서 찾는 것이 당연한 순서일 것이다.

우리 한국 문명도가 계통에서 썼다고 추측되는 북애자(北崖子)의 『규원사화』(揆園史話)를 보면, 일연의 『삼국유사』와는 달리 우리 역사가 혼동에서부터 시작되었음을 알리는 구절이 있다.

태초에 음양이 갈라지지 아니하고 홍몽(洪蒙)한 채 오래 닫혀 있었다. 천지는 혼동(混沌)하고 귀신도 매우 슬퍼하고 해와 달과 별들도 잡것에 싸여 질서가 없고, 바다는 흐리고 깊어 뭇 생물은 자취를 찾을 길 없고, 우주는 다만 암흑의 큰 덩어리일 뿐이었다. 물과 불은 잠시도 쉬지 않고 서로 밀치기 수백만 년이었다. 상계에는 마침 한 큰 주신이 있었으니 환인(桓因)이라 하였다.[5]

불승 일연이 인도의 인드라(제석)를 환인과 일치시켜 '옛날에 환인이 있었다'(昔有桓因)라고 시작함으로써 높은 정신적 가치를 지닌 인격신(얼)이 있었다고 쓴 데 반하여, 북애자라는 도가 계통의 한 사가는 인격신 이전에 혼동(알)이 있었다고 함으로써 그 입장을 달리하고 있다. 우리 말 '알'과 '얼'은 양성 모음(아)과 음성 모음(어)을 교체한 것으로 생물적인 데서 정신적인 것으로 바꾼다. 그러면 혼동에서 인격신적 존재로 변한다. 혼동이 먼저냐 인격신이 먼저냐 하는 논쟁은 또 다른 주요한 쟁점이기 때문에 이 책의 후반부에서 다시 다루어진다.

　「구약성서」에서는 '엘로힘'과 '야훼'로 구별하나 양자 모두 혼동은 아니다. 그러나 엘로힘은 '엘'(El)에서 유래하였으며 이는 가나안의 자연시 신적 존재이다. 강력한 인격신은 야훼의 등장과 함께 가능해 진다. 그리고 인격신이 먼저 있은 다음에 천지가 창조되었다고 한다. 또 인격신적 존재 '엘로힘'이 혼동(테홈) 위에 운행하고 있었다고 한다. 그러나 3~4세기의 교부신학자들은 혼동보다 인격신이 먼저 있었고, 인격신은 암흑의 혼동(알)을 빛(얼)으로 파괴시켰다고 주장하여 그들의 교리, 즉 '무로부터의 창조'(creatio ex nihilo)를 정립한다. 그러나 이것은 신학적인 대 과오였다. 무로부터의 창조는 『외경』 마카비서 2장 7절에 한 차례 나오는 정도이며, 「구약성서」가 주장하려는 바와는 거리가 먼 얘기이기 때문이다. 최근 과정신학이 무로부터 창조를 부인하고 있는데, 과정신학은 모든 신학적 과오가 결국 그 교리에서 생겼다고 보고 있다.[6]

---

5 太古 陰陽未分 洪蒙久閉 天地混沌 神鬼愁慘 日月星辰 堆雜無倫 壤海渾瀜 群生無跡 宇宙 只是黑暗大塊 水火相 不留刹那 如是者 己數百萬年矣 上界 却有一大主神 曰 桓因. 北崖子/신학균 역, 『揆園史話』 (서울: 명지대학교 출판부, 1985), 3.

6 무, 혹은 혼동은 신학역사 속에서는 악마, 사탄이다. 자연육체여성이 그 혼동과 상징적으로 일치한다. 그래서 서양 기독교문명사는 자연을 파괴하고, 정신이 육체를 억압하며, 남성이 여성을 박해하는 불행한 역사로 시작되었다. 그런 면에서 무로부터의 창조교리는 철회되어

강력한 정신적 인격체가 먼저냐 물질적 혼동이 먼저냐 하는 논쟁은 창조론이냐 진화론이냐 하는 논쟁과도 맥을 같이 한다. 그러나 서양 역사 속에서 몇백 년 주기로 그 논쟁이 엎치락뒤치락하였다. 즉, 아우구스티누스 이후 창조론이 지배적이었으나, 18세기부터 라마르크에 의해 제기되고 다윈에 의해 완성된 진화론 역시 강세가 여전하다. 헤겔이 전자의 입장이라면 마르크스는 후자의 입장이다. 그리고 「구약성서」 <창세기> 안에서도 1장 1절에서 2장 4절까지를 쓴 제사장(Priest)이었던 P 기자(BCE 400년경)는 후자의 입장을, 2장 5절에서 3장 전체를 쓴 신의 이름을 Jehovah라고 부른 J 기자(BCE 750년경)는 전자의 입장을 취한다. 여기서 두 주장은 어느 정도 나름대로의 정당성을 가지고 있을 것이다. 왜 창세기 안에는 창조론과 진화론이 모두 다루어지고 있다. 이 문제에 대해서는 다시 제2장 '카오스 청사진 만들기'에서 자세히 다루어 보겠다.

카오스와 우주달력

우주가 애매한 혼동 상태에서 시작되었다는 말은 카오스 상태가 우주의 원초적 모습이었다는 말과 같다. 그리고 지금부터 150억 년 전에 혼동의 덩어리가 대폭발한 사건이 일어났다고 한다. 이 대폭발 이후 우주는 전 방향으로 팽창하고 있다.7 칼 세이건은 대폭발 이후 지금까지의 시간을 일 년으로 잡았을 때 이 일 년 사이에 일어난 사건을 달력으로 만들어 이것을 '우주 달력'이라고 했다. 칼 세이건의 풀리처 수상작 『에덴의

야 마땅하다.

7 대폭발이론은 최근에 또다시 도전을 받고 있다. 즉, 대폭발 이전에 '인플레이션' 현상이 있었다는 것이다. 스무트는 1992년 우주 속에 요동 현상이 있음을 발견하고, 이 요동 현상은 이미 대폭발 이전에 있었다고 함으로써 인플레이션 이론을 내놓게 되었다(Newton, 1993. 11. 8.).

龍』(*Dragon of Eden*)은 한때 미국에서 선풍적인 인기를 끌었던 책인데, 그가 거기서 만들어 놓은 우주 달력을 보면 다음과 같다.[8]

대폭발	1월 1일
은하수의 기원	5월 1일
태양계의 기원	9월 9일
지구의 형성	9월 14일
지구에서 생명의 기원	9월 25일
성의 창시	11월 1일
유핵세포의 번식	11월 15일
지구에서 산소와 대기형성	12월 1일
유인원 인간의 조상	12월 31일 1시 30분
최초의 인간	12월 31일 10시 30분
북경원인 불사용	12월 31일 11시 46분

이 우주 달력에 의하면 우주는 늙었고 인간은 젊다고 할 수 있다. 우주 전체 역사를 12개월로 볼 때 인간이 이 지구상에 나타난 것은 불과 몇 분밖에 안 되기 때문이다.

이 우주 달력을 통해 볼 때 9월 초까지만 하더라도 지구와 별들 사이에 물질이 형성되지 못했고, 공룡은 불과 크리스마스 전날 등장한다. 아담과 이브가 등장하는 것은 12월 31일 밤 10시 30분이다. 그리고 우리가 문명 혹은 문화라 일컫는 기록이 남아 있는 역사는 12월 31일 마지막 10초 사이에 이루어졌다.[9]

---

8 칼 세이건/김명자 역, 『에덴의 龍』(서울: 정음사, 1990), 22-23.

150억 년이라는 기나긴 시간을 통해 볼 때 인간이란 존재와 그 인간이 만들어 놓은 문명이나 문화에 대하여 한번 그 의미를 심각하게 생각해 보지 않을 수 없다. 대폭발은 최초의 혼동에 대한 파괴라 할 수 있다. 우주적 팽창과 함께 태양계도 생겨났고, 우주 속은 구석구석 밝아지기 시작했다. 점점 물체가 명확하고 정확해지기 시작한 것이다. 이를 우주의 비(非)카오스화라고 한다.

카오스 우주는 비카오스적이 되어 간다. 우주에 비카오스적 현상이 생긴 첫 사건은 태양계가 등장하면서 태양이 이 지구를 환하게 밝힌 사건이라고 할 수 있다. 지구 역사의 10억 년은 우주 달력상으로 볼 때 24일에 해당한다. 그렇다면 대략 태양계가 등장한 때가 언제쯤인가 짐작할 수 있다. 혼동과 흑암의 모호함으로 가득 차 있던 우주에 태양계가 등장한 9월 9일 그날은 굉장했을 것이다. 왜냐하면 태양과 함께 생명의 시작이 가능했기 때문이다. 태양계가 형성된 후 5일 후인 9월 14일에 지구가 나타난 것도 이제 우주가 비카오스화되는 큰 사건이었다.

무엇보다 모호하고 몽롱한 우주에 인간이 등장한 사건은 더 큰 사건이었다. 지구상에 생명이 기원된 날은 9월 25일이지만 최초의 인간이 등장한 것은 12월 31일 10시 30분이었다. 막상 인간이 등장하기는 했지만 우리와 같은 의식구조를 가진 인간이 등장한 것은 그보다 훨씬 이후이다. 우주의 몽롱한 카오스 상태는 태양계의 등장과 함께 환해졌지만, 인간 의식의 몽롱함, 즉 카오스 상태는 아직 밝아지지 않았다.

우주의 계통발생(phylogeny)은 인간 개인의 개체발생(ontogeny) 속에 반복되어 나타난다.[10] 인간의 의식도 수백만 년 동안 대폭발 이전의 몽

---

9 앞의 책, 24.

10 개체발생이 계통발생을 반복하느냐는 아직 논란의 여지가 있다. 반복설은 헤켈이 처음 주장하였다. 태아의 10개월이 어류, 양서류, 파충류, 포유류, 영장류의 전 과정을 밟아 태어나

롱한 상태에 빠져 있었으며, 의식 속에도 대폭발 사건과 태양계의 등장과 같은 사건이 있었다. 9월 9일에 해당되는 태양계 등장 사건이 인간 의식 발달사 속에서는 언제쯤 되는 것일까? 기원전 2000년 경, 바로 그때가 우주 달력의 9월 9일에 해당된다. 카오스적 의식구조가 점차로 비카오스적으로 되기 시작한 것이 바로 그 시점이다. 제6장에서 자세히 다루겠지만, 우리는 그때를 '태양 시기'(the solar age)라고 한다. 바로 그때가 인류 문명이 시작되는 때라고 할 수 있다. 인류 문명이 카오스적인 데서 비카오스적인 것으로 되는 과정은 인간 두뇌의 구조에서 더욱 분명하고 선명하게 나타난다. 우주에도 해가 뜨고 문명에도 해가 뜨는 시기는 가장 중요한 시기이다.

우주의 비카오스화

우주 발견의 역사는 그렇게 길지 않으며, 물론 그 발견은 지금도 계속되고 있다. 가장 최근에 알려진 이론에 의하면, 우주는 '혼동'에서 태어났고, 그 후 '인플레이션'(inflation)이라고 불리는 급격한 팽창을 하다가 그 마지막 때에 해방된 열에너지에 의해 높은 온도와 높은 밀도 그리고 빛에너지로 가득 찬 불덩어리로 되었다고 한다. 이것이 빅뱅(Big Bang)의 탄생인데, 그 후 우주는 계속 팽창하고 있다는 것이 대폭발, 즉 빅뱅 이론이다.[11]

계속 팽창되고 있는 이 우주의 크기가 과연 얼마만큼 큰가에 대한 측정도 가능하게 되었다. 즉, 1929년 미국의 천문학자 허블(E. P. Hubble,

---

는 것은 개체발생이 계통발생을 반복하는 좋은 예라고 볼 수 있다.
11 Newton, 1993, 88.

1889~1953)에 의해 우주의 크기가 과학적으로 규명되었다.[12] 허블은 우리 우주가 팽창하고 있다는, 이전의 인간들이 전혀 예측하지 못했던 이론을 내놓았다. 그는 우주가 팽창하면서 우리로부터 멀어져 가고 있다는 사실을 밝혀내고, 그 멀어져 가는 속도까지 계산해 내었다. 그는 은하계가 우리로부터 멀어져 가는 속도는 정확히 양자 간의 거리에 비례한다고 주장했다. 그 측정 결과 지구에서 1억 광년 떨어진 은하의 경우 초속 약 2천 킬로미터의 속도로 떨어져 감을 알 수 있게 되었다. 이렇게 계산할 때 우주의 반경—이를 허블 반경이라고 함—이 약 150억 광년쯤 된다는 사실을 알아냈다. 우주의 팽창은 전 반향(全方向)으로 진행되고 있기에, 결국 우주는 반경 150억 광년으로 되어 있는 구(球)와 같다고 할 수 있다. 우리가 말하는 코스모스(cosmos)라는 것도 결코 무한한 것이 아니고, 반경 150억 광년쯤 되는 둥근 모양의 공과 같다.

허블의 우주팽창이론은 우리에게 충격적인 사실을 던져 준다. 이 우주가 한 번에 창조되어 기성품같이 완성된 것이 아니라 지금도 계속 커지고 있다는 사실이다. 더욱이 지금 팽창하고 있는 우주가 과거에는 지금보다 작았을 것이고 미래에는 더 클 것이라는 점은 놀라운 발견이 아닐 수 없다. 그렇다면 과거에 작았다면 얼마만큼 작았고, 앞으로 커진다면 얼마만큼이나 더 커질 것이냐 하는 의문이 생긴다.

우주가 전 방향으로 팽창한다면, 반대로 한참 뒤로 거슬러 올라간다면 우주가 매우 가깝게 밀착되어 있었을 것[13]이라는 점을 쉽게 짐작할 수 있다. 그야말로 하나의 작은 알맹이(丸)에 불과했을 것이다. 이것을 블랙

---

12 우주 발견의 역사. 1922년 프리드만이 우주의 팽창이론을 발표. 1929년 허블이 우주는 은하계에서 멀어지고 있다는 허블 법칙을 발표.

13 1992년 조지 스무트키는 코비에 의해 우주배경복사에 10만분의 1의 요동을 확인하였다. 조지 스무트키 데이비슨/과학세대 역, 『우주의 역사』(서울: 까치, 1994), 16.

홀(Black Hole)이라고 한다. 우주의 시작은 바로 이 블랙홀이 대폭발한 그 순간부터 지금까지 전 방향으로 팽창하고 있다는 것을 아는 시대에 살고 있다는 것은 큰 행운이다.[14] 지금까지 수많은 과학자와 철학자들이 이 사실을 알려 했지만 모르고 죽었기 때문이다. 우주반경이 150억 광년쯤 된다는 것은 곧 그때부터 우주의 역사가 시작되었음을 의미한다. 우주 역사의 기원을 아는 시대에 우리는 사는 것이다.

우주의 미래가 어떻게 될 것인가에 대해서는 세 가지 추측이 가능한데, 첫 번째는 우주가 현재의 팽창을 멈추고 다시 수축할 가능성이 있다는 것이다. 두 번째는 우주가 현재처럼 영원히 팽창할 가능성이 있다는 것이다. 세 번째는 앞의 두 경우의 중간에 해당되는데, 우주가 계속 팽창하지만 그 속도가 매우 느려져 은하들은 결국 일정한 거리에서 멈추게 될 가능성이 있다는 것이다. 지금으로서는 이 세 가지 가능성 가운데 어느 것이 실현될지는 예측할 수 없다. 그러나 금세기가 넘기 전에 우주의 물질 밀도를 정확히 측정하면 우주의 미래도 예측할 수 있을 것이라 내다보고 있다. 즉, 만약에 우주의 물질 밀도가 100리터 부피 안에 수소원자 한 개가 있는 밀도보다 높다면 우주는 언젠가는 팽창을 멈추고 초기 우주와 같은 상태로 수축될 것이고, 원점으로 다시 수축된다면 블랙홀에서 새로운 대폭발이 시작되어 다시 팽창하게 될 것이라고 본다.[15] 그렇다면 우주는 살아 숨쉬는 생명체와 같이 숨을 들이쉬었다 내쉬었다 하는 팽창과 수축을 반복하게 될 것이다. 따라서 우주의 밀도가 밝혀지

---

14 대폭발설은 1964년 우주배경복사(cosmic background radiation)가 관측됨으로써 더욱 확실해졌다. 벨 연구소의 펜지어스와 윌슨이 우주의 일정한 방향에서 오는 전파를 우연히 포착하는 데 성공한 것이다. 절대온도를 약간 넘으면 우주에서 희미한 잔광이 나타나는데 이를 '우주배경복사'라 한다. 이 복사는 빅뱅이 일어난 지 약 3천만 년 후에 생긴 인류에게 우주의 희미한 스냅 사진을 제공해 준 격이다.
15 「조선일보」 1993년 3월 10일자.

게 되면 우주가 팽창과 수축을 반복하여 순환적으로 진행되는지, 아니면 한번 폭발하여 직선적으로 진행하는지가 밝혀질 것이다.

1964년 미국 벨 연구소의 연구원 펜지어스와 윌슨은 통신위성을 전파 안테나로 추적하던 중 우주공간 전 방향에서 오는 전판 잡음을 포착했다. 그 잡음을 나중에 '코비'(COBE)라는 인공위성이 정확하게 포착했다. 이 빛은 150억 년 전 지구가 처음 탄생할 때 나온 '태초의 빛'임이 밝혀졌다. 일명 '우주배경복사'라고도 하는 이 빛은 현재 우주 도처에서 발견된다. 코비의 성과가 발표된 이후, 과연 코비는 정말로 빅뱅의 증거를 포착한 것인가에 대한 논란이 있었다. 그런데 여기서 그것에 대한 단정적인 결론을 내리기는 어렵다. 그 이유는 아인슈타인이 말한 대로 이 작은 인간이 바로 이 큰 우주 밖에 있는 것이 아니라 그 안에 있기 때문이다. 코비는 정말 암흑 같은 혼동의 바다에 비친 최초의 빛을 잡은 것인가?

만약 이 코비가 잡은 빛이 최초의 빛이라면 이 빛 하나가 결국 최초로 우주 속의 혼동이란 어둠을 파괴하고 우주를 비카오스화시킨 장본인일 것이다. 그렇다면 이 빛이 신화 속에 나오는 카오스를 살해한 살인범이란 말인가?[16] 문명에도 해 뜨는 시기가 있다. 그렇다면 우주의 운명이 문명의 운명과 같은가 다른가? 해 뜨는 시기를 태양화 시기라 하여 '코스모스' 시기 혹은 '비카오스' 시기라고 한다.

---

16 토마스 볼핀치/최혁순 역, 『그리스-로마 神話』 (서울: 범우사, 1987), 10.

II

우주의 밤과 낮

해는 뜨고 지고

『생명조류』(*Life Tide*)를 저술한 옥스퍼드 대학의 라이얼 왓슨(Lyall Watson)은 "해가 뜬다. 이 짧은 어구가 묘사하고 있는 하나의 사실 가운데에는 실로 생물학 물리학 철학 등의 모든 학문체계를 동원하여 아무리 오랫동안 연구를 계속한다고 해도 채 알아낼 수 없는 무한한 정보가 숨어 있다"라고 했다.[17] 라이얼 왓슨은 런던 대학에서 동물행동학 분야의 박사학위를 받은 사람이다. 그는 의학 식물학 화학 수학 심리학 물리학 인류학 등 분야에도 학위를 가지고 있는 자연과학자로서 "해가 뜬다"라는 말의 무한한 정보에 대해 방점을 찍어 강조했다.

그러나 "해가 뜬다"라는 말은 문학적, 심리학적, 인류학적 그리고 철학적 의미상으로도 역시 무한하다고 할 수 있다. 여기서는 우선 그 말을 자연과학적 의미에서 파악해 보기로 한다. 태양의 표면에는 매초 4백만 톤가량의 물질이 계속 파괴되고 있으며, 태양권에 가까이 있는 우리들

---

17 라이얼 왓슨/박홍길 역, 『생명조류』(서울: 고려원미디어, 1992), 21.

은 항상 그 과정에서 생겨난 핵폭풍에 그대로 노출되어 있다. 이와 같이 "해가 뜬다"는 말에는 지금도 태양이 자기파괴라는 행위를 하고 있다는 것을 의미하며, 태양의 자기파괴와 함께 지구상의 우리가 생명을 유지하고 있는 것이다.

"해가 뜬다"의 두 번째 의미는 지구가 지금도 움직이고 있다는 사실을 의미한다. 지구의 자전과 공전이 그것이다. 그러나 지구는 결코 자전과 공전만 하는 것이 아니라는 사실이 최근에 속속 밝혀지고 있다. 지구는 지구가 속해 있는 우주 전체에 대해서도 일정한 운동을 계속하고 있으나, 그 전체마저도 더 큰 전체 속에서 운동하고 있다.[18] 그래서 "해가 뜬다"를 쉽게 우리는 지구의 자전과 공전 차원에서만 생각해 왔는데, 이 말에는 우주와 그 전체 그리고 그 전체의 전체 차원에서 생각하지 않을 수 없게 되었다.

코스모스, 즉 우주는 그 속에 있는 내용물이 지금 전 방향으로 확산되고 있다. "반대로 한참 뒤로 거슬러 올라간 까마득한 옛날에는 이 모두가 서로 지극히 가깝게 밀착되어 있었으리란 것은 짐작이 가고도 남는다."[19] 그런데 과학자들은 가깝게 밀착되어 있던 우주 물질들이 확산을 시작한, 소위 빅뱅이 대략 150억 년 전에 발생했을 것으로 추정한다. 그리고 빅뱅의 순간에 터진 빛이—30만 년이 지난 것이기는 했어도— 코비에 의해 포착되었다. 최초의 혼동을 파괴시킨 빛의 장본인이 인간의 시각에 잡힌 것이다.

그러면 태양계에 해가 뜬 첫날은 언제쯤인가? 이 질문은 태양계가 최초로 형성된 비밀과 밀접하게 연관되어 있다. 태양계에서 가장 오래된 운석,

---

18 앞의 책, 22.
19 앞의 책, 23.

달의 암석, 크레이터 수수께끼의 해명, 지구 이외의 행성의 생생한 모습, 미행성이론, 충돌과 합체 성장의 메커니즘 등을 고려해 볼 때 지금으로부터 46억 년 전에 태양계가 형성되었음이 거의 확실하다.[20]

아마도 태양보다 몇 배나 큰 질량을 가진 초신성(超新星)의 대폭발로 충격파가 일어나 은하계의 가장자리에 위치한 가스와 티끌로 이루어진 성간운은 수축하기 시작하였을 것이다(제1 단계). 그러한 성운가스는 천천히 회전하면서 차츰 그 밀도를 높여 그때까지 막연하게 떠돌던 가스구름에서 어떤 목적을 지향하는 확실한 존재로 변한다. 여기서 원시태양계 성운이 탄생한다(제2 단계). 원시태양계의 성운은 중심을 향해서 수축을 가속화한다. 중심부의 밀도는 점점 커지고 우주 공간으로 해방되지 않는 위치 에너지가 쌓여서 마침내 불투명한 고온의 중심 핵을 만든다. 이렇게 하여 원시태양이 출현한다(제3 단계). 원시 태양은 어떤 질량을 얻고 나서부터 내부의 고온 가스압과 스스로의 중력 사이에 역학적 평형을 이루게 되었는데, 그 결과 성운가스 전체의 수축운동도 차츰 완만해져서 마침내 수축단계를 끝내게 된다. 이 단계가 되면 원시태양계 성운가스는 중심에서 빛나는 태양과 그 주위를 회전하는 '원시행성운'이라는 구도를 그릴 수 있게 된다(제4 단계).[21]

이렇게 하여 태양계 내에서 해가 뜨게 된 것이다. 제1 단계에서 제2 단계로 넘어오는 데 1백만 년 정도, 제2 단계에서 제3 단계로 넘어오는 데 약 1만 년 정도, 제3 단계에서 제4 단계로 넘어오는 데 겨우 10년 정도 걸렸다고 생각된다. 이것은 흑암에서 태양이 밝아지는데 단계적으로 걸린 시간이라 할 수 있다. 태양계에 해가 뜨면서 혼동은 거두어지고 모든

---

20 마쓰이 다카후미/김원식 역, 『지구 46억 년의 고독』 (서울: 푸른산, 1990), 61.
21 앞의 책, 62.

사물이 명확하고 분명하게 보이기 시작하였다. 우주에 해가 뜨기 전에 우주는 흑암과 혼동과 애매성으로 가득차 있었다. 이제 인간의 의식에도 해가 뜨는데 그때가 바로 기원전 2000년경이다. 이때를 인류 문명에 해 뜨는 시기로 본다. 이상은 우주의 역사 속에도 카오스 역사의 3단계가 들어 있다는 것을 말하고 있다.

밤이 먼저냐, 낮이 먼저냐?

밤이 먼저냐, 낮이 먼저냐의 논쟁은 계란이 먼저냐 닭이 먼저냐의 논쟁만큼 끝내기 어려운 논쟁이다. 서양이나 중국은 '주야'(晝夜)라 하여 낮이 먼저이고, 서양 역시 day-night라 하여 중국과 같고, 심지어 '날'(day)은 낮과 밤을 다 의미한다. 즉, 그들에게서 날(日)과 낮(晝)은 같다. 이 말은 낮에 모든 우선권을 둔다는 것과 같다. 그러나 '주야'(晝夜)도 우리말로는 '밤낮'이 되고 밤낮을 모두 포함하는 '날'(日)이란 말은 따로 있다.

태양계가 형성된 과정을 과학적으로 관찰해보면 태양이 등장한 것은 극히 최근에 있었던 일이며, 그 이전에는 흑암이 있었다. 미행성군이 어떻게 접착과정을 거쳐서 행성으로 성장하여 오늘날과 같은 태양이 나타났는가를 알아보기 위해 1천 개 정도의 모델을 슈퍼컴퓨터로 시뮬레이션(simulation) 작업을 시도해 보기도 하였지만 아직 결론이 나올 단계는 아니다. 지금으로선 미행성이 충돌해서 하나로 합체되어 성장했다고 볼 수 있다.

초기 충돌에서는 미행성 그 자체가 물러서 부서져 버린 경우도 많았다. 그러던 중 철 성분을 다량으로 함유한 미행성들끼리 알맞게 충돌하는 행운을 누린 것만 조금씩 합쳐져 나가던 중 하나로 되었다. 그리고 그 크기가 어느 정도 커지면 성장은 가속적으로 빨라진다. 행성의 종자가 선택적으로 커져서 행성이 된 것 같다.[22] 씨의 크기가 어느 정도 커지면 커질수록 중력이 더 커져 더 많은 미행성을 끌어들일 뿐만 아니라 물렁한 암석마저 스스로 중력으로 흡수해 버릴 수 있게 되었다. 성장이 빠른 미행성은 주위의 미행성들을 하나씩 끌어들이고 더욱 커지면 이젠 미행성이라 부를 수 없을 정도의 거대한 천체가 된다. 이렇게 해서 수성, 금성, 화성 같은 원시행성이 탄생하게 된다. 지구는 이제 태양에서 1억5천 킬로미터 떨어져 있는 세 번째 위치에 자리를 잡게 되었다. 이렇게 보면 지구가 태양 주위를 돌면서 밤이 되고 낮이 되는 것을 '주야'라고 하는 것보다는 '밤낮'이라고 하는 것이 더 옳은 것 같다. 즉, 밤이 먼저 있은 다음에야 낮이 있게 된 것이다.

시뮬레이션을 통해서 미행성이 집적되는 과정을 살펴보면, 아무런 분리와 분별이 없는 애매한 원시 행운가스가 회전을 거듭할수록 무수한 미행성운이 회전하고 그 밖에는 원시목성이 나타나고 있음을 발견할 수 있다. 이제 마지막 단계에서 뚜렷하게 수성, 금성 같은 행성이 나타난다. 제일 처음에는 미분리의 애매하고 흐릿한 원시 행운가스가 있었다. 그 행운가스의 간격은 매우 미미해서 분간하기 힘들다. 즉 '카오스' 상태였다고 할 수 있다. 이런 행운가스는 부분이 전혀 없는 '하나'(一)의 덩어리일 뿐이다. 애매하고 모호한 카오스 그대로이다. 그리고 태양풍이 격심하게 불자 원시 태양을 중심으로 광대하게 넓적한 고리모양을 이루면서 무수한 미행성운이 회전한다. 미행성의 수는 원시태양계 전체에 10조 배나 된다고 한다. 그리고 현재 지구궤도에는 약 100억 개의 미행성이 존재하는 것으로 알려져 있다.

우리말의 '하' 동사는 사랑'하'다, 공부'하'다와 같이 움직이고, 변하

---

22 앞의 책, 65.

고, 작용하는 것을 나타낸다. 우주는 처음부터 지금까지 무엇인가 끊임없이 '하'고 있다. 우리말 '한'은 그 속에 일(一)과 다(多) 그리고 중(中), 동(同) 이외에도 애매함을 의미하는 혹(或)의 의미도 그 안에 지니고 있다. 예를 들어서 '어느 한 순간'을 영어로 'at a certain moment'라고 번역되지만 'at an uncertain moment'라고 번역해도 동일한 의미이다. 그래서 한은 '하나', '여럿', '가운데', '같음', '어느'와 같은 내용을 사전적 의미 속에 담고 있다. 이러한 한은 카오스와 코스모스를 역설적으로 동시에 함의하는바 '카오스모스'(chaosmos) 혹은 '코카오스'(cochaos)라고 한다. 한에서 유래된 신명 '하나님'은 그런 의미에서 하라리(Yuval Harari)가 말하는 '호모 데우스'(Homo Deus)이다. 이에 '하'는 실천과 작용성을 의미한다. 우리말 동사 '하'와 명사 '한'은 태양계의 생성 그리고 행성의 태어남에서 보다시피 응축되고 확산되는 그리고 또다시 응축되는, 즉 일(一)이 다(多)가 되고 다(多)가 일(一)이 되는 작용으로서 '하' (doing)의 의미를 포함하고 있다.[23]

그것이 기나긴 수억 년의 세월이든, 하루이든, 아니 한 순간이든 창조란 일(一)자가 다(多)자가 되고 다(多)자가 일(一)자가 되는, 되어감의 과정 그리고 이 과정을 두고 '창조'(creation)에 대하여 '창발'(concrescence)이라고 한다. 창발을 수운은 '기연불연'(其然不然)이라고 한다. 진화와 창조가 동시에 발생하는 것을 두고 하는 말이다. 기연불연은 혼동(混同)과 구별되는 혼돈(混沌)이다. 지금 까지는 양자를 구별하지 않았으나 앞으로는 카오스는 '혼동'이라 하고 카오스모스는 '혼동'이라 부르기로 한다. 창발은 혼동에서 일어나며 이를 기연불연이라고 한다는 것이다.

---

23 화이트헤드는 'one become many, many is increased by one'이라고 했다. 그래서 일과 다는 비대칭적이다. 'many becomes one'은 아니기 때문이다. 이를 스티브 오딘은 엄격하게 구별하여 대칭적인 화엄사상을 과정사상과 대비시킨다.

제 2 장

카오스
청사진 만들기

I
한과 용龍

마르두크와 뉴턴 그리고 푸앵카레

서양 문명사는 끊임없는 혼동과 질서의 투쟁사였다. 바빌론 신화에서 혼동의 상징이자 바다 여신인 티아마트는 자기 몸에서 형상이 빠져나가 질서가 만들어지는 것에 대해 매우 분노한다. 그래서 그녀는 모든 '코스모스'(cosmos)인 질서를 파멸시키기로 결심한다. 아무도 그녀의 힘을 당할 수 없다. 드디어 뭍의 남신 마르두크가 티아마트를 물리치고 질서로서의 우주를 창조한다.

바빌로니아 신화에 나타난 혼동과 질서의 싸움은 과학사 속에도 그대로 나타나고, 그래서 용을 살해하는 장면은 신화 속에도 나타나지만 과학 속에도 나타난다. 초기 밀레토스 학파의 자연철학자인 탈레스, 아낙시만드로스 그리고 아낙사고라스는 물, 불, 공기, 흙에서 우주가 나왔다고 함으로써 혼동을 자연의 여러 현상으로 보고 이를 코스모스로 질서화시키고 말았다. 이것이 철학사와 과학사 안에서 생긴 최초의 코스모스화 혹은 비카오스화 현상이라고 할 수 있다. 아리스토텔레스는 혼동을 '부동의 동자'(the unmoved mover)라고 정의하고는 그것을 최고의 높은 위치에 놓고 거기에 이르는 존재의 계층 질서를 만들었다. 중세기의 토마스 아퀴나스는 그 계층 질서를 무생물-식물-동물-천사-신의 순으로 만들었다.

아리스토텔레스가 혼동을 '부동의 동자'라고 정의해 놓고 계층 질서만 만들지 않았더라면, 그것이 최근의 카오스 이론과 차라리 상통하는 면이 있었을 것이다. 이런 계층 질서는 근대과학의 고질적인 병인 환원주의(reductionism)에 빠지게 하는 근본적인 원인이 된다.[1]

이제부터 혼동에 대한 본격적인 파괴는 17세기의 과학자들 갈릴레이, 뉴턴, 케플러, 데카르트 등에 의해 질서화되고 관념화된다. 라플라스(Pierre Laplace)는 우주의 모든 질서를 수학적인 법칙으로 유도해 낼 수 있다고 장담했다. 라플라스는 혼동을 매우 가볍게 얕잡아 보았다. 그러나 혼동의 티아마트는 결코 죽지 않았으며 물속에 잠겨 있다 다시 땅 위로 올라와 질서(마르두크 신)에게 보복할 순간이 왔다고 한다. 작게는 '미투' 운동에 이르기 말이다. 마르두크에게 당한 한(恨)을 속으로 삭히고 있었다. 19세기 동학 운동은 한 가운데 여자의 한이 가장 무섭고 크다고 했다.

19세기에 들어와 과학자들이 영구기관을 연구하기 시작하면서 기계를 작동시킬 때 약간의 에너지가 빠져나가기만 해도 영구히 재사용될 수 없다는 사실, 즉 엔트로피(Entropy) 현상을 발견하면서 혼동의 신은 물속에서 회심의 미소를 짓기 시작하였다. 질서 뒤에 혼동이 생긴다는 회심의 미소이다. 1870년 볼츠만(Ludwig Boltzmann)은 거시의 세계에는 질서가 생기지만 분자나 원자와 같은 미시의 세계에는 무질서가 따르는 것이

---

1 존 브리그스 데이비드 피트/김광태·조혁 역, 『혼돈의 과학』 (서울: 범양사 출판부, 1991), 21.

불가피하다는 결론을 내렸다.

앙리 푸앵카레(H. Poincare)는 볼츠만의 생각을 우주 세계 속에다 옮겨다 놓고 생각해 보았다. 즉, 달과 지구라는 두 물체만 놓고 법칙을 세우면 거기서 나름대로 질서가 성립된다. 그러나 거기에 태양이라는 제3의 존재가 끼어들면 질서는 깨어지고 만다. 뉴턴 공식이 두 물체 사이에서는 적합하다. 그러나 태양이나 다른 행성이 나타나면 무질서가 생긴다. 우주의 두 물체 사이에 제3자가 간섭하는 현상을 '섭동현상'이라고 부른다. 푸앵카레는 행성과 같이 완전히 예정된 계(界)라 할지라도 결정지어질 수 없는 복잡한 계가 있음을 발견하였다. 푸앵카레가 아리스토텔레스의 뒤를 친 것이라 할 수 없다. 질서 뒤에 생기는 끊임없는 무질서현상, 즉 질서라는 신을 상자 속에 가만히 넣어 두고 외부에서 아무런 작용을 가하지 않아도 오랜 세월이 지나면 저절로 그 속에서 무질서란 현상이 생겨난다. 라플라스는 법칙과 질서를 악마라고 했지만, 사실은 무질서 속에도 그런 악마가 있었던 것이다.[2]

그래서 혼동의 여신을 죽인 두 장본인은 마르두크와 뉴턴이었다. 그러나 막상 볼츠만이 문제를 제기하고 푸앵카레가 이 가엾은 여신을 다시 살려냈다. 이제부터는 티아마트도 자기 속에서 질서가 빠져나가는 것을 노여워하지를 말아야 할 것이고 라플라스도 질서 세우기를 자랑하지 말아야 할 것이다. 질서의 신 뒤에 무질서의 신이 숨어 있고, 그 반대도 마찬가지이다. 코스모스와 카오스의 결합인 '카오스모스'가 존재의 진면목이기 때문이다.

---

2 환원주의, 혹은 귀속주의란 부분을 전체에 환원 혹은 귀속시켜 버리는 것을 두고 하는 말이다. 서양의 질서개념은 바로 이런 환원주의적이다. 부분과 전체는 이원화되고 양자 사이에 우열의 차이를 둔다. 즉 전체는 부분보다 우월하게 되고 양자 사이에 아무런 유기적 관계가 없다. 카오스 이론은 이런 환원주의를 거부한다.

질서는 '밝'음이고 무질서은 '검'(감)음이다. 이 우주는 '깜빡깜빡'(감 밝)하는 리듬이다. 프랙털신이 눈 깜빡이는 것이 밤과 낮이 되었다고 한 다. 무질서가 질서로, 다시 질서가 무질서로 숨바꼭질하는 것이 우주이 다. 이런 우주를 필자는 '유니버스'(Universe)라 하지 않고 '한버스'(Han-verse)라고 불러본다. 서양의 유니버스는 밝음만 있는, 질서만 있는 하나 (Uni)의 세계이기 때문이다. 그러나 '한버스'는 '깜빡깜빡'하는 세계이 다. 왜냐하면 '한'(Han)의 어휘적 의미 속에는 '밝음'(일자)과 '어둠'(다자) 이 모두 포함되어 있기 때문이다. 이 말은 질서와 무질서가 번갈아 생겨 나며 창조질서를 만드는 것을 의미한다. 그런 의미에서 질서 '하나'(uni) 만 있는 것을 '우주'(universe)라고 부르는 것은 잘못이다. 코스모스 (cosmos)와 카오스(chaos)가 뒤섞인 '카오스모스' 또는 한버스가 우주의 실체인 것이다. 이런 카오스모스에서 탄생한 신이 '호모 데우스' 즉 인간 자신이 신이 되는 것이다.

세 카오스와 삼용三龍이

태초에 있었다고 하는 혼동을 여기서는 '알카오스' 혹은 '원카오스'라 고 부른다. 원카오스가 신화 속에서는 거의 예외 없이 '물'(水)이나 '알' (卵)이나 '동굴' 같은 것으로 표현된다. 그래서 원카오스를 '알카오스'라 고 부르기로 한다. 이 알카오스는 우주의 근원이라고 할 수 있다. 여기서 만물이 나오기 때문이다. 이 알카오스는 「구약성서」에서 바닷물로 나타 나며 악마와 사탄의 화신이다. 리바이어던 같은 악마가 살고 있는 곳도 바다이다.

「구약성서」의 혼동이란 말은 원어로 '테홈'(Tehom)이며 바빌론 신화 에 나오는 바다여신 티아마트(Tiamat)에서 유래했다고 한다. 혼돈Tehom=

바다여신Tiamat=사탄Satan이란 등식이 「구약성서」 속에 들어 있고, 기독교가 지배해 온 서양문명의 주요한 단면이 바로 여기에 나타나 있다. 그래서 서구문명사에서 혼돈은 매우 부정적인 모습을 지니고 있다. 혼동이 동물로 상징될 때는 용(龍)인데, 리바이어던이 바로 바다용이었다. 기독교회는 이 용을 모든 사탄의 상징으로 보았으며, 이 용을 제거하는 것이 문화 영웅들의 주된 임무였다.

그래서 문명의 두 번째 장면은 이 원카오스-알카오스인 용을 살해하는 비카오스(코스모스)의 역사가 진행된다. 이것은 원카오스의 파괴인 비카오스화가 엄격한 의미에서 서구 문명의 시작이다. '비카오스화'란 인간의 자아의식이 떠오르고 이성합리적 자아가 지배하게 되는 과정을 의미한다. 지금 우리가 사용하고 있는 모든 가전제품과 과학 문명의 이기들, 교육제도, 정치경제의 모든 영역이 바로 비카오스화의 산물이다.

원카오스가 문명 초기에 있었다고 함에는 동·서양이 그 견해를 같이 한다. 그러나 두 번째 비카오스화에 대해서는 동양과 서양이 판이하게 다른 입장을 취한다. 그 입장의 차이는 서양이 용을 악마화한 데 대하여, 동양에서는 용을 매우 상서로운 동물로 보는 데서 두드러지게 차이가 나타난다. 이 말은 상징적으로 비카오스화 과정에 있어서 동·서양에 차이가 나타난다는 것을 의미한다. 바로 이 점이 이 책에서 가장 심도 있게 다루어질 것이다.

인류 문명사란 시각에서 볼 때 비카오스화의 말기인 탈현대의 시기에 살고 있다. 코스모스로 인류사를 보아온 사람들은 비관과 낙관이 엇갈리는 문명에 대한 평가를 각각 내리고 있다. 그러나 카오스의 시각에서 문명사를 진단한 우리의 입장은 분명해진다. 비카오스화는 온갖 폭력, 환경파괴, 마약 같은 인류 문명에 최악의 결과를 가져왔다. 이제 비카오스를 극복해야 될 순간에 우리는 처해 있다.

문명사를 이해하는 데 동·서양에서 용의 상징성을 파악하는 것은 매우 중요하다. 동양에는 용을 볼 때 삼룡(三龍)으로 나눈다. 물에 잠겨 있는 용을 잠룡(潛龍), 땅 위에 나타나 돌아다니는 용을 전룡(田龍) 그리고 하늘 위로 날아오르는 용을 비룡(飛龍)이라고 한다.3 서양에서도 용은 바다에 있다. 그러나 물에 있어야 할 용이 뭍으로 올라올 때는 모조리 살해당하고 만다. 티아마트도 마르두크라는 뭍의 신에 의하여 살해당하고, 그녀의 몸이 곧 우주가 된다. 심리학자들은 잠룡이란 잠재의식(subconsciousness)이라 한다.4 잠룡이 물에서 뭍으로 올라와 전룡이 되는 것은 잠재의식이 의식으로 변하는 것을 의미한다. 바로 비카오스란 이를 두고 하는 말이다. 기원전 2000년경에 이런 자아의식이 떠오르면서 문명이 시작된다. 그리고 서양 신화 속에는 숱한 용들이 수두룩하게 살해당하고 만다. 이 때가 청동기 시대로 개인의 나이로는 일곱 살 때부터로서 알음알이(앎)를 하기 시작하면서 자아의식이 생겨난다고 본다. 피아제는 이때를 구체적 조작기(concrete operation period)라고 했다.

그러나 미운 일곱 살, 비카오스화와 함께 무의식에서 깨어난 '자아'라는 짐은 4천여 년 동안 우리를 괴롭혀 왔다. 비카오스화란 알카오스가 깨어지면서 인간의 잠재의식이 자아의식으로 떠오르는 것을 의미하는 데 이때부터 불교가 말하는 사성제가 시작된다. 자아의식은 합리적 의식의 발현이며 합리적 자아의식은 온갖 문명병을 초래했다. 동양에서는 전룡의 이런 비극적 운명을 알고 있었기 때문에 용의 비상을 말하고 있다. 이 말은 우리의 현재적 자아는 초월되어져야 함을 의미한다. 우리는 지금

---

3 그런데 역(易)에는 여섯 개의 용이 있다. 즉 잠룡(潛龍), 현룡(現龍), 군자(君子), 약룡(躍龍), 비룡(飛龍), 항룡(亢龍)이 그것이다(최영진·이기동, 『주역 上』(서울: 동아출판사, 1994), 76.

4 칼 융/이부영 역, 『人間과 無意識의 象徵』(서울:집문당, 1985) 참고.

초월의식으로 비상해야 할 시기에 처해 있다. 메타-인간(meta-man)의 탄생을 기다리고 있다.

현재적 자아가 죽고 새로 태어날 자아를 '초자아'(trans-ego), 혹은 '초인격'(trans-person)이라고 한다. 바로 이런 초자아 및 초인격의 탄생은 하늘을 나는 비룡으로 상징화된다. 비룡이 카오스모스의 화신이다. 그리고 '알'의 양성모음이 음성모음으로 바꾸어 '얼'이라 된다. 따라서 ㅇ를 '얼카오스'라 부르기로 한다. 즉 알·비·얼의 세 카오스로 나뉘어진다. 그런데 심각한 문제점은 알카오스와 얼카오스는 모두 카오스 상태이며 매우 유사한 양상을 지니고 있다. 비카오스(코스모스)가 합리적이고 질서정연하다면, 알과 얼 두 카오스는 모두 그렇지 않다. 알카오스는 비카오스 이전 상태이고 얼카오스는 그것을 그친 이후의 상태이다. 이 책은 줄곧 이 알과 얼의 그러한 문제를 중요하게 다루고 있다. 잠룡이나 비룡이 모두 땅 위에 있는 전룡과는 다르다는 구별을 어떻게 할 것이냐가 문제라는 것이다. 유치원생과 대학원생은 대학생이 아니라는 점에서 같다는 것이다. 그러나 양자는 다르다. 대부분 우리는 그 차이점을 망각하기 쉽다. 알이 전자아라면 얼은 초자아이다. 그런데 두 자아는 '자아'가 아리란 점에서는 같다. 이 두 자아를 분별할 수 없는 오류를 '전-초오'라 한다.

혼돈과 무無 그리고 얼

이 책에서는 문명이란 개념을 카오스라는 개념으로 규정짓고, 크게 셋으로 나눈다. 알카오스-비카오스-얼카오스가 바로 그것이다. 그것은 잠룡-전룡-비룡에 대비되고 또 전자아-자아-초자아로 대비되기도 한다.5 이런 3원적(三元的) 구분은 여러 방면과 분야에 적용시켜 볼 수 있다. 이 3원적 구조가 가지고 있는 맥락은 매우 미묘하며 단순하지 않은 관계임이 차례로 밝혀질 것이다.

알카오스도 '하나'(one)의 상태이고 얼카오스도 '하나'(One)의 상태이다. 그리고 비카오스는 다양한 개체들로 쪼개진 '여럿'(many)의 상태이다. 인간의 의식과 문명은 이 '하나'에서 나와 '여럿'으로 쪼개어졌다가 다시 하나로 모이는 과정이다. 세 번째의 이 하나 속에는 처음의 하나(一, one)와 두 번째의 여럿(多, many)이 종합되어 있기에 '하나 속의 여럿'(一中多)인 상태이다. 이에 대해서는 남북의 어휘 개념이 같아서 북한에서 발행된 『조선말사전』에서조차 이를 언급하고 있다. 즉, 조선말 사전 속에서 '한'이란 말이 '하나'(一)이면서 '여럿'(多)이라고 정의하고 있다.6 인도 사람들도 이런 3단계 과정을 이미 알고 있었으며, 초자아를 범(梵, Brahman)이라고 했다. 불교는 무(無, Sunyata)라고 했으며, 중국 사람들은 도(道, Tao)라고 했고 또한 이런 최고의 가치를 지닌 말은 그 문화를 대표한다고 하여 '문화목록어'(文化目錄語, Inventory)라고도 불렀다.7 '한'은 바로 우리 한민족의 문화목록어인 것이다. 한국사람들은 한을 인격화시켜 '하느님' 혹은 '하나님'이라고 부른다. 한글, 한복, 한식 등 우리 문화를 대표하거나 상징하는 것은 '한'이다. 그러나 이러한 문화 목록어 마저 우리는 중국이 '한류'韓流라고 불러 주어야 우리 것인 줄 알게 되는 실정이다. 조선조란 명칭 마저 중국에서 하명 받듯이 말이다. 중국의 문화목록어가 도가라면 우리는 '한'이다.

인류 문명사는 바로 이 '한'(혹은 梵, 無, 道)에서 출발하였다가 그것이

---

5 항상 전분별과 초분별은 유사한 양상을 보인다. 마치 호랑이와 고양이가, 사람과 원숭이가, 천치와 현자가 유사하듯이.

6 과학원출판사 편집부, 「조선말사전」(평양:동광출판사, 1990), 2290.

7 이들 문화목록어들은 그리스의 로고스를 제외하고는 거의 카오스의 의미를 지니고 있다. 로고스는 비카오스적인 것의 대표적인 예이다. 불교의 무는 그 속에 카오스 이론이 주장하는 여러 특징을 지니고 있다.

깨어져 다시 한이 되는 과정인 것이다. 하나가 여럿이 되고 여럿이 하나가 되는 창발적 과정이 얼과 알이 서로 상호 작용하는 한의 생성적(生成的) 모습으로 나타난다. 알은 땅과 자연에서 나는 생물학적 개념이고 얼은 하늘과 신에서 나온 정신적 개념이다. 문명사를 이해하는 데는 이 두 줄기의 흐름이 길항한다. 창조론은 하늘과 초월적 신이 먼저 있은 다음에 모든 만물이 창조되었다는 견해와, 반대로 생물학적 아메바가 먼저 있은 다음에 그것이 진화되어 파충류와 포유류를 거쳐 영장류로 발전했다는 견해가 평행한다. 전자는 얼에서 알이 나왔다는 견해이고, 후자는 알에서 얼이 나왔다는 견해이다. 전자는 아우구스티누스가, 후자는 다윈이 대변한다. 이 책에서 전자를 '퇴화'(involution) 혹은 '신학적 타락'(theological fall)이라 하고, 후자를 '진화'(evolution) 혹은 '과학적 타락'(scientific fall)이라 한다. 종래의 창조론은 전자를, 진화론은 후자를 대변한다. 이 책에서는 진화와 퇴화가 서로 반대 방향으로, 그러나 같은 궤도 위에서 운동을 하고 있음을 밝힌다. 여기서 말하는 '타락'(fall)이란 말은 윤리적인 것이 아닌 모든 '분리'를 의미한다. 모든 분리행위 그 자체를 모두 타락이라고 정의하고 있다. 그런 의미에서 빛과 어둠, 남자와 여자로 분리시킨 신 자신이 타락의 장본인인 것이다. 아담과 이브는 이 원초적 타락을 새삼 의식했을 뿐이다.

인간이 그 내면의 세계에서 가장 그리워하는 것은 이성(異性)이 아니고 신(神)이다. 신과 하나 됨이 가장 큰 그리움이다. 모든 철학은 궁극적으로 일자인 '궁극적 전체'(ultimate whole)로서의 신과 하나 됨을 추구하는 것이다. 그러나 그러한 전체로서의 하나은 여럿과 분리되지 않는다. 우리 민족은 그것을 '한'이라고 파악했으며, 한에서 나온 '하나님'은 인간과 신의 하나 됨이다. 화이트헤드는 이를 '우주의 틈 없는 외투'(the seamless coat of universe)라고 했다.[8] 틈 없다고 해서 특성 없음은 아니다. 하나님의 특성은 곧 그의 다자(多者) 속에 나타난다. 그래서 한의 어휘 속에는 '하나'와 '여럿'의 의미가 동시에 역설적으로 한 어휘 속에 포함되어 있다. 같음과 다름이 같은 '같잖음'이다. 같잖은 '같지 않음'인데 '어처구니 없음'을 의미하기도 한다. 한은 이러한 어처구니없음에 대한 추구이다.

그래서 한은 한민족의 궁극적 존재이다. '틈 없는 전체'이며, 통전적 일자(an integral oneness)이며, 모든 다자의 특성들을 포함하면서 밑받침한다. 이는 마치 바다가 파도보다 먼저 있었지만 그것을 떠나서 있지 않는 원리와 같다고 할 수 있다. 파도가 각각 분리된 개체로서가 아니고 드디어 다른 파도의 조각들과 다 같은 바다의 한 몸이라는 것을 느낄 때 이를 무(無)라고 하며 '한'이라고 한다. 그런데 이러한 한이 어떤 의식에 의하여 움직여지고 목적성과 방향성을 갖는데, 그때의 의식성을 '얼'이라고 한다. 그래서 바로 문명사란 바로 이런 얼의 전개사인 것이다.

역사는 궁극적 전체인 한을 향해 움직이고 있다. 불교의 '무'는 목적성과 방향성을 가져서는 안 된다. 그러나 '얼'은 무와 같이 '전체'이면서 동시에 역사에서 볼 수 있는 목적과 방향성을 갖는다. '얼'을 갖는다고 할 때 그것은 전체성을 지닌다는 말과 역사 속에서 구체적인 의지를 갖는다는 것을 의미한다. 마르크스의 실천적 의미가 바로 한의 또 다른 어휘적 의미인 '하'(doing)이다. 얼은 무와 그 특징이 같을 뿐만 아니라 그 방향성을 갖는다는 점에서도 같다. 그러나 역사와 사회적 현실 속에서 실천성을 갖는 것이 다른 문화목록어와 한이 다른 점이라 할 수 있다.

---

8 A. N. 화이트헤드/,오영환 역 『과정과 실재』 (서울:민음사, 1991), 112.

II

대존재 연쇄고리와 카오스

대존재 연쇄고리

3원적 세 카오스는 더 세분되어 8개의 문명소(文明素)로 나뉜다. 8개를 사닥다리에 비유하여 단계, 혹은 층(層, strata)이라 부른다. 켄 윌버 (Ken Wilber)[9]는 그의 책 *Up From Eden*(1981)에서 피아제의 인지 발달론과 문화인류학을 연관시켜 인간의 의식구조와 문명의 전개 단계를 8층으로 나누었다. 제1층을 '우로보로스(Uroboros)층'이라고 했다. 우로보로스란 신화적인 상징으로 뱀이 자기 입으로 자기 꼬리를 물고 있는 모양이다.[10]

우로보로스는 모든 미분리 및 전분별적 상태를 의미한다. 인간의 의식이 자연환경에서 아직 분리되지 않은 상태로서 500만 년 전에서 20만 년 전에 있었던 오스트랄로피테쿠스 같은 인간들의 의식구조를 반영한

---

9 켄 윌버는 *Revision*지의 편집인으로서 *Up From Eden, Atman Project, No Boundary* 등의 저서가 있으며, 초인격심리학을 주창한 학자이다.

10 E. Neumann, *The Origin and History of Consciousness* (The Princeton Univ. Press, 1973), 5.

다. 개인 나이로는 0~2세 사이의 의식상태이다. 오직 감각적 느낌 '뉴'[11] 만이 작용한다. 피아제는 이를 '감각운동기'(sensory motor period)라고 했다. 인간이 에덴동산에 머물러 있던 상태이고, 어린아이가 어머니 태반 속에 있는 상태이다. 신화는 이런 우로보로스 상태를 바다, 동굴, 골짜기, 궤짝, 알 같은 것으로 표현하기도 한다. 우리말의 '알'은 이렇게 상당히 많은 상징성을 가지고 있으며, 삼국의 시조들은 박혁거세 등이 알에서 깨어난 것으로 특징이다. 그래서 '알'을 한의 가장 낮은 층의 문화목록어로 적어 두려고 한다.[12]

제2층은 '타이폰'(Typhon)층이다. 타이폰은 그리스신화에 나오는 가이아의 아들이다.[13] 가이아는 바로 카오스의 딸이었다. 타이폰은 반인반수의 '짐승몸'을 하고 있는 괴물이다. 20만 년 전에서 1만2천 년 전까지 살았던 네안데르탈인(타이폰 1기), 크로마뇽인(타이폰 2기)들이 이에 속한다. 인간이 자연환경으로부터 자신을 분리시키는 데는 성공했으나, 자기 속에서 마음을 몸에서 분리시키지는 못한 의식구조를 이 타이폰이 반영한다. 감정이나 성적 욕망 같은 몸에 묻어 있는 요소들에 의하여 지배받던 의식구조를 이 타이폰이 반영한다. 타이폰은 전 세계의 신화 속에 나타난다. 삼국시대 무덤, 특히 고구려 고분 속에서도 수많은 타이폰이 보인다. 반은 짐승이고 반은 인간의 모습을 한 타이폰의 대표격은 한국

---

11 신조어로 '느낌'을 줄여 '뉴'이라고 만들어 보았다. 감각으로 수용되는 경험을 의미한다.
12 한국에서 알층의 흔적은 매우 두텁다. 주로 지명과 인명 속에 그 흔적이 남아 있다. 또한 광개토대왕 비문의 奄利, 한국의 가장 큰 강인 鴨綠, 한강의 옛 이름인 아리河, 신라 경주의 閼川, 閼英, 백제의 於羅, 尉禮 등이 모두 알계통의 지명이라고 한다(최남선, 『古朝鮮에 있어서 政治規範』, 최남선 전집 2, 35). 수메르의 우르(UR) 역시 알 계(系)의 지명이라고 본다.
13 가이아의 가족을 타이탄족(Titan)이라 한다. 가이아는 우라노스를 낳는다. 가이아는 우라노스와 결합하여 바다의 신 오케아노스, 법의 여신 테미스, 기억의 여신 므네모시네 등의 딸을 낳고, 시간의 신 크로노스를 낳는다.

신화에 나오는 곰이다. 곰이 변해 인간이 되었다는 단군설화는 매우 설득력 높은 한국적 타이폰을 반영하고 있다. 곰은 어형이 변해 '감'이나 '검'이 되기도 한다.[14] 그래서 타이폰은 한국의 곰으로 되며, 곰에서 파생된 '감'은 타이폰을 반영하는 문화 목록어이다.[15] 그래서 타이폰 층을 '감층'이라고도 한다. 우로보로스층(알층)과 타이폰층(감층)은 모두 분별이 일어나지 않은, 모든 것들이 혼돈된 상태에 있는 층을 반영한다. 그래서 이 두 층들을 알카오스 혹은 원카오스로 분류한다.

제3층은 인간이 최초로 정착하면서 농경 생활을 시작한 때를 두고 말하는 층이다. 우로보로스 층과 타이폰층에서 인간들은 일정한 장소에 머물러 있지 않고 떠돌아다니며 원시무리시대를 보냈다. 정착된 생활을 하면서 인간들끼리는 '우리'라는 깊은 소속감을 갖게 되었다. 1만2천 년 전에서 기원전 2천년경 사이를 두고 하는 말이다. 위의 두 층이 모두 잠재의식 속에 있는, 즉 아직 의식이 생기지 않은 층이라면, 3층부터 매우 낮은 의식이 떠오른다. 이 층에서는 다산(多産)을 목적으로 하는 '태모'(太母, Greater Mother) 숭배가 주종을 이룬다. 언어와 돈을 사용하였으며 무엇보다 중요한 시간 개념이 생기기 시작했다.

한국에서는 농경 마을 공동체가 생기면서 소속감(membership)을 공고히 하기 위해서 마을 어귀에 솟대를 세웠다. 솟대 위에는 새가 놓여 있다. 이 당시의 대표적인 새는 '닭'(鷄)이며, 닭(혹은 닥)이 이러한 층의 문화목록어가 된다.[16] 3층은 인류 문명에 먼동이 트는 시기라 할 수 있다.

---

14 김무조, 『한국신화의 원형』(서울:정음문화사, 1988), 131.

15 곰은 한자로 熊, 馬, 龍, 水神으로 통칭되고, 解募, 藝馬, 乾馬, 全馬, 儉, 錦, 今이 모두 곰의 차자이다.

16 우리나라 경주의 지명 가운데 始林이나 鷄林에서 始의 새와 「鷄」의 닭은 모두 날짐승에 관계된 것이다. 알과 감이 합쳐져 '알감'이 된 것과 같이 닭과 그 전의 감이 합쳐져 '닥감'이 되었고, 이것이 나중에 '大監'이 되었다고 한다. 무속의 대감 神은 바로 '닭감神'이라고 한다.

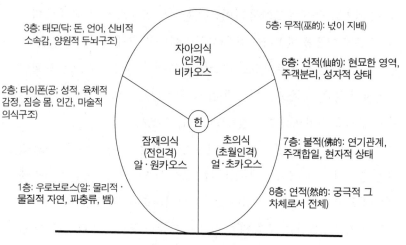

4층: 태양화(밝: 합리적 사고,
차축시대, 자기 반성적 사고)

3층: 태모(닫: 돈, 언어, 신비적
소속감, 양원적 두뇌구조)

자아의식
(인격)
비카오스

5층: 무적(巫的): 넋이 지배)

6층: 선적(仙的): 현묘한 영역,
주객분리, 성자적 상태

2층: 타이폰(공: 성적, 육체적
감정, 짐승 몸, 인간, 마술적
의식구조)

한

잠재의식
(전인격)
알·원카오스

초의식
(초월인격)
얼·초카오스

7층: 불적(佛的): 연기관계,
주객합일, 현자적 상태

1층: 우로보로스(알: 물리적·
물질적 자연, 파충류, 뱀)

8층: 연적(然的): 궁극적 그
차체로서 전체)

카오스 대존재 연쇄고리

피아제의 '전조작기'(pre-operation)로서 개인 나이 4~7세 기간에 해당한다.

제4층은 가장 중요한 층이며, 우리가 지금 살고 있는 층이기도 하다. 윌버는 이 시기(혹은 층)를 '태양화'(solarization), 혹은 태양 시기(the solar age)라고 했다.[17] 온 우주와 세상이 밝고 환해지면서 하늘에서 뭇 남성신들이 쏟아져 내려온다. 그리고 3층의 태모들을 모조리 살해한다. 이런 일이 인도-유럽 쪽에서 벌어진다고 하여 이를 '인도-유럽적 균열'(European dissociation)이라고 한다. 엘리아데는 이 시기를 '매우 중요한 시기'라고 했다. 3층에서 이미 낮은 자아의식이 싹트기 시작했으나 기원전 2000년 경 태양 시기와 함께 매우 높은 자아의식이 등장한다.

이런 신을 모시는 높은 산을 닭뫼[德山]라 하고, 일본은 이런 산을 다카야매高山]라 하고, 이런 신을 다카가미라 한다. 김경탁의 이러한 연구 업적은 닭은 감과 같이 우리 한국인의 의식구조와 종교의 역사 속에 분명한 기층을 만들고 있음을 보여준다.

17 Ken Wilber, *Up From Eden*(New York:Anchor Press, 1981), 179.

1~2층은 아직 용이 물밑 속에 잠겨 있는 시기라면 3~4층은 지상에 나타나 강력하게 활동하는 시기이다. 피아제의 구체적 조작기(concrete operation)에 해당하며 개인 나이 7세 이후 '철드는 시기'에 해당한다. 켄 윌버는 태양 시기를 3기로 나누어, 제1기는 기원전 2000~500년, 제2기는 기원전 500년~기원후 1500년, 제3기는 기원후 1500년~현재로 나누었다.[18]

육당 최남선은 『밝文化論』 혹은 『不咸文化論』을 1925년에 발표한 바 있다. 그는 우리 역사 속에서 유명한 산천의 이름이 한자 '白'자로 변하는데 관심을 두어 백두산, 태백산, 장백산, 소백산, 백운산 등 '白'은 순수한 우리말 '밝'이라고 하였다. '밝'은 밝고 환한 하늘과 태양 그리고 그 빛을 상징한다. 최남선은 '밝'문화가 우리 문화의 처음이요 끝이라고 했다. 그러나 밝문화가 우리 역사 속에서 가장 중요한 시기에 등장하기는 했으나 그는 그 이전에 알·감·닥 같은 문화층이 있었음을 간과했고, 밝이 그 연장선에서 나온 것임을 무시했다. 밝은 우리의 매우 중요한 문화목록어임은 두 말할 필요가 없으나 그 이전의 층을 간과하게 되면 우리 민족의식 구조 전개상에 큰 오류를 범하게 된다. 4층은 인류 문명에 해가 뜨는 시기라 할 수 있다. 그러나 육당이 밝을 우리 문화목록어로 자리 매김 한 것은 큰 공헌이라 할 수 있다.

태모-소속감층(3층)과 태양화층(4층)은 다름 아닌 비카오스층(코스모스)이다. 이때부터 인간의 의식이 만개되어 잠재의식을 억압하고 박해한다. 비카오스화란 본래의 원카오스를 부정하고 압박하기 때문이다. 합리적 자아의식이 싹트고 꽃피운 시기이다. 의식의 지평선에 먼동이 트고(3층), 해가 뜨는(4층) 시기라 할 수 있다.

개체발생이 계통발생을 어느 정도 반복한다고 본다. 두 계통 발생설

---

18 앞의 책, 80.

이 이젠 거의 폐기 되었지만 그래도 타당성 자체는 무시할 수 없다. 예를 들어서 인간의 경우 어머니 자궁 안에서의 10개월이란 개체 발생은 생명 진화 단계를 거의 반복한다. 그래서 문명의 계통발생이 개인의 의식과 인지발달단계에도 어느 정도 병행하기도 하고 일치하기도 한다. 그래서 양자를 타당한 한계 내에서 이론을 그대로 적용하여 우로보로스층과 타이폰층은 피아제의 감각운동기(0~2세), 태모-소속감층은 전조작기(2~6세) 그리고 태양 시기는 구체적 조작기(7~10세)라 했다.

카오스로 본 성씨姓氏의 유래

지금 우리가 알고 있는 '중국 문명'이라는 것은 사실상 '동북아권 문명'이라고 부르는 것이 타당하다. 왜냐하면 현재 중국 문명이라고 알려진 것이 사실은 동쪽의 동이계와 서쪽의 화하계(華夏系)가 서로 영향을 주고받으면서 만들어진 문명이기 때문이다.[19] 정치적으로도 동과 서는 첨예하게 대립했으며, 문화의 특징에 있어서도 서로 다른 점이 많다. 황하강 유역의 용산문화와 송화강 유역의 홍산문화는 그 특징이 많이 달랐다. 후자가 모계적인 특징을 강하게 보여주고 있다면 전자는 부계적인 특징을 보여주고 있다. 최근 요령성에서 발견된 요령성 유적지는 홍산 문화권의 특징을 강하게 보여주고 있다. 큰 신전과 거기서 나온 태모신상들은 그곳에 모계사회가 있었음을 보여주고 있다. 이는 중국 문명의 시원을 황하강의 황제 부계 문명에서 시작되었다는 것과는 판이하게 다르다. 중국은 이러한 문명의 비연속성을 연속성으로 바꾸려 동북아 문명권을 모두 자기 것이라고 주장하는 동북공정을 시작한 것이다. 그러

---

19 유승국, 『東洋哲學研究』(서울:근역서재, 1983), 35.

나 이것은 주류 중국학자들도 인정할 수 없는 억지 가운데 억지인 주장이다. 쉽게 성씨의 유래에서 보면 문명의 뿌리를 선명하게 알 수 있다.

고대 사회의 성씨를 일별해 보면 모계사회의 특징은 더욱 뚜렷하다. 먼저 주나라를 세운 무왕이 '희'(姬) 씨인 것은 잘 알려진 사실이다. 그런데 희 씨의 뿌리는 고대로 거슬러 갈수록 더욱 분명하다. 복희 씨의 어머니 화서 씨(華胥氏)가 죽자 복희 씨는 강에 물놀이를 하다가 남자를 만난 기념으로 성을 강(姜은 '물강' 혹은 '나루강'임) 씨라고 고쳤다. 그러나 본래의 성은 희 씨였다. 신농 씨도 본래 희 씨였다. 황제도 희 씨였다. 소호금천, 전욱, 고신 등 삼황오제가 모두 희 씨였다. 요임금의 아버지도 희 씨인데, 포악한 아버지의 성을 버리고 요는 성을 이(伊)로 바꿨다. 순임금은 요(姚) 씨였다. 무임금은 사(姒) 씨였다. 그러나 그 뿌리는 모두 희 씨에 두고 있다.[20]

여기서 우리의 관심을 끄는 것은 姬, 姚, 姒, 姜의 고대 성씨가 모두 계집 녀(女) 변에 씌어졌다는 점이다. 이 점은 매우 신기하고 놀라운 일이다. 그 이유는 이들 사람이 모두 어머니 성을 따랐기 때문이다. '姓' 자는 '여자'가(女) '낳는다'(生)는 뜻이다. 그러나 지금은 아버지 성을 따르고 있다. 이것은 '姓'자에 모순되는 일이다. '甥'이라고 함이 옳을 것이다. '姓'이라고 함은 곧 성씨의 유래가 어머니로부터였기 때문이다. 고대 전설적 혹은 신화적인 인물들이 그 성 씨에 있어서만은 어머니 전통을 따르는 것은 동북아 고대 사회의 모계 전통이 뚜렷했기 때문이다. 그런 면에서 황하강 유역의 용산문화 이전인 1000여 년 전에 요령성 부근에서 강한 모계 전통을 보여주는 것은 성씨의 유래와 일치하는 점을 보여주고 있다.

---

20 이중재, 『한民族史』(서울:명문당, 1992), 88.

한국에서는 고구려 때부터 부권운동이 시작되었지만 그 실세는 역시 모권이었다. 데릴사위제 같은 것이 이를 반영한다. 신라의 성덕과 진덕 그리고 진성의 세 여왕, 화랑의 유래는 더욱 모계사회의 뿌리를 실감케 한다. 한국에 있어서 모권적 실세는 조선 초엽까지 유지된다. 주자학이 들어온 후에야 오늘날과 같은 뚜렷한 부권사회가 겨우 성립되었다고 할 수 있다.

우리는 복희로부터 희姬 씨의 기원을 일단 생각해 보았다. 그러면 복희 씨의 유래에 대하여 좀 더 알아봐야 한다. 복희 씨는 묘족(苗族)의 후예로 태어났다. 즉, 『신시개천경』(神市開天經) 〈본문상경〉을 보면, "묘족의 조상은 프랙털(盤古)"이라고 했다(本黎苗祖盤古). 그러면 프랙털은 또 누구인가? 프랙털에 대하여 이승휴는 『제왕운기』의 첫머리 〈상고〉(上古)편에서 이렇게 썼다.

혼돈은 그 모양이 달걀인데
프랙털은 그 속에서 태어났다.
(混沌形狀如雞子 盤古生於混沌鼠)

이승휴의 이 한 구절의 역사의식 속에는 실로 엄청난 문명사적 정보가 담겨 있다. 이승휴는 이 구절에 다음과 같은 주석을 붙이고 있다.

『삼오역기』(三五歷記)[21]에 "아직 땅이 없을 즈음은 혼돈했는데, 그 모양이 달걀과 같았다"라고 적었다.

『통감외기』(通鑑外記)[22]에 "천지가 혼돈하여 달걀과 같았는데, 프랙털이

---

21 삼국시대 吳나라의 徐整이 지은 『三皇五帝』에 대하여 서술한 책이다.

그 속에서 태어나 1만8천만 년을 살았다. 양은 맑아 하늘이 되고, 음은 탁하여 땅이 되었다"라고 적었다.

이승휴는 두 가지 자료를 동원하여 주석을 가하면서 혼돈을 달걀과 일치시키고 있다. 즉, 우로보로스와 알은 일치됨으로써 프랙털은 우로보로스에서 나온 타이폰이라 할 수 있다. 프랙털의 부인은 상원부인(上元夫人)이며 그 이름은 막지(莫知)였다. 그 아들이 12명 있었다.

우뇌와 좌뇌가 완전히 분리되지 않은 양원적 마음(bicameral mind) 상태에서 쓴 글은 신화와 역사가 구별되지 않는다. 우뇌 속에는 신비신화적인 내용으로 가득 차 있기 때문이다. 적어도 「구약성서」 <창세기> 11장 이전의 글은 모두 신화와 역사의 범벅이다. 그 구별이 안 되었다고 신화적인 자료들을 무시하고 역사를 이해하는 순간부터 역사는 반 토막이 된다. 그런 면에서 현대 사가들이 쓴 역사보다는 옛 선인들이 쓴 역사가 더 포괄적이다. 카오스가 배제되지 않은 더욱 통전된 문명사를 읽을 수 있기 때문이다.

프랙털은 혼동 속이 너무 답답하고 화가 나서 도끼로 혼동인 큰 달걀을 깨 버렸다. 그 속에 있던 가볍고 맑은 기운은 위로 올라가 하늘이 되고 무겁고 탁한 기운은 가라앉아 땅이 되었다(중국신화전선 154면). 인도의 푸루샤, 북유럽의 이미르, 바빌론의 티아마트가 모두 프랙털과 같은 성격을 지닌다. 다른 신화는 '최초의 살해' 즉 혼동의 파괴를 통해서이나 프랙털은 스스로 몸을 변화시킨다는 점에서 다른 것들과는 다르다. 그런데 장자편에 의하면 혼동은 분명히 숙과 홀에 의하여 살해당한다. 혼동의 살해 여부는 모

---

22 송나라 사마광이 지은 「자치통감」의 전기와 후기라 할 수 있다. 송나라 유서가 완성 못한 것을 아들 희중이 완성하였다.

든 문명사의 운명을 가르는 잣대와도 같다.23

그렇다면 성 씨는 혼동 씨로부터 시작되었으며, 그 다음으로 姬氏, 姚氏, 姜氏 등이 나왔다. 고대 그리스신화에서 카오스가 가이아를 낳고 가이아가 타이폰을 포함한 타이탄 가족을 낳은 순서와 동북아권 신화에서 혼돈 씨가 프랙털 씨를 낳고 프랙털 씨가 12명의 자녀를 낳은 순서는 대존재 연쇄고리에서 볼 때 1층과 2층 그리고 3층을 정확히 반영한다. 즉 카오스와 혼동은 존재의 근원이고, 가이아와 반고는 1층을, 에로스는 2층을 그리고 거기서 나온 모계사회의 태모는 3층을 반영한다. 1층은 물질층(Geo-sphere)이고, 2층은 생명층(Bio-sphere)과 같다. 마르크스는 1층을, 프로이트는 2층을 대변하는 사상가라고 할 수 있다.

평균적 양상과 전향적 양상

윌버는 1~4층을 '평균적 양상'(the average mode)이라고 한다. 5~8층은 이제 앞으로 미래세계에 전개될 층이다. 이를 '전향적 양상'(the advanced mode)이라고 한다. 엘리아데는 문명사에서 미래는 항상 과거를 반복하면서 나타난다고 했다.24 이때 미래세계(5~8층)는 1~4층을 반복하는데, 1~2층은 5층에, 3층은 6층에, 4층은 7~8층에 반복된다. 여기서 반복이라고 할때, 그냥 단순한 반복이 아닌 보존되면서도 초월하는 반복이다. 모든 층에는 평균적 양상의 인간이 있고, 전향적 양상의 인간이 있다. 예를 들면 2층에서 나타난 전향적 양상의 인간은 샤먼(巫)들이었다. 그들은 그 당시에 가장 높은 의식구조를 가지고 있는 지도급의 인물들이었다. 그래서 이런 샤

---

23 정재서, 『사라진 신들과 교신을 위하여』 (서울: 문학동네, 2007), 238.
24 Ken Wilber, 319-328.

먼적 특징이 5층에 그대로 반복돼 나타난다.

불교에서는 붓다가 나타나는 모습을 세 가지로 나눈다. 육축이나 비천한 존재로 나타날 때 이를 응신(應身, Nirmanakaya)이라고 한다. 몸에서 분리되지 않은 마음이 '넋'과 같은 모습의 존재이다. 그래서 무당은 이러한 넋을 다룬다. 무속적이란 뜻이다. 두 번째 단계는 인격적 대상으로써 객관적 존재로 나타날 때 이를 보신(報身, Sambhogakaya)이라고 한다. 주관객관으로 분리된 예배 대상적 인격체로 나타난 존재이다. 세 번째 단계는 법신(法身, Dharmagakaya)이다. 붓다와 내가 하나(One)된 모습이다. 인간 자신이 신이 되는 '호모 데우스Homo Deus'의 경지이다. 주객구별이 없어진 상태이다. 물론 법신이 사닥다리의 가장 높은 단계이며 보신과 응신이 그다음 순서이다. 그렇다면 응신, 보신, 법신을 다 포함한 사닥다리 전체는 무엇이냐고 할 때, 즉 붓다 그 자체를 불교에서는 '여여'(如如)라고 한다.[25] 산은 산, 물은 물인 상태이다. 이를 연(然, Svabhagakaya)이라고 부르기로 한다. 응신은 주관과 대상이 미분리된 하나(one)의 상태, 보신은 분리된 상태, 법신은 분리를 초월하여 다시 하나로(One)된 상태이다. 그래서 응신과 법신은 그 양상이 one-One으로 같아 보인다.

붓다를 이렇게 나눈 것을 3월 8소의 측정언어로 차용하여 표현해 본다. 즉, 5층은 응신적, 6층은 보신적, 7층은 법신적, 8층은 연적이라고 한다. 이것은 어디까지나 각 층의 특징을 불교에서 빌려온 언어를 통해 표현해 본 것이다. 불교의 이러한 구분의 유래는 결국 인간 의식 층을 불교가 그렇게 나누어 보았기 때문이라고 할 수 있다. 사실 7층과 8층은 그 성격이 유사하기에 하나의 층으로 묶기도 한다.

윌버는 평균적 양상을 '외양적'(exoteric), 전향적 양상을 '내밀적'

---

25 Richard H. Robinson, *The Buddhist Religion* (North Situate:Duxbury Press), 29.

(esoteric)이라고 했으며, 종교를 두 종류로 분류하였다. 외양적이란 종교의 건물, 제도, 교리 같은 것이며, 내밀적이란 종교의 영성 같은 것이다.[26] 불신의 응, 보, 법, 연에 따라서 종교도 상응하게 분류되는데, 응신은 무적(巫的), 보신은 선적(仙的), 법신은 불적(佛的), 연은 한적인 것으로 분류하였다. 한국만큼 巫, 仙, 佛, 한의 특색이 뚜렷하게 발전단계가 질서정연한 곳도 없어 보인다. 마지막 한적인 종교는 위의 제 종교적 특징을 모두 포함한 것이라 할 수 있는데, 한국의 포삼교(包三敎) 사상을 그 예로 들 수 있다. 윌버는 3월 8소를 한 문화권에서 찾을 수 없어서 인도, 중국 등 다양한 문명권에서 하나씩 가져와 짜깁기하였다. 그러나 한국에선 쉽게 하나의 체계 속에서 발견된다. 이렇게 층이 형성되면 층간에 생성 변화가 생기며 문명권마다 그 변화가 다양하다.

전향적 양상의 5~8층은 얼카오스, 혹은 초카오스이다. 알카오스가 얼카오스로 되는 것을 생(生)이라고 하고, 그 반대로 얼카오스가 알카오스로 되는 것을 멸(滅)이라 한다. 이 두 과정의 '됨됨'을 변화(變化)라고 하며, 변화의 근저에는 알상태인 한알이 있으며 변화의 목표에는 얼상태인 한얼이 있다. 모든 층은 한에서부터(from) 나오고 그 전 단계를 거쳐 (through) 발생한다. 이 점이 매우 중요하다. 위층이 아래층을 거쳐 나온 다음에 일단 나와서는 억압하는 현상이 생긴다. 그리고 각층은 한의 궁극성을 실현하지 못하고 한의 대치물에 투사하여 한의 대치물로 대리만족을 한다. 이를 '한의 비틀림', 혹은 '한의 투사'(Han's projection)라 정의해 본다. 윌버는 이를 '아트만 투사'(Atman projection)라고 했다. 개체적인 나와 너가 한의 대치물 속에서 대리만족을 하는 것이 문명의 병이 된다. 한과 하나 되는 아트만이 곧 브라만이 되는 것이다. 그것이 곧 깨달음인

---

26 F. Schuon, *The Transcendent Unity of Religion* (New York: Harper & Row, 1975), 27.

데, 돈이나 권력 그리고 부동산 같은 대치물과 자신을 일치시킴으로써 비틀림 혹은 투사 현상이 생긴다. 이런 대치물에다 자기를 일치시켜 놓고 자기애에 빠진 것이 인류 문명사의 발자취였다. 즉, 알이 얼로 깨어나기 위해서는 자기애욕(Eros)을 포기해야 하고 자기 죽음(Thanatos)을 단행해야 한다.

아래층에서 위층으로 올라가려면 반드시 자기 죽음이 따라야 한다. 만약 자기애욕 속에 빠져 있으면 층의 변화, 즉 층변(層變, transformation)이 일어나지 못하고 같은 층 안에서 방만 바꾸는 간변(間變, translation) 현상만 일어난다. 정치에서 철저한 사정과 개혁을 통한 자기 죽음이 없는 곳에서는 층변이 일어나지 않고 역사의 진보도 불가능하다. 이런 의미에서 진정한 층변을 일으킨 인물로서 이 책은 붓다, 예수, 최수운 같은 인물을 손꼽고 있다. 그리고 우리 사회의 그나마 작은 층변을 가능케 한 인물로 자기 생명을 버린 몇몇 인물을 손꼽고 있다. 학생들의 자기 죽음을 대가로 한 4·19의거도 층변에 기여한 사건이다. 앞으로의 통일도 민족사의 대층변인데, 기득권자들의 집단이기주의가 가로막고 있는 한 불가능하며 민족 성원의 자기 죽음 없이는 어렵다.

궁극적으로 인류 문명사는 나와 네가 하나 되려고 하는 한으로의 운동이다. 이 책은 줄곧 소아 아트만이 대아 브라만이 되는 한의 실현을 다음 세 가지 측면에서 고찰하고 있다.

1) '한'(혹은 브라만)에 이르는 참된 방법은 있는가? 있다면 그것이 가능한가?
2) 자아의 의식구조와 문화전통 속에서 한은 어떻게 나타나고, 그것이 비틀리는가? 혹은 투사되는가?
3) 한이 비틀린 다음에 그 대가는 무엇인가?

매 층마다 이 세 가지 질문이 반복되고 있다. 인류 문명사를 검토하면서도 그 속에서 한국의 위치, 한국인의 의식구조를 항상 조명하고 있는 것이 이 책의 특색이다. 3원 8소는 세계 보편적인 현상이나 문명권에 따라 부분적으로 훼손되거나 비틀린다.

한은 사전 속에 '하나'(一), '여럿'(多), '가운데'(中), '같은'(同) 그리고 '어림'(或) '하'(行)의 뜻을 지니고 있다. 이를 '한의 기틀Paradigm of Han'이라 하며, 이런 기틀이 알, 감, 닥, 박, 무, 선, 법, 연으로 전개 되는 문명사 속에 구현된다. 문명권에 따라서는 특히 서양 문명권에선 일과 다의 조화마저 성립되지 못했다. 중국과 인도의 경우는 중과 동까지는 실현되었어도 '어림'까지는 이르지 못했다. 이러한 한의 기틀을 현대 과학의 총아 카오스 이론을 통해 설명해 나갈 것이다.

III

카오스 이론과 문화목록어

문화목록어와 카오스

프랑스의 수학자 라플라스(Pierre Laplace, 1749~1827)[27]는 우주를 지배하는 결정론적 법칙이 있다고 믿었으며, 이런 기계와 같이 빈틈없는 존재를 '라플라스의 악마'(Laplace's evil)라고 부른다. 그는 "나에게 우주의 모든 입자들의 위치와 속도를 주면 우주의 장래를 예측할 수 있다"고 장담하기도 하였다. 라플라스의 장담 이후 300년이 지나서 카오스 이론의 등장으로 라플라스의 예측은 빗나갔으며, 우주는 숫자만으로 정확하게 예측할 수 없음이 밝혀졌다.

뉴턴(1642~1727)은 '뉴턴의 운동법칙'으로 초깃값이 주어지면 그다음 운동값은 선형 미분방정식으로 해결될 수 있음을 증명했다. 즉 선형적인 운동은 뉴턴의 역학에 의해서 설명되고 예측될 수 있는 것이었다. 그러나 뉴턴의 운동역학으로 설명될 수 없는 현상들도 많다. 그러한 문제들의 해

---

27 라플라스는 카오스 이론을 말할 때 반드시 언급되는 인물이다. 그는 우주 속의 카오스 현상을 믿지 않았다.

결책 중의 하나가 바로 카오스 이론이다. 뉴턴의 운동역학이 해결할 수 없는 것은 비선형적인 불규칙한 현상들이다. 그런데 카오스의 원리를 적용함으로써 다음과 같은 현상들이 해결 가능하게 되었다.

1) 불규칙적인 일기예보

2) 급류의 소용돌이

3) 회오리 바람

4) 담배연기의 무질서한 운동

5) 사회 심리학적 혼동현상

6) 돌풍 등의 자연현상

7) 물이 끓는 현상

8) 태풍이나 비행기의 날개 뒤에서 소용돌이가 생기는 현상.

9) 고무풍선에 바람을 가득 넣은 후 갑자기 주둥이를 놓았을 경우에 풍선의 움직임 예측.

10) 갑작스런 전염병의 창궐

11) 바다 밑의 조류현상

12) 생물학적 혼동현상

13) 지진현상

14) 지자기현상

15) 기타 예측하기 어려운 자연현상 등

카오스 이론과 유사한 이론으로 프랙털(fractal)이 있다. 프랙털 이론은 1970년 중반에 리(Lee)와 여크(Yourk)의 논문을 시발점으로 세상에 알려지게 되었다. 카오스에는 여러 가지 단계가 있어서 '순수한 틀에서의 카오스'와 '프랙털 중시의 카오스'로 나누어 생각해 볼 수 있다. 순수 카오스이론은 '혼돈' 그 자체에만 관심을 두고 카오스를 연구하는 입장이다. 카오스 이론이 나오는 곳에는 항상 프랙털 이론이 따라서 나오는 것을 부인할 수 없다. '프랙털'[28]이란 말은 미국의 수학자 만델브로트에 의하여 1975년도에 만들어졌다.

프랙털 이론에는 자기상사성(自己相似性) 이론과 비정수 차원의 도형이론이 포함된다. 프랙털 이론은 카오스의 여러 현상 가운데 한 이론이다. 카오스와 프랙털은 발생의 순서가 다른데, 우리는 종종 일상 경험 속에서 처음에는 단순하던 현상이 나중에는 매우 복잡해지는 경우를 발견하곤 한다. 여기서 카오스는 여러 가지 현상 뒤에 나타나는 것이고, 프랙털은 처음부터 존재하는 것이라 할 수 있다. 프랙털 이론은 카오스를 수학방정식으로 모델링하는 데 길을 열어 주었다. 즉, 카오스 이론은 프랙털을 이용하여 수학을 가시화시키는 것을 가능하게 했다. 보통 얘기할 때, 프랙털의 두 가지 성질은 자기상사성과 정수가 아닌 무리수의 차원(예: 2.5차원, 1.6차원)에 있다. 여기서 카오스와 프랙털을 이 정도로 구분해 놓고 그에 대한 몇 가지 주요 이론들을 우리말 '한'에서 찾아보기로 한다.

각 민족문화의 문화목록어가 갖는 카오스적인 의미는 매우 뚜렷하다. 그 대표적인 것이 불교의 무(無)이다. 혼돈을 무로 표현한 것은 당연시되었으며, 유는 질서라고 할 수 있다. 여기서 혼동은 알-카오스이고 혼돈은 얼-카오스임을 구별해 둔다. 불교의 무는 혼돈이지 혼동이 아니다. 불교가 말하는 무란 의미 속에 들어 있는 연기설, 중관설, 화엄사상 등은 카오스 이론의 많은 부분과 일치하고 있다. 노자가 말하는 도(道) 역시

---

28 그 어원은 'fractus'로서 '사물이 파괴되어 불규칙적인 파편이 된 상태'이다. 그 말에서 파생된 용어는 fractional(분수의)이나 fracture(파격) 등이 있다.

혼돈개념과 일치하며, 노자는 공자가 그것을 인의예지 같은 도덕률로 가시화시키는 것을 매우 못마땅하게 생각했다. '대도폐이 유인의'(大道廢而有仁義), 즉 "큰 도가 폐하니 인과 의가 생겼다"라고 함으로써 도는 윤리화시킬 수 없다고 한다. 혼돈이론도 역시 혼돈을 합리화시킬 수 없다고 한다. 카오스 이론의 대표적인 몇 가지 이론은 나비효과 혹은 초깃값의 민감성, 끌개현상, 자기상사현상 등이라 할 수 있다. 이런 이론들은 놀랍게도 붓다나 노자 같은 동양사상가가 오래 전부터 말해 오던 내용과 매우 유사하다. 그러면 한과 카오스는 어떤 관계가 있는가?

한국의 문화목록어를 '한'이라고 했다. 한에는 하나(一)와 여럿(多), 가운데(中), 같음(同), 어림(或 혹은 混) 등의 의미가 있다고 했다.[29] 하나의 어휘 속에 담겨 있는 이런 의미들은 과학의 퍼지나 카오스의 의미를 표현하기에 매우 적절하다. 오랜 문명사 속에서 한국인들은 '한'을 체험하면서 카오스적인 지혜를 터득했다. 그리스인들의 로고스는 합리적인 법칙 같은 것을 의미하는 것으로, 문화목록어 가운데 가장 비카오스적인 것이라 할 수 있다. 한은 무나 도와 함께 그 함의 속에 카오스적인 의미가 풍부한데, 여기서 하나하나 밝혀 보려고 한다.

'한처음'과 초깃값의 민감성

카오스 이론을 말할 때에 가장 많이 언급되는 이론이 '나비효과'(butterfly effect)이다. 미국 MIT대학의 기상학자 에드워드 로렌츠(Edward N. Lorentz)는 일기예보 연구를 위해 온도, 기압, 풍향의 세 가지 변수를 소수

---

29 예 1) 여름하니(열매 많으니, 多), 2) 한 집에(一), 3) 한 밤, 한겨울(中), 4) 한데, 한가지(同), 5) 한 십분(混)

점 이하 여섯 자리까지 만들어 계산해 나가던 중, 약간의 미세한 변화만 있어도 최종적 결과는 엄청나게 달라진다는 점을 발견했다. 1961년 겨울 어느 날 컴퓨터 시뮬레이션 프로그램을 작동시켜 놓고 커피를 한잔 마시고 돌아와 보니 컴퓨터 화면에는 통상의 결과와는 전혀 다른 결과가 그려져 있었는데, 그 그림은 매우 불규칙적이면서도 일정한 규칙성을 내포하고 있었다. 즉, '무질서 속의 질서'인 셈이었다.

그 원인을 규명해 본 결과, 평소에는 소수점 이하 여섯 자리(0.561275)의 데이터를 사용하였으나, 이날은 소수점 이하 세 자리(0.506)까지만 입력시킨 것 외에는 다른 차이점이 없었다. 이 미세한 차이를 계속 추적한 결과 몇 달이 지난 후에야 그 원인을 완전히 알 수 있게 되었다. 즉, 그가 무시한 소수점 세 자리 이하가 문제의 원인임이 밝혀졌다. 로렌츠는 소수점 이하 세 자리를 북경 하늘의 나비 날개가 일으키는 가벼운 바람 정도로 생각했는데, 그 결과는 대서양을 지나가는 태풍의 진로를 바꾸어 놓을 수도 있다는 결과를 발견하게 된 것이다. 이것을 소위 로렌츠 박사의 '나비효과'라고 한다.[30]

나비효과를 일명 '초깃값의 민감성'이라고도 한다. 초기에 준 소수점 이하 세 자리의 변화가 나중에는 엄청난 큰 결과를 가져온다는 뜻이다. 이러한 나비효과이론은 동양사상 특히 불교사상에서 흔히 찾을 수 있는 이론이다. 법장 대사는 서까래가 곧 집이라는 주장을 펴 그의 화엄불교 사상을 대성시킨 것으로 유명하다.[31] 그는 사소한 서까래 하나가 집의

---

30 이안 스튜어트/박배식 역, 『하느님은 주사위 놀이를 하는가』 (서울:범양사출판부, 1993), 167-170.

31 법장은 의상의 친한 벗이었으며 중국 화엄 삼대조로 사실상 동양불교의 완성자라 할 수 있다. 그의 책 『十門玄義』는 서까래가 곧 집이라는 것을 증명하는 것으로 일관하고 있다. 『華嚴學體系』(서울: 우리출판사), 1988 참고.

운명을 좌우한다는 논리를 빈틈없이 논리정연하게 설명하였다. 이것은 물론 불교사상의 연기론(緣起論)을 입증하기 위한 것이었다. 연기론이란 '이것이 저것에 잇따라 일어난다'는 이론이다. 이것이 곧 무개념인 것이다.

문화목록어 '한' 속에는 부분으로서 혹은 개체로서의 한의 의미(예, 하나하나, 한 개 등)가 있는가 하면, 전체로서의 한의 의미(예, 한나라)도 발견할 수 있다. 한의 이러한 사전적 의미는 우리 민족이 오랜 역사적 경험 속에서 나비효과를 알고 있었음을 의미한다. 아무리 사소한 부분도 전체와 유기적 관계 속에 있음을 경험하는 가운데 한의 의미는 실제적 경험 속에서 자라왔었다. 한은 6000여 년의 역사 과정에서 '가다나간'에서 한 음절씩 떨어져 나가면서 지금의 한으로 남게 되었다. 한이 위에서 본 바와 같은 기틀이 만들어지기까지는 우리 민족 의식 구조가 중단 없이 발전 승화돼 왔다는 것을 의미한다. 그래서 카오스가 과학 이론으로서 자리매김하는 것이나 한이 역사 속에서 그러한 것이나 그 맥락은 같다고 할 수 있다. 전체이면서 개체라는 것이 한이라면 카오스 역시 그러하다. 그래서 한은 카오스의 의미를 그 속에 담고 있다.

이렇게 로렌츠의 나비효과는 초기의 값이 얼마나 중요한가를 보여준다. 그렇다면 사주팔자(四柱八字)야말로 나비효과의 한 좋은 예가 될 수 있다. 즉, 사주팔자에서는 사람이 난 시간과 날짜가 그 사람과 평생운명을 좌우한다고 한다. 한의학에서는 오운육기(五運六氣)라고 하여 난 시간, 날짜, 해, 달이 그 사람의 평생 건강마저 결정한다고 한다. 한의학에서는 이를 하나의 이론으로써 정규과정에서 다루고 있다. 이런 동양의 지혜는 카오스 이론을 그대로 반영하고 있다. '한'의 의미 속에는 극점을 의미할 때도 있다. 공동번역성서는 태초를 '한처음'이라고 번역했다. '한처음'은 더이상 없는 원초적 초기를 의미한다. 카오스 이론에서 말하는 초깃값의 민감성은 곧 한처음값이 전체를 차지한다는 것을 의미한다. 우리는 초깃값의 민감성을 종종 '첫눈에 반했다'라고도 한다.

'한가운데'와 끌개

카오스 이론에서 중요시되는 이론 가운데 하나가 '끌개'(attractor) 이론이다. 끌개란 진동자가 처음에는 둥근 원을 그리다가 공기의 마찰로 인해 진동자의 진폭이 서서히 줄어들면서 한 점에서 고정되는 현상이다. 머리 위의 가마는 좌우머리털이 감겨 끌어들이는 점이다. 그곳에서 머리털이 어느 쪽으로 빗을 수 없는 현상이 나타난다. 시골 모래밭에 가면 개미귀신들이 모래를 V자 모양으로 파놓고 개미가 지나다 빠지기를 바라는 함정들이 있다. 이처럼 모래가 점점 가라앉아 마지막에 중앙의 한 점이 되어 버리는 개미귀신도 끌개현상이다. 로렌츠는 이러한 끌어당기는 인력자를 '이상한 끌개'(strange attractor)라고 했다. 끌개는 서로 교차

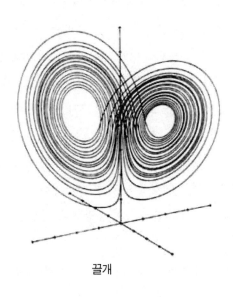

끌개

되거나 반복되지 않는 일정한 고리모양의 경로이다. 이상한 끌개는 위와 같은 기하학적 구조를 갖는다.

한이란 사전적 의미 속에는 '한밤'(mid-night), '한여름'(mid-summer) '한테'(the same side)와 같이 '가운데'와 '같음'의 의미도 함의한다. '한가운데'로 끌어들이는 힘이 한 속에 있다. 한은 '하나'와 '여럿'을 끌어당기는 힘이 있다. 이 힘이 우주창조의 힘이고 역사의 추진력이 되기도 한다. '한가운데'를 의미하는 이러한 한의 의미가 카오스 이론에서 중요시되는 '끌개' 이론과 일치시켜 생각해 보게 된다.

'한가지'와 자기상사성

'프랙털'이라고 하면 반드시 소개되는 것이 아래 그림과 같은 '코흐 곡선'이다. 사실 곡선이라고 하지만 '접히고 구부러진 직선'의 연결이다. 코흐 곡선을 일명 '3분할곡선'이라고도 한다. 3분할곡선이란 하나의 선분을 3분할하고, 그 '한가운데'의 선분을 밑변으로 하는 정삼각형을 만드는 것이다. 다음으로 그 삼각형의 두 변(빗변)을 또다시 삼등분하고 각각 한가운데에 있는 밑변으로 또다시 원래의 모양과 닮은 삼각형을 만든다.

이러한 순서를 무한하게 반복한다. 이렇게 하여 만들어진 것이 프랙털 도형이다. 앞의 그림을 보면 도형의 크기(면적)는 유한한데, 길이는 무한하다는 역설이 생긴다. '코흐 곡선'은 1904년 독일의 수학자 코흐가 만들었다.[32] 이런 것을 두고 프랙털에서는 자기상사라고 한다. '한가지' 모양이 반복되어 나뉘는 현상을 두고 하는 말이다. 이런 자기상사현상은 이미 수학자 칸토어가 다음과 같이 증명했다. 선분을 3등분하여 가운데

---

32 야마구치 마사야/한명수 역, 『카오스와 프랙탈』(서울: 전파과학사), 1993 참고.

1/3 부분을 제거해 나갈 때에 이런 작업은 무한히 계속된다. 이렇게 할 때에 마지막 남는 부분을 '칸토어 집합'(Cantor set)이라고 한다.[33] 칸토어 집합은 기묘한 성질을 가지고 있어서 3등분하고 그 가운데 부분을 차례로 없애 나갈 때에, 결국 남는 부분은 작은 조각들의 집합이 된다. 그 조각의 수는 무한이지만 전체 길이는 0이 된다. 이런 문제가 19세기 수학자들에게는 하나의 역설로 남겨졌다.

그러나 20세기의 수학자 만델브로토는 *Fractal on Object*란 저서에서 카오스 현상과 프랙털을 동일시하면서 실제 세계에 존재하는 대상물들을 통해 순환적인 수식으로 표현했다. 그는 컴퓨터 간의 정보전송에서 생기는 불규칙적인 오차발생 모델을 만드는 과정에서 칸토어 집합을 생각하게 되었다. 그 과정에서 오차가 전혀 없는 전송기간과 오차가 연발되는 기간이 섞여져 나타나는 것을 발견했다. 그리고 오차가 연발하는 기간 속에서도 오차가 전혀 없는 기간이 있음도 알게 되었다. 부분, 부분의 부분에도 오차가 전혀 없는 기간이 있음을 발견하였다. 이러한 현상은 궁극적으로 자기상사현상, 혹은 '한가지' 현상이라고 할 수 있다. 이런 '한가지' 현상은 이발관에 들어갔을 때 커다란 거울 두 개 사이에 자기 모습이 무한히 비춰지는 모습과 같다. 등산용 코펠에서 냄비 속에 작은 냄비, 작은 냄비 속에 더 작은 냄비가 포개지는 것과 같다고 할 수 있다.

우리는 한의 사전적 의미 속에 '같다'(同)는 의미가 있음을 발견하게 된다. '한데' 하면 '같은데'란 뜻이며, '한가지' 하면 같은 종류란 뜻이다. 한의 이러한 동일성을 의미하는 것은 프랙털 이론에서 자기상사현상을 설명하기에 적합하다. 바로 한의 동일성의 의미는 프랙털의 자기상사인 것이다. 『天符經』을 보면, "하나가 셋으로 나뉘니 그 근본은 다함이 없

---

33 김용운 · 김용국, 『프랙탈』(서울: 동아출판사, 1992), 52.

다"(一折三極無盡本)라고 했다. 이는 마치 칸토어 집합에서 아무리 3등분 해도 그 길이는 무한대가 되는 것과 같은 것이라고 할 수 있다. 프랙털은 두 사람일 때에는 생기지 않고 세 사람일 때에 생긴다. 두 사람이 하숙을 할 때에는 평온하다. 세 사람이 되면 싸움이 생기는 것과 같다고 할 수 있다. 3등분하여 한가운데 것을 제거시키는 방법에서 프랙털 현상을 발견했다. 그러고 보면 음양태극을 한국에서는 왜 삼태극으로 만들었는지 그 이유를 알게 된다. 이 점에 대해서는 다음 '우로보로스와 카오스' 장에서 더 설명한다.

두 개 있다가 세 번째 변수(이를 파라미터parameter라고 함)가 끼어들면 사태가 복잡해지고 프랙털 현상이 생긴다. 음양만 있으면 안정된다. 그러나 제3의 파라미터가 끼어들면 프랙털이 생긴다. 그래서 삼태극—빨강, 파랑, 노랑—은 프랙털의 상징이라고 할 수 있다. 지구와 태양만 있을 동안은 안정돼 있으나 수성이 끼어들면 불안정해진다. 이를 3체 운동이라 한다.[34] 가까운 중국은 2체 운동을 즐기나 한국은 3체 운동을 즐긴다. 한국의 유학자들 '이황,' '이이', '성혼' 등과 같이 이름을 중국을 닮아 두 자로 바꾼 것은 유감이다.

'한어림'과 부정수 차원

프랙털은 1.26차원과 같은 소수점 차원을 다룬다. 그러나 우리가 일상생활에서 다루는 차원은 점(0차원), 선(1차원), 평면(2차원), 입체(3차원)이다. 모두 0, 1, 2, 3 같은 정수차원으로 되어 있다. 정수의 중간값(소수값)

---

34 카오스의 자유도가 2이면 일어나지 않는다. 적어도 3은 필요하다. 로렌츠의 경우도 변수가 세 가지, 즉 온도, 풍향, 습도이다.

을 취하지 않고 있는 것이다. 1.5차원 같은 것이 존재한다는 것을 상상할 수 없다. 선과 면의 가운데를 의미하는 1.5차원이란 과연 무엇인가? 한국 사람들은 '한십분' '한동안' 등과 같이 정수로 표현하기 곤란할 때에 사용한다. '어림짐작'의 표현이다. 그런데 이러한 어림의 의미가 한의 사전적 의미 속에 들어 있다. 즉, 정수가 아닌 부정수 표현을 할 때 사용한다. 우리는 우리의 문화목록어 '한' 속에 이렇게 완벽할 정도로 카오스 이론을 포함하고 있는데 대하여 새삼 놀라지 않을 수 없다. 무와 도 같은 다른 나라의 문화목록어에선 찾아볼 수 없는 현상이다.

우리 문화목록어는 서양이나 같은 동양의 것에 비교해 볼 때도 혼돈의 의미를 많이 포함하고 있는 것이 사실이다. 우리는 혼돈의 이런 의미를 직관과 경험 속에서 터득했고, 서양은 실험과 관찰을 통해 이제야 발견하게 되었다. 양자는 서로 만나야 한다. 혼돈을 죽이지 않는 숙홀의 오류를 범하지 않았다는 것을 의미한다.

'한마음 효과' 가능할까?

우리는 카오스 이론의 발단이 정확한 일기예보를 하려던 천문기상학자들의 손에서 시작되었음을 알게 되었다. 물론 로렌츠의 소수점 이하가 설령 100이나 1000자리라 하더라도 그것은 나비의 날개와 같은 물리적인 것임에는 틀림없다. 우리 동양인들의 눈으로 로렌츠의 나비효과를 이해할 때 기상천외한 발상을 할 수 있게 된다. 어쩌면 이것은 카오스 이론이 앞으로 새로운 국면으로 발전하게 될 가능성을 보여준다고 할 수 있다. 즉, 그것은 카오스 이론에서 기우제(祈雨祭)를 어떻게 볼 것이냐의 발상인 것이다. 왜냐하면 우리 동양 사람들은 인간의 마음이 기상변화를 일으킬 수 있다고 믿어 왔기 때문이다. 인간의 마음속에서 일으키는 변화가 어떻게 기상변화를 일으킬 것인가, 혹은 영향을 줄 것인가를 컴퓨터가 어떻게 나타낼 것인가의 문제이다.

서양의 과학은 이러한 발상을 전혀 받아들이려 하지 않을 것이다. 아직도 카오스 이론에 주관적 심리상태가 끼어들 여지는 전혀 없어 보이기 때문이다. '나비효과'가 아닌 '마음의 효과'를 앞으로 카오스 이론이 어떻게 처리할 것인가는 흥미로운 관심사이다. 그러나 4차산업과 함께 사물인터넷에 internet of things에서 보는 바와 같이 기계가 인간의 마음을 읽어내는 순간을 눈앞에 목도하고 있다.

기우제란 너무 오랫동안 가뭄이 심할 때 나라와 민간에서 비 오기를 기원하여 지내는 제사이다. 우리나라는 삼국시대부터 조정은 물론, 지방관청, 민간을 막론하고 가뭄에 대처하여 산신(山神)이나 천신(天神)에게 비를 내려달라고 기우제를 지내 왔다. 왕은 자기의 죄 때문이라고 회개하기 위해서 스스로 목욕재계하고 하늘에 제사 드렸으며, 식음을 전폐하고 거처를 초가삼간에 옮기기도 했었다. 문헌에 의하면 서울에서는 종로 사직과 흥인문, 숭례문, 돈의문, 숙정문의 4대문에서 제사를 지냈다. 세종대왕 자신도 기우제를 지냈다는 기록이 있다.[35]

동양에서는 지성(至誠)이면 감천(感天)이란 신앙이 있다. 지극한 정성(精誠)은 천기마저 바꾸어 놓을 수 있다는 신앙이다. 인간의 마음이 기계에 개입하게 되면 카오스 이론은 점점 복잡해진다. 그러나 미래는 사물과 인간 사이의 간격 그리고 무생물과 생물 간의 간격이 모호해진다. 창세기에서 신이 진흙을 빚어 인간을 만들었다는 기사가 현실화 될 수 있다. 인간이 만든 기계가 스스로 걸어 나올 수 있다는 말이다. 수시로 변하는 인간의 마음이 기상변화를 일으킨다고 하면 이 우주의 역사가 끝나

---

35 최길성, 「한국민간신앙의 연구」 (대구: 계명대출판부, 1989), 179.

는 날까지 정확한 일기예보란 영원히 불가능할지도 모른다. 자연과 인간이 하나 되는 마음을 '한마음'이라고 한다면 카오스 이론에 '한마음 효과'라는 말이 도입될 날도 멀지 않았다고 본다. 앞으로 카오스를 이해하는 데 단순히 물리학의 한계를 넘어서 심리학을 도입하려는 금기는 깨진 지 오래다.

중국에는 동중서(董仲舒, 기원전 2세기)란 철학자가 정연한 이론을 세워 천인감응설(天人感應說)을 주장하였다. 동중서는 정치, 도덕 등 일절 도의 근원이 모두 하늘로부터 나왔다고 했다. 그리고 하늘은 우주의 변화를 주관하는 주인으로 보았다. 하늘은 길흉, 화복, 상벌 등 일절 명령권을 가지고 있으며, 우리의 말과 행동은 물론 윤리·도덕까지 하늘에 순응해야 길하다고 보았다. 하늘은 인생의 아버지이고 인간은 하늘의 아들이다. 서양과학과 함께 동중서의 생각은 비과학적인 것으로 취급되었다. 동중서의 사상은 현대 마르크스주의 철학에 의하여 강한 비판을 받는다. 마르크스는 동중서와는 반대 방향에서 물질에서 정신이 나왔다고 생각했다. 그 역으로 생각하는 것이 잘못이라는 것은 독단이라 할 수 있다. 우리는 양방향 모두에서 생각할 줄 알아야 할 것이다.

동중서의 천인감응사상은 이미 왕충(王充, 기원후 2세기)이라는 사상가에 의하여 비판을 받는다. 왕충은 인간의 심리적인 효과가 물질세계에 영향을 미친다는 것은 미신에 불과하다고 하여 동중서를 비판하였다. 왕충은 철저하게 귀신이나 인격신 같은 존재가 있다는 것도 부인하였다.[36] 이처럼 동양 사회에는 심리학과 물리학을 같이 보려는 입장과, 그것을 분리해 보려는 입장이 양립되었다.

---

36 David L.Hall & Roger T. Ames, *Thinking Through Confucius* (New York:State Univ. of New York Press, 1987), p.255.

제 3 장

에덴동산의 잠꼬대
우로보로스층

I

에덴동산에의 미련

우로보로스와 알카오스

우리 현대인들의 꿈속과 같은 몽롱한 의식구조를 우리의 조상인 원시 인간은 깨어 있는 상태에서 가지고 있었다고 생각하면 틀림없다. 꿈속에서 모든 것이 미분화되어 있었으며 시간의 전후도 공간의 위아래도 모두 혼동 상태였다. 어린 시절의 일들이 오늘의 사건과 공시적으로 나타나기도 하고, 먼 공간 속에 떨어져 있던 사건이 지금 여기에서 일어나기도 한다.[1] 데자뷰 현상이 다반사였다.

이러한 미분화된 무분별적 의식상태가 하나의 상징으로 표현될 때에, 이를 '우로보로스'(Uroboros)라고 한다.[2] 우로보로스란 뱀이 자기 입

---

[1] 프로이트 이후 꿈은 더이상 허구가 아니다. 꿈속에 한 인격의 진정한 실재가 있음을 프로이트 심리학은 밝혀주고 있다. 꿈속에 한 인격의 과거, 현재, 미래가 다 들어 있다. 깬 의식은 현재의 사건만을 직선적으로 나열시키고 있지만 꿈 속에는 그것이 비현실적 혹은 병렬적으로 배열되어 있다(칼 구스타프 융 편/이부영 역, 『人間과 無意識의 象徵』, 서울: 집문당, 1985 참고).

[2] E. Neumann, *The Origin and History of Consciousness*(The Princeton Univ. Press, 1973), 5-38.

으로 자기 꼬리를 물고 둥근 원환을 이루고 있는 모습이다. 이러한 우로
보로스 뱀의 상징이 전 세계 어디에나 보편적으로 퍼져 있는 원시인들의
상징이다. 우리나라에서도 신라시대의 토기의 뚜껑에서 우로보로스 상
징이 보인다. 고구려나 백제 고분의 사신도 현무(玄武)에서 뱀이 입으로
자기 꼬리를 무는 것이 우로보로스 상징이라 할 수 있다. 그래서 중국의
우로보로스, 아프리카의 우로보로스, 켑틱 우로보로스 등 전세계 어디
서나 발견된다. 이런 상징을 수치스런 것으로 치부하는 우를 범하지말
아야 할 것이다.

자기 입으로 자기 꼬리를 물고 있는 이 우로보로스란 다름 아닌 자기
가 자기에서 분리되어지지 않은 전분별적(前分別的) 혼동과 애매성의
카오스 상태를 단적으로 보여 주고 있다고 할 수 있다.

이런 전분별적 카오스와 애매성을 알카오스라 한다. 원시인들은 우
주를 하나의 둥근 원으로 보았으며 이를 우로보로스로 상징화했던 것이
다. 우리나라의 경우에는 일부가 깨어지기는 했으나 뚜껑의 둘레에 뱀
이 원환을 만들고 있으며 그 원환 속에 붕어 장어 게 거북 메기 그리고
종류를 알 수 없는 고기들이 있다. 표현수법에 있어서 어느 것은 분간하
기 힘들다. 다른 우로보로스와 달리 뱀의 입과 꼬리 사이에 개구리가 들
어 있다. 이것은 먹이 주체와 객체를 분간하는 것으로 중요한 의미를 지
닌다.[3]

이러한 우주적 원형을 '알'이라고 보았다. 박혁거세도 고주몽도 김알
지도 모두 이 알에서 깨어났다. 우로보로스는 알로 그 상징이 바뀌기도
하지만 종종 골짜기, 궤짝, 굴 같은 상징으로 바뀌기도 한다. 결국 이런
상징들은 모두가 미분화된 전분별적 혼동 상태를 나타내고 있다. 그러

---

3 진홍섭, 『韓國美術全集 3』 (서울: 동화출판공사, 1978), 146.

한국의 알우로보로스
신라 육촌장(六村長)중의 하나인 이알평의
탄생신화가 얽혀 있는 곳이다(위 그림 경주의 표석).
뱀과 알이 절묘하게 일치하고 있다(아래 그림
우주를 둘러싸고 있는 뱀).

나 이러한 우로보로스가 초분별적 혼돈의 상태로 변한다. 알이 얼이 되
다는 말이다. 알과 얼이 서로 음과 양으로 길항하는 문화가 건전한 문화
로 발전한다.

우로보로스 속에는 우주적 전체가 있으며, 부분과 전체의 구별은 아
직 생기지 않았으며, 몽롱한 알카오스 상태다. 이 우로보로스를 서양에
서는 페니키아인들이 처음 사용했다고 하나 확실치는 않다. 바빌론에서
는 우로보로스를 '하늘 뱀'(Heavenly Serpent)이라고 하였다.

계통발생적으로 보아서 이런 우로보로스적 알카오스의 의식구조를
그대로 가진 인간이 '오스트랄로피테쿠스'(Australopithecus)이다. 지금
까지 발굴된 고고학적 발견 결과로는 가장 오래된 인류의 조상이라고 볼

수 있다. 우주대폭발이 150억 년 전에 생겼다고 할 때 지금으로부터 500만 년 전에 나타난 인간이 오스트랄로피테쿠스이다. 인류의 조상에 관해서는, "무엇이 인류의 선조였으며 무엇이 아니었는가의 문제는 아직도 화석생물학자들의 열띤 논쟁거리가 되고 있다. 여기서 분명한 것은 500만 년 전에는 원숭이와 비슷한 홀쭉한 오스트랄로피테쿠스가 많았다는 사실이다. 이런 유인원은 두 발로 걷고, 뇌의 부피가 약 500cc로서 요즘 침팬지보다 뇌량이 100cc가량 작다.[4] 지금으로 부터 300만 년 전에는 뇌의 부피가 700cc 정도 되는 두 발 달린 친구들이 있었는데, L.S.B. 리키는 이를 '호모 하빌리스'(Homo Habillis)라고 했다. 여기서는 의식구조를 다루는 것이 주목적이기에 오스트랄로피테쿠스와 호모 하빌리스의 차이점을 고고학적으로 첨예하게 구별하는 것은 피하려고 한다. 왜냐하면 이들 모두가 우로보로스적인 의식구조를 동일하게 지니고 있었기 때문이다. 이들에게서 지금 우리와 같은 분별력을 기대하기란 힘들었으며, 우리 현대인의 꿈속 같은 몽롱한 의식구조를 그때 인간들이 지니고 있었다.

개체발생적으로 볼 때, 그때 인간들의 인지발달단계는 피아제가 말한 감각운동기인 0~2세 사이라고 할 수 있다. 어머니 태속에 있는 기간까지도 포함되는 이 기간은 전혀 분별의식이 없는 몽롱한 알카오스의 상태인 것이다. 이런 의식상태를 '에덴동산'이라고 켄 윌버는 보고 있다.[5] 그런 의미에서 에덴의 인간들이 고차원의 의식 구조가 있었다고는 볼 수 없다. 그래서 의식 발달사적으로 볼 때 에덴으로부터 Up From Eden 탈출을 해야 한다.

---

4 칼 세이건/김명자 역, 『에덴의 龍』(서울: 정음사, 1990), 94.
5 Ken Wilber, *Up from Eden*, 21f. 「타임」지(1994. 3. 14.)는 "인간의 조상은 과학자들이 추정한 것보다 훨씬 앞서 아프리카를 떠났을 것으로 보며, 인류는 한 곳에서만이 아닌 전 세계 수많은 지역에서 진화했을 것"이라고 내다보고 있다. 「타임연구」, 1994. 4., 70.

감각으로 닿는 느낌밖에는 없는 상태(뉴=느낌)이다. 이런 알카오스의 의식상태는 철이 드는 나이인 7세까지 계속된다. 그때를 문명의 연대기적으로 보면 기원전 2000년 경이라 할 수 있다.

알은 어떻게 '까나'?

오스트랄로피테쿠스 인간, 즉 최초 인류의 조상은 어른이라고 하더라도 고작 현대인간의 0~2세(감각운동기) 정도밖에 안 되는 의식 구조가 있었다. 무의식에 잠겨 제 자신을 세계로부터 구별해 낼 수가 없었다. 모든 것이 무분별적 상태로 합류되고 뒤섞여 있는 상태였다. 자기와 타자 사이를 혼동하고 있는 상태였기 때문에 참된 정신적 반성 능력도 없었다. 언어적 의사 표현도 제대로 할 수 없었다. 물론 불안 의식도 죽음에 대한 공포의식도 없었다. 이러한 원인(猿人)들의 의식상태를 우로보로스적이라고 규정한 심리학자는 노이만(Erich Neumann)이었다.[6]

아동심리학자 피아제는 0~2세 사이의 심리상태를 "세계와 자아가 미분리된 하나(one)이며, 양자는 서로 구별할 수 없다"[7]라고 했다. 바로 이런 아동 초기의 인지발달단계가 오스트랄로피테쿠스와 같았다. 이 단계에서는 낮은 정신작용도 거의 없기에 고차원의 정신세계나 개념 혹은 상징 같은 것도 기대할 수 없다. 거의 물질적으로 좌우될 수밖에 없었고, 칼 융은 이를 '플레로마'(pleroma)라고 했다. 정신에 대한 '물질'이란 뜻이다. 오스트랄로피테쿠스, 호모 하빌리스, 호모 에렉투스는 그 의식 수준에 있어서 모두 같으며 '우로보로스-플레로마적'이라고도 한다.[8]

---

6 노이만은 칼 융의 심리학을 동원하여 신화를 해석하고 있다. 그는 신화 속에서 의식의 층과 문명의 발전과정을 살핀다. 또한 우로보로스, 태모, 문화영웅 층으로 나누고 있다.
7 박덕규, 『피아제의 발생학적 인식론과 구조론』(서울: 민성사, 1992), 90.

이들 인간은 포유동물에서 인간으로 갓 넘어와 정신이 물질적인 것으로 완전히 감싸여 있었다. 불안, 갈등 같은 것이 없는 상태이기 때문에 이를 두고 에덴동산이라고는 하나 그 행복은 '무지의 축복' 상태이다. 이 축복은 언젠가 깨어져야 할 축복상태이다. 그러나 기독교는 이 무지의 축복을 참된 축복으로 착각했던 것이다. 만약 어린아이가 어머니의 자궁 속이 축복되고 갈등 없는 상태라고 하여 거기에 영원히 머물러 버리려고 한다면 어떻게 될 것인가? 이러한 우로보로스 알상태에 집착하는 것을 '알우로보로스 애집증'(Uroboric incest)이라고 한다. E.프롬은 이 애집증을 가장 큰 정신적 질환의 원인이라고 본다. 이 애집증에서 벗어나지 못할 때에 정신연령은 그만 유치퇴행당하고 만다.[9]

우로보로스는 혼돈과 애매함으로 가득 찬 일종의 카오스 상태이다. 이러한 카오스적 증상은 애집증의 원인이 된다. 여기서 우리는 알카오스와 비카오스의 상태를 엄격히 구별해야 될 필요성을 역설하게 되는 것이다.[10] 비카오스를 초월하는 얼카오스가 있다. 카오스에 대한 이러한 세 갈래 구분을 하는 것은 카오스에 대한 맹목적인 예찬을 피하기 위해서이다. 사실상 과학에서 응용되고 있는 카오스 이론은 고도로 정밀화되어져 있는 상태이다. 우로보로스-알상태의 그것이 아님을 쉽게 구별하게 된다. 알카오스는 질서 없는 혼돈이고, 얼카오스는 그것을 초월하고 있다.

인간이 에덴동산에서 추방당해 나온다는 것은 무지의 축복상태에서

---

8 플레로마의 가치를 지상의 가치로 여긴 철학자는 두말 할 것 없이 마르크스이다. 그래서 1층 우로보로스층을 대변하는 철학을 마르크스주의라 해도 좋다.

9 E. 프롬은 모든 정신질환의 원인을 애집증에서 찾고 있다. 제2차 대전 기간 중 정신질환 군인들은 거의 애집증 소유자임이 관찰되었다.

10 정호완, 『우리말 상상력』 (서울: 정신세계사, 1991), 148.

해방당해 벗어남을 의미한다. 만약 에덴동산에 그대로 머물러 있었다면 알-애집증에서 해방당하지 못했을 것이다. 그러면 알-애집증, 즉 알카오스의 애집증은 왜 위험한가? 인간이 무분별적 애매성의 올가미 속에 빠져 버릴 때 어떤 현상이 생기는가?

애집증을 '인세스트'(incest)라고 하며 근친상간현상으로 널리 알려져 있다. 흔히 동물에서 발견되는 부모와 자식간의 무분별성은 근친상간을 가능케 한다. 결국 인류 최초의 분별은 자식이 어미로부터의 젖떼기라고 할 수 있다. 젖떼기뿐만 아니라 점차로 부모와 자식 간의 사이를 더 떼어 놓음 없이는 동물 세계에서 일어나는 현상이 그대로 인간사회에도 있을 수 있다. 사실상 원시 고대 사회에서는 지금과 같은 일부일처의 가족제도가 없었기에 인세스트는 흔한 일이었다.

결국 인세스트는 비윤리적인 것이며, 동시에 종족 번식을 열등화시키는 유전학적 문제가 생긴다. 그런 이유로 알은 깨져야 한다. 알카오스의 무분별적 혼돈은 그 위험성마저 내포하게 되는 것이다. 그러면 알은 어떻게 깨어나는가? 이집트 신화에서는 알은 스스로 깨고 나오는 '창조적 격정'을 가지고 있다고 보았다. 아톰(Atom)이란 남신이 자기의 생식기를 스스로 발기시켜 슈(Shu)와 테프누트(Tefnut)를 낳는다.[11] 동양의 기(氣)와 같은 힘이라 할 수 있다. 스스로 터지는 힘이다. 알의 깨어짐에 있어서 유대-기독교 전통은 인격신(야훼)이 그것을 깬다고 본다. 태초에 신이 혼돈 흑암을 빛으로 깨고 천지창조를 시작한다(창세기 1:1). 이 점에 있어서 동양에서는, 알은 스스로 깨는 힘이 있다고 하는 점에서 서양과는 다르다. 기는 인격이 아니며 자연스런 힘이다. 기는 스스로 깨는 힘을 가지고 있다.

---

11 Pyranic Text, 1248.

못 돌아가리 에덴동산으로

우로보로스의 행복한 상태를 「구약성서」 창세기는 에덴동산이라고
표현하고 있다. 자연과 인간이 완전히 합일되어 조화를 이루고 있는 이
상황이 에덴동산이다. 개체발생으로 볼 때 에덴동산의 지복 상태는 곧
어머니 자궁 속에서의 삶이다. 모든 먹이가 저절로 주어지고 걱정 근심
과 눈물이 없는 곳이다. 그런데 인간은 이 에덴동산의 지복의 상태에서
떨어져나와 있는 존재라는 것이다. 이를 실존(實存)이라고 한다. '실
존'(ex-exist)이라는 말의 특수한 의미는 '역설'(paradox)이라는 말과 항상
동의어로 쓰인다.

그러면 무엇이 역설이란 말인가? '실존'과 '역설'이 동의어로 쓰일 때
그 특수한 의미는 이렇다. 에덴동산에서 분리되어 나온 자아, 어머니의
자궁에서 출산되어 나온 개체는 이제 결코 에덴동산의 상태로 결코 다시
되돌아 갈 수는 없다는 것이다. 여기에 근본적인 문제가 있다. 우로보로
스-알은 깨어졌다. 깨어진 알을 다시 회복시킬 수는 없다. 돌아가려고 하
지만 케루빔(Cherubim)이라는 천사가 돌아가는 길목을 가로막고 있다.

케루빔은 아홉 천사 가운데 두 번째 천사로서 지식을 맡은 천사이
다.[12] 여기서부터 인간실존의 비극은 싹튼다. 인간은 케루빔의 힘을 꺾
고 낙원으로 복귀할 수 없다. "인간은 철저하게 상실해 버린 전인간적(前
人間的) 조화를 회복하기 위해 노력하는 대신에 이성을 발달시켜 새로운
조화, 곧 인간적 조화를 찾아내면서 전진할 수밖에 없게 된다"[13]라고 에

---

12 E. 프롬/김지훈 역, 『사랑의 기술』 (서울: 청년사, 1992), 20.
13 일단 낙원에서 결별하면 그 낙원이 아무리 그리워도 돌아가지 못한다. 불타는 칼을 가진 케
　루빔 천사가 길을 가로막는다. 그래서 인간은 철저하게 상실해 버린 낙원의 전인격적 조화
　를 다시 찾는 대신에 이성을 발달시켜 새로운 초인격적 조화를 찾아야 한다. 알을 포기하고

릭 프롬은 말하고 있다.

케루빔이 가로막아 우로보로스 전자아(pre-ego)의 상태로 도저히 되돌아갈 수 없었기 때문에 이제 인간에게는 이성을 개발시켜 앞으로 나아가는 길 외에 다른 길이 없었다. 그런데 이성을 도구로 선택했을 때 따르는 하나의 심각한 현상은 '분리'(separation)라는 느낌이다. 그리고 분리는 모든 불안의 원인이기도 하다. 힌두이즘에서는 분리는 죄악이라고까지 정의하고 있다. 이성이라는 칼은 낙원의 합일상태를 난도질한다. 바로 낙원에로의 회귀를 가로막고 있는 케루빔은 '지식을' 담당한 천사가 아니었던가? 이 천사는 인간을 낙원의 무지(innocent) 상태에 빼앗기는 것을 싫어하고 있다. 인간에게 자기와 친구가 되어 달라고 한다. 분리는 불안의 원천인 동시에 수치심과 죄책감의 원천이라고 프롬은 지적하고 있다.[14] 유아가 어머니를 떠나 있을 그때 그리고 인간이 자기 고향을 떠나 있을 때 겪는 불안도 일종의 분리적 불안이라고 할 수 있다. 아담과 이브가 신과 낙원으로부터 분리되었을 때 그리고 선악을 알게 되는 지혜를 얻었을 때 즉각 찾아온 것이 바로 수치심과 죄책감이었다.

한편 불안과 수치심, 죄책감을 극복하기 위해서 낙원의 합일 상태를 그리워하게 된다. 이것이 사랑의 싹틈인 것이다. 그러나 길은 막혀 있고 새로운 합일을 이룩할, 즉 사랑할 기술은 아직 미숙해 배우지 못하고 있다. 오이디푸스 콤플렉스란 바로 어머니와 합일되려는 그리고 낙원의 원시적 합일 상태로 되돌아가려는 본능적 충동인 것이다. 이 점에서 프로이트가 자식이 반대 성(性)의 부모를 차지하려는 성적 충동으로 오이디푸스 콤플렉스를 해석한 것은 잘못된 해석이다. 이 콤플렉스는 그보

얼을 찾아야 한다.
14 E. 프롬, 21.

다 더 원초적인 낙원으로 복귀하려는 원초적 본능인 것이다.

프롬은 이렇게 우로보로스적인 낙원이나 자궁과의 합일을 '공서적 합일'(共捿的 合一, symbiotic union)이라고 했다.[15] 그리고 대부분의 정신 질환은 공서적 합일에서 생긴다는 것이다. 낙원에서는 추방당해 있고 새로운 합일을 이룩할 기술은 없고 이런 역설이 실존적 역설인 것이다. 공서적 합일에서 처음 생기는 병적 현상은 자학음란증(masochism)이다. 공서적 합일의 수동적 형태가 자학음란증이고, 능동적 형태가 가학음란증(sadism)이라는 것이다. 자학음란증이란 인간이 자신을 지휘하고 인도하는 보호자의 일부가 되고 고립감과 고독감에서 도피하려는 증상이다. "자학음란증적 인간은 결정을 내릴 필요도 없고 모험을 할 필요도 없다. 그는 결코 외롭지 않을 것이다. 그러나 그는 독립하지 못할 것이다."[16] 강대국에 의존하려는 사대주의, 부모 곁을 떠나기 싫어하는 유치 퇴행적 상태가 모두 일종의 자학음란증인 것이다.

반대로 공서적 합일의 능동적 형태인 가학음란증은 남에게 상처를 입히고 모욕을 가함으로 쾌감을 즐기는 증상이다. 현대 문제 가정의 남편들은 이런 가학증을 그리고 아내들은 자학증을 즐기면서 하루하루 살아가고 있다. 아직 인간이 성숙한 사랑을 하기에는 미숙하다. 공서적 합일은 그것이 수동적이든 능동적이든 어느 한쪽이 다른 쪽을 묵살하고 하나의 중심만이 있는 합일인 것이다. 우로보로스의 원환이 바로 이런 상태이다.

그러나 성숙한 합일이란 각자의 '개성을 유지하는 상태에 있어서의 합일'인 것이다. 존재가 하나가 되면서도 둘로 남아 있는 역설이 성립되

---

15 Erich Fromm, *The Art of Loving* (New York:Bantam Book, 1963), 15.
16 앞의 책, 40.

는 합일이다. 두 개의 중심이 공존하는 타원형적 합일이다. 공서적 합일이 에로스적 사랑의 표현이라면, 후자의 타원형적 합일은 아가페적 사랑의 표현이다. 이러한 하나이면서 둘로 그리고 둘이면서 하나로 남는 상태를 불교에서는 다르마(Dharma), 혹은 법(法)이라고 한다.

이제 인간은 다르마적 합일을 지향해 나아가야 한다. 그러나 아직도 거짓 사랑을 하면서 우로보로스로 되돌아가려는 유치퇴행적 상태에 머물려 한다. 알콜, 마약 같은 것을 통해 황홀감에 도취됨으로써 합일이 이루어졌다고 착각하고 있다. 성적 오르가즘도 이런 착각을 일으키게 하는 역할을 한다. 현대인들의 비극이 여기에 있다. 이런 도착적 합일은 거짓 사랑의 합일이며 인간은 성숙한 사랑을 할 수 있는 기술, 즉, 돌봄, 책임, 존경, 지식이란 네 가지 사랑의 기술을 개발해야 한다고 프롬은 권하고 있다.17 이러한 완숙한 사랑의 실현은 초인격적 차원에서만 가능해진다.

---

17 앞의 책, 40.

II
알 속의 의식

아래턱에 나타난 카오스 의식

인류의 가장 오래된 조상인 오스트랄로피테쿠스가 중국과 한국에서
도 각각 발견되었다. 북경의 주구점(周口店) 원인과 평양의 검은모루유
적 원인이 바로 그것이다. 1966년 평양시 상원군 검은모루[黑隅里]에서
발견된 구석기 유적은 지금으로부터 60~40만 년 전의 동굴유적으로서,
거기서 하부갱신세의 자연환경을 이해하는 데 중요한 자료가 될만한 많
은 포유동물 화석이 나왔다. 검은모루유적을 남긴 사람들은 동물계에서
갓 벗어난 인류진화의 첫 단계에 속해 있었다. 이와 같이 동물계에서 벗
어난 첫 단계의 사람을 원인(猿人)이라고 부르게 되는데, 그 이유는 그들
에겐 아직 원숭이를 연상시키는 측면이 남아 있기 때문이다. 이 원인이
한반도에 살아 있던 가장 오래된 인간으로 판단된다.[18]
현대인들의 뇌용적이 1,400~2,000cc인 데 비하여 검은모루유적의
원인들은 900~1,000cc 정도이다. 지금까지 알려진 자료에 의하면 사람

---

18 『조선전사』 (평양: 과학역사사전출판사, 1979), 32.

으로 진화하는 과정에 있던 원숭이 가운데 인간에 가장 가깝게 진화한 것이 '두 발 걸음 원숭이'이다. 이들은 다른 원숭이들과는 달리 두 발로 서서 걸어 다녔다. 이 두 발걸음 원숭이는 그 신체구조에 있어서 사람과 가장 닮아 있었다. 몸 구조상에 있어서 사람의 모습이 처음으로 갖추어지기 시작한 질적 변화가 이 원인단계에서 일어났다. 바로 검은모루유적 인간이 이런 특징을 가지고 있어서 주목된다.[19]

아프리카에서 발견된 오스트랄로피테쿠스와는 달리 검은모루유적 인간들은 우리에게 그들이 도구로 사용했던 동물들의 뼈 같은 것을 남겨주고 있어서 고고학적으로 큰 의미를 지닌다. 검은모루유적에 대한 남북한의 평가는 아직 일치하고 있지 않다. 남측에서는 아직도 그 평가를 유보하고 있는 입장과 북한 측 주장을 수용하자는 입장이 있다. 그러나 양측의 입장 차이에도 여기서 문제 시 되는 것은 그 당시 그곳에서 살았던 인간들의 의식구조이기 때문에 고고학적 입장 차이는 여기서 도외시되어도 좋다.

북한측 주장을 수용한다면 검은모루유적 인간은 한반도 최초의 우로보로스-알카오스적 인간이라고 할 수 있다. 아래턱 구조를 볼 때 아직 언어가 발달돼 있지 않았음을 분명히 볼 수 있다. 이들 원인(猿人)의 의식구조는 혼돈과 모호성 그대로였다. 무의식의 영역에 잠겨 있었으며, 제 자신을 세계로부터 구별시켜 낼 수도 없었다. 모든 것이 모호하고 무분별한 상태에 머물러 있었다. 모든 것이 합류되고 혼돈된 상태의 의식구조를 지니고 있었다.[20] 이러한 의식구조를 겝서(J. Gebser) 같은 학자는 '고대적 구조'(archaic structure)라고 했다. 그런 면에서 겝서는 "인간

---

19 『조선유적유물도감』 (평양: 동광출판사, 1988), 22.
20 김상일, 『한밝文明論』 (서울: 지식산업사, 1987), 63.

의 문명사는 의식의 전개사"[21]라고 하면서, 인간의 의식은 고대적 구조, 마술적 구조, 신비적 구조, 정신-합리적 구조로 나뉘어 발전한다고 보았다.[22] 인간의 의식이 애매한 카오스 상태에서 점차로 합리적이고 분명해지는 단계를 4단계로 나누어 본 것이다.

고대적 구조를 노이만은 우로보로스 상태라고 했다. 칼 융의 말을 빌리면 의식과 정신이 생겨나지 않은 물질적 상태, 곧 '플레로마'(pleroma) 상태였다. '플레로마'란 고대 그리스의 영지주의자들이 사용하는 용어로써 정신적인 '크레아투라'(creatura)와 대칭되어 사용되는 말이다. 한국의 고대문명은 검은모루유적 인간이 한 단계 높은 의식 구조로 눈 뜸으로 열린다고 할 수 있다. 검은모루유적 인간보다 한 단계 높은 구조를 가진 인간이 바로 덕천-역포인간이다.[23] 검은모루유적 인간, 즉 한국의 오스트랄로피테쿠스가 우로보로스-알 상태에서 깨어져 나와야 할 이유는 바로 이런 미분리된 애매성 상태에서는 '애집유대증'(incestious tie)에서 정신질환을 유발시키기 때문이다. 나르시즘(narcissism) 같은 정신질환도 결국 자기가 자기에게로 되돌아가려는 애집증에서 생긴 것이다. 나르시즘, 즉 자기애는 가장 강한 원초적 본능이다. 여기서 인간은 갈등을 겪게 된다. 그러면 원초적 자기유착에서 자기를 분리시켜야 할 것인지 말아야 할 것인지가 문제시 된다. 에덴동산에서 탈출은 축복인가 저주인가?

우로보로스는 어머니의 자궁이며 에덴동산이다. 거기에 머무는 한 먹이가 아무런 수고도 없이 주어질 수 있다. 그러나 의식의 성장을 기대하기란 어려운 지진아 상태에 머물게 된다. 그렇다고 분리되어 나오면

---

21 앞의 책, 63-65.

22 고대적 구조는 우로보로스층, 마술적 구조는 타이폰층, 신비적 구조는 태모층, 정신적 구조는 태양화에 각각 해당한다.

23 『조선전사』, 32ff.

스스로 먹이를 해결해야 할 고통이 따른다. 이를 '분리 갈등'이라고 한다. 모든 문명은 이 분리 갈등을 겪으면서 문명의 여명이 동트기 시작했다.

카오스와 차크라

인류 문명의 원초적인 애매성은 전 세계적으로 공히 뱀이나 용 같은 파충류로 상징되었다. 우로보로스가 바로 그것이다. 뱀이 자기 입으로 자기 꼬리를 물고 있는 상징 말이다. 우리나라를 비롯하여 우로보로스 상징은 전 세계에 퍼져 있는 보편적인 상징이다. 자기로부터 자기자신이 아직 미분화되어져 있는 카오스적 모호성을 왜 뱀으로 상징화시켰는지 여기서 한번 심도 있게 생각해 보지 않을 수 없다.

뱀을 가장 원초적인 본능 혹은 힘으로 본 것은 인도의 쿤다리니 요가에서 더욱 뚜렷하다. 쿤다리니 요가에 의하면 인체 내에 있는 에너지는 생식기와 항문이 있는 가장 낮은 층에서부터 머리 정수리까지 7개의 층으로 상승된다. 이러한 단계 하나하나를 '차크라'(chakras)라고 한다. 차크라를 단계적으로 보면 다음과 같다.[24] 1단계 물라드라 차크라항문, 2단계 스바디스 차크라생식기, 3단계 마니프라 차크라배꼽, 4단계 아나하타 차크라심장, 5단계 비슈다 차크라갑상선, 6단계 아즈나 차크라미간, 7단계 사하스라라 차크라머리와 같다.

여기서 가장 낮은 단계에 해당되는 물라드라 차크라는 뱀의 힘을 가지고 있다고 한다. 뱀의 힘은 인체 내의 가장 저층부인 항문에 응축된 우주의 생명 에너지로서 뱀과 같이 똬리를 틀고 잠자고 있다. 항문부분에 똬리를 틀고 잠자듯 가만히 있는 듯한 이 뱀의 힘은 실로 막강하다고 할

---

24 이태녕, 『요가의 이론과 실천』 (서울: 민족사, 1988), 40.

수 있다. 이 힘은 자기 위에 있는 6개의 차크라들이 자기를 어떻게 대하는가에 주의를 쏟고 있으며, 만약에 조금이라도 억압이 가해지는 날에는 무서운 반격을 가한다. 위로 상승할수록 차크라는 추상적이 되고 관념적이 된다. 뱀의 바로 위의 단계에는 성적 본능이 놓여 있다. 이 두 힘은 모두 이 뱀의 힘이 좌우하고 장악하고 있다. 차크라의 상승은 용이 잠룡, 전룡, 비룡으로 변하는 것과 같다고 할 수 있다.

차크라 시스템[25]

흰색: 제7의 차크라는 왕관 차크라라고 하는데, 머리의 정수리에 위치하고 있다. 이것은 송과선(松果線)과 대응해 있으며, 상부와 오른쪽 눈을 지배한다. 이 차크라를 통해서 궁극적으로 신(神)과의 일체화에 도달할 수 있다. 그 색깔은 보라색, 때로는 전체 색깔을 배합한 흰색으로 보이기도 한다.

남색: 제6의 차크라는 이마의 중앙에 위치하며, 제3의 눈이라 할 수 있다. 이것은 뇌하수체와 대응해 있으며, 뇌의 하부와 신경조직·귀·코·인격의 눈인 왼쪽 눈을 지배한다. 이 차크라를 통해서 영적 세계를 파악한다. 그 색깔은 남색으로, 적과 청이 배합된 강렬한 색이다.

청색: 제5의 차크라는 목의 차크라이다. 이것은 갑상선과 대응해 있으며, 폐·성대·기관지 및 신진대사를 지배한다. 이곳은 표정과 의사전달뿐 아니라 판단의 중심부이다. 색깔은 청색이다.

녹색: 제4의 차크라는 심장 차크라이다. 이것은 흉선과 대응해 있으며, 심장·혈액·순환기를 지배하고 면역 및 내분비조직도 지배한다. 이 차크라를 통해서 사랑을 느낀다. 색깔은 녹색이다.

노랑: 제3의 차크라는 태양신경층에 위치하고 있다. 이것은 췌장에 대응해 있으며, 간장·위·담낭·비장 신경계통의 일부 기능을 지배한다. 이 차크라는 감정과 에너지를 해방시키는 중심부이다. 색깔은 노랑이다.

오렌지색: 제2의 차크라는 창조성 차크라라 불리며, 생식기에 있다(여자는 난소,

남자는 고환). 이 차크라는 인간관계·성·생식 등의 창조적 태도를 지배한
다. 색깔은 오렌지색이다.

빨강: 제1의 차크라는 기초 차크라 또는 뿌리 차크라라고 불리우고, 척추의 밑부분
에 있으며 육체 차원의 이해를 지배한다. 이 차크라는 살아남기 위하여 싸우
느냐 도망가느냐를 경정하는 에너지 중심부이다. 이것은 부신(副腎)과 대응
해 있으며, 신장·척추의 기능을 지배한다. 색깔은 빨강이다.

쿤다리니 요가는 인도에서 발달된 것이고 서양의 우로보로스 상징
과는 직접적인 관련은 없다고 하지만 우리 인체 내의 가장 원초적인 힘
을 뱀의 힘으로 보았다는 점은 놀라울 정도로 서양의 신화들과 일치하고
있다. 「구약성서」의 에덴동산에도 뱀이 있었다. 신의 창조 이전에 있었
던 흑암(Tehom)이 뱀과 일치하고 있음은 물론이고, 7일 창조 이전에 있
었던 우주의 원초적 힘이 뱀이라는 점에서는 쿤다리니 요가와 일치하고
있다. 칼 세이건은 이를 『에덴의 龍』(Dragon of Eden)이라고 했으며 자
기의 책 제목으로 삼았던 것이다.

결국 인류 문명 혹은 의식의 발달과 진보란 이 가장 낮은 원초적 우로
보로스-뱀으로부터 출발한다. 그런데 지금까지는 이 원초적인 고리의
첫마디를 문명사의 대 연쇄고리에서 제거시켜 버렸던 것이다. 켄 윌버
는 좀더 강한 어조로 이 우로보로스-뱀을 임의적인 상징 정도로 볼 것이
아니라, 기층무의식의 가장 낮은 상태의 사실적인 형식으로까지 보아야
한다고 강조하고 있다.26 모든 건국 신화의 시조들이 알에서 나오는 진
정한 이유도 알-뱀의 막강한 힘 때문이다. 뱀의 힘은 한마디로 말해서 혼

---

25 차크라 층은 곧 의식의 층인 동시에 문명의 층이다. 존재의 대존재 연쇄고리도 여기에 기초
한다. 또 신화 속의 지구가 변하는 7개 모습과도 같다. 그림 2—2 참고. 셜리 맥클레인/김구
사 역, 『내면세계의 탐험』(서울: 교문사, 1991), 서문.
26 Ken Wilber, *Up from Eden*, 34.

돈과 애매성의 힘이다. 원초적인 카오스의 힘인 것이다. 이 힘 속에는 물질적인 영양, 격정, 본능 같은 것으로 가득 차 있다. 그리고 의식은 에덴의 동산에 깊이 잠들어 있는 상태인 것이다. 모든 것이 몽롱하며 분명하게 나타난 점이 없다.

'타락'(fall)이란 몽롱한 애매성에서 분리가 생김으로써 발생한 한 현상이다. 그래서 여기서는 '타락'이란 말의 정의를 좀 더 독특하게 내리고 있다. 기독교신학이 그렇게 정의하듯이 인간이 의지로 윤리적인 죄를 범하는 것 이전에, 뱀의 막강한 힘이 지배하던 에덴동산에서 분리되는 현상이 일어나는 것을 '타락'이라고 정의한다. 그리하여 타락이란 애매한 카오스 상태가 파괴되면서 명료성과 분명함이 나타나는 모든 것을 타락이라고 정의한다. 가톨릭에서도 "복된 타락이여, 타락이 없었더라면 그리스도와 같은 분을 어떻게 만났겠는가?"[27]라고 했다. 만약 에덴동산에서 타락과 분리가 일어나지 않았더라면 과연 인류 문명이 이만큼 발전할 수가 있었을까?

여기서 우리는 일면 기독교의 타락설과 상치하는 듯한 또 다른 타락설을 말하고 있는 것처럼 보인다. 에덴동산의 모호한 카오스가 파괴되어 분리와 타락 현상이 일어남이 타당했는지 아니었는지의 의문이 생긴다. 이 책은 타락을 두 종류로 나누어 생각함으로써 이 의문을 풀고자 한다. 하나는 '과학적 타락 scientific fall'이고, 다른 하나는 '신학적 타락 theological fall'이다. 전통 신학은 이 두 타락을 구별할 줄 몰랐던 것이다.

---

27 역설적인 표현이기는 하지만 인간이 타락을 했기 때문에 예수가 세상에 올 수 있었으니 타락이 차라리 다행이란 뜻이나, 이런 역설은 기독교가 타락의 종류를 두 가지로 나누어 생각하지 못한 데서 생긴 한갓 무의미한 생각에서 나온 것에 지나지 않는다.

III
우로보로스와 카오스

우로보로스와 끌개

우로보로스는 끌어당기는 힘을 지니고 있다. 역대 제왕들이 뱀이나 용을 상징으로 삼은 것도 바로 이런 파충류가 지닌 큰 힘 때문이다. 오이디푸스가 어머니에게 끌려가는—그것도 무의식 중에— 근친상간적 힘에서부터 남녀 간에 잡아당기는 에로스적 성애에 이르기까지 실로 그 힘은 크다고 할 수 있다. 시계추가 흔들리다가 궁극적으로는 '한가운데'에 서 버리려는 것도 카오스 이론에서 말하는 끌개이론 가운데 하나이다. 시계추의 경우 초기에 어떤 흔들림을 주더라도 결국 모든 점이 한가운데 점에 정지되고 만다. 이를 '점 끌개'(point attractor)라고 부른다. 이와 같이 끄는 끌개의 관점에서 볼 때 카오스의 끌개이론과 우로보로스는 상관관계가 있다. 끄는 힘이란 점에서 공통성이 있다.

점보다 더 높은 차원의 끌개도 존재하는데 시계추를 주기적으로 약한 힘으로 흔들어 주면 시계추 운동은 점이 아닌 한계순환(limit cycle)이라고 부르는 닫힌 곡선모양—즉 우로보로스 모양—의 끌개로 흘러들어가서 하나의 주기적 운동을 보인다. 이는 '토러스 끌개'(torus attractor)라고

끌개와 우로보로스

위상공간에서의 궤적이 기하학적 모양 으로 나타난다(시계추의 운동).

간단하지만 매우 복잡한 카오스 운동을 나타 낼 수 있다(시계추에서의 기이한 끌개).

(a) 고리 모양의 끌개

(b) 고정점 모양의 끌개

(c) 영원을 상징하는 고리 모양의 우로보로스

(d) 고정점 모양의 우로보로스

부르는 토러스형 끌개이다. 토러스 모양을 한 끌개 속으로 들어가 주기 성은 없어지지만 그래도 규칙적인 준주기운동을 보인다. 그러나 주기적 힘의 세기가 충분히 커지거나 마찰이 약해지면 추의 궤도가 기이한 끌개 로 흘러 들어가서 비예측성 불규칙운동을 나타내 보인다.[28]

위에서 소개한 두 개의 시계추 끌개의 경우, 위의 그림 (b)의 고정점 끌개는 외부에서 에너지를 가하지 않았을 경우 마찰에 의해 끌개 원점이 한 점으로 변하는 경우이고, 그림 (a)는 바깥에서 시간에 맞춰 에너지를 가하여 시계추가 일정한 진폭으로 움직이는 경우이다. 나중의 경우를 한계 순환이라 부른다. 이 경우 시계추를 바깥 힘으로 크게 흔들어 주어 도 적게 흔들어 주어도 결국 원래의 진폭으로 안정을 되찾아 진동을 계 속한다.

---

28 제임스 클리크/박배식 · 성하운 역, 『카오스』 (서울: 동문사, 1993), 179ff.

그런데 시계추에 마찰이 전혀 없을 경우에는 시계추의 움직임은 속도(Y축)와 위치(X축)의 두 개의 변수로만 나타낼 수 있다. 이를 다시 알기 쉽게 그림으로 나타내면 그림 (a)와 같다. 시계추의 모든 정보는 이 경우에 점으로 나타나 고리 모양의 궤적을 만든다. 이를 '고리 모양의 끌개'라고 부른다.[29]

그러나 고정점 끌개는 마찰이 생김에 따라 시계추는 점점 에너지를 잃어 버리고 마침내 정지하고 만다(그림 (b)). 그림에서 보는 바와 같이 속도(Y축)도 위치(X축)도 모두 0으로 변하고 만다. 이 중심점(0)이 바로 시계추의 궤도를 끌어들이는 '끌개'라는 것이다. 물리학자들도 이미 이 간단한 고리모양의 끌개(a)와 고정점의 끌개(b)를 알고 있었다. 고정점 끌개는 결국 정지상태에 이르고 말지만 고리모양의 끌개는 계속 같은 행동을 반복한다. 우로보로스에도 고리 모양과 고정점 끌개가 있다.[30] 뱀이 자기 입으로 자기 꼬리를 물고 있는 우로보로스 상징은 끌개의 이 두 가지 성격을 지니고 있다. 영원한 순환운동과 한 고정점에 모든 것을 끌어들이는 힘이라고 할 수 있다. 그래서 우로보로스들 가운데 그리스 우로보로스는 '하

---

29 김용국·김용운, 『프랙털』 (서울: 동아출판사, 1992), 125.

30 이러한 끌개는 자석이 주변의 철조각을 빨아들이는 것과 같은 역할을 한다. 또 공기 중에 놓인 철은 자연 산화를 하여 녹슬어 버리지만 이것도 산화철이라 불리는 화학평형의 상태로 끌려들어가기 때문에 끌개의 이미지를 갖는다. 즉, 끌개란 좌표 상에서 '점'의 움직임(물질의 운동)이 시간의 경과와 함께 빨려 들어가는 궤도나 점이다. 강이나 수로(水路)의 물흐름이 조용할 때, 즉 흐름의 상태가 가라앉아 있는 경우는 이론상의 '층류(層流)'이고 이때에 물 분자가 정확하게 실을 뽑아내듯 흐른다. 그 다음으로 흐름을 빠르게 하면 난류(亂流)가 되어 일정한 주기로 소용돌이가 생긴다. 이렇게 되면 물의 분자는 어지럽게 흐르는데, 그래도 흐름은 전체적으로 안정되어 있고, 막대기와 같은 것으로 휘어져도 그 흐름은 그것에 영향을 받지 않고 원래의 상태로 돌아간다. 이 경우의 끌개는 원인이 되고 이것이 한계순환이다. 끌개가 점에서 한계순환으로 변하는 분기를 '홉(Hop) 분기'라고 한다. 이 이후에 원은 도너츠 모양, 즉 원환체(圓環體)가 되고, 그 상태에서 관련 요소[自由度]가 더욱 증가하면 복잡한 모양을 보이게 된다. 즉, 난류의 복잡성이 증가해 가는 것이다.

나 속에 모든 것'이란 글자가 적혀 있고, 켑틱 우로보로스는 만물을 그 속에 그려 넣고 있다.

우로보로스의 이러한 성격과 우주 태양계의 삼체문제를 연관시켜 생각해 볼 수 있다. 예를 들어 화성과 목성 사이에 소행성군이 끼면 3체 사이에는 카오스 현상이 나타난다는 것이 밝혀졌다. 이 3체들 사이에 누적된 영향 관계를 계산해내는 것은 매우 어려운 문제이다. 이 3체 사이의 계산해낼 수 없는 카오스적 구조를 표현해 보면 다음 그림과 같다.

카오스와 3체운동

화성과 목성라는 2체만 있을 때는 카오스 현상이 나타나지 않다가 그 사이에 소행성군 히페리온이 끼어들어 3체가 되면 프랙털 현상이 나타나게 돼 궤도를 도저히 계산하기 어려워지게 한다.[31] 음과 양일 때에는 안전하다. 그러나 그사이에 차원이 더 가미되면 요동치는 프랙털 현상이 나타난다. 3체 운동 속에서는 똑같은 양상을 반복하지도 않고 정지상태에 이르지도 않는다. 결국 어느 일정한 공간 안에 갇혀 있으면서도 그

---

31 이는 마치 가위, 바위, 보의 삼각관계에서 승부가 무한히 결정되는 것과 같다. 서로 되먹임을 하는 과정이 승부를 무한히 계산하기 어렵게 만든다. 개구리는 뱀에 먹히고, 팔태충은 개구리에 먹히고, 뱀은 다시 팔태충에 먹히는 관계와 같다. 그래서 연인들 사이에 삼각관계가 형성되면 복잡해진다. 『과학동아』 (서울: 동아일보사, 1994), 32.

것이 그리는 궤적은 자신이 지났던 길을 다시 지나지는 않는다. 그 궤적은 유한한 공간 속에서 무한히 뻗어 있는 것과 같다. 이를 '프랙털'이라고 부른다.

우로보로스는 신화적인 표현이다. 그것은 곧 인간의 잠재의식적인 표현이기도 한다. 이러한 우로보로스의 과학적 표현을 카오스나 프랙털 이론으로 설명해 보았다. 우로보로스와 카오스가 갖는 그 상징적인 의미는 매우 유사하고 동일하기도 하였다. 우로보로스는 문명사의 가장 낮은 층의 의식을 반영하나 문명사의 초깃값으로서 위의 다른 층들에 가장 큰 영향을 미친다. 마르크스 철학이 이 우로보로스 층을 대변하며, 우로보로스의 힘은 마르크스의 힘인 동시에 운명인 것이다. 문명사의 초깃값 우로보로스가 19세기에 마르크스를 통해 다시 나타난 것이다. 그러나 그 차이란 과연 무엇일까? 이 질문에 대한 대답을 찾으려고 하는 것이 가장 중요한 과제이기도 하다.

3체운동과 화백

우리 민족은 중국과 다른 역의 개념을 가지고 있다. 음과 양이라는 양극적 개념이 아닌, 음과 양 그리고 중(中)의 삼태극적 개념을 가지고 있다. 그래서 삼태극은 적, 청, 황의 삼색으로 만들어져 있다. 환웅이 하늘에서 내려올 때도 방울, 칼, 거울의 천부인 세 개를 가지고 왔으며, 그가 거느리고 온 신하도 삼사(三師), 즉 풍사, 운사 우사이며, 무리도 3천 명이었다. '3'을 성스러운 숫자로 생각하여 갓난아기를 낳으면 37(21일)을 지킨다. 모든 결심을 삼세 번 만에 내리는 것도 생활 습관이다. 중국인들이 '4'를 그렇게 여기는 것과는 대조된다.

우리는 한민족이 '3'을 선호하는 이유를 카오스 이론의 3체운동을 알면서 새삼스럽게 생각해 보게 된다. '4'는 둘씩 묶여 결국 2등분된다. 그러나 '3'은 이렇게 이분화되는 것을 막고 인간의 마음과 사회를 프랙털 현상으로 이끌어 갈 수 있게 한다. 사회의 프랙털 현상이란 지배와 피지배가 없는 절대 평등구조인 것이다. 이를 '화백'(和白)이라고 한다. 모든 것이 하나로 평등한 구조이다. 우리 고대 문헌에도 다음과 같은 기록이 엿보인다.

환웅천왕이 처음으로 하늘을 여시고 모든 사람의 의견을 하나로 모으는 화백을 하였다(衆議一歸和白).[32]

화백은 모두가 하나로 되는 것이며 모두가 하나로 힘써 화합하여 정치를 하는 마음이다.[33]
정치를 시작함에 화백보다 급한 것이 없다.[34]

화백이란 두 발로 걷는 것이 아니라 세 발로 걷는 것이다. 마치 고구려 고분 쌍극총과 쌍용총에 나오는 세 발 달린 새, 삼족오(三足烏)의 모양같이 말이다. 우리는 세 발로 어떻게 걸을까 한 번 생각해 보게 된다. 새 종류는 두 발이고 기는 짐승은 네 발이다. 걷는 규칙과 질서를 만드는 데 두 발과 네 발은 별 문제가 없다. 그러나 세 발은 사정이 다르다. 당장에 걸음에 '프랙털 현상'이 나타난다는 것이다. 이처럼 우리 민족은 걸음걸이에 있어서부터 카오스와 프랙털을 즐겼다.

프랙털 현상이 일어날 때 계급구조는 무너지고 절대 평등과 자유가 이루어진다. 왜냐하면 모든 문제가 상호 견제되기 때문이다. 신라 6부 촌

---

32 『한단고기』, <삼성기전 하편>.
33 앞의 책, <단군세기> 중에서.
34 『태백일사』, <소도경전보훈> 중에서.

장들이 상호 견제하듯이 말이다. 이런 세계를 홍익인간 세계라고 한다.[35] 우실하 교수는 만주 동북부와 한반도 동해안 일대로 흘러들어 온 문화는 3수분화이고, 서해안으로 전파된 문화는 2수분화라고 했다. 고구려 고분 벽화에도 3족오과 2족오가 같은 고분 안에 같이 공재한다.

---

35 최승환, 『삼일신고』 (서울: 하남출판사, 1991), 173.

제 4 장

멀고 먼 장승의 뿌리
타이폰층

I

카오스와 마술

마술쟁이 타이폰

'타이폰'(Typhon)[1]이란 고대 그리스신화에 나오는 반인반수(半人半
獸)적 인간이다. 얼굴은 사람, 날개는 독수리, 다리는 뱀이다. 여기서 '타
이폰'이란 말을 사용할 때는 짐승몸을 하고 있는 인간의 일반적인 특징
을 나타내기 위하여 상징적으로 사용된다.

일반명칭으로서의 '타이폰'이란 인간이 동물적 자아에서 완전히 분
리되어지지 못한 상태를 의미한다. 즉, 감정이 지배하는 몸에서 마음을
완전히 분리시키지 못하거나, 감정과 격정에서 합리적인 인지작용을 분
리시키지 못하고 있는 일반적인 상태를 두고 하는 말이다. 이 타이폰의
상태가 우로보로스와 다른 점은 후자가 자연 속에 빠져 있었다면 타이폰
에 와서부터는 이제 자기를 감싸고 있던 자연을 '저만치' 떼어놓고 볼 수
있게 되었다는 점이다. 타이폰적 자아가 우로보로스의 상태에서 벗어나

---

1 타이폰은 초기 슬기인간(네안데르탈인)에 관한 것이다. 몸과 마음이 아직 분리되지 않은
짐승몸 인간이다. 감정성에 대한 층으로 프로이트가 이를 대변한다. 요가의 차크라(프라나)
에 해당된다. 한국 장승의 뿌리가 여기에 해당한다.

타이폰

기는 했어도 아직 자기 자신의 육체적 자아에서 정신적 자아를 분리시키지 못한 알카오스 상태에 있었다. 그러나 밑에서 우로보로스적 자아가 끊임없이 끈끈하게 끌어당긴다. 이것이 오이디푸스 콤플렉스의 정체이다. 프로이트와는 다른 해석이다.

타이폰이 갖는 전형적인 의식구조의 특징은 '마술적'(magical)이라고 할 수 있다. 마술적 인간의 특징은 '전체'와 '부분' 간의 구별을 혼동하는 것이 두드러진다.[2] 집합과 요소 사이를 구별할 줄 모르는 것이 마술적 의식구조의 특징이다. 우로보로스적인 애매성은 아예 부분과 전체의 구별 자체가 아직 생겨나지 않았기 때문에 마술에 걸릴 위험성이 전혀 없었다. 그러나 타이폰의 경우는 사정이 다르다. 타이폰은 동물에서 인간으로 진화하는 과정에 아직 동물인지 사람인지의 구별이 애매한 상태이다. 이성과 감정이 혼동돼있는 상태에서 마술적 현상이 자연히 나타난다.

마술적 상태는 '여럿이 하나 속에 하나가 여러 속에' 있는 상태이기 때문에 마치 높은 경지의 불교의 법계(法界)인 '一卽多 多卽一'의 세계와 같은 것처럼 보인다. 2층의 마술적인 것과 3층의 신비적인 것은 구별되어야 한다. 하나와 여럿을 어떻게 보느냐에 따라 양자는 구별된다. 마술적인 상태는 집합(class)과 요소(elements)가 아무 구분 없이 막연하게 혼

---

2 J. Piaget, *The Essential Piaget* (New York:Basic Books, 1977), 20.

돈되어 있는 상태이다. 그러나 전향적 양상에선 멱집합에서 보는 바와 같이 전체 자체가 자기 자신에 한 부분으로 포함(包含)된다. 그래서 전향적 신비 경험에선 '여럿'이 자기자체로서 혼돈됨이 없이 '하나'인 상태이다. 하나와 여럿은 분리되어 하나가 여럿을 초월한다. 이 점이 마술(2층)과 신비(3층)가 다른 점이다.

마술적 현상은 꿈속에서 그대로 나타난다. 프로이트는 꿈속에서 타이폰이 그대로 나타난다고 보았다.[3] 꿈속에서 종종 우리는 우리 자신이 동물로 둔갑되기도 하고 반인반수의 모습으로 마술을 부리는 것을 발견하게 된다.[4] 꿈속에서 여러 개의 상이 플라스틱같이 마술을 부리며 원근(遠近)의 구별도 없이, 부분과 전체의 구별도 없이, 애매한 상을 만들고 있는 것을 발견하게 된다. 설리번(H. S. Sullivan)이란 심리학자는 이를 '병렬상태'(paratactic mode)라고 했다.[5]

우로보로스-알의 무분별적인 전체성이 산산조각나 부서져 버리기는 했으나, 부서진 조각들이 재구성되어 어떤 논리적인 연관성도 찾지 못하고 하나로 되어져 있다. 부분들인 요소들이 어떤 논리적인 합리성에 의해 연관성을 맺고 있지는 못할지라도, 부분들이 마술적인 방법으로 연상 혹은 연합작용을 하여 한 묶음을 이루고 있다. 이러한 경험의 상태가 바로 짐승몸 인간타이폰의 경험상태라고 할 수 있다.

그 상태에서는 내면의 세계에서 생기는 꿈이나 영상 같은 것들로부터 외적 실재를 구별할 줄도 몰랐다. 합리적 사고나 반성 의식 같은 것도 없었기 때문에 정신과 외적 세계를 완전히 가를 수 없었다. 애매한 무-이

---

3 꿈속에 나타나는 여러 다른 동물들 간, 혹은 동물과 인간 간의 혼동은 모두 2층 타이폰층의 의식구조를 반영한다고 프로이트는 보았다. 이를 '제1차 과정'이라고도 한다.

4 J. Frazer, *The New Golden Bough* (New York: Criteron, 1959), 76.

5 H.S. Sullivan, *The Interpretation Theory of Psychiatry* (New York: Norton, 1953), 67.

원론적(aduality) 상태였다. 고차원적 신비주의적 애매성은 무-이원론적이 아니고 비-이원론적(non-duality)이라고 할 수 있다. 불교 사찰의 기둥 하나인 일주문은 무-이원론이고, 마지막 금강문 혹은 불이문은 비-이원론적이라 할 수 있다. 중간의 기둥 네 개인 사천왕문은 이원론적이다. 이런 깨달의 발생순서가 '대승기신론'의 핵심이다.

이런 짐승몸 인간들이 20만 년 전에서 1만2천 년 사이에 지구상에 살았다고 보며, 우리나라에서는 덕천역포 사람이 이에 해당한다고 할 수 있다. 우로보로스나 타이폰 인간은 모두 0~2세 나이 정도의 의식 구조밖에는 가질 수가 없었다. 타이폰층을 1기와 2기로 나눌 때, 네안데르탈인은 1기에, 크로마뇽인은 2기에 각각 속한다고 할 수 있다. 개인 나이로는 우로보로스층과 같이 모두 0~2세 사이이다.

한국에 산 타이폰

대존재 연쇄 고리의 첫 번째 고리가 우로보로스라면 두 번째 고리가 타이폰이다. 우리나라에서 첫 번째 고리가 검은모루유적 인간이며, 두 번째 고리는 덕천역포 인간6이라 할 수 있다. 검은모루유적에 이어 1977년 7월 평양시 역포구역 대현동에서 고인(古人)에 속하는 사람의 머리뼈 화석이 나왔다. 대현동유적에서 나온 이 고인은 그것이 발견된 지명에 따라 '역포사람'이라고 불렸다. 대현동에서 나온 '역포사람'은 7~8세된 아이였으며, 머리뼈의 크기나 그 나이에 해당되는 고인의 머리뼈와 대

---

6 덕천리 동굴은 대동강으로부터 17~18cm 높은 곳에 있는데, 동남향이어서 햇빛을 받는 시간이 길 뿐만 아니라 굴이 길고 구부러져서 바람도 막을 수 있어서 짐승과 물고기 사냥이 유리하였다. 동굴 안에는 구석기 문화층과 청동기 문화층이 동시에 공존한다(『조선유적 유물도감 1』 참고).

체로 일치한다.

역포사람의 머리뼈는 비록 어린아이의 것이지만 거기에는 원시적인 특징이 두드러지게 나타나 있다. 앞머리뼈의 경사가 상당히 느리며 눈두덩 부위가 잘 발달된 점이 발견된다. 역포사람의 앞머리뼈는 같은 나이에 해당되는 현대 사람의 앞머리뼈와는 비교가 되지 않을 정도로 그 경사가 느리며 앞이마는 눈두덩 부위를 지난 다음부터 아주 완만한 형태를 그리면서 위 머리뼈로 넘어간다. 눈두덩 부위의 발달은 몸 구조의 진화 정도를 반영하는 가장 특징적인 원시적 징표의 하나이다.[7]

'역포사람'이나 '덕천사람'은 원시적인 특징을 많이 가지고 있지만 동시에 현대 사람에 가까운 특징도 엿보인다. 뇌수의 용적 면에서 볼 때 이들 고인은 검은모루유적의 원인과 비할 바 없이 클 뿐만 아니라 거의 현대 사람의 그것에 이르고 있다. 즉 뇌수용적이 1300~1700cc에 이르고 있다. 뇌수의 이러한 특징은 고인의 고등신경계통이 잘 발전되어 있었다는 것을 의미한다. 고등신경계의 발달은 흥분과 제지에 의하여 보장받는다. 즉, 유인원 같은 동물들은 흥분이 우세하나 사람은 그와는 달리 제지가 우세하여 자신의 감정과 본능을 통제하고 억제하면서 분별 있게 행동한다. 고등신경계에 의하여 제지를 받지 않을수록 알카오스, 즉 알-우로보로스적인 혼돈이 판을 치게 된다. 동물적인 충동이라든가 운동중추의 지나친 흥분과 같은 동물적인 본성들은 고등신경계에서의 제지가 우세함으로써 극복될 수 있다. 고등신경계의 발달이 곧 비카오스화이다. 라캉이 말하는 상징계가 커지기 시작했다는 말이다.

그러나 아직 이들 고인은 많은 점에서 동물적인 특징을 그대로 가지고 있다. 즉, 반인반수 상태이고 의식 구조도 역시 그러하다고 할 수 있다. 동

---

7 『조선전사』, 24.

물적 충동을 억제할 수 있는 고등신경계통이 발달되어 있기는 하나, 아직 감정과 격정이 이성의 완전한 지배를 받지 못하고 있는 상태였다. 그들은 우로보로스-알 상태에서 갓 깨어난 의식 구조가 있었으나 많은 점에서 동물적 충동에서 오는 위험에서 벗어날 길이 없었다.

현대 사람들의 얼굴은 눈썹 사이, 눈두덩, 눈구멍 바깥 삼각부가 구분되어져 있는데 고인에게서는 그것이 하나로 뭉뚱그려져 똑같은 부위를 형성한다. 이 부위가 이마와 눈썹 사이에 생겨 뚝처럼 곧게 가로 놓이기 때문에 '눈턱뚝'이라고 하는데, 바로 역포사람에게 이러한 눈턱뚝이 있다는 점이다. 눈턱뚝의 발달정도는 눈썹 사이 지수에 잘 반영된다. 이 지수는 눈썹 사이에서 볼 수 있는 눈턱뚝의 너비에 대한 그 두께의 상대적 크기를 나타내는 것으로서, 역포사람은 그 지수가 22.6이다. 눈썹 사이의 지수가 유인원은 43.6~66.0, 원인은 24.7~20.8이다. 이에 비추어 볼 때 역포사람은 고인 범위에 든다고 할 수 있다.[8]

역포사람과 덕천사람은 아직 언어를 구사할 논리적 사고를 갖지 못하였음이 분명하다. 언어를 사용하기 위해서는 아래턱 뼈에 턱불루기가 있어야 하는데 검은모루유적 인간이나 덕천사람에게서 우리는 이를 발견할 수 없다. 이는 그들이 아직 언어를 사용하고 있지 않았음을 반영하는 것이다. 언어를 사용하고 있지 않았다고 함은 그들이 아직 논리적 사고를 하고 있지 않았음을 의미한다. 고등신경계가 발달되었으나 그것이 논리적 사고를 할 단계가 아직 아니었음을 의미한다. 사물에 대한 이름을 붙이질 않았다. 에덴동산에서 아담과 이브가 아직 사물들에 대하여 이름 붙이는 일을 하고 있지 않았음을 의미한다.

그들은 타이폰의 전형적인 특징인 마술적 사고를 하고 있었음이 분

---

8 앞의 책, 25.

명하다. 전체와 부분이 혼동된, 그래서 질서 있는 분별력을 전혀 갖추고 있지 못하고 있었다 할 수 있다.

마술적 카오스: 예술이냐 마술이냐?

타이폰적 인간이 지닌 혼돈은 일종의 마술적 카오스라고 할 수 있다. 자연에서 인간을 분별시켜 내기는 했으나 아직 자기 감정에서 정신을 분리시켜 내지 못함으로 생기는 일종의 생리적인 혼돈이다. 이런 의식상태에서 생기는 마술적 현상은 매우 다양하다. 타이폰 인간들은 상징을 다스리는 것이 상징이 가리키는 대상물도 다스릴 수 있다고 믿었었다. 그래서 주술이나 주문을 암송하는 것이 곧 객관적 대상과 사건도 움직일 수 있다고 믿게 된다. 인류학자 프레이저는 마술적 인간들이 갖는 근본원리[9]를 두 가지로 나누어 '유사성의 법칙'(the law of similarity)과 '감염의 법칙'(the law of contagion)이라고 했다. 이를 소개하면 다음과 같다.

유사성의 법칙

유사성(similarity)과 동일성(identity)이 혼동된다. "같은 것은 같은 것을 낳는다" 주어와 술어가 혼동된다. 부류(class)와 요소(element)가 혼동된다. 예를 들면 하나의 붉은 머리 사람이 문제의 원인이 되면, 다른 붉은 머리 가진 사람도 같은 문제의 원인이 된다. 한 검은 대상이 악하면 모든 검은 것이 악하다고 취급된다. 요즘 서양에서는 코로나19 이후 모든 동양인을 중국인으로 보고 혐오한다. 이것이 마술의 근본법칙 가운데 하

---

9 J. Frazer, 80.

나이다. 프로이트는 이를 '치환의 법칙'이라고 했다. 원시인들은 부분과 전체를 구별할 줄 아는 능력이 없었기 때문에 위상(位相)의 높낮이에 상관없이 사물을 바꾸어 놓았던 것이다.

감염의 법칙

근사성(proximity)과 동일성(identity)을 혼동한다. 전체가 부분의 마디마디에 가서 붕괴되고 만다. 프로이트는 이를 '축합'(縮合, condensation)이라고 했다. 한 실체의 부분이 그 실체의 전체를 포괄하거나 대표한다. 부분이 전체에 감염당해 부분이 전체를 수행한다. 그래서 전체는 부분에 흡수당하고 붕괴당해 버린다. 부류의 요원과 부류 자체가 일치되고 만다. 삼손의 머리털은 그의 인격 전체를 대표하고 힘 전체를 수행한다. 토끼가 행운의 동물이면 토끼의 이빨도 행운을 수행할 수 있다. 주어와 술어가 무분별의 상태이고, 상징과 실체도 구별되어지지 않는다. 주어나 술어, 전체와 부분, 부류와 요원이 마술적으로 하나이다. 이것이 전반적인 타이폰적 자아가 갖는 분위기이다.

이러한 마술의 법칙은 원시인들이 그려놓은 동굴벽화 속에 잘 나타나 있다. 프랑스 라스코 동굴이나 트로이 프레르 동굴에서 보는 바와 같이 옛 마술사들은 원근 법칙이라든지 많고 적음의 구별을 전혀 고려하지 않고 그림을 그렸다.[10] 캠벨은 원시벽화의 한폭 그림 속에는 한 동물의 머리가 다른 동물의 발밑에 그려져 있고, 상하, 좌우가 전혀 갈피를 잡을 수 없게 그려져 있다고 지적하고 있다. 이것은 예술(art)이 아니고 마술(magic)이다. 역설적이게도 피카소의 그림이 이들과 같다. 그러나 피카

---

10 K. Burke, *Primitive Mythology* (New York: Vintage, 1959), 105.

소의 작품은 초분별적인 것으로 전분별적인 것과 구별한다.

아래의 그림은 유치원생 정도의 그림 같기도 하고 피카소의 작품 같기도 하다. 전자가 원카오스의 의식을 반영한다면 후자는 초카오스의 의식을 반영한다. 하나는 평균적 양상이고, 다른 하나는 전향적 양상이다. 전자는 마술, 후자는 예술이다. 프로이트는 이성이 감정에서 분리되지 않은 기초과정을 잘못된 병적 상태로 보았다. 문명인들이 동굴 속에 들어가 원시인들의 벽화를 본다면 정신이상자들이 그린 그림으로 볼 것이 당연하다. 그리고 정신병리현상과 원시인들의 의식 구조 그리고 유치원생의 의식 구조 사이에는 일치성이 있는데 그러나 '같잖다'.[11] 우리말 '같잖다'는 '어이 없음'도 의미한다. 프로이트는 원시인들의 의식구조를 '기초과정'이라고 했다. 현대의 어른 정신병환자는 고대인의 정상인이라고 해도 좋다. 프로이트는 후기에 가서 자기의 주장을 바꾸어 기초과정을 병적인 현상으로 보지 않고, 부정확하거나 결여된 상태로 보았다.[12] 모든 기초과정을 병든 상태로 본다면 우리 현대인이 잠자는 동안에 꾸는 꿈은 모두 병적인 상태가 되고 말 것이다. 하루의 반은 정신병자로 사는 셈이다. 프로이트는 후기에 자기 이론을 수정할 수밖에 없었다.

현대 합리적인 사고의 현대인들이 무당이나 원시종교의 의식을 통해 볼 때 미신이라고 멸시하는 것도 모두 초기 프로이트의 편견과 같다고 할 수 있다. 타이폰층의 인간들이 마술적 사고를 한 것은 당연히 그 당시 인간으로서는 정상적인 것이었다.[13] 지금도 우리는 꿈속이나 의식

---

11 현대인들의 정신이상현상이 원시인들에게는 정상인일 수 있다. 이 점에 대해서는 J. 제인즈의 연구가 괄목할 만하다.

12 S. Freud, *The Interpretation of Dreams* (New York: Standard Edition), 1956 참고.

13 J. Jaynes, *The Origin of Consciousness in the Breakdown of the Bicameral Mind* (Princeton:Princeton Univ. Press, 1976), 404ff.

이 몽롱해질 때 모든 원시인이 겪었던 일들을 경험하고 있다. 앞 시대의 의식은 무의식으로 되어 점차로 의식의 계층을 형성한다. 포스트모던 정신을 병적인 것으로 보는 것이 잘못인 이유도 여기에 있다. 이는 마치 카오스에서 질서(원시)가 나오고 질서(모던)는 다시 카오스(포스트모던)로 변하는 것과 같다고 할 수 있다. 의식과 무의식 그리고 합리성과 비합리성은 이처럼 이중구속을 하는 것이다. 서로 번갈아 역동적으로 작용한다.

II

타이폰의 분비물

뇌의 카오스적 구조

이 절에서는 인간 뇌구조 속에서 타이폰적 성격을 찾아본다. 20세기 과학의 가장 지진 한 미개척 분야가 바로 인간 두뇌에 관한 연구라고 할 수 있다. "등잔 밑이 어둡다"라는 말 그대로 두뇌는 그 자체가 사고와 의지 그리고 감정을 좌우하고 있음에도 불구하고 인간은 두뇌에 대한 관심을 가져 본 적이 없었다. 밀수꾼이 상품을 밀수하는데 막상 상품을 실어 나르는 나귀 자체가 밀수품이라는 사실을 세관이 모르는 경우와 같다고 할 수 있다. 그래서 놀랍게도 인간이 두뇌로 사고함에도 불구하고 두뇌 자체에 대한 연구를 시작한 것은 최근의 일이다.[14]

폴 맥클린(Paul MacLean) 박사가 지적한 대로, "인간 두뇌에 대한 관심은 인간이 왜 여기에 있고, 무엇을 하고 있으며, 어디로 가고 있는가를 알고 싶어하는 인간의 호기심 이외의 어떤 정당성도 요구하지 않는다"[15]와

---

14 Janes B. Ashbrook, *The Brain and Belief* (Bristol: Wyndham Hall Press, 1988), 11.
15 Paul MacLean, "The Triune Brain Emotion and Scientific Bias," in *The Neuro-sciences: Second Study Program* (New York: The Rockeffeller Univ. Press, 1970), 336-349.

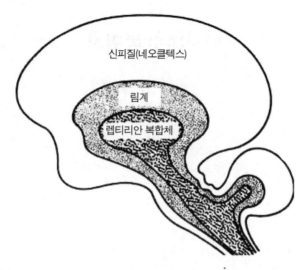

신피질(네오클텍스)

림계

렙티리안 복합체

뇌의 3층 구조: 이는 의식은 3층 구조인 동시에 문명의 3층 구조이다. 파충류층,
포유류층, 영장류층이 바로 그것이다.

같다. 그러면서 감정의 흐름, 사고의 흐름 그리고 사고와 감정의 관계는
두뇌 생리에 근거를 두고 있다고 한다.

그런데 인간 두뇌의 발달과정을 살펴보면 그 전개 과정과 단계가 인
간의 계통발생 과정과 유사함을 발견하게 된다. 즉, 두뇌 발전과정에서
인류 문명이 진화돼 나온 과정을 엿볼 수 있다는 것이다. 인간이 오랜 진
화과정을 거치면서 쌓아온 두뇌의 구조를 맥클린은 3단계로 구분하였
다. 첫 단계는 파충류의 두뇌 단계로, 파충류 동물들의 무자비한 행동을
서슴없이 하는 작용이 이 두뇌에서 일어난다. 공격적이며 야수적인 행
동이 반복되며 이런 작용을 하는 곳이 두뇌의 가장 낮은 층에 있는 파충
류층이라고 할 수 있다. 프로이트의 본능의 세계 같은 곳 아니면 그것보
다 더 밑의 부분에서 일어나는 작용이 파충류층에 해당된다. 그 위의 두
번째 단계가 포유동물층이다. 포유동물이 지니는 애타적인 행동, 집단

행동의 형성, 우애관계, 공동체의 유대감 형성 같은 것이 모두 포유동물 층에서 일어난다. 파충류층이 이기적이고 자기중심적인 반면에 포유동 물층은 이타적인 것이 다르다고 할 수 있다. 마지막으로 세 번째 단계는 영장류적 특징으로서 언어사용, 수학, 기호사용, 종합분석능력, 예측력 과 판단력 같은 특징을 이 층이 지니고 있다.[16]

두뇌의 아래 두 층은 언어적 능력이 있지 않으며, 이 세 개의 두뇌는 상호연결된 생물적 컴퓨터에 비유될 수 있다. 감각의 두뇌는 특유한 기능과 주체성 그리고 시간과 공간에 대한 감각, 기억능력, 운동능력을 지니고 있다. 맥클린에 의하면 두뇌는 각기 별개의 진화과정을 거치는 동안에 형성되었다고 한다. 그리고 세 개의 두뇌는 신경해부학적으로 그리고 기능적으로 구별되며 이 세 개의 두뇌 간에 두드러진 차이를 나타내고 있다.

그런데 문제는 인류 문명이 진화돼 나오는 동안, 위의 신피질층이 밑의 파충류층을 억압한 것에 문명사적 병폐가 생겼다. 덕천역포 사람에게서는 아직 고등신경계, 즉 제3층의 두께가 나타나기는 했어도 언어라든지 합리적 사고기능이 엿보이지는 않는다. 그러나 검은모루유적 인간과는 비교가 안 될 정도로 고등신경계가 발달되어 있는 것이 사실이다. 우리 한반도에 살고 있던 인간들의 의식층의 역사를 말하는 것이다. 그리고 이것은 인류 보편사적 과점과도 맥을 같이 하는 것이다.

이러한 계통발생과정은 태아가 모태에서 생겨 자라 나가는 과정에서도 분명하다. 즉 물고기와 파충류 단계 그리고 포유류, 두뇌, 영장류 단계로 자라 나가는 과정이 분명하다. 잉태 3주까지는 뇌가 물고기의 아가

---

16 Floyd E. Bloom, *Brain, Mind and Behavior* (New York: W. H. Freeman and Company, 1985), 60.

미와 유사한데, 그것은 인간이 탯줄에 의하여 영양소가 공급되기 때문이다. 이것은 아가미가 어류 시절의 우리 조상에게는 생명유지에 필요불가결한 요소였기 때문에 존재했을 것으로 보인다.

문명의 진보는 파충류와 포유류층을 억압하거나 무시함이 없이 나아가야 한다. 세이건도 적절하게, "미래는 우리 존재 가운데의 파충류와 포유류적인 부분을 무시하지 않으면서 우리 본성인 인간적인 특성을 꽃피울 수 있는 그러한 사회를 기약해야 될 것이다. 미래지향적 사회는 순응보다는 다양성을 키워야 한다"[17]고 지적했다. 서양문명의 병폐 가운데 하나가 낮은 층에 대한 억압과 함께 발전되어 나왔다는 점에 문제가 있는 것이다. '腦' 자의 모양을 보면 우측 상부에 있는 모양은 좌우 뇌와 상하 삼층 구조를 설명하기에 적합니다. 그 아래는 신경망을 나타낸다고 보면 될 것이다.

카오스 과학은 풍욕을 만끽

동물 의식 속에도 혼돈이 있는가? 뱀이나 도마뱀 같은 파충류는 본능이 명하는 대로 살아도 절대로 규칙을 어기는 법이 없다. 어떤 면에서 환경 적응의 정확도는 인간보다 동물이 훨씬 월등하다. 뱀이나 개구리나 물고기는 본능대로 잘 살아가면서도 갈등이 없는데, 같은 동물인 인간만이 왜 이렇게 모호성 투성이고 혼동이 많은가? 그 이유가 과학적으로 설명되고 있다. 인간은 다른 동물들과는 달리 같은 종을 그렇게도 많이 살해하고 죽이는가? 그것도 신피질에 나타난 이념과 신 같은 고상한 이름으로 말이다.

---

17 칼 세이건, 『에덴의 龍』 (서울: 정음사, 1990), 89.

일본 대뇌생리학의 권위자인 도키사네(時更)의 말에 의하면, 인간의 대뇌는 고피질(古皮質, 파충류층과 포유류층)과 신피질(新皮質)로 되어 있는데, 고피질은 본능, 식욕, 성욕, 집단욕 같은 기본적인 생명활동의 근원을 담당하고, 신피질은 인간을 인간답게 만드는 지(知), 정(情), 의(意)를 담당하고 있다고 했다.[18] 인간이 동물과 다른 점은 신피질 때문이라고 했다. 좌파와 우파를 나누는 이념도 모두 신피질의 산물이다.

고피질밖에 없는 뱀은 본능 그대로 살아도 그대로 조화가 잘 되고 정확도도 더 잘 유지할 수 있다. 뱀에게 신피질이 없다는 사실은 뱀을 기르는 주인이 뱀을 아무리 귀여워해 주어도 뱀은 애정을 전혀 느끼지 않는 데서 나타난다. 이에 비해 사람은 애정을 주면 그것을 안다. 이것이 신피질을 가진 고등동물의 특징이며, 일단 신피질을 가지게 되면 고피질의 본능만으로는 살 수 없게 된다는 것이다.[19]

유교는 인간의 마음을 사단(四端)과 칠정(七情)으로 나눈다. 사단이란 인(仁), 의(義), 예(禮), 지(知)이고, 칠정은 희(喜), 노(怒), 애(哀), 락(樂), 애(愛), 오(惡), 구(懼)이다. 인간이 이와 같은 사단칠정을 가질 수 있는 이유는 동물에게서 찾아볼 수 없는 신피질을 고피질과 함께 동시에 가지고 있기 때문이다. 칠정에서 기(氣)가 나오고, 사단에서 이(理)가 나와 사칠논쟁과 이기논쟁은 유학의 근본적 쟁점으로 되었다. 이기논쟁은 결국 신피질과 고피질의 싸움이다. 고피질이나 신피질의 어느 하나만 있으면 혼돈은 생기지 않을 것이다. 두 피질이 섞여 무작위적으로 작용하기 때문에 애매해지는 것이다. 즉 질서와 혼돈이 반복되기 때문이다.

두 피질을 고루 살려야 하는데, 보통 신피질은 고피질을 억압하고 높

---

18 모리 마사히로/이해영·김정희 역, 『로봇에도 불성이』(서울: 불광출판부, 1987), 43.
19 앞의 책, 41.

은 위치에 앉으려고 한다. 인간은 신피질에 의해 동물과는 다른 고도의 높은 문명을 창조해 낼 수 있었던 것이 사실이다. 그러나 인간이 쌓은 문명은 스트레스의 축적이라는 사실을 알아야 한다. 코스모스가 카오스를 억압할 때 스트레스가 생긴다. 신피질은 정신으로서 물질과 감정인 고피질을 억압하도록 되어 있다. 이때 고피질에서 생긴 이상은 고피질에 연결된 뇌신경을 자극시켜서 뇌신경에 연결된 내장에 차례로 영향을 미친다.[20] 걱정이 많으면 위궤양이 되는 것도 이러한 조작 때문이다. 신피질은 고피질을 억제하거나 억압하고 있는데, 그 억제하는 방법이 나쁘면 건강마저도 해치는 것이다.

기원전 2000년경부터 신피질이 고피질을 억압하기 시작한다. 철학이나 종교사란 이러한 억압의 역사라 할 수 있고, 이데올로기는 스트레스의 부산물 이외에 아무것도 아니다. 한국에서 신유교문화가 끼친 스트레스는 대단하다. 이(理) 우위적 사고는 기(氣)를 억압했으며, 사단으로 칠정을 억압하도록 교육해 왔던 것이다. 이런 유교문화는 여성탄압과 계급의 균열을 심화시켰다.

모리 마사히로는 『로봇에도 불성이』[21]에서 신피질이 고피질을 억압을 해서는 문제가 해결될 수 없고, 고피질의 본능을 더욱 풍요롭게 하라는 풍욕(豊欲)을 강조하고 있다.[22] 풍욕이란 작은 소욕에 사로잡히는 것이 아니라 더 큰 자아를 발견하는 것이라고 했다. 그러면 풍욕이 무욕(無欲)으로 변한다는 것이다. 풍욕을 여기서는 초인격이라 한다. 세 뇌의 층이 조화를 이루는 것을 두고 풍욕이라고 한 것이다.

불교는 신피질이 구피질을 억압하도록 가르치는 것이 아니고, "배고

---

20 앞의 책, 41.
21 Masahiro Mori, *The Buddha in the Robot* (Tokyo: Kosei PuBCEo.), 1982.
22 앞의 책, 42.

프면 밥먹고 피곤하면 잠자라"라고 가르친다. 유교는 이로써 기를 억압하도록 가르쳐 왔다. 기독교의 선택도 유교적인데 가깝다. 이상적인 선은 고피질과 신피질이 서로 조화하고 화합하는 것이다. 여기서 말하는 화합이란 곧 혼돈과의 조화를 의미한다. 지금까지 문명은 혼돈 자체를 제거시켜 보려고 애써 왔다. 앞으로는 혼돈과의 화합에 더 관심을 기울여야 한다. 과학의 분야에서는 이미 이러한 시도가 성공을 거두고 있다. 카오스의 등장과 그 이론의 응용이 바로 우리의 삶을 더 풍요롭게 만들고 있다는 말이다. 숙과 홀의 오류는 문명사를 병들게 했다.

타이폰적 에로스와 그 분비물

칠정 가운데 하나인 사랑(愛)에 대하여 생각해 보자. 목숨보다 귀한 것이 사랑이라고 노래한다. 그런데 이 사랑이라는 것이 분비물의 홍수로 이루어진다는 것을 알면 얼마나 그 실망이 클까? 1993년 2월 15일자, 「타임」지는 발렌타인데이의 기념으로 "사랑의 화학성질"(The Chemistry of Love)이란 특집기사를 다루었다. 그 내용을 소개하면 다음과 같다. 우리는 이 「타임」지의 충격적인 기사를 통하여 두 가지 사실을 알게 될 것이다. 첫째로 인간이 남녀 간에 사랑을 하는데 있어서도 얼마나 타이폰 짐승몸 인간에 가까운가를 아는 것이다. 둘째로 과연 사랑이란 고작 화학분비물의 홍수사태에 불과한 것인가, 아니면 다른 무엇인가이다.

존재의 대연쇄고리는 곧 인간존재 자체이며 그 두 번째 고리에 분명히 타이폰이, 즉 짐승몸 인간층이 있다. 덕천 역포 인간들과 같이 산의 굴속에서 굴살이를 하고 소리는 주로 목구멍 소리를 사용할 정도였다. 인간의 비카오스화는 곧 이러한 동물적 자아를 망각하게 만들었다. 마을 입구 장승의 조상이 곧 타이폰이다. 그러나 고등종교에 의하여 장승은 땅에 묻히게 되었다. 이제 「타임」지를 통해 모든 사랑하는 남녀들의 관념적인 사랑과 유물론적 사랑의 개념을 한번 알아보기로 한다. 타임지에 의하면 짝짓기의 네 단계에 따라 그때마다 나오는 분비물은 다음과 같다. 장승이 지닌 분비물이라고나 할까.

첫째 단계: 두 남녀가 처음으로 서로 짝짓기를 할 때에 일어나는 현상이 '눈맞기'(imprinting)이다. 이때 손에는 약간의 땀이 나고 머리에서부터 혈관에 미치는 충전현상이 나타난다. 과학자들의 보고에 의하면 동물들도 자기에게 맞는 상대를 발견하면, 사람들이 눈 맞을 때 생기는 것과 비슷한 현상이 나타난다고 하다. 코로나19와 함께 인간들은 마스크 밖에 있는 눈으로 만 서로 알아 본다. 가장 기본적인 대면 방법이고 사랑하는 것을 우리를 '눈 맞는다'고 한다.

둘째 단계: 눈에 맞으면 상대방에게 걷잡을 수 없이 끌려들어가는(attraction) 현상이 생긴다. 이제부터 사랑에 빠져들기 시작하면서 머릿속에서는 '암페타민'(amphetamine)이라는 신경중추를 자극시키는 각성제가 나오기 시작한다. 이 암페타민 속에는 세 가지 분비물이 포함되어 있다. '도파민'(dopamine), '노르에피네프린'(norepinephrine), '페닐레틸아민'(phenylethylamine)이 그것이다. '도파민'은 신경활동에 필수적인 아민이고, '노르에피네프린'은 아드레날린 신경말단부의 중추신경계라고 여겨지는 곳에서 생성되는 신경전달물질로써 혈관수축, 혈압항진, 기관지 팽창 등에 작용한다. 세 번째로 중요한 분비물인 페닐레틸아민(PEA)은 특별히 중요한 역할을 한다. 『사랑의 과학』(The Science of Love)을 쓴 A. 월시는 "정든 님을 만났을 때 가슴 설레이게 하는 것이 페닐레틸아민이다. 상대방에 막 끌려들어갈 때에 페닐레틸아민이라는 공장에서 호각

을 불어대기 시작한다"라고 했다. 그러나 페닐레틸아민 공장은 언제나 신명나는 호각을 불어댈 수 없다. 페닐레틸아민은 지치기 시작한다. 보통 신나게 호각 부는 기간이 2~3년이라고 한다. 보통 성적 매력만 보고 결혼한 남녀가 4년이 지나면서부터 싫증을 느끼는 이유가 여기에 있다. 초콜릿을 아무리 주어도 열기가 식은 페닐레틸아민이 다시 나오지는 않는다. 과학적으로 보아 초콜릿보다는 캔디가 페닐레틸아민을 높이는 데는 더 효과적이라고 한다. 그러나 캔디도 오래 못 간다.

셋째 단계: 서로 간에 끌어당김의 단계 다음에는 서로 '손대기'(attachment) 단계로 들어간다. 이때 나오는 분비물이 바로 엔돌핀(endorphin)이다. 모르핀과 유사한 것으로서 마음이 즐겁고 기쁠 때에 머릿속에 흘러 들어간다. 마음의 평온과 고즈넉한 안정감을 준다. 암페타민이 물거품과 같이 일어났다 쉽게 꺼지는 것이라면, 엔돌핀은 매우 지속적이며 오랫동안 쾌적감을 가져다준다. 사랑하는 사람을 상실했을 때 그렇게 무서운 두려움을 가져다주는 원인도 바로 엔돌핀의 결핍 때문이다. 이 엔돌핀의 결핍은 암 유발의 직접적인 원인이라는 보고가 이를 증명했다.

넷째 단계: 이제 두 남녀는 서로 '껴안기'(cuddling) 단계까지 왔다. 이때 나오는 분비물은 '옥시토신'(oxytocin)이다. 옥시토신은 자궁수축호르몬으로서 뇌하수체후엽에서 만들어진다. 자궁근의 수축을 돕는 호르몬이다. 옥시토신이 분출되는 곳은 머리이다. 뇌신경을 자극시켜 근육수축을 돕는 역할을 한다. 여자의 경우 출산할 때, 혹은 젖을 낼 때에 근유수축을 돕는다. 옥시토신은 성행위 시에 오르가즘을 돕는 역할을 한다. 남자의 경우에는 절정에서 3~4회, 여자의 경우에는 그 이상에 도달하도록 하는 것이 옥시토신이다. 만족 후에 근육을 이완시켜 휴식을 취하는 데까지 옥시

토신이 돕고 있다.

위의 눈맞기, 끌기, 손잡기, 껴안기의 네 단계에서 나오는 호르몬 분비물, 즉 냄새에 의한 자극, 암페타민, 엔돌핀, 옥시토신은 모두 독특한 역할을 한다. 한 가지 놀라운 사실은 위의 화학분비물이 반드시 이성 간에서만 나오는 것이 아니라 동성애 간에도 그대로 적용된다는 것이다. 최근의 보고는 동성애란 선천적으로 분비물의 이상에서 발생한다고 한다. 결국 동성애와 이성애의 차이는 분비물에 따라 결정된다고도 한다. 다시 말해서 이성 간에 분비물이 안 나오는 경우는 동성애자가 될 수밖에 없고 차라리 자연스럽다.

만약에 사랑이 곧 분비물이란 홍수의 흐름에 불과하다면 서글픈 일일 것이다. 이루지 못할 두 남녀가 결국 한강물에 투신자살했다고 할 때 그것을 분비물의 과다현상 때문이라고만 한다면 우리 모두 얼마나 실망할까? 인간이 오늘과 같이 고등 정신적인 존재로 진화하기까지 호모 사피엔스인 크로마뇽인과 네안데르탈인 시절에는 거의 동물적 사랑을 나누었다. 그 흔적이 지금까지 우리에게 남겨져 있는 것이다. 성철스님을 비롯한 초인격적 자아를 추구한 인간들은 그 분비물들을 용광로에 용해시켜 사리(舍利)로 남긴다고 한다. 분비물이 사리가 될 때까지 인간은 타이폰적 자아를 승화시켜 쿤다리니의 가장 높은 층에까지 도달한 것이다.

여기서 불교의 12인연과 분비물과의 관계를 대비시켜 보면 다음과 같다. '눈맞기'는 촉(觸)과 같다. 마주 접촉하는 데서 오는 느낌이다. 원인도 모르게 서로 신호를 주는 관계이다. '끌림'은 이제 상대방끼리 마음을 주고받는 관계에서 끌려드는 것으로 이를 수(受)라고 한다. '손잡기'는 애욕에 사로잡혀 달콤한 맛을 느끼는 단계로 애(愛)라고 한다. '껴안음'은 이제 상대방을 자신의 한 부분으로 가지는 것으로 취(取)라고 한다. 물론 불교는 이 모든 것을 괴로움(苦)이라고 한다. 촉, 수, 애, 취는 12인연의 12고리 가운데 6~9에 해당된다. 이 고리는 온갖 번뇌를 만들어낸다. 분비물은 번뇌의 홍수를 이룬다. 이 번뇌를 모두 잠재울 때 분비물은 곧 사리가 된다는 것이다.

물론 「타임」지는 불교의 이런 분비물이 사리가 되는 얘기를 하고 있지는 않다. 이제 타이폰층에서 나오는 사랑의 분비물은 그 위로 올라갈수록 제8층에 이르러 사리로 변할 것이다. 그러나 보통 중생들은 도리어 분비물에 충동을 받으면 거기서 사랑에 울고 죽기도 한다. 왜냐하면 "에로스는 혼돈의 모든 피조물 가운데 가장 사랑스러우며 탁월한 미를 갖추고 매우 멋지기" 때문이다. 모든 신과 32천사가 에로스를 보고 사랑에 빠졌다. 에로스적 성애(性愛)는 바로 타이폰층에 속한 사랑이다. 카오스가 가이아를 낳고 가이아가 에로스를 낳았다. 그래서 카오스 가족들은 모두 사랑스럽다. 등불 하나에서 무수한 등불이 불을 받으며, 빛이 남아도 등잔은 줄어들지 않듯이 에로스는 카오스의 모든 피조물에 퍼지지만 자신은 줄어들지 않았다. 타이폰층을 무시할 수 없다는 의미이다. 파우스트 박사가 결국 마지막 소녀와의 사랑을 선택하는 것, 이것은 신피질이 포유류 층을 무시할 수 없음을 의미한다.

III
한국문화와 타이폰 곰

띠는 타이폰층의 흔적

인류학적으로 분류해 볼 때 덕천역포 인간은 호모사피엔스에 속하며 네안데르탈인, 크로마뇽인이 이에 해당된다. 5~6만 년 전에 지구상에 등장한 현대 인간과 매우 유사한 인종들이다. 쿤다리니 요가의 7단계 의식상승의 고리상에서 볼 때 2, 혹은 3 차크라에 해당되는 '프라나'(prana)가 있다. 즉, 프라나는 감정과 성적 에너지가 좌우하는 아주 낮은 단계의 의식에 해당된다. 타이폰은 그 몸이 반은 뱀이고 반은 인간이다. 그 몸이 너무 커서 머리는 별에 닿고 팔은 해지는 데서 해 뜨는 데까지 뻗어 있었다고 한다. 마치 이집트의 겝(Geb)과 같다. 타이폰은 자기 몸을 자연으로부터는 구별시켰지만 자기 마음으로부터는 구별시키지 못하였다.

프로이트는 이러한 타이폰의 상태를 '가장 원초적 몸-마음(B)적 존재'[23]라고 했다. 'B'이란 '몸'과 '마음'을 결합시킨 말이라고 할 수 있다. 순수한 우리말의 '넋'이라는 말은 아직 정신과 물질, 몸과 마음이 미분화된

---

23 S. Freud, *The Ego and the Id* (Standard Edition), vol.18 참조.

상태의 것이기 때문에 B, 곧 넋²⁴이라고 할 수 있다. 우로보로스가 '뉴' 이라면 타이폰은 '넋'이다. 마음인 혼(魂)과 몸인 백(魄)이 미분화된 상태를 두고 하는 말이다. 자아의 정신, 즉 혼 같은 것이 몸속에서 생겨나 밖으로 객관화되어지지 못하고 있는 상태가 곧 타이폰의 의식구조라고 볼 수 있다. 그런즉 아직 타이폰에게서 정신적 자아(mental ego)인 '얼'을 발견하기란 어렵다.

이런 타이폰, 즉 짐승몸 인간이 우리 한국문명사에도 존재했으니 그것이 곰[熊]이다. 단군신화에서 곰이 변해 인간이 되었다는 설화는 한국문명사에도 반수반인적 타이폰 의식층이 있었음을 의미한다. 곰은 '감', '검'과도 어원을 같이하며, 타이폰은 '감'이라 할 수 있고 우로보로스 '알'과 대비된다. 알층이 문명사의 제1 고리라면, 감층은 제2의 고리이다. 곰(감)과 타이폰의 관계에 관해서는 다음에 논하기로 한다. 알은 물을 떠나 살 수 없다. 타이폰은 뭍을 떠나 살 수 없다. 처음 정착한 뭍이 '굴'이었다.

타이폰-감층에 살았던 네안데르탈인(덕천역포 인간)은 피아제의 전인격적 의식 구조(4~6세)를 가지고 있었다. 한국인의 이런 의식 구조를 울주 반구대 암각화 속에서도 볼 수 있다. 거기에는 공간의 원근개념이 없고 동물들이 공중에 떠 있는 것처럼 그려져 있다. 프랑스의 타이폰의 경우 귀는 사슴의 것이고, 눈은 올빼미의 것이고, 수염은 사람의 것이고, 꼬리는 늑대의 것이며, 손은 곰의 것이다. 마술적으로 동물의 각 부분이 복합되어 애매하기 짝이 없다. 사물에는 자기동일성이 있는 법인데, 이 벽화에서는 그런 것이 없이 모든 여럿(many)이 하나(one) 속에 애매하게 섞

---

24 '넋'이란 그 사전적 의미에 있어서 마음이 몸에서 완전히 분리되지 않은 상태이다. '뉴'이 완전히 몸으로만 느끼는 것이라면 '넋'은 그보다 한 단계 높은 의식구조이다. 1층이 '뉴'이고 2층이 '넋'이다. 우로보로스는 '느끼'기만 하나 타이폰은 넋을 지닌다. 이는 모두 이 책에서 만든 신조어이다.

여 있다. 집합(class)과 요소(elements) 사이의 구별이란 불가능하다. 타이폰의 의식구조는 그야말로 마술적 카오스(magical chaos) 상태였다. 이 타이폰은 고대인간들의 신이다. 자연의 신 혹은 마술의 신이었다. 그래서 그 당시 종교지도자들은 위대한 마술사라 하지 않을 수 없었던 것이다. 그리고 종교는 토테미즘(totemism)이다.

한국문명사에서는 인간의 자의식이 등장하기 이전 짐승몸을 하고 살았던 덕천역포 인간이 타이폰-감층에, 단군 신화는 이런 감층의 의식구조를 웅녀와 환웅의 결합으로 묘사하고 있다. 『山海經』에 보면 트로이 프레르 벽화에 나오는 것과 유사한 인간몸과 동물몸이 섞여진 마술적 동물인간이 수두룩하게 나온다. 가장 잘 알려진 신화적 존재인 서왕모는 그 형상이 사람 같지만 표범의 꼬리에 호랑이 이빨을 하고 있다. 중앙박물관 중앙에 걸려 있는 복희황제와 누이동생 여와는 뱀의 몸에 사람의 얼굴을 하고 있다. 여와(女媧)는 창세주이고 이 세상의 첫 사람이다. 이와 같은 복희 여와와 같이 '사람 얼굴에 뱀의 몸'[人面蛇身]을 한 타이폰을 세계 어디서나 발견할 수 있다. 수많은 전설에서 나타난 바처럼 여인이 변해 여우가 되고, 새가 사람과 영매작용을 하고, 구렁이가 미인으로 둔갑한다는 이야기들은 모두 타이폰 시대, 즉 감층의 의식 구조가 그대로 반영된 것이라고 볼 수 있다. 우리 단군신화에서 곰이야기는 우리 문화층 속의 타이폰의 이야기이다. '호모 타이폰'이라고 할 수 있다.

지금 우리에게 남아 있는 타이폰의 흔적은 우리가 태어날 때 뱀, 소, 말, 닭 같은 동물적 상징이 있으며 그것을 '띠'라고 한다. 이 동물상징이 그 사람의 운명을 좌우한다고 하는 사주가 나올 정도이고 보면 타이폰층의 위력이 어떠하다는 것을 실감나게 한다. 한국적 타이폰의 가장 대표적인 조각품은 바로 12지지상이라고 할 수 있다. 12지지는 의학과 음악 등 그 영향력이 미치지 않는 곳이 없을 정도이다.

깜빡깜빡 문명론

서양 사람들에게 한국의 단군신화를 설명할 경우 그 결과는 대개 매우 부정적이었다. "어떻게 너희 나라 조상은 동물에서 나왔느냐"였다. 그 태도가 멸시적이다. 단군신화를 소개할 때에는 우리나라 문화가 원시 고대까지 거슬러 올라감을 과시하기 위해서였던 것이지만 동물을 악마의 상징으로 보는 서양인들에게 전혀 설득력이 없다. 서양인들의 머릿속에 동물은 열등하고 동물과 인간은 같을 수 없다는 기독교적 세계관이 철저하다. 아퀴나스가 존재의 고리를 만들 때 동물을 인간의 아래에 둔 것도 동물에 대한 몰이해를 가져온 것이 사실이다.

서양 기독교 사상사에서 볼 때 동물이란 인간보다 열등한 피조물이며 심지어 악마나 사탄을 표현할 때 동물의 형상을 사용한다. 타이폰이 바로 악마의 상징이기 때문이다. 이 하나만 보더라도 서양 사람들이 얼마나 동물을 상서롭지 않게 생각하고 있는가를 알 수 있다. 그러나 동양에서는 태어날 때부터 띠라는 동물상징을 필수적으로 가지고 나온다. 고구려와 백제의 고분벽화에는 청룡, 백호, 주작, 현무가 각각 동서남북의 방위를 수호하는 수호신으로 등장하고 있다. 그리고 12지상은 김유신 장군묘의 호석(弧石)으로도 남아 있다.25 『삼국지』의 부여조에 보면 육축(六畜)이 벼슬 이름으로 등장한다. 고구려 건국신화에서도 수신(水神)인 하백(河伯)은 잉어와 꿩으로 자기 몸을 변신한다. 동양에서는 서양에서와는 판이하게 달리 뱀이나 용 같은 파충류들이 상서로운 동물로 추앙받는다.

김경탁은 '감'시대를 구석기 시대로 보고 1백만 년 전에 아시아 대륙

---

25 김병모, 『韓國人의 발자취』 (서울: 정음사, 1981), 132.

북방에 살고 있던 원인(原人)이라고 했다. 그들은 백두산을 근거지로 삼고 만주 한반도 등지에서 수렵생활을 하고 살았으며 그리고 그들의 토템은 곰이었다고 했다.[26] 이제 '감'과 '곰', 즉 한국의 타이폰을 그 말의 어원과 쓰임에서 찾아보면 더욱 우리 문명사에 타이폰층의 강한 흔적을 실감하게 된다. 감은 인간이 굴살이할 때 사용한 신의 명칭이다.

단군신화의 '웅녀'(熊女)란 글자 그대로 '암곰'이며 '감'과 '해모'(解慕)는 모두 '곰'(고마)의 사음이요, 웅(雄)은 '숫'으로 훈독 수(漱)로 음독되며 남성을 의미한다.[27] 이것은 문명의 주도권 변화, 즉 모계사회에서 부계사회로 변하는 과정을 이 말의 변화에서 실감나게 알게 한다.[28] 감-타이폰층은 모계중심사회였으며, 환웅은 부계사회의 등장을 의미하고 있다. 하백(河伯) 역시 '고마와 개마'에서 빌려 온 글자를 보인다.[29] 곰 숭배 사상은 시베리아와 동북아 일대 및 미 대륙 인디언들에게까지 널리 퍼져 있다. 우로보로스층이 우리나라 지명에 알계를 형성한다면, 곰계 역시 막강하게 타이폰층을 형성한다. 지명으로는 '평양', '한양' 등의 양(壤), 아리, 아루 같은 것들이 모두 알계라고 할 수 있다.[30] 우리나라에는 웅(熊)자가 들어가는 지명들이 많은데 모두 곰계의 지명이라고 할 수 있다. '王儉'의 '儉', '尼斯今'의 今도 모두 '감'의 한자표현들이다.[31] 일본인들이

---

26 김경탁, "하나님 개념의 발전사,"『韓國文化史大系 Ⅵ』, (서울: 불교사상사, 1973), 125.
27 李恩奉 엮음,『檀君神話硏究』(서울: 온누리, 1986), 58 이하.
28 오늘 '금강'은 원래 '곰강'이며 '공주'는 '곰주'이며 공주에는 지금도 '고마나루터' 가 있으며 백제 때에는 '공주'를 '웅진 熊津'이라 불렀다. 이 밖에도 '웅'자가 붙는 지명은 '웅천' '웅촌' '웅강' '웅산등이 있다. 김수로왕도 곰을 꿈 꾼 다음에 태자를 얻는다. 제석 신화에서 여주인 공 '당금아기'는 '당금'(당곰)으로 단군과 곰의 결합 형태를 볼 수 있다.
29 앞의 책, 49.
30 최남선,『不咸文化論』, 최남선전집 Ⅰ (서울: 현암사, 1984) 참고.
31 동부여 신화에서 부루왕이 오래 동안 후사가 없어서 근심하던 차 해부루왕이 산천에 빌려 가던 중 말이 곤연에 이르러 큰 바위를 보고 눈물을 흘리는 것을 보고 그 바위를 치운 결과

그들의 신을 '가미'($ \mathcal{D} \, \xi $), 혹은 '가무'라고 할 때에도 이는 감의 전음에 지나지 않는다.

감층은 이처럼 우리 문명사에 굵은 한 층을 형성시키고 있으며 타이폰적 자아의 흔적을 엿보이게 한다. 감층이 우리들의 언어와 민속, 종교 속에 깊이 미친 영향은 부인할 수 없다. 감층은 덕천역포 인간 속에서 고고인류학적 층을 형성시키고 있는 동시에 우리 민족의 집단무의식 속의 의식층도 형성하고 있다. 남녀가 결혼하기 전에 궁합을 맞추기 위해 묻는 띠가 아직도 살아 있는 것은 타이폰층(감층)의 위력이다.

감층은 '밝층'(4층)과 달리 여성적이며 어둠과 골짜기, 굴, 궤짝 같은 여성상징들과 연관되어 있다. '감'은 '밝'과 함께 '감밝'(깜밝)이 되며 순환되는 밤과 낮, 여성적인 것과 남성적인 것이 잘 조화된 문명사였다. 융의 말을 빌리면 아니마(여성성)와 아니무스(남성성)가 잘 순환되는 문명이었다. 반고신의 눈이 '깜빡깜빡'함에 따라 밤과 낮이 나누어졌다.

서양사람들이 타이폰층, 즉 짐승몸인 감층을 몰이해하고 우리의 단군신화설명을 멸시한 것은 그들의 역사가 천박하기 때문이요, 두 번째는 남성적 부계사회가 등장하면서 여성적 상징을 악마시하거나 파괴시켰기 때문이다. 악마화하지 않은 면에서 우리의 문명사는 자부할 만하다. 우리는 곰을 우리들의 조상으로 여기는 것을 조금도 부끄럽게 생각해서는 안 된다. 곰 조상님께 '고맙게'(곰+답게) 생각해야 할 것이다. '깜빡깜빡'은 곧 카오스와 질서의 반복을 의미한다. 서양의 헤라클레이토스란 철학자는 '낮이 있으니 밤이 있다'라고 하여 박해를 받았다. 이만큼 서양문명사는 밤(감)의 문명을 인정하지 않는다는 말이다.

그 바위 밑에서 금빛 개구리 모양의 아이를 얻어 태자로 삼는다. 해부루 다음 왕이 바로 금와왕이다. 여기서 '금와'는 '고마'라고 보며 이는 '감, 곰, 검'이다. '신성하고 높은 분'을 의미한다(이지영, 한국의 신화 이야기, 서울: 사군자, 2003).

IV
타이폰의 변신

타이폰의 비극

덕천역포 사람에게서 우리는 큰골 껍질, 즉 신피질이 훨씬 발달되어 있는 것을 발견할 수 있다. 이러한 신피질의 발달은 아래층 두뇌를 억누름으로써 균열과 분열현상을 일으킨다. 이는 곧 모든 비극의 시작이다. 우로보로스-알상태에서는 전혀 볼 수 없었던 현상이다. 인도의 우파니샤드경은 모든 분리와 균열이 있는 곳에 비극이 있다고 했다. 타락의 원초적인 모습은 '분리' 그 자체 이외에 다른 아무것도 아니다. 인간의 불안과 공포는 우로보로스-에덴동산 혹은 자궁을 떠나는 데서 생긴다. 이런 불안은 병리적 불안(pathological anxiety)이 아니고 실존적 불안(existential anxiety)이다. 이렇게 생각해 보면 실존주의의 뿌리는 막상 실존주의자들이 생각하는 것보다 더 심원하다고 할 수 있다.[32] 실존적 불안구조는 3층 두뇌구조의 발달과 밀접한 관계가 있다. 즉 파충류에서 포유류로, 포유류에서 영장류로 뇌가 분리되어 나감에 따라 그곳에 억압구조와 균열

---

32 Ken Wilber, *Up From Eden* (New Yok:Anchor Press, 1981), 71.

그리고 분리가 생겼고, 거기서 불안, 공포 같은 것이 나타났다.

인간의 두뇌에서 가장 오래된 신경구조가 척추이며, 그 위에 연수와 뇌교, 소뇌 그리고 중뇌가 있다. 이렇게 척추와 숨골, 중뇌를 합쳐서 이루는 부분을 맥클린은 신경의 기본틀이라고 했다.[33] 이 기본틀 부분은 심장, 피순환, 호흡을 맡아보는 곳으로 자손 번식을 위한 생식 작용과 자기 보존의 신경적 기초구조를 담당한다. 극단적으로 말해서 이 부위만 있어도 최소한의 생명 유지는 가능하다. 물고기나 양서류에는 이런 부분만 발달되어 있다. 약 10억 년 전부터 진화된 것이며 파충류나 포유류가 모두 공통으로 지닌 부분이다. 맥클린은 이를 '파충류의 복합구조'라고 불렀다.

인간과 포유동물이 공유하지만 파충류에는 없는 부분이 대뇌 변연계이다. 여기에는 포유동물의 특징이 많이 포함되어 있기에 포유동물 두뇌라고 부른다. 이 부분은 1억 년에서 5천만 년 사이에 진화해 온 부분이다. 이 부분은 상당히 감정적인 요소를 많이 가지고 있으며 동지간의 우애, 애정 같은 것도 발견되었다.

마지막 두뇌의 상층부에 놓여 있는 영장류 두뇌는 고등동물에서나 발견되는 부분으로서, 다른 동물에 비해 비교가 안 될 정도의 두뇌량을 지니고 있다. 이 부위는 수백만 년 전부터 진화해 왔으나 1~2만 년 전부터는 그 발달이 가속화되었을 것으로 본다.[34]

덕천역포 사람 같은 슬기인간에게서 영장류층의 두께는 두드러지며 포유류 두뇌와 파충류 두뇌를 억압하려는 경향마저 보인다. 문명의 발달이란 두뇌 상층부의 신피질이 확장되어 온 과정이라고 해도 과언이 아

---

33 P. MacLean, 61.

34 P.S. Churchland, *Neurophilosophy* (London:A Bradford Book, 1986), 17.

니다. 즉 신피질화 바로 그것이 문명의 발달이다. 인간의 두뇌는 3층 구조로 되어 있으며 삼각형은 한 변을 길게 하면 다른 두 변은 작아지게 마련이다. 이와 마찬가지로 신피질이 커지면 다른 두 두뇌의 힘은 약화되며 그 반대도 옳다. 덕천역포 사람 이래로 영장류적 신피질의 양만 극대화되면서 다른 두 개의 뇌는 상대적으로 약화되어져 왔다. 이를 두고 프롬 같은 심리학자는 '두뇌피질화시대'(cerebration)라고까지 했다. 두뇌의 3층 구조가 조화된 통합기능을 발휘해야 하는데, 이 균형이 깨어지고 나면, 이쪽 층이 저쪽 층과 단절되고 나면 이를 두고 정신분열증이라고 한다.

파충류층과 포유류층은 알카오스층이라고 할 수 있다. 여기서는 아직 미분화된 혼돈과 애매성이 지배적이다. 신피질이 나타나면서 분명하고 정확성을 기하려는 비카오스적 현상이 등장한다. 그러나 기원전 2000년경까지는 아직 신피질이 밑의 변연계층을 위협할 정도까지는 아니었다. 그러나 분리현상이 생기기 시작하였다. 이러한 분리 현상과 함께 실존적 불안이 생겼으며 비극의 탄생은 이미 시작되었다고 할 수 있다.

타이폰의 무덤 만들기

'시간이 약이다'라고 하지만 사실상 병을 주는 것도 시간이다. 오스트랄로피테쿠스가 시간 개념을 가졌다는 흔적은 찾기 힘들다. 그들에게는 분리의식 자체가 거의 없었다. 그러나 타이폰은 일단 자연에서 자신을 분리시켜 내었다. 생태계의 위기는 엄격하게 말해서 이때부터 이미 시작되었다. 카오스 이론의 초깃값 민감성에서 볼 때 오늘날 생태계와 환경문제는 이때까지 거슬러 올라가 봐야 할 것이다.

타이폰 1기에 살았던 네안데르탈인들은 몇 가지 중요한 의식과 제의를 가지고 있었다. 이탈리아의 제노아 서쪽에 있는 1,500피트나 되는 동굴 속 밑에서 네안데르탈인들이 진흙덩이로 석순을 던져 맞추는 행위를 한 흔적이 발견되었는데, 이것이 결코 한갓 놀이가 아닌 점은 놀이라면 하필 동굴의 가장 깊숙한 밑에서 했을 리가 없다는 것이다. 1970년 랄프 솔레키는 레바논 동굴 속에서 5만 년 전에 있었던, 사슴을 잡아 살은 먹고 피를 땅에 뿌리는 축제의 흔적을 발견했다. 네안데르탈인들이 가졌던 가장 유명한 제의는 곰제의라고 할 수 있다. 스위스 알프스산 8,000피트에서 1913~1917년 사이에 7개나 되는 곰의 해골이 발견되었다. 주둥이가 모두 동굴 입구 쪽으로 향해 가지런히 놓여 있었다. 이 곰제의는 지금도 시베리아인들에 의해 거행되는데 곰의 피를 마시고 곰의 해골을 트로피나 컵으로 사용하여 곰의 마술적 힘을 얻으려고 한다. 곰제의를 거행했던 네안데르탈인들이 사용했던 목걸이도 헝가리에서 발견되었다.[35]

위의 제반 사실들은 네안데르탈인들이 신변에 대한 불안 의식을 느끼고 있었음을 의미하며 초월적인 힘에 의지하려 했던 흔적을 발견하게 한다. 네안데르탈인들이 무덤을 쌓았다는 흔적은 1912~1934년 사이에 있었던 프랑스 라 페라시(La Ferrasie)에서 발굴된 그들의 묘 자리에서 볼 수 있다. 1934년에 발표된 이 발굴은 굉장히 충격적인 것이었다. 한 남자와 한 여자, 5살쯤 된 그 아이들, 두 영아가 묻혀 있는 무덤이었다.[36]

위의 그림에서 ①과 ②에는 두 성인 남녀가, ③과 ④에는 두 자녀가, ⑤에는 어린 영아가, 삼각형 모양을 하고 있는 ⑥에는 6살쯤 된 아이가

---

35 Bernard G. Campbell, *Humankind Emerging* (Boston:Little Brown and Company, 1976), 406f.
36 앞의 책, 350.

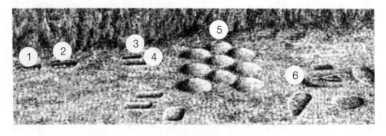
네안데르탈인의 무덤

묻혀 있었다. 네안데르탈인 주검이 가지고 있는 특징은 주검들이 서로 붙잡아 메어 있다는 점이다. 이것은 죽어서도 유대 의식을 갖고 같이 살아 돌아오기 위해서였다. 이것은 마치 현대인들이 부부를 합장하는 경우와 같다고 볼 수 있다. 현대의 많은 무덤에서 그러한 바와 같이 네안데르탈인이 무덤 속에 장신구를 가지고 들어간 흔적은 아직 뚜렷하지 않다.

그러나 3만5천 년 이후부터 네안데르탈인 다음으로 등장한 크로마뇽인들은 많은 장신구를 무덤으로 가지고 들어갔다. 모스크바에서 130마일 떨어진 승하르에서 발견된 크로마뇽인의 무덤은 그런 면에서 그들의 앞에 살았던 인간들과는 달랐다.[37]

이들 크로마뇽인이 가지고 있는 장신구의 의미와 그들의 제의는 이미 슬기인간들(호모 사피엔스)이 시간 의식을 가지고 있었음을 의미한다. 무덤을 쌓는다는 것은 그들이 미래에 대한 관심과 그와 함께 따르는 불안 의식이 대단하였음을 의미한다. 미래에 대한 보장, 죽음 이후의 삶은 이때부터 싹트기 시작했다. 그리고 바로 이러한 미래에 대한 불안의식은 모든 비극의 시작인 것이다. 이제 3층인 농경소속감시기에 들어서면서 인간은 대형무덤을 만들기 시작하며 더 나아가서 순장과 같은 풍습을 만든다. 이것은 모두 진정한 전체인 한과 하나 되지 못한 데서 오는 자기

---

37 로저 레윈/박선주 역, 『인류 기원과 진화』 (서울: 교보문고, 1992), 147f.

중심적 세계를 구축하기 위한 보험행위인 것이다.

모르는 게 약인데 인간은 미래를 알려고 했으며 알기 시작한 데서부터 비극은 시작된다. 예수에게 밤에 찾아온 부자 청년같이, "주여 어떻게 하면 영생을 얻을 수 있겠나이까?"의 의문을 갖게 된 것이다. 죽음은 인간에게 최대 관심사이며, 죽음에 대한 안전벽을 만드는 것이 인간의 최대 관심사였다.

'곰답다' 위대한 층변

단군신화에서 곰이 변하여 사람이 되었다는 얘기는 인류 문명사에 뭔가 큰 변화가 일어난 사건을 암시하고 있음이 분명하다. 짐승에서 사람으로 탈바꿈했다는 이 사건은 인간의 의식 구조에 있어서도 무슨 큰 변화가 있었음을 시사하고 있다. 문명사 발전단계에는 두 가지 변화가 있는데, 하나는 짐승에서 사람으로 변하는 것과 같은, 건물로 말하면 하나의 층이 다른 층으로 변하는 것이다. 이를 층변(層變)이라고 한다. 이러한 층변이 있는가 하면 하나의 층이 다른 층으로 일단 변하고 나면 같은 층 안에 있는 방과 방 사이로 이동하는 변화가 일어나게 된다. 이를 간변(間變)이라고 한다.38 이 두 변화를 통해 사건이 발생한다.

오스트랄로피테쿠스에서 네안데르탈인으로 변하는 것은 하나의 층변적인 사건이라고 할 수 있다. 그러므로 층변은 수직적 변화라 할 수 있다. 이와는 반대로 간변은 하나의 수평적 변화라고 할 수 있다. 간변은 같은 층 안에서 방, 가구, 사무실 같은 것을 옮기는 것으로 수평적 옮김이다. 수직적 변화는 깊이의 변화이고, 수평적 변화는 표면적 변화이다. 수

---

38 Ken Wilber, *The Atman Project* (Wheaton: Quest, 1980), 40.

직적 변화인 층변은 헤겔이 말한 지양(止揚, aufheben), 겝서가 말한 의식 속의 변화(mutation in consciousness), 피아제가 말한 조절(accomodation), 포라니가 말한 발생(emergence)과 같은 의미가 있다. 켄 윌버는 층변을 변혁(transformation), 간변을 번역(translation)이라고 했다.

간변에는 한 가지 주된 특징이 있는데, 그것은 자기가 속한 층에서 층변이 일어나지 못하도록 자기 층을 고수하려는 특징이 있다. 자기 층을 안정되고 항구적이게 만들려고 한다. 여기서 기득권층의 아집이 생긴다. 자기층의 불확실성을 줄이고, 긴장을 완화시키며, 변화 속에서도 항상성을 지키려고 한다. 자기 애인 왜곡된 에로스에 사로잡힌다.[39] 자기 층의 성을 공고히 쌓으려 한다. 이런 에로스는 한 층의 방 속에 갇혀 있는 자기의 소 자아와 분리감에 만족하면서 외부의 다른 층에 있는 자아와는 절연상태에 빠져 있다. 자기 소자아의 자기 죽음(Thanatos)의 단행과 함께 더 높은 층에 있는 자아와 만나려 하지 않는다.

그러나 층변은 반드시 일어나야 하고, 만약에 층변이 일어나지 않을 경우에 작은 방에 갇힌 소자아에게는 엄청난 비틀림의 투사(projection) 현상이 필연적으로 일어난다. 이를 자아 atman의 비틀림이라고 하여 'Atman Project' 혹은 '한의 비틀림'이라고도 한다. 마치 아기가 어머니의 자궁이라는 방에서 나오기를 거부할 때 따르는 결과를 상상해 보면 그 사태의 심각성을 짐작할 수 있을 것이다. 출생 그것도 하나의 층변적 사건이라고 할 수 있고 개인의 삶에나 문명사에도 몇 번의 이러한 층변적 사건들이 있어 왔다. 돈이나 권력에 자아를 일치시켜 대자아를 얻었다고 착각하는 것을 두고 하는 말이다.

굴속에 갇혀 있던 곰이 드디어 사람이 되어 밖으로 나왔다. 우리 한국

---

39 E. Becker, *The Denial of Death* (New York: Free Press, 1973), 150.

문명사에 나타난 이 얼마나 위대한 충변적인 사건이었던가? 이 충변에는 자기 죽음이란 인고의 고통이 따랐다. 마늘과 쑥만 먹고 햇빛을 못 본 채 100일을 굴속에서 기다려야 하는 인고의 고난 말이다. '자기 죽음'으로 자기애를 이길 때만 충변이 일어난다. 만약 이런 죽음을 곰이 감수하지 않았더라면 곰은 굴속에서 이방 저방 돌아다니며 간변을 하면서 짐승으로 살았을 것이다. 자기 죽음이 자기애를 능가할 때 간변은 그만두고 충변이 생기게 된다. 종교학에서는 충변을 통과의례라고도 한다. 만약 곰이 결단한 그러한 충변이 없었더라면 지금도 많은 원시문명에서 보는 것과 같은 충변 없는 지진아 상태에 머물고 말았을 것이다. 슬기 인간이 충변을 못하게 되면 '슬기 슬기 인간'이 될 수 없다.

'고맙다'는 '곰+답다'에서 유래했다고 한다.[40] 우리 민족은 곰 어머니에게 고맙다고 해야 할 것이다. 호랑이같이, 인고의 자기 죽음을 단행하지 못했더라면 우리 한국문명은 충변을 일으키지 못했을 것이다. 굴 밖을 탈출한 호랑이는 어디로 갔나? 호랑이는 타이폰의 짐승몸 인간에서 환골탈태(換骨奪胎)를 못하여, 즉 충변적 변화의 실패로 인하여 인간이 되지 못하고 만다. 우리는 무슨 장한 일을 한 사람 황영조 같은 사람을 보고는 '고맙네'라고 한다. 영어의 'Thank you'와 함께 'you are great'란 의미도 포함한다. 곰+답다는 '하나님(곰) 같다'와 같다. 왜냐하면 곰에서 '가미', '검' 같은 말이 유래했기 때문이다.[41] 곰+답다의 진정한 의미는 우리 문명사에 자기애를 극복하고 충변의 자기 초월을 단행했다는 의미인 것이다. 참으로 위대한 사건이다. 곰이 사람이 된 충변 이후 우리는 지금 자기의 자아를 죽이는 행위를 통해 초월을 해야 한다.

---

40 정호완, 『우리말 상상력』 (서울: 정신세계사, 1991), 41.
41 앞의 책 참고.

무당의 빛과 그림자

층변은 두 방향으로 진행된다. 하나는 상향(上向)이고 다른 하나는
하향(下向)이다. 곰이 자기애에 사로잡혀 자기 죽음을 단행하지 못하면
타이폰 밑의 층인 우로보로스층으로 하향하고 만다. 굴속의 호랑이가
그런 방향을 취하였다. 어린아이가 상향적 성장을 못하고 하향적 퇴행
을 할 때 이를 두고 유치퇴행(幼稚退行)이라고 한다.[42] 문명의 유치퇴행
은 정신병리적 현상을 동반한다. 엄격한 의미에서 서양문명이 이런 하
향적 방향으로 퇴행하고 있지나 않는지 염려가 된다. 마약, 폭력 등에서
보는 바와 같이 서양문명은 우로보로스층으로 하향적 퇴보를 하고 있다.

고마운 것은 곰의 상향적 진화가 우리 문명사에 일어났다는 점이다.
곰이 층변을 일으켰을 때 무(巫)가 된다. 샤먼(shaman)으로 알려져 있는
무당은 인류 최초의 층변을 단행한 존재이다. 샴(sham)이란 말자체가
감·캄·삼에서 유래했다는 설도 있다.[43] 곰(감)이 층변을 일으키면 감(가
미)이 된다. 곰이 샤먼이 되자면 무병(巫病)이라는 인고를 겪어내어야
만 한다. 샤먼이 무병을 앓고 나서 층변을 일으키면 자아, 시간, 공간, 죽
음을 모두 초월하게 된다. 그래서 샤먼이란 삶과 죽음을 모두 이해한 사
람이다.

샤먼을 인류 최초의 층변을 일으킨 존재라고 할 때 샤먼 문화가 있는
곳과 없는 곳의 의식 차이는 다를 수밖에 없다. 고대문명에서 샤먼은 의
식의 최고 높은 수위에 도달한 인간들이었으며, 샤먼이 곧 정치, 경제, 종
교를 모두 지배한 데서도 그 위력을 발견할 수 있다. '임검'의 검도 감곰

---

42 인간이 에덴동산으로 되돌아가는 것을 케루빔들이 막고 있다는 것은 바로 인간의 유치퇴행
   을 막기 위해서이다. 인간은 새 예루살렘으로 지향해야지 뒤로 후퇴해서는 안 된다.
43 김상일, 179.

에서 유래했다고 한다.[44]

그러면 샤먼이 일으킨 층변이란 층의 마지막까지 도달한 변화란 말인가? 그렇지 않은 데 문제가 있다. 문명의 여명과 함께 아사달의 어느 동굴 속에서 일으킨 곰의 층변은 고작 의식의 한 꺼풀을 벗기는 데에 공헌했을 뿐이다. 곰이 벗어나 도달한 의식은 초의식의 영역이라 할 수 없다. 아트만, 순야타(無), 도(道)와 같은 영역에 도달한 의식이라고 볼 수 없다. 그러나 샤먼이 의식의 긴 여로에 첫 닻을 올린 것만은 분명하다 할 수 있다.

그러면 곰이 100여 일의 무병 끝에 도달한 의식의 층은 어느 영역이었던가? 그것을 알려면 샤먼들이 남긴 굿의 의미를 보면 알 수 있다. 굿은 왜 하는가? 굿은 거의 예외 없이 병낫기, 장수, 재물 모으기 등과 관계되어 있다. 결국 샤먼의 자기 죽음은 다른 무엇으로 바꾸어달라는 간구와 관계되어 있다. 인디언 샤먼들 가운데는 손가락이 없는 경우가 많은데 이는 대부분 손가락을 신에게 바침으로써 그곳보다 더 큰 보상을 신으로부터 받기 위함이다. 자기 죽음과 함께 큰 우주적 자아와 하나가 되려는 단지(斷指) 행위와는 다르다고 할 수 있다. 돈 주고 면죄부를 사는 행위와 마찬가지다.

굿에서 무당들이 하는 희생과 보상요구를 하는 종교가 '외양적'(exoteric)이라면, 불교도들이 그렇게 하는 바와 같은 손가락을 바침으로 부처와 하나 되어 법신(法身)을 이루려 하는 것은 '내밀적'(esoteric)이다. 후자는 거의 의식의 최정점에 도달한 행위라 할 수 있다. 샤먼은 종교를 건물이나 교리 같은 것을 강조하는 외양적 종교와 신비적 합일 같은 내면적 세계의 깊이를 강조하는 내밀적 종교로 양분하였다. 종교가 만약에

---

44 정호완, 42.

후자의 길을 선택하면 모든 종교가 합일에 도달할 수 있다고 했다.

기독교인들이 헌금을 많이 바치면 축복받는다는 것도 외양적 종교 양식이고 이 점에서는 샤먼 종교에서 벗어난 것이 아니다. 이런 외양적 행위는 모두 신에게 뇌물을 주는, 일종의 마술적 거래행위이다. 굿의 모든 행위가 거의 신과의 신비적 거래행위를 하는 것이라고 할 수 있다. 기라타니 고진은 이를 두고 교환양식 B라고 했다. 서로 하나 주면 다른 것을 받는 경제 양식을 두고 하는 말이다. 이런 교환양식을 통해 인간은 자기 안전이 도모된다고 착각한다.

그러나 남자나 여자나 신과의 거래행위를 하는 것과 예배시간마다 신에게 바치는 뇌물로는 진정한 초월을 했다고 할 수 없으며 대아(大我)와 만날 수도 없다. 큰 자아와 진정한 만남이 이루어질 때까지 인간은 뇌물 바치기 거래행위를 그만두지 않을 것이다.

샤먼이 찾은 의식상태는 아직 물질적인 요소가 묻어 있는 '넋'과 같은 것이다. 알에서 갓 깨어난 첫 번째 도달한 의식 바로 그것이다. 아직도 넋이 얼로 깨어나기 위해서는 몇 번의 층변을 거듭해야 한다. 굿판을 떠날 때이다. 넋으로 얼로 깨어나는 층변이 일어나야 한다.[45]

---

45 巫를 전적으로 물질적 이익만 추구하는 종교로만 취급해서는 안 된다. 巫가 고등종교들과 만나면서 한국에서 권선징악과 같은 높은 윤리관이 가미되며, 무당도 매우 높은 의식구조를 갖는다. 그러나 巫의 초기적 특징은 1층과 2층의 가치를 갖는다.

V

타이폰이 옷을 입을 때

타이폰 길들이기

인간이 어류에서 인간으로 진화하는 데 약 5억 년이 걸렸다. 세분하여 어류에서 양서류로, 양서류에서 파충류로, 파충류에서 조류로, 조류에서 포유류로, 포유류에서 영장류로 5단계 진화하는 데 5억 년이 소요된 것이다. 이러한 진화단계가 분명한 것은 개인이 어머니 모태에서 발생하는 과정도 이 5단계 과정을 반복하고 있는데 나타나 있다. 그리고 인간 두뇌의 구조 역시 파충류, 포유류, 영장류의 3층 구조로 되어 있다고 했다. 5억 년 역사 가운데 인간의 조상 오스트랄로피테쿠스가 등장한 것은 500만 년 전이다. 그리고 우리와 같은 두뇌구조를 갖춘 인간이 나타난 것은 2만 년 전이다. 놀랍게도 2만 년 전이나 지금이나 두뇌의 크기에 큰 변화가 없었다는 점이다. 최상부에 있는 신피질이 이미 2만 년 전에 거의 완성되어졌다고 할 수 있다.

인간이 동물에서 진화되어 나온 사실이 과학이나 철학에서보다는 신화 속에 더 진실되게 표현돼 있다. 그런 점에서 곰이 변해 사람이 되었다는 신화는 우리 역사의 진실이다. 이 진실은 지금도 산부인과 병실에서 태어나는 신생아들이 증명하고 있고, 그 무엇보다 뇌구조 속에 있는 우리들의 자아 자신이 그렇게 말하고 있다. 그러나 고등종교나 철학은 이러한 인간 내면 속에 있는 동물적 자아, 즉 타이폰으로서 자아를 부정하려고 한다. 야성적 동물적 자아의 부정은 개인의 불행인 동시에 문명의 불행이다.

인간은 야수들을 잡아서 길들여 가축으로 사용한다. 이를 순치(馴致)라고 한다. 사나운 야수라도 잘 길들이면 그 야수성이 사라지고 순치되어 순한 동물이 된다. 마찬가지로 우리는 우리 자신 속에 있는 동물적 자아인 타이폰을 길들이고 있다. 카오스를 질서로 길들이는 것이다. 교육이나 종교 같은 것이 그런 역할을 한다고 할 수 있다. 이런 동물적 자아를 잘 길들이지 않을 때 그 야수성이 폭발하여 문명의 대 비극이 벌어진다. 제2차 세계대전과 같은 비극적인 전쟁이 이를 증명한다. 인간의 야수성을 잘 길들이는 데 도덕과 철학이 큰 공헌을 하였다고 생각하였다. 이것이 19세기 낭만주의적 세계관이라고 할 수 있다. 그러나 20세기에 들어와 인간은 인간 내면의 야수성을 길들이는 데 완전히 실패했다는 사실을 깨닫게 되었다. 오히려 고등 이념이나 가치 다시 말해서 신피질에서 나온 것이 전쟁의 원인이란 사실을 비로소 알게 되었다. 낭만주의와 합리주의가 물거품이 되고 말았다.

짐승이 사람이 되는, 즉 곰이 변해 사람이 되는 이 과정은 자기 인고를 통해 잘 설명하고 있다. 인고란 죽음과 부활의 과정이라고 할 수 있다. 그러나 이러한 인고의 과정을 거치지 않고서 그냥 사람인 체 함으로써 사람이 되려고 한다.[46] 인간은 무엇보다도 자기 몸에서 손쉽게 동물적 자아를 발견한다. 그 생김새에 있어서 인간이 두 발로 걸어 다니는 것 외

---

46 Ken Wilber, 64.

에는 동물과 별로 다른 것이 없다는 사실을 발견하게 된다. 인간은 타이폰으로서 이러한 동물적 자아를 수치스럽게 생각하고 그것을 가리려고 한다. 에덴동산에서 아담과 이브가 지혜의 나무를 따먹고 한 행동은 무화과 나뭇잎으로 자기 몸을 가리려는 것이었다. 이것은 곰이 사람이 된 후 자기 외관에 수치를 느꼈기 때문이다. 그런즉, 의복 사는 곧 우리 문명사라고도 할 수 있다.

인간이 의복으로 자기의 동물적 몸을 가리려고 한 다음에는 자기 얼굴을 화장함으로써 자기 얼굴이 동물의 얼굴과는 다르다는 사실을 나타내려고 했다. 우리는 원시인들이 그려 놓은 벽화그림을 보면 놀랍게도 얼굴화장과 몸의 장식에 큰 관심을 쏟았음을 발견하게 된다. 오스트레일리아 부시맨들이 그들의 얼굴화장과 몸 화장에 엄청난 경제적 부담을 감당했다는 것이 알려지고 있다. 어떤 때는 그들이 그들의 몸이나 얼굴에 칠할 염료를 구하기 위해서 전쟁까지 했던 것이다.[47]

인간의 예술발달사에서 볼 때 화장은 인간이 자기의 동물적 자아를 가리고 인간으로 변하려는, 즉 곰이 사람이 되려는 본능이 가장 큰 충동임을 발견하게 된다. 그러나 이렇게 지금도 화장대 앞에서 화장을 함으로써 자기의 자연스런 모습을 바꾸어 보려는 수고는 매우 불안정스럽고 또 하나의 문명의 비틀림이라고 할 수 있다. 결코 얼굴에 바르는 분칠로 동물적 자아가 숨겨질 수 있는 것이 아니다. 서양의 이브는 화장을 하였고 한국의 곰은 마늘과 쑥을 먹었다.

『衣의 文化人類學』을 쓴 深作光貞은 인간이 옷을 입게 된 동기가 추위와 더위로부터 몸을 보호하기 위한 것이 아니라 그 장식적 의미가 선

---

47 Lewis Mumford, *The Transformations of Man* (New York: Harper Tochbooks, 1956), 21.

행한다고 지적하고 있다. 남극이나 북극에 사는 사람들이 몸에 기름만 바르고 다니며 가죽옷의 털이 밖으로 나오도록 입는 것을 보아서도 증명된다고 했다. 문명의 발달이란 곧 인간이 점차로 자신의 짐승몸을 숨기려는 역사이다.[48] 추위와 더위로부터 몸을 보호하기란 옷의 2차적인 기능에 불과 하다. 옷의 더 깊은 의의는 의식 구조와 관계된다. 그래서 순서에 있어서도 '의.식.주'인 것이 아닌가 한다.

타이폰이 옷을 입다

인간이 사는 데 있어서 의식주(衣食住)는 3대 필수조건이다. 그 가운데 옷을 첫 자리에 놓고 생각하는 것을 보면 인간이 얼마나 옷에 비중을 두는지를 짐작하게 된다. '옷이 날개란' 말 그대로 옷은 옷을 입는 사람의 됨과 직업 그리고 의식 구조까지 파악하게 만든다. 어느 민족의 의식 구조는 그들이 입은 옷 속에 가장 잘 나타나 있다고 해도 과언이 아니다.[49]

지금 세계적인 정장이 된 남성 양복을 보면 그 전후좌우 대칭 구조가 뚜렷하다. 바지의 가랑이가 좌우로 갈라진다. 이런 구조를 2차원적 구조라고 한다. 그러나 인류가 가장 최초에 몸에 걸친 의상은 이와 같은 2차원적 구조를 갖지 못하였다. 500만 년 전에 살았던 오스트랄로피테쿠스는 아직 몸에서 털이 사라지지 않은 상태에서 알몸으로 다녔다. 이때의 의식 구조를 0차원이라고 하자. 그런데 구석기 시대의 타이폰 2기인 크로마뇽인이 살았던 4만 년 전부터는 인간들이 옷을 입은 흔적이 발견된다. 즉, 타이폰 크로마뇽인이 최초로 입은 옷은 띠옷[紐衣]이었다. 알몸의

---

48 探作光貞/신영선 역, 『衣의 文化人類學』(서울: 교문사, 1990), 7.
49 앨리슨 루리/유태순 역, 『衣服의 言語』(서울: 경곡사, 1986), 137.

허리에 띠를 한 가닥 감기 시작하였다. 이것이 인류 최초의 띠옷이다.[50] 이 띠옷은 사냥으로 잡은 물건을 꿰차기 위한 것이라고 실용적으로 해석하기도 한다. 그러나 고대 이집트의 미술품 가운데는 나신인 왕이 그 허리에 띠옷 하나를 걸치고 있는 것을 발견할 수 있기 때문에 실용적인 의미는 설득력이 약하다. 궁중의 시녀들도 띠옷 하나를 걸치고 있다. 이런 띠옷은 크레타섬, 인도, 아프리카, 동남아 일대 어디서든지 발견된다. 우리 한복바지에도 이 띠옷 흔적이 남아 있는데 그것은 양복바지에서 발견할 수 없는 넓은 허리 부분이라고 할 수 있다.[51] 어쨌든 이 띠옷은 크로마뇽인들로부터 사용된 것은 분명하다. 띠는 1차원적 직선이다. 이는 곧 크로마뇽인들이 1차원적 의식구조를 가지고 있었음을 의미한다. 1차원적이란 가로나 세로 가운데 어느 하나만 선택할 줄 아는 의식 구조를 반영한다. 0차원의 점은 아무런 방향이 없는데 1차원의 선은 일정한 방향만을 갖게 된다.

크로마뇽인들이 두른 띠옷이 지금까지 남아 있는 것은 하나도 없다. 그 재료가 넝쿨이나 가죽이었기 때문이다. 그런데 우리에게 남겨진 구석기 후기의 것으로서 레스비크 비너스상의 엉덩이 부분에서 띠옷을 발견하게 된다. 이는 크로마뇽인들의 띠옷을 확인하는 유일한 증거가 되고 있다. 띠옷이 다음 단계로 발전한 것이 포의(布衣)이다. 띠가 1차원적 직선이라면 포는 면으로 된 2차원적이다. 포의는 동식물의 가죽이나 섬유를 평평하게 짓눌러서 만든다.

포의를 만들기 위해 인간들이 봉제기술을 언제부터 발달시켰는지는

---

50 사실 인간이 추정한 최초의 장식에 대한 중요한 단서는 구석기 시대(4~6만년 전) 중기에 속하는 네안데르탈인의 무덤에서 발견된 황토색 안료이다(수잔 케이저/김순심 역, 『복식사회심리학』, 서울: 경춘사, 1991, 28).

51 불랑쉬 페인/이종남 역, 『복식의 역사』 (서울: 까치, 1989), 537.

분명하지 않으나 2만 5천~4만 년 사이의 크로마뇽인들 사이에 이미 귀가 달린 뼈바늘이 발견되는 것으로 보아 옷을 짜는 것이 가능했을 것으로 추정한다. 1854년 스위스 호수터에서 발견된 린네르 직물은 약 1만 년 전 것이다. 북미 유타주에서 발견된 직조된 바구니는 7천 년 전 것이다. 이때는 인간이 신석기 농경시대로 접어들던 때이다. 이렇게 의상의 변천과 문명층의 변화는 매우 직접 연결된다고 할 수 있다. 이제 기원전 2000년경에 이르면 이집트 등지에서 매우 정교하게 직조된 옷을 발견하게 된다. 자아의식이 만개되던 시기이다. 2차원적 사고구조는 자아의식의 발달과 함께 생긴다. 그 이유는 자아의식이 생기면서 대상과 분리시킬 줄 알게 되어 주객 분리의 2차원적 의식 구조가 생기기 때문이다. 60년대 말부터 유행하기 시작한 미니스커트는 바로 원시인들의 포의가 부활한 것이라 할 수 있다. 무릎 위로 훨씬 올라가 겨우 앞과 뒤만 가리개 역할을 한 아프리카 토인들이 풀로 엮어 만들어 입은 옷이 미니스커트의 기원이 아니라고 누가 부인하랴.[52]

포의 다음으로 같은 2차원적인 요포(腰布)가 등장하는데, 요포란 허리를 덮어서 감는 것이다. 그런데 깊이가 무릎까지 내려오는 것을 요포라 하고, 길이가 더 길어서 발목까지 내려오는 것을 요권의(腰卷衣)라고 한다. 미니가 요포라면 맥시는 요권의라 할 수 있다. 길이의 차이일 뿐 2차원적이라는 점에서는 차이가 없다.

요포와 요권의 차이는 사소한 것 같으나 기하학적으로 볼 때 요포는 한 장이나, 요권은 2장 혹은 3장 이상 되어야 하기에 가로나 세로를 연결시켜 꿰매야 한다. 그래서 인간은 직조기술을 발전시키지 않고는 만들 수 없다. 2차원적 의상 구조는 대략 다섯 가지 종류로 나뉜다. 권의형(卷

---

52 백영자·유효순, 『서양복식문화사』 (서울: 경춘사, 1991), 438.

衣型, drapery 형), 관두의형(貫頭衣型, pancho 型), 전개형(展開型, caftan 型), 동의형(胴衣型, tunic 型), 각의형(脚衣型, trousers 型)이 그것이다. 권의 형은 인도의 사리(sari)가 대표적이다. 한 장의 천으로 몸을 감싼다. 2차 원 평면으로 3차원의 몸을 두루는 것이다. 관두의 형은 흔히 판초라고 알 려져 있다. 천의 중앙에 구멍을 뚫어 머리가 통과하여 신체의 앞뒤에 늘 어뜨린다. 역시 2차원의 변형이다. 사리의 중앙에 구멍만 낸 것이다. 전 개형은 카프탄이라고 하며 옷의 앞을 터서 여미는 형식이며 서양에서는 중세기에 나타난다. 몽고인들이 오래전부터 입었던 옷이다. 역시 사각 형의 한 부분을 자른 것이다. 동의는 튜닉형이라고 하며, 유럽의 본래 의 복이라고 하나 스키타이인들이 즐겨 입었다. 관두형의 양옆에 팔이 통 할 정도로 여유를 두어 꿰맨 것이다. 각의형은 양다리를 따로 감싸는 바로 지금 남녀가 즐겨 입는 바지이다. 몽고인들이 말타기를 하면서 양다리를 분 리시킬 필요가 있어서 발달시킨 것이다.

사리에서 바지에 이르기까지 인간들은 2차원의 사각형을 점차로 전 후좌우를 분리시켜 가면서 옷을 재단하였다. 여기에 우리 한복 바지는 2차원의 사각형을 말아 원기둥을 만든 다음 겉과 속을 뒤집어 붙이는 뫼 비우스 띠와 와 클라인병으로 재단한다. 이것은 2차원 평면을 4차원으 로 바꾸는 이치이다.[53]

띠옷은 1차원적 알카오스의 의식상태를 반영하는 옷이다. 포의와 권 의는 모두 2차원의 의식을 반영하며 비카오스적인 의상이라 할 수 있다. 초카오스적 의식을 반영하는 것이 한복바지의 구조인 클라인 병이다. 크로마뇽인이 입었던 유의(1차원)에서 양복바지(2차원)를 거쳐 한복바지

---

53 김상일, 『한철학』 (서울: 전망사, 1983) '한의 꼴' 참조. 필자는 여기서 한복바지의 구조가 뫼비우스 띠의 구조와 같음을 역과 연관시켜 설명하고 있다.

(4차원)까지 이르게 되었다. 이 옷의 역사는 곧 카오스의 3단계 역사이기도 하다. 이에 대한 자세한 연구는 필자의 『초공간과 한국문화』(서울:교학연구소, 1999) 참고 바란다.

타이폰과 장승

대존재의 연쇄고리에 사용되고 있는 명칭들은 인류보편적인 것이어야 하고 또한 한국적인 것이어야 한다. 짐승몸 인간인 '타이폰'은 어느 문명권에서나 찾을 수 있는 보편적인 것이다. 그러나 서양에서는 타이폰이 살해당하거나 악마화되고 만다. 서양의 악마는 거의 예외 없이 동물형상을 하고 있다. 전세계적으로 한국에서만큼 타이폰이 줄기차게 계승 발전된 곳도 없다고 본다. 한국적인 타이폰이 다름아닌 '장승'이라는 것이다. 장승은 한국의 짐승몸 인간이다. 우리는 지금 장승의 기원과 유래 그리고 그 명칭도 정확하게 모른다. '장승'이 '짐승'에서 유래하지 않았나 추측해 본다. 지금 우리가 사용하고 있는 '장승'이라는 명칭은 1983년에 '한글 맞춤법 통일안'에 의하여 표준말로 된 것에 불과하다.[54]

장승에는 돌장승과 나무장승이 있는데, 돌장승을 영호남에서는 벅수, 제주도에서는 '돌하루방'이라 부르고, 나무장승을 중부지방에서는 '장승', '장신', '수막살이', '살막이'라고 부른다. 이처럼 장승은 그 이름이 다양하며 일정하지 않다. 장승은 그 기원과 유래마저 뚜렷하지 않다. 신석기 시대의 선돌, 돌무더기, 큰 나무가 장승의 조상일 것으로 본다. 흙,

---

54 김두하, 『벅수와 장승』(서울: 집문당), 1990. 신라고려 시대에 장생(長生), 장생표주(長生標柱), 황장생(皇長生)이란 기록이 있고, 고려 후기와 조선시대에는 승(丞), 장승(長丞, 長承), 후(喉) 등이라고 했다. 15세기의 말로는 '당승'이며, 16세기의 말로는 '쟝승'이다(『문화상징사전』, 서울: 동아출판사, 1993).

뼈, 조개껍질 등에 새겨진 형상들도 장승과 닮은 점이 많다. 청동기 시대의 소도신간이나 철기시대의 솟대 역시 장승의 유래로 볼 수 있다.[55] 고구려 시대의 귀신을 물리치는 벽사신앙(辟邪信仰), 신라의 당간지주, 고려조선시대의 장생으로 이어진다.

그러나 우리는 장생의 기원이 신석기 시대보다 훨씬 이전부터라고 생각해 볼 수 있다. 그 기능면에서는 약간 다른 점이 있기는 하지만 퉁구스계 민족인 골디, 소론, 오로치족 가운데서도 장승이 발견된다.[56] 몽고의 오보 역시 그 기능면에서 장승과 유사한 점이 많다. 인디언들의 토템 폴도 넓게 보아 장승의 유래와 일치한다고 볼 수 있다.[57] 더 넓게 봐서는 이집트의 스핑크스도 장승과 그 기능상 같은 점이 많다. 이들을 통틀어서 모두 타이폰족 혹은 장승족들이라 분류해 놓고, 그 기능상의 유사성을 살펴보기로 한다.

한국의 장승은 그 역사가 너무 길며, 그 목숨이 죽지 않고 계속 살아숨 쉬어 왔기 때문에 서양의 그것들과는 달리 그 기능과 의미가 너무 다양하다. 우선 장승을 타이폰족으로 분류할 수 있음은 그 외모에 있어서 인간이라 하기에는 동물 같고 동물이라 하기에는 인간 같다. 반인반수에서 인간 쪽으로 더 많이 진화된 것이 장승이다. 너무 단순화되어 몸의 다른 부위가 없어서 스핑크스와 타이폰같이 동물 몸을 확인할 수 없다. 그러나 장승 가운데는 머리에 뿔이 달린 것도 있어서 그 동물적 특징을 배제할 수는 없다.[58]

---

55 이종철, 『장승』 (서울: 열화당), 1993.
56 몽고의 골디, 오로치족은 오보와 히모리를 샤먼화하여 우리의 서낭당처럼 새를 올려놓는 신간을 만들어 놓았으며, 나무인형 신상을 모셔 놓고 돌무더기에 비단을 둘러쳤다.
57 김두하 씨는 『벅수와 장승』에서 토템 폴(Totem pole)과 장승은 같지 않다고 주장하고 있으나, 그 원시적 기원에 있어서는 장승과 토템 폴이 모두 타이폰층에서 유래했다는 점에서는 같다.

장승을 타이폰족에 분류하는 데 있어서 그 외양(시그니피앙)에 두는 것보다는 한국 장승이 가지고 있는 의미(시그니피에) 쪽에서 찾는 것이 좋을 것 같다. 타이폰의 두드러진 기능은 마술이었다. 동네어귀에서 동네 안으로 들어오는 모든 병과 악귀를 쫓아내는 살막이 기능을 샤먼의 마술적 기능이라고 할 수 있다. '살'이란 재액 같은 것으로 '수막살이' 혹은 '살막이'이라는 명칭이 이런 기능을 나타내고 있다. 특히 중부지방의 장승이 이런 마술적 기능을 많이 가지고 있다.

장승의 이러한 마술적 기능은 마을 수호신 노릇으로 변하게 되었다. 나중에는 이정표(里程標) 역할도 하게 된다. 장승은 뒤에서 얘기하려고 하는 농경사회의 다산(多産)과 남근숭배사상과도 관련된다. '지하여장군'(地下女將軍)이란 농경사회의 태모(太母)가 변신한 것이라 볼 수 있다.[59]

장승이 살막이나 다산(多産) 같이 매슬로의 인간 5단계 욕구 가운데 인간의 기본적인 생리적 욕구나 안전벽으로 쓰인 것만은 아니다. 한국의 장승은 끈질기게 살아남아 도교, 불교, 유교와도 자유자재로 만나 그 모습이 변한다. 불교와 만나 의젓이 사천왕 노릇을 하며, 사찰 경내에 들어 있기도 한다. 나주의 불회사(佛會寺)에 모셔진 벅수는 일품이며, 올림픽 때는 그 모형이 인사동에 모셔지기도 했다. 장승은 유교와 만나 인자한 인왕(仁王) 노릇을 하기도 하고 관복을 입고 근엄한 모습으로 변하기도 한다. 도교의 장생(長生) 사상은 그 이름이 장승과 연관되기도 한다. 장승은 문무를 겸비하여 금장군, 갑장군이 되기도 한다.[60] 그러나 우

---

58 경북 사천군 유동면 압산리의 벅수는 귀에 뿔이 달려 있다. 전주 승주군 송광면 대흥리 벅수도 뿔이 있다.

59 전북 정읍군 칠보면 원백암에는 장승과 남근석이 동시에 모셔져 있다.

60 전남 광주시 동문 밖에 있던—현재는 전남대학교로 이동— 벅수는 머리에 관을 쓰고 있으며 근엄한 군자상 같다.

리는 이렇게 점잖은 장승만을 생각해서는 안 된다. 도깨비같이 마술을 부리는 장승의 본성을 잊어서는 안 된다.[61]

이렇게 장승 하나에서 우리 민족의 긴 정신사를 본다. 서양의 타이폰은 악마에서 그 모습을 변신하기가 어렵게 되었다. 그러나 한국의 타이폰은 인간에게 공포감과 해학성이라는 상반된 감정을 혼돈스럽게 주면서 그 생명을 끈질기게 유지해 오고 있다.[62] 그러나 장승에게 수난이 없었던 것은 아니다. 일제가 미신타파로 장승을 박살내기 시작했으며, 1970년대부터 시작된 조국 근대화란 미명의 새마을운동 기간은 장승의 가장 모진 시련기이기도 했다. 그리고 연세대를 비롯한 기독교대학에서 장승은 수십 차례 목 잘려 나가기도 한다. 그러나 장승은 죽지 않았다.[63] 드디어 올림픽 때 정식으로 공원에 모셔졌으며 그 이후 우리들의 살아 있는 상징으로 이곳저곳에 세워지고 있다. 그러나 장승제를 지어 먹을 것 하나 안 주고 깎아서 달러 수입을 올리는 수단으로 사용된다면 장승은 또 다른 방법으로 수모를 당하는 것이나 마찬가지다. 그러나 장승은 이런 수모도 인종으로 견디어 내며 통일대장군으로 다시 우뚝 서고 있다.

그러면 왜 이렇게 타이폰은 다시 살아나는가? 그 이유가 있다. 그 이유를 '카오스 해법 모색(7장)'에서 설명하려고 한다. 마르크스의 낫과 망치는 인간의 가장 낮은 동물적 먹이 본능을 상징한다. 장승이 갖는 의미도 역시 인간의 동물적 본능이 갖는 의미를 지닌다는 점에서 유사하다. 인간의 유물론적 자아 그리고 동물적 본능은 결코 죽일 수 없는 것이며 다시 살아나게 마련이다. 장승과 함께 새 문명이 열린다. 장승은 새 문명의 전령이다.

---

61 김성배, 『한국의 민속』(서울: 집문당), 1980 참고.
62 최길성, 『한국민간신앙의 연구』(대구: 계명대학교 출판부), 1989 참고.
63 1982년 조사시 200개소, 1988년 조사 시는 169개소(석상승 79, 목장승 90)였다.

제 5 장

엄마의 고뇌
: 엄마의 영광과 고뇌태모층

I
먼동이 틀 때 생긴 일들

소속감이 처음 생긴 때

비카오스적 문명의 시작이란 우로보로스와 타이폰의 애매성이 해체되면서 문명의 밝음이 동트기 시작한 때부터이다. 타이폰과 우로보로스는 모두 알카오스층에 속한다. 이때의 카오스를 마술적이라고 했다. 비카오스적이라고 함은 알카오스의 알애매성이 깨어지기 시작한 것을 두고 한 말이다.

제4 빙하기가 시작된 후 1만 2천 년경부터 인류 문명사에 있어서 전에 없던 현상들이 나타난다. 인간들은 한곳에 정착해 사는 것이 아니라 수렵과 채취 생활을 하면서 여러 곳에 떠돌며 살지 않을 수 없었다. 그러나 제4 빙하기의 말기에 즈음해서 기후가 따뜻해져 빙하가 녹기 시작하였다. 해수면의 상승이 130미터에 이르고 대륙의 상당 부분은 바닷물로 뒤덮였다. 전 세계 지표의 20분의 1이 해면 밑으로 사라진 것이다. 광대한 면적의 초지가 해면 밑으로 사라져감에 따라 순록은 예전의 분포지로 되돌아가기 시작하였다. 따뜻한 봄과 여름 기후 아래에서 평원이 숲이나 초지로 변하기 시작하였다. 숲과 숲 사이에는 키 큰 풀들이 바람에 흔들려 움직이기 시작하였다. 순록의 큰 무리들이 떼지어 놀았던 곳에는 당나귀, 들소, 사슴 같은 야생동물들이 풀을 뜯어 먹기 시작하였다.[1]

이러한 지형과 기후 변화에 따라서 인간들은 세계의 몇몇 중심지에서 농사를 짓기 시작하였다. 떠돌이 생활을 끝내고 이제부터는 일정한 장소에 모여서 야생 곡물을 거두어들여 그것을 주된 식량으로 삼았다. 지금까지 발견된 가장 오래된 농경 유적지가 바로 시리아의 아브 프레야에서 발굴되었는데, 이는 기원전 1만5천 년에서 1만 년 사이의 것이다. 여기서 인간들은 외밀이라고 불리는 야생밀과 야생보리 그리고 호밀을 수확하고 있었음을 알 수 있다.[2] 곡식을 거두어들이는 낫과 석구(石臼)도 발굴되었으며, 토끼, 가젤, 양, 염소, 야생당나귀 등의 동물을 잡아 먹은 흔적도 보였다.

"역사의 진로를 형성하는 것은 세 가지 혁명이었다. 약 7만 년 전 일어난 인지 혁명은 역사의 시작이었다. 약 1200년 전 발생한 농업 혁명은 역사의 진전 속도를 빠르게 했다. 과학 혁명이 시작한 것은 불과 500년 전이다."[3]

떠도는 사람들과 한곳에 정착해 사는 사람들의 의식 구조는 엄청나게 다르게 마련이다. 지금도 집시의 의식 구조가 우리와 어떻게 다른가를 비교해 보면 알 수 있다. 당장 쉽게 발견할 수 있는 차이점이란 떠돌이들은 '소속감'(membership)이 없다는 것이다. 타이폰 떠돌이들은 기껏 많이 모여 살아야 20~30명 이상일 수는 없었다. 한 지역의 자연생산물만을 식량으로 삼아서는 절대로 한곳에 많이 모여 살 수는 없는 노릇이었다. 그러나 농경정착생활을 하면서 그 10배인 200~300명이 한곳에 모여

---

1 리처드 리키, 『재미있는 인류이야기』, (서울: 민예당, 1992), 220.
2 앞의 책, 229.
3 유발 하라리, 『사피엔스』, (서울: 김영사, 2015), 19.

살 수 있게 되었다. 한 단위 지역에서 생산량을 높일 수 있었기 때문이다. 그래서 지금 농촌자연부락에서 볼 수 있는 바와 같은 50~60호에서 200~300명의 집단거주가 가능하게 된 것이다.[4]

1만 2천년 경부터 시작된 농경 생활의 시작과 함께 두드러지게 나타난 현상은 공동생활로 인해 인간 상호 간의 소속감이 두터워졌다는 점이라 할 수 있다. 나와 네가 아닌 '우리'라는 의식이 생겨났다. 그래서 켄 윌버는 이때를 '소속감의 시기'(membership period)라고 했다.[5] 우리 역사 속에서는 이러한 소속감으로 형성된 공동체를 두레라고 한다. 두레공동체는 날짐승인 새를 상징으로 삼는 것이 공통된다. 모든 날짐승을 통칭하여 '닭'(鷄)이라 했으며 닭은 하늘과 땅 사이의 중간존재로서 소식전달자(messenger) 역할을 한다.[6]

소속감시대는 분명히 문명의 대연쇄고리에서 뚜렷한 세 번째 고리가 된다. 기원전 1만 2천~2천 년까지의 기간이 이에 해당된다. 이때 인간들은 새라는 소식전달자를 통해 초월적 신비의 세계에 관심을 갖게 된다. 타이폰-곰이 마술적이었다면 날짐승닭은 신비적이었다. 그래서 윌버는 이때를 '신비-소속감시대'(mythic membership period)라고 했다. 기원전 9500~4500년까지를 초기, 기원전 4500~1500년까지를 후기로 본다. 후기에는 티그리스-유프라테스강 유역에서 수메르족이 등장하면서 본격적인 관개시설이 발달한다. 이와 함께 신비-소속감시기가 시작되고 시간 개념, 전쟁의 시작, 문자의 발달, 태모의 등장 등 획기적인 사건들이 일어난다. 의식이 두드러지게 깨어나기 시작하기 때문에 비카오

4 Ken Wilber, *Up From Eden* (New York: Anchor Press, 1981), 102.

5 Ken Wilber, 230.

6 J. Jaynes, *The Origin of Consciousness in the Breakdown of the Bicameral Mind* (Boston: Houghton Mifflin, 1976), 176.

스적이라고 하는 징조가 뚜렷해진다.

農者時間之大本

문명의 한 층이 다른 층으로 변할 때에는 큰 충격이 생긴다. A. 토플러는 이를 '미래의 충격'(Future Shock)이라고 했다. 변하는 속도가 급격할 때에는 그 충격의 정도가 더욱 심하다. 과거 어느 때보다도 우리는 미래의 충격이 심한 시대에 살고 있다. 그러나 이런 충격은 정도의 차이는 있을망정 우리 시대에만 처음 있는 것은 아니다.

아마도 그 충격의 처음이 인류가 떠돌이 수렵 생활에서 정착농경 생활을 하면서부터 생겼다고 할 수 있다. 한곳에 모여 살게 되니 '우리'라는 소속감이 두드러지게 강하게 되었다. 이 시기에 소속감 이상으로 충격적인 것은 시간이라는 개념의 등장이다. 4세 이전의 어린아이들과 어른들은 하루 24시간을 같이 살고 있지만, 어른들은 시제를 과거, 현재, 미래로 나누고 또다시 그것을 분절시켜 과거분사, 현재진행 등 더 세분시켜 사용한다.[7] 그러나 영아들은 과거도 미래도 의식하지 못하며 영원히 '지나가는 현재'가 있을 뿐이다. 그들에게 '내일은 없다.' 바로 이러한 무시간적 상태에서 살았던 인간들이 타이폰, 즉 지금으로부터 1만여 년 전의 인간들이라고 할 수 있다. 그들에게는 어제도 오늘이고 내일도 오늘이다. 어제 오늘 내일이 모두 마술적으로 뒤엉켜져 있다. 이런 시간 개념을 알카오스적 시간 개념이라고 한다. 과거에 대한 후회도 미래에 대한 염려도 없다. 말 그대로 '들에 핀 백합화 그리고 공중에 나는 새같이' 염려도 걱정도 없는 삶을 살았다.[8] 넓은 대지를 누비며 수렵과 채취생활을 하

---

7 S.Ariefi, *Interpretation of Schizophrenia* (New York: Brunner), 1955 참고.

던 원시인간들은 이런 에덴동산의 복락 속에 살았던 것이다. 굴살이에서 들살이로 변한 것이다.

그러나 인간이 수렵과 채취 생활을 끝내고 농경 생활로 접어들면서 이제부터 시간이란 그냥 지나가는 것이 아니라 과거현재미래의 직선상에 연장되는 것으로 의식하지 않을 수 없었다. 밭에 씨를 뿌린 농부는 씨가 싹트고, 자라서 열매를 맺을 때까지 때 맞추어 관리해 주지 않으면 안 된다. 만약 김매기, 물 대주기 등을 단 하루라도 놓치게 되면 일 년 농사가 허사가 될 수도 있기 때문이다. 그래서 농경 생활을 일찍 시작한 인간들은 성미가 급하다고 한다. 우리 민족의 성급성도 그래서 조기 농경 생활의 시작에서 유래했다는 진단도 가능하다.[9]

요약해서 말하면, 인간들은 농경 생활의 시작과 함께 그들의 사고를 현재뿐 아닌 미래까지 포함하면서 더 긴 시간으로 연장시킬 수 있게 되었다. 이러한 시간의 분절과 연장이, 생명이란 나서 죽는다는 것을 의식하게 만들었다. 이러한 깨달음은 결코 작은 일이 아니며 그야말로 첫 '미래의 충격'이라고 할 수 있다. 언젠가는 죽는다는 미래의 사실을, 엄격히 말해서 농경시대에 들어와서부터 강하게 의식하게 된다. 마치 어린아이들이 4세 때부터 두드러지게 죽음이란 무엇이냐고 묻는 것과 유사하다.

언젠가는 죽는다는 미래의 사실을 자각한 인간들은 충격을 받게 되고, 따라서 어떻게 하면 죽지 않을까, 생명을 연장시키는 방도가 무엇일까 강구하게 된다.[10] 죽음 다음의 보장, 다른 말로 해서 보험이 필요함을 느끼게 된다. 그러면 그럴수록 삶에 애착하게 되고 죽음을 부정하게 된다. 죽음 다음의 보장을 나름대로 강조하면서 만들어진 것이 피라미드

---

8 O. Fenchel, *The Psychoanalytic Theory of Neurosis* (New York: Norton, 1945), 127.

9 동아일보 편, 『한국인 진단』 (서울: 동아일보사, 1991), 42.

10 P. Federn, *Ego Psychology and The Psychoses* (New York: Basic Books, 1952), 130.

이다. 그래서 피라미드는 농경문화와 함께 시작된다. 원시 농경인은 밭에 나가 일을 하면서 봄, 여름, 가을, 겨울이 지나가는 동안 자기의 인생도 들의 풀이나 꽃과 같다는 사실을 절감하고 비애에 젖기도 했다. 두 말할 것 없이 농경 의식의 가장 큰 특징은 시간 의식이라고 할 수 있다. J. 제인즈가 정확하게 지적한 대로 기원전 1만 년경에 인간들이 죽은 자를 위한 제의를 지냈다는 흔적이 분명히 발견된다.[11] 무덤들은 죽음이란 인상을 없애고 영생을 얻기 위해 만들어진 것이다. 인간은 남자와 여자를 포함하여 모두 시시각각 다가오는 죽음이란 공포에서 헤어나지 못하게 된다.

이제 기원전 600년경 붓다가 이 문제에서 벗어나기 위해 출가하기까지 그 죽음의 공포는 점점 더 심하게 조여든다. 죽음의 공포에서 해방되는 한 가지 방법이 머릿속에 떠오른다. 그것은 '시간을 사기'(buying time)이다. 시간을 산다는 방법은 돈을 주고 미래시간을 보장받는 방법이다. 마치 현대인들이 보험료를 내고 미래의 안정을 보장을 받듯이.

농경 생활과 언어

농경인은 이제 땅에 뿌린 씨앗들이 싹트고 자라는 것을 보면서 시간을 밭갈이하게 되었다. 시간을 갈아 과거, 현재, 미래로 나누게 된다. 이제부터는 단순하게 지나가는 시간이 있는 것이 아니라 시제로 나뉘는 시간이 있게 되었다. 미래라는 시간이 있다는 사실을 깨닫게 되면서 죽음에 대한 공포가 생기게 되었다. 또 이 죽음에 대한 공포를 억압하려고 시도한다.

---

11 라이어닐 카슨/편집부 역, 『지구변화와 인류의 신비』 (서울: 느티나무, 1990), 62.

다른 한편 시간 의식은 언어사용과 불가분의 관계를 맺게 된다. 그 이유는 직접적인 현재를 넘어선 미래를 묘사하기 위해서는 상징을 사용하여야 하는데, 상징은 언어로만 표현될 수 있기 때문이다. 인간은 언어를 통해서 현재를 초월할 수 있다. 언어를 통해 현재를 과거 속에 남겨 놓을 수 있고 미래를 묘사할 수도 있다. 그런데 우리가 알아야 할 것은 신석기 농경시대에 나타난 언어가 매우 신비적 언어였다는 사실이다. 즉, 그때의 언어표현은 합리적 자아에서 나온 것이 아니라 '신비적 자아'에서 나온 언어이다. 타이폰이 '마술적'인 것과는 대조가 된다. 이러한 신비적 표현을 띤 언어가 이집트, 바빌론, 수메르, 아즈텍 마야, 중국의 상, 인더스강 유역, 크레타섬 그리고 그리스 등지에서 나타났다. 중국의 상대에 남겨진 갑골문이나 수메르인들이 남겨 놓은 진흙 토판에 의하면, 특히 갑골문의 경우 거의 미래를 점치는 내용으로 가득 차 있다.[12] 수메르인들의 토판도 신화 그리고 신비적인 이야기들로 차 있다. 그들에게서 이런 신비적인 언어들은 곧 그들의 일상적인 언어였을 것이다. 그래서 농경시대의 의식 구조를 '신비적'이라고 한다.[13]

언어가 발달한다는 것은 의식이 깨어난다는 것과 밀접한 연관관계가 있다. 즉, 인간의 의식은 언어를 통해 깨어난다고 할 수 있다. 원시적 애매성-알카오스는 언어를 통해 깨어진다고 할 수 있다. 이런 의미에서 인간의 농경 생활의 시작은 비카오스화의 첫 단계였다. 농경 이전의 타이폰과 우로보로스 단계에서는 시간도 한 가지뿐이었지만 농경 생활과 함께 과거, 현재, 미래로 나뉘고 그러면서 의식의 구조도 미분리적인 덩어리 상태에서 깨어져 분절되기 시작한다. 인간은 이제부터 미래에 대

---

12 심재훈 엮음, 『甲骨文』(서울: 민음사, 1990), 38.
13 L. Whyte, *The Next Development in Man* (New York: Mentor, 1950), 216.

한 계획도 세울 줄 알게 되었고, 세운 계획을 문자를 통해 작성할 줄도 알게 되었다. 홍적세 중기까지만 하더라도 인간들은 한번 한 행동을 그대로 망각하고 말았었다.[14] 그러나 언어를 사용한 농경시대의 인간들은 과거를 기록으로 남겨 놓고 회상할 줄도 알게 되었다. 과거는 기억하고 미래는 전망할 줄 아는 자아가 나타났다. 알카오스의 애매성이 언어를 통해 붕괴되는 원인이 여기에 있다. 이러한 붕괴화현상이 언어와 함께 점점 심화되고 있음은 말할 필요가 없다.

문명의 진보란 다름 아닌 언어소통행위의 진보라고 할 수 있다. 농경 거주지에 인간이 집단화되면서 의사소통의 필요성이 점점 필요하게 되었고, 그럴수록 언어의 발달은 필요불가결하게 요구되었다.[15] 언어는 실물을 대신하여 상징화시킬 수 있는 위력이 있다. 즉 '나무'라 할 때에 우리는 실물로서의 그것을 알 수 있게 된다. 어린아이가 '3'이란 수를 손가락 셋으로 셈하지 않아도 추상으로 알 수 있게 되었다. 상징작용 때문이다. 피아제는 이를 '구체적 조작'(concrete operation)이라고 했다. 이러한 구체적 조작이 본격적으로 시작된 것은 청동기 시대부터이고 개인 나이로는 7세 때부터이지만, 그 효시는 농경시대부터 싹텄다고 할 수 있다. 합리적인 언어가 아니고 아직 신비적 언어―신탁 같은―이다. 그러나 언어의 상징화(symbolate)는 이미 시작되었다고 할 수 있다.

인간은 7세부터 구체적 조작을 할 수 있게 된다. 즉, 실물 없이도 머릿속의 상징들만으로도 수를 계산할 수 있게 된다는 것이다. 손가락으로부터 수 개념이 떠나 머릿속으로 들어갔다. 만약 우리에게 언어가 없었

---

14 J. Jaynes, 126.
15 제인즈는 언어의 발달단계를 다음과 같이 밝히고 있다. 의사표시: 제3 빙하기, 수식어: 기원 전 4만 년 전, 명령어: 기원전 4만~2만 5천 년 전, 명사: 기원전 2만 5천~1만 5천 년 전, 이름: 기원전 1만~8천 년 전.

다면 그리고 그것을 머릿속에 축적하여 처리할 수 있는 상징처리능력이 없었더라면 과연 인류 문명이 이만큼 발달할 수 있었을지 의심스럽다.

잉여생산물

원시적 애매성이 깨어지면서 비카오스적 문명이 시작되게 한 3대 요소는 농경, 시간, 돈이라고 할 수 있다. 농경이 생산구조 상에 가져다준 가장 큰 변화는 잉여생산물이다. 수렵채취시기에는 그날 먹을 것을 그날 거두어들이면 그만이었다. 잉여생산물은 역사의 전체적인 면모를 바꾸어 놓고 말았다. 잉여생산물은 인류역사 최초로 일하는 사람과 일하지 않는 사람을 갈라놓았다. 수렵채취시기에는 남녀노소를 막론하고 자기가 먹을 것을 자기가 찾아오지 않으면 안 되었다. 그러나 농사를 짓기 시작하여 단위면적당 생산량이 높아지면서 단위 지역에 사는 사람들이 일하지 않고 잉여 농산물로 생계를 유지할 수 있게 되었다.

이제 다른 사람들이 들에서 농사를 짓고 있을 당시에 몇몇 개인들은 일하지 않고도 다른 사람들을 위하여 특수한 일을 할 수 있게 되었다. 이들 특수한 개인들은 수학, 달력, 문자, 알파벳 같은 것을 개발하는 데 공헌하였다. 이들이 발명한 이런 요소들은 의식이 깨어나 애매한 의식에서 분명하고 확실하며 합리적인 사고를 하게 하는 데 절대 절명적인 공헌을 하게 된다.[16] 실로 문명 그 자체의 진보는 이렇게 일하지 않던 이들 특수개인의 노고에 의하여 가능하게 되었다.

감-타이폰 시기의 알 카오스는 수학과 문자에 의해 알에 금이 가기 시

---

16 시간 개념의 발달과 뇌 구조의 관계는 윤세원 감수, 『시간과 인간』 (서울: 평범서당, 1983), 50을 참조하기 바란다.

작했다. 기원전 6천 년경부터 잉여생산물이 쏟아져 나오게 되었다. 1만 2천 년경부터 농경 생활이 시작되었지만 잉여 농산물이 대량으로 나오게 된 것은 기원전 6천 년경부터였다. 잉여생산물과 함께 등장한 특수 개인들은 특수계급을 만들었는데, 특수계급들이란 사제들, 행정가들, 교육가들이었다. 이들 계급의 사람들은 제자신이 먹을거리를 위해 직접 농사나 사냥을 할 필요가 없었다. 이들 사람들은 일하는 계급이 벌어다 주는 것을 앉아서 받아먹고, 대신 종교적 위로와 정치적 다스림 그리고 교육의 가르치는 일에 전념할 뿐이었다.[17]

기원전 3200년경부터는 수메르 등지에서 이들 특수계급이 수학, 문자, 달력 같은 것을 만들었다는 흔적이 분명히 나타난다. 확실히 비카오스화의 기점이라 할 수 있다. 수학, 문자, 달력 같은 것은 그것이 가지고 있는 성격상으로 보아서 인간 정신사에서 볼 때 가장 참되고 순수한 정신적 산물이라고 할 수 있다.[18]

이제 잉여 농산물이 생겨났다는 것은, 매슬로가 얘기하는 바와 같이, 기본적인 생리적 욕구가 인류 문명사상 처음으로 채워졌다는 것을 의미한다. 먹고 마시는 기본적인 생리적 욕구가 채워지자 매슬로의 다음 세 번째 단계, 즉 소속감이 싹트기 시작하였다. 물질적인 추구에서부터 정신적 여유를 느끼기 시작하였다는 뜻이다.[19]

이제 소속감에 의한 공동체가 형성되면서 잉여생산물을 한 공동체에서 다른 공동체로 옮겨갈 필요성을 느끼게 되었다. 이 공동체에서 저 공동체로 먹다 남은 물질적 양식을 옮길 때, 이를 위해 어떤 상징적 수단

---

17 김규영, 『時間論』 (서울: 서강대학출판부), 1987 참고..

18 앞의 책 참고.

19 A. Maslow, *Toward a Psychology of Being* (New York: Van Nostrand Reinhold), 1968 참고.

이나 정신적 형식 같은 것이 필요하게 되었는데 그것이 바로 돈이었다. 이 시장에서 저 시장으로, 이 마을에서 저 마을로 쌀가마니를 끌고 다닐 수는 없는 노릇이었다. 쌀가마니를 상징하는 돈을 대신 들고 다니면 편리하다는 사실을 알게 되었다. 수십 톤의 쌀 대신 돈 꾸러미 한 개가 얼마나 편리한지를 인간들은 알게 되었다. 이제 노동력도 돈으로 그 임금이 계산될 수 있다는 것을 알게 되었다. 하루 일하고 저녁에 쌀가마니를 임금으로 받아 무겁게 짊어지고 갈 필요가 없이 동전 몇 잎 받는 것으로 좋았다.[20]

인간들은 돈이라는 상징물의 편리함을 알게 되었다. 이러한 상징화 작용을 할 수 있는 것은 오직 정신적 자아로만 가능해진다. 이전단계인 우로보로스와 타이폰 단계에서는 이런 정신의 상징적 작용을 전혀 기대할 수가 없었다. 농경, 시간, 돈은 의식의 성장에 있어서 비카오스화 되는 3대 요소들이라고 할 수 있다.

---

20 돈은 편리함을 가져다주었다. 그러나 농경소속감시기에 돈만큼 비틀려 잘못 된 것도 없다. 각층에 비틀림 현상이 나타나지만 3층의 돈만큼 심각한 것은 없었다

II
승리산의 농사꾼들

승리산 사람과 제1 물결

　A. 토플러는 그의 저서 『제3의 물결』(*The Third Wave*)에서 농경산업을 제1 물결, 공업산업을 제2 물결, 정보산업을 제3 물결이라고 했다.[21] 인류 문명은 분명히 농사와 함께 시작되었다. 그 이전을 문명이라고 규정하기는 어렵다. 농경과 함께 인간의 의식은 깨어나기 시작했으며 사람다운 모습을 꾸미기 시작하였다. 어느 나라의 문명이 얼마나 오래 되었으며 의식 수준이 어느 정도인가를 아는 데 있어서도 농사짓기의 시작을 아는 것은 매우 중요하다.

　1972년 북한의 승리산에서 발굴된 소위 '승리산 인간'은 현재 한반도에 살고 있는 인간들의 조상이라고 단정할 수 있는 여러 가지 특징을 지니고 있다.[22] 즉, 승리산 인간은 현재 한국인의 특징이라고 할 수 있는 아

---

21 허먼 메이너드 2세수전 E. 머턴스/한영환 역, 『제4물결』(서울: 한국경제신문사, 1993), 26.
22 승리산 유적은 평안남도 덕천 시에 위치한다. 승리산 사람의 아래 턱 뼈는 35세쯤의 남자이다. 턱불루기가 있는 것으로 보아 유절음을 사용했음을 알 수 있다. 공동생활을 했으며 모계씨족사회를 이루었다.

래턱뼈가 상대적으로 약간 크며 또한 그 뒷넓이가 그 앞넓이보다 상대적
으로 넓으며, 각 부위가 바깥쪽으로 벌어져 있다. 그래서 바로 이러한 한
국인의 특징을 그대로 지니는 승리산 인간을 '옛조선인'이라고 부른다.
이러한 주장은 지금까지 우리 옛조상들이 혼혈족, 알타이족, 고아시아
족, 남방족 하면서 북 아니면 남에서 흘러들어온 것인가, 아닌가의 주장
을 뒤엎은 것이며, 오래 전부터 한반도지역에 옛조선인이 퍼져 살아왔
음을 말해 주고 있는 것이다.[23] 한반도 종족 유래에 관해서는 설이 분분
하나 여기서는 의식 발전사란 관점에 한하여 제한된 토론을 하려 한다.

북한의 고고학계는 승리산 인간이 후기 구석기 시대의 신인과 신석
기 시대의 인류와 단절 없이 계승 발전하여 왔다고 주장한다. 우리가 이
들 승리산 인간들이 살던 유적들로부터 발견할 수 있는 한 가지 중요한
사실은 이들이 원시적인 농경 생활을 시작했다는 점이다.[24] 이들이 살던
일부지역에서는 목축과 가축을 겸업하는 정착생활도 이루어졌음을 알
수 있다. 분명히 승리산 인간들은 신석기 시대에 이르러 일정한 지역을
포괄하는 문화적 공통성을 보여주고 있다. 특히 궁산유적, 지탑리유적,
서포항유적 등지에서 나온 사슴뿔로 만든 괭이, 돌로 만든 괭이, 삽과 보
습, 갈돌, 낫, 돌낫 등은 모두 농사와 관련된 도구들임이 밝혀졌다. 따라
서 이들 승리산 인간들은 농사를 짓고 있었음이 분명하다.[25] 즉 한반도
일대에서 '제1의 물결'이 일어나 파도치기 시작했던 것이다. 문명의 제1
물결이 승리산 인간들에 의하여 일기 시작한 것이다.

승리산 인간들은 자연 속에 떠돌아다닌 것이 아니라 농기구를 제작
하여 도리어 자연을 우리 안으로 끌어 들여오기 시작했다. 신석기 시대

---

23 이 점은 남한학자들이 시베리아 지역에서 이동해 왔음을 주장하는 것과는 다르다.
24 임효재, 『韓國古代文化의 흐름』 (서울: 집문당), 1992 참고.
25 『조선유적유물도감』 (평양: 동광출판사, 1990), 42.

의 두드러진 특징은 토기나 농기구를 개발하여 자연에 흠집을 내며 개발하기 시작했다는 점이다. 참으로 전에 없던, G. 차일드가 지적한 바대로 '혁명'적인 짓을 인간이 단행한 것이다.[26]

우리나라의 구석기 시대는 대개 1만4천 년 내지 1만 년 전에 끝나게 된다. 종전에는, 한반도에는 구석기 시대의 인류가 어디론가 밀려가고 8000~4000년간의 공백 상태로 있다가 신석기 시대의 인류가 다시 들어왔다고 믿었다. 그러나 최근 남한에서도 중석기 유적이 잇따라 발견되어 과거의 학설과는 달리 구석기와 신석기 시대 사이에 공백이 있었던 것이 아니라 새로 이어진다는 사실이 드러나고 있다.

승리산 인간이 남긴 유적들이야말로 이러한 사실들을 입증하고 있다. 농경은 중석기 시대에서 신석기 시대로 넘어가면서 시작되었으며 지금부터 8000년 전쯤 된다. 이때부터 인간들은 움집을 짓고 살았으며, 벽은 시골토담처럼 진흙을 손으로 빚어 쌓아올렸으며 돗자리도 깔았다. 목축은 물론 보리, 밀, 콩 등을 경작했다. 농경이 발달되면서 부락이 정착되고 식량이 대량생산되어 잉여 농산물이 남아돌게 되었다. 이들에게는 아직 개인이나 가족의 사유개념 같은 것이 있을 수 없었다. 모든 것이 공동소유였다.

남한에서 발굴된 신석기 시대의 취락지로는 양주(楊州) 수석리(水石里)의 것을 손꼽을 수 있는데, 조그마한 산비탈에 움집자리가 여섯 개 발굴되었다. 파주 옥석리(玉石里)의 경우는 청춘남녀들의 집회소 같은 유적도 발굴되었다.[27] 아메리칸 인디언의 경우에도 그 규모에 있어서 300~500여 명 정도의 취락 단위가 형성되었다. 전 세계적으로 보아 농경

---

26 F. E. 존스톤 외/권이구 역, 『형질인류학 및 선사고고학』 (서울: 탐구당, 1981), 235.
27 천관우, 『한국상고사의 쟁점』 (서울: 일조각), 1978 참고.

문명의 등장은 유사한 양상을 보여주고 있다. 즉, '우리'라는 공동체와 공동체의 소속감이 형성되었다는 점에서 같다. 다시 말해서 솟대 아래 '우리'가 함께 모여들었던 것이다.

농사를 지으면서 인간들은 야생동물을 가축화하기 시작했다. 그 첫 번째 가축이 개였다. 개는 농경 생활 이전에 가축화되었다. 타이폰 시기에는 인간도 동물적 자아로 의식했기 때문에 다른 동물을 가축화할 수 없었다. 가축화한다는 것은 기르는 자와 길려지는 대상이 분리된다는 것을 의미하며 이는 인간이 동물과는 다른, 다시 말해서 타이폰 자아에서 분리되는 자아를 발견하는 것을 의미한다. 개가 가축화된 것은 15000여 년 전이다. 우리 한국 사람들이 개를 식용화하는 것은 문명 사와 연관이 되는 문제이다. 다시 말해서 우리 문명사가 유구하다는 것을 단적으로 입증하는 것이다. 개는 1500년 전엔 야생 동물이었다는 사실을 알았다는 것을 의미한다. 그래서 다른 야생 동물과 하나 다름이 없는 것이었다. 개고기 먹는 자들만이 문명의 시원을 아는 자들이다. 아는 것이 죄인 시대에 우리는 살고 있다. 이 시원을 아는 민족이 어디엔가 있다면 그들이야말로 개고기를 먹는 이유를 알 것이다.

승리산 사람들의 고뇌

샤르댕은 역사와 문명과 우주의 종점을 '오메가 포인트'(Omega Point)라고 했다. 그리고 샤르댕은 오메가 포인트를 그리스도와 일치시켰다. 그런즉 그리스도는 문명의 종착점이다. 다분히 그리스도 중심적 문명사관이라고 할 수 있다. 중국 사람들은 유가나 도가를 포함해 도(道)를 문명의 종착점으로 보고, 문명이란 도의 실현과정으로 보았다. 불교에서는 부처와 중생이 한 몸이 되는 법(法, dharrma)이 단연히 처음이요 마지막이 되어야 한다고 했다. 힌두이즘은 아트만(Atman)과 브라만(Brahman)이 하나 되는 길이 문명의 목표라 하였다. 도이든 법이든 아트만이든 한 가지 공통되는 점이란 '나'(I)란 소우주(ego)가 대우주(Self)와 하나(One)되는 것을 그 궁극의 목표로 삼고 있다는 점이다. 즉, 문명이 진보하는 목표는 나와 우주가 '하나'가 되는 것이어야 한다는 점이다. 즉 '한'의 실현이다.

얼카오스 상태란 바로 이를 실현하는 단계인 것이다. 더 쉽게 말하면 인간이 신이 되는 것이다. 호모 데우스 Homo Deus가 되는 것이다. 그러나 이것도 종착이 아니다. 인간이 무엇을 대상화하는 것이 아니고 인간 자신이 인간 자신에 대하여 언급하는 **호모 호모** Homo Homo의 실현이야 말로 오메가 포인트일 것이다. 이 책의 지향 하는 궁극적 목적은 바로 호모 호모이다. 호모 사피엔스-호모 데우스-호모 호모의 순서일 것이다. 그 과정을 책의 말미에서 다룰 것이다.

기독교는 이 말을 상당히 외람되게 받아들이지만 동양에서는 가장 자연스러운 문명의 실현목표로 본다. 과연 인간이 신이 된다는 말의 뜻은 무엇인가? 과연 이 표현이 말 그대로 외람된 것인가? 이 표현이 외람되냐 아니냐의 문제보다 현대인들에게 카오스의 상태를 이해시키는 데 있어서 어려운 점은 비카오스적(코스모스적) 사상의 경향들이 도, 아트만, 법, 신 같은 초월적 세계의 실재들을 인정하지도 않으려고 하고 있으며, 심지어는 배격하려고까지 한다.

소위 금세기에 등장한 실증주의는 경험으로 검증되거나 실증될 수 없는 영역을 무조건 배격하려 한다. 실증주의, 분석철학, 마르크스주의 등이 이들 초월적 세계를 배격하며 인정하지 않는 것에 상관없이, 인간은 그 내면의 깊은 충동과 동기에 있어서 신과 같이 되려 하고 '법'과 '아트만과 하나가 되려고 하는 데 경이가 있다. 인간은 진정으로 도와 하나

되고 신과 하나가 되기 전까지는 마음의 평화를 얻을 수 없다. 그러나 하나되는 과정에서 비틂 현상이 생긴다. 자기 죽음이 아닌 자기 확대를 통해 하나 되려 한다.

한국인들은 긴 문명의 과정에서 큰 우주적 자아를 '한'(HAN)이라고 보았으며, '나'와 부단히 그것을 일치시키려 했던 것이다. 그래서 한국문명사는 한과 나의 하나됨의 실현을 꿈꾸어 왔다. 실존주의자요 심리학자인 베커(E. Becker)는 이런 꿈을 거짓으로 보았다.[28] 우주적 자아인 도, 법, 아트만 같은 것을 모두 허구적 산물로 보았다. 그러나 베커의 말이 틀린 것은 베커를 포함한 모든 인간이 대치물을 만들어 그것을 신과 아트만으로 착각하고 있다는 점이다. 윌버는 이를 '아트만 투사'(Atman Projection)라고 했으며, 필자는 이를 '한의 비틀림'이라고 한다. 인간은 자신이 불안정하다는 사실을 누구보다 자신이 가장 잘 안다. 그래서 안정을 추구하기 위해 신의 대체물을 만들어내 그것을 부둥켜안고 안도의 한숨을 쉰다. 그러나 그것은 신의 가짜 대체물이지 신은 아니다.

이제 농경시대에 들어와 인간은 시간을 의식하면서 어떤 미래에 자기가 기필코 죽는다는 사실을 감지하고는 죽지 않는 그리고 영생불멸한다는 안전편을 만드는데, 바로 돈과 권력과 명예 같은 것에 투사한다. 농사는 시간이다. 그리고 시간은 돈이다. 농부는 촌각을 다투어 물 대주고 김 매주지 않으면 생산량을 높일 수 없다. 그래서 시간이 돈이라는 말이 농경문화와 함께 나오게 된 것이다. 과거 수렵채취 생활 속에서는 듣지 못했던 소리이다. 잉여 농산물은 돈의 축적을 가져왔으며 축적된 돈은 무엇이든 해낼 수 있다는 인간의 착각은 돈마저 우주적 자아로 착각하게

---

28 베커는 인간이 죽음을 두려워해서 영생을 찾는다고 말했지만, 윌버는 인간이 죽음을 두려워하는 것은 영생이 무엇인지 모르기 때문이라고 한다.

만든다. 그리고 돈과 자기가 동일하다고 착각한다. 이것이 아트만 투사이고 '한의 비틀림'이다. 한이 나와 만나야 하는데 그것이 돈으로 둔갑하여 나와 하나가 되고 만다. 문명의 비틀림현상이 농경문화에서부터 생긴다. 돈이 한을 대신하는 대치물이 된 것이다. 이것을 달리 표현하면 물신주의라 한다. 농경시대 이후 우리는 모두 이런 물신주의 귀신에 사로잡혀 있다. 자본주의는 이를 더 심화시켰다.

III

양원적 마음

마술적인 것과 신비적인 것

농경시대의 의식구조를 '소속감'으로 정의한 학자는 카스테네다였다. 파슨, 화이트, 프롬, 미드 같은 학자들도 카스테네다의 정의에 동의하고 있다. 소속감의 농경시대는 크게 두 시기로 나눌 수 있다. 즉 '낮은 소속감' 시기는 기원전 9500~4500년경이고, '높은 소속감' 시기는 기원전 4500~1500년경이다.[29] '낮은 소속감'이든 '높은 소속감'이든 두 시기 모두 이전의 수렵채취 생활 때 경험하지 못했던 현상을 만난다. 높은 소속감 시기에 속했던 이집트와 수메르 사회에는 이미 왕조, 신정 통치, 사제 계급 같은 것이 등장했다. 그만큼 인간 무리를 통제해야 될 필요성을 느끼게 된 것이다.

수렵채취 시기의 타이폰 인간들이 '마술적 사고'를 했다면 농경 시기의 인간들은 '신비적 사고'를 하였다. 신비적 사고는 마술적 사고에서 이성적 그리고 합리적 사고(네 번째 문명층)로 넘어가는 그 사이에서 생기

---

29 K. Wilber, 116.

는 상태이다. 마술적 사고는 벽화에 그려놓은 그림들에서 보는 바와 같이, 물건의 멀고 가까운 구별도, 크고 작은 구별도 그리고 안과 밖의 구별도 못 한다. 이런 사고 유형을 '병렬적'(竝列的)이라고 한다. 우리는 지금도 어린아이들이 그린 그림들 속에서 이러한 병렬적 현상을 발견하게 된다. 프로이트는 이러한 병렬적인 상태를 '기초과정'(primary process)이라고 했다. 한마디로 말해서 기초과정은 마술적이다.

이제 인간들이 농경시대로 접어들면서 이런 병렬적 기초과정을 청산하고 '제2차 과정'(신비적)으로 넘어오게 된다. 이 제2차 과정은 직선적이다. 여기서 직선적이라고 함은 직선선상에 놓고 볼 때 멀고 가까움 그리고 크고 작음, 앞과 뒤가 구별되고 분별되는 것을 두고 하는 말이다. 농경과 함께 발달된 언어는 구문론적 사고를 하도록 만들어 주었다. 구문론적 사고란 말을 할 때 주어, 동사, 목적어, 보어 등으로 분절시켜 사용할 수 있게 됨을 의미한다. 그래서 직선적 사고와 구문론적 사고는 농경소속감과 함께 생겨난다. 고질적인 주어-술어적 언어구조를 구사하게 되었다.

그러나 알아야 할 사실은 완벽한 의미의 직선적 그리고 구문론 적 사고는 청동기 시대로 넘어오면서 활발해진다는 것이다. 세 번째 문명의 고리인 농경소속감시기는 마술적 사고와 합리적 사고의 사이에 끼어 있는 상태이며 이를 신비적이라고 한다. 비신비적인 유형을 J. 제인즈는 양원적(bicameral)이라고 한다. 이성과 마술의 양면성을 모두 가진, 그래서 왼 뇌(이성적)와 오른 뇌(마술적)가 분리되어지지 않는 양원적 상태를 의미한다.[30]

완전히 논리적이라 할 수도 없고 그렇다고 비논리적이라고도 할 수

---

30 J. Jaynes, 참고.

없는 중간상태가 의식발달 단계나 인지발달 단계의 어느 한때에 나타난다는 것이다. 피아제는 이를 '전인과적'(前因果的, precausal)이라 하고, 프로이트는 '전논리적'(前論理的, prelogical), 페렌치는 '애니미스틱'(animistic), 아리에티는 '고논리적'(古論理的, paleological), 설리번은 '백일몽적 언어'(autistic language)라 했다. 이 분야에 집중적인 연구를 한 라캉은 '아이들의 잃어버린 언어'라고 했다. 우리가 흔히 접할 수 있는 신화적 표현들이란 거의 이런 전인과적, 전논리적, 고논리적 언어들로 기록된 것들이다.

그런 면에서 마술적인 것과 신비적인 것이 매우 유사한 것처럼 보인다. 신비적인 사고도 마술적인 것과 매우 유사하게 부분-전체를 동일시하고, 주관-객관을 동일시한다. 그러나 기초과정과는 달리 제2차 과정에서는 구술적이고 청각적인, 즉 입과 귀를 동원한 추상적 상징물인 언어를 사용한다. 그러나 이들 언어가 신비적이라고 함은 이들이 모두 기초과정의 마술에서 전달된 것들이기 때문이다. 그래서 설리반은 전인과적 사고는 백일몽과 환상의 언어에서 나온 것이라고 했다. 환상을 언어로 조금 논리화시킨 것이 바로 신비적 언어인 것이다. 이를 두고 양원적 (bicameral)이라고 한다.31 이제부터 인간들은 자기의 삶을 정묘-신비적으로 살아간다. 묘사하는 언어와 묘사되는 삶과 세계는 이중적으로 되면서 공동체의 소속감(membership)이 형성되어졌다.

---

31 완전히 동의할 수는 없지만 제인즈는 양원적 마음의 시기가 기원전 900~1200년이라고 한다. 이 시기에 인간은 좌뇌와 우뇌가 완전히 분리되지 못해 신화의 세계와 현실세계를 혼동하게 된다.

접속사와 의식

신비적 사고는 논리적 사고만큼 합리적이지는 못하지만 마술적 사고보다는 훨씬 합리적이다. 마술적 사고는 추상적 사고를 못 하는 반면에 신비적 사고는 그것을 해 낼 수가 있다. 인간들은 신비적 사고를 하면서 복잡한 자료들로부터 비슷한 것들을 뽑아 그것을 분류할 줄 알게 되었다. 그리고 사물들을 부류(class)와 요소(element)로 구분할 줄도 알게 되었다. 마치 유치원 아이들이 많은 색 가운데 빨강색, 노랑색 등을 분류해 낼 줄을 알게 되듯이. 그러나 그 분류작업이 조금만 복잡해지면 혼란을 일으키고 만다. 한마디로 말해서 유치원생들의 부분 전체의 분류는 불완전한 분류이다. 그러나 점점 인지가 발달할수록 논리적 사고, 즉 부분 전체의 분류를 완벽하게 해 낸다. 병렬적인 데서 직선적인 데로 바뀐 것이다. 부분과 전체가 병렬적이라 함은 혼동돼 있음을 의미한다. 그런데 분별적 사고에서는 부분과 전체를 나누나 집합이 멱집합이 되면 다시 '부분즉전체'[32]가 된다. 이를 혼동에 대하여 '혼돈' 즉 '카오스모수'라고 한다.

언어, 문법, 구문 같은 것들이 병렬적 사고를 해체시킨다. 비카오스적이 되면서 개인과 문명의 병리 현상이 생겨나게 된다. 그렇지만 마술적인 것과 신화적인 것을 병리적으로 보아서는 안 된다. 그러나 이성이라든지 합리적인 논리 그리고 언어가 등장하면서 알 카오스의 마술적 요소가 억압받기 시작한다. 그리고 알 카오스적 힘들은 비카오스적 이성적합리성을 뒤집고 반기를 든다. 이러한 억압과 반발은 매우 불행한 결

---

32 집합 {a,b,c}의 멱집합은 {a,b,c,ab,bc,ca,abc, Ø}으로 제자신 {abc}와 공집합 {Ø}을 포함한다. 이런 포함을 '부분즉전체'인 '혼돈'이라고 한다.

과를 초래한다. 그래서 결과적으로 병리적 현상을 야기한다는 것이다.

병렬적 사고는 시간을, 과거·현재·미래를 하나의 덩어리로 보지만, 직선적 사고는 직선선상에 나누어 생각한다. '오늘'(today)을 '온날'(all days)이라고 할 때 과거도 미래도 '온' 날이다. 타이폰 인간들에겐 과거도 미래도 오늘이었으며, 오늘은 늘 '지나가는 현재'(passing present)였다. 에덴동산의 시계는 언제나 지나가는 현재만 가리키고 있었다. 그러나 인간은 에덴동산에서 추방된 이후부터 농사를 짓기 시작하였으며, 농사와 함께 인간들은 '시제화된 자기의식'(tensed-self-sense)을 느낀다. 이때부터 인간은 자기가 언제 태어나(과거) 언제 죽는다(미래)는 사실을 알기 시작한다. 곧 불안해지기 시작한다.

시간을 직선 선상에 배열시켜 놓았을 때 인간은 자기의 감정을 처리하는 데 있어서도 큰 변화를 일으킨다. 어제도 내일도 생각할 줄 모르는 사람, 즉 현재뿐인 사람은 종종 자기의 감정을 자제하지 못한다. 낳아준 부모 그리고 거느리는 처자식이 있는 사람은 즉흥적인 충동과 격정을 조절하려 한다. 자동차보험이 기혼자와 미혼자에게 다르게 적용되는 이유도 여기에 있다. 미혼자들은 자식이란 미래가 없기에 어떤 면에서 오늘만 생각하려 한다. 기혼자는 자식이란 미래 걱정을 해야 한다. 젊음의 격정은 무분별하게 표출된다. 자기조절과 자기 다스림은 시간을 병렬적으로 이해하느냐 직선적으로 이해하느냐에 따라 달라질 수 있다.

융은 인간이 원시적 상징, 즉 마술적 상징을 부분으로 쪼개어 조각조각 나누어 생각하고 경험하게 된 것이 직선적 사고로 나타난다고 했다. 우리가 우리의 행동을 선택해야 될 필요성을 느낄 때 언어가 있다는 것과 없다는 것이 매우 다르다. "말 한마디로 천 냥 빚을 갚는다"라고 할 때 말이 없던 사회에서는 어떤 현상이 일어났을까? 인간은 말을 통해 이해하고 양보한다. 말이 실재를 만들고 그려내고 있다.

'그리고'(and), '혹은'(or)이라는 말이 있을 때와 없을 때는 인간의 행동선택이 완전히 달라질 것이다. 햄릿은 "To be or not to be"(살아야 할 것인가 죽어야 할 것인가)의 고민을 하였다. 'or' 단어가 이런 선택의 고민을 만들고 있다.[33] 이런 접속어가 없었던 시대의 인간은 이런 선택의 고민을 절실하게 하지 않았다. "말이 씨가 된다" 언어는 사물을 분류할 뿐만 아니라 초월하는 힘을 가지고 글로서 소설과 동화를 지어 상상의 세계를 지어낸다. 그리고 순간적인 격정을 미래로 연기시켜 잠재우는 작동도 한다. 그래서 분류, 초월, 작동은 언어가 가지고 있는 힘이라고 할 수 있다.

양원적 마음과 문명

분할 뇌이론을 문명사에 적용하여 저술을 한 학자는 J. 제인즈이다. 분할뇌이론은 1960년대 초에 스페리 박사가 내놓은 이론이다. 분할뇌이론에 의하면 인간의 두뇌는 좌뇌 기능과 우뇌 기능으로 분할돼 있으며 양쪽 뇌는 가운데 뇌량(腦樑)에 의하여 연결돼 있다. 뇌의 양반구는 전혀 다른 방법으로 사고한다는 것이다. 즉, 좌뇌는 언어로 생각하고, 우뇌는 직접적인 개념(이미지)으로 생각한다. 좌뇌는 언어와 논리적인 사고를 다루고, 우뇌는 언어로 바꾸기 어려운 패턴을 다룬다. 그래서 우뇌 속에는 마술적, 신비적 상징들로 가득 차게 된다.[34]

로버트 오른스타인(Robert Onrstein) 박사는 분할뇌이론을 적용하여 과학, 역사, 철학 및 종교를 다양하게 서술한 바 있다. 최근에는 신학까지

---

33 나무나 돌 같은 단어는 타이폰 시대에도 가능했지만 자랑이나 사랑 같은 추상적 단어는 그 이후에나 가능해진다.

34 M. C. 위트로크/고영희 역 『인간의 뇌와 교육』 (서울: 중앙적성출판사, 1986), 79.

도 분할뇌이론을 적용하여 성서 연구를 새롭게 하고 있다. 헤르만 헤세의『지와 사랑』에 나오는 두 인물, 나르시스와 골드문트는 각각 왼뇌의 성격과 오른뇌의 성격을 그대로 반영하고 있다. 분할뇌이론을 인류 문명사에 적용한 제인즈의 저서는 매우 도전적이다. 그는 인류역사가 두 시대로 분리될 수 있다고 이론화하였다. 즉, 분명한 의식을 지니지 못했던 초기와 의식이 존재하는 후기로 나눈다. 제인즈가 '의식'을 '전의식'과 '의식'으로 양분시켜 문명사를 갈라놓고 있는 것은 비판을 받을 수도 있다. 그러나 분할뇌이론을 문명사에 적용시켜 본 것은 높이 평가할 수 있다.[35]

제인즈는 자기 이론의 정당성을 주장하기 위해서 역사 속에 나타난 제반 자료들을 찾아 이론의 근거를 두고 있다. 제인즈는 전의식적 인간상을 고찰하기 위해서 기원전 12세기에서 8세기 사이에 쓰인 호머의『일리어드』에 초점을 맞추고 있다. 트로이전쟁[36] 때, 고대 그리스의 총사령관인 아가멤논이 아킬레우스의 부인을 강탈하는 순간 아킬레우스의 노란머리를 거머쥐고 아가멤논을 때리지 못하게 경고한 것은 어떤 신이었다. 또 아킬레우스가 전쟁에 나가지 않겠다고 약속하게 만든 것도 신이었다. 다른 신은 가도록 하였다.

---

35 김상일,『뇌의 충돌과 문명의 충돌』(서울, 지식산업사, 2007) 참고
36 트로이전쟁 자체가 신화적인 얘기로 시작된다. 트로이전쟁은 헤라, 아테나, 아프로디테의 세 여신이 누가 제일 아름다우냐고 하는 말다툼이 발단이었다. 트로이의 파리스가 미인선발대회의 심사위원으로 초청되었다. 여신들은 그를 매수하려고 시도했다. 그 결과 세계에서 가장 아름다운 여성을 주겠다고 약속한 아프로디테가 이겼다. 약속을 지키기 위해 아프로디테는 파리스가 스파르타의 왕 메넬라오스의 아내인 절세의 미녀 헬레네를 유괴하는 것을 도왔다. 헬레네를 되찾으려고 그리스인들이 트로이로 향하자 신들은 각기 두 패로 갈라졌다. 신들의 우두머리인 제우스는 어떻게 해서든지 신들을 전쟁에 개입시키지 않으려고 했지만 그리스인에게 호의를 가진 아내 헤라가 오묘한 향수를 사용하여 제우스를 잠들게 했다. 제우스가 눈을 떴을 때는 트로이가 패한 다음이었다.

사실상 트로이전쟁은 사람이 하는 싸움인지 신이 하는 싸움인지 분간하기가 힘들 정도였다. 현대 전쟁에서 지휘관이 신의 신탁을 받아 작전계획을 세운다면 놀라겠지만 인간의 판단이 아닌 알파고에 맡긴다면 이것 역시 신탁에 준하는 것이 될 것이다. 기원전 12~8세기경에는 이성과 환상이 뒤섞여 현실과 가상이 구별되지 않았었다.[37] 그러면 신탁과 알파고는 같은 양상을 가지는가? 이 구별이 전분별적인과 초분별적인 것을 분별하는 것이다.

제인즈에 따르면 "트로이전쟁은 환상에 의하여 지휘되었다. 그리고 그렇게 지휘되었던 병사들은 전혀 우리와 유사하지 않았다. 그들은 그들이 무엇을 하는지를 알지 못하는 훌륭한 자동인형이었다."[38] 신탁이라든지 주술 같은 언어는 우뇌에서 발생한다. 전의식이란 우반구가 활성화된 의식이다. 우반구의 활성화와 그것이 좌반구의 언어중추에 미치는 환상적 효과가 결국 뇌로 하여금 양원적 마음을 갖도록 만든다는 것이다. 이성 위에 환상이 덮어 씌워져 마음이 양원적으로 작동하던 시기를 기원전 12~10세기로 본다. 기원전 8~7세기경에 이성적 의식이 확연히 나타나기까지 양원적 마음이 지배적이었다. 이런 양원적 마음은 문명사의 한 토막을 장식하는 동시에 몇몇 형태의 정신분열증 환자의 경험 속에서도 관찰된다는 것이 제인즈의 주장이다.[39]

---

37 그리스인들은 신화를 믿었는가? 이 물음에 대하여 폴 벤느는 2000년 전 그리스에는 신화를 향한 민중들의 무조건적인 믿음이 존재했는가 하면 또 다른 한편에서는 그 황당무계함을 시정해 보려는 역사가들의 비판의식이 태동하고 있었다고 지적하고 있다. 폴 벤느/김지영 역, 『그리스인들은 신화를 믿었는가』 (서울: 신생총서, 1993), 10.

38 J. Jaynes, 75.

39 동양문명사에 양원적 마음을 적용하기란 좀 어렵다. 왜냐하면 서양같이 좌뇌와 우뇌의 균열이 동양에서는 그렇게 뚜렷하지 않기 때문이다. 임진왜란 때 신립 장군이 문경새재에 진을 치지 않고 충주 탄금대에 친 일은 전날 밤 꿈에서 얻은 신탁 때문이라고 한다. 이조 중엽까지도 일국의 장군이 꿈을 믿고 작전계획을 세웠다.

제인즈 이론의 문제점은 그가 의식발전의 단계를 너무 이등분시켜 단순화시켰다는 것이다. 즉, 전의식의 단계와 그것이 좌초된 이후의 이성적 자아의식의 단계로 이등분시켰다. 그러나 켄 윌버가 지적한 대로 인간의 매우 낮은 의식은 농경 생활을 시작한 기원전 9000년경부터 싹트기 시작했다. 그래서 윌버는 양원적 마음의 시기를 기원전 9000~2000년으로 보아야 한다고 주장한다.[40] 그리고 자아의식은 전자아(pre-ego)와 초자아(trans-ego)로 나눌 수 있는데, 제인즈는 오직 하나의 의식적 자아만을 다루고 있다. 즉, 카오스의 '전자아'와 비카오스의 '자아'만을 다루고 있다는 것이다. 전자아를 '양원적'이라고 했으며 그것의 좌초를 곧 '자아'의 등장으로 본다.

갑골문 속의 양원적 마음

제인즈는 양원적 마음을 '환각적'(hallucinatory)이라고 한다. 양원적 마음의 소지자는 거의 스스로 의사결정을 하지 못하고 위로부터 들려오는 소리나 환영을 보고 결정한다. 이런 소리를 보통 신탁(神託)이라고 한다. 신탁은 직접 소리가 들려지거나 점복(占卜)을 통해 전해지기도 한다. 지금 우리 교육은 양뇌 균형 이론으로 가고 있다. 그렇다면 과거의 양뇌의 시기로 되돌아가는 것인가? 신비적 환상의 시기는 다 도래 하고 있는가? 이에 대한 진지한 사고를 더 해 나가야 할 것이다.

점복을 기록해 놓은 문자들을 갑골문(甲骨文)이라고 한다. 갑골문 속에는 양원적 마음으로 가득 차 있다. 기원전 500년경의 어느 날 춘추시대 패왕 가운데 하나인 초나라의 소왕은 『상서여형』을 읽다가 깊은 생각에

---

40 K. Wilber, 107.

잠기게 되었는데, 그 글은 기원전 11세기 말에 주나라 목왕이 여후(呂侯)에게 명령한 내용을 기록한 것으로, 전욱이 "신하 중과 려에게 명하여 하늘과 사람의 교통을 단절시키게 했다"(命重黎絶天地通)라는 내용이었다. 소왕은 "하늘과 사람의 교통을 단절시켰다"(絶天地通)라는 내용이 무엇인지 옆에 있는 신하에게 물었다. 그 신하는 소왕에게 무당이 하늘과 땅을 넘나들며 신탁을 받는 내용을 들려주면서 인간이 하늘과 직접 통하는 것을 끊어야 한다고 말했다.[41] 직접 교통을 위험시 한 것은 지금도 마찬가지이다.

옛날 무당들은 분명히 양원적 마음의 소유자였으며, 하늘의 음성을 들어 사람들에게 전달해 주었다. 이렇게 양원적 마음의 소지자가 아니면 그것은 곧 왕의 자격을 상실당하는 것이나 마찬가지였다. 그러면 하늘과 땅이 교통하는 것이 끊어졌다는 것은 곧 양원적 마음이 사라졌다는 말과도 같다. 춘추시대의 초나라 소왕이 이 말을 이해하지 못했다는 것은 이미 그때에는 양원적 마음이 파괴되었다는 것이다.

기원전 10세기 이전에는 양원적 마음이 매우 성행했으며, 이 마음의 소지자는 자유자재로 하늘과 땅을 넘나들 수 있었다. 고대 3대 왕조를 건설한 창립자들을 보면 모두 양원적 마음의 소지자들이었다. 하의 우임금이 홍수를 막을 때 신의 힘을 빌려 가능했으며, 은의 탕임금이 하늘에 빌어 비를 내리게 했으며, 후직이 신탁을 받아 농작물을 다른 사람보다 더 빨리 자라게 했다는 말은 『일리어드』에 나오는 양원적 마음과 과히 먼 것이 아니다.

갑골문에 의하면 전쟁, 사냥, 순시 등을 나갈 때나 특별한 제사를 거행할 때에 모든 조상에게 점을 쳐 인가와 찬동을 구했다. 왕 자신이 길흉을

---

41 張光道/이철 역, 『신화, 미술, 제사』(서울: 동문선, 1990), 82.

묻기도 하고, 해몽을 구하기도 했으며, 왕비의 생육, 병이 걸리지 않을까 심지어는 이가 아프지 않을까도 물었다. 여기 갑골문의 한 구절에 의하면, 왕이 그 다음날 제사를 하기 전에, "기혜일에 점하여 묻습니다. 희생으로 羌人을 데려 왔습니다만(己亥貞?來羌)"이라고 묻는 구절이 있다. 여기서 羌人이란 서부에 살던 종족 이름인데 동쪽 사람이 그를 희생제물로 데리고 왔는데, 희생제물로 가능하느냐고 묻는 내용이다.[42]

우리는 이 기록을 통해서 그때까지 사람을 희생제물로 바치는 관습이 있었으며, 서부종족과 동부종족 사이에 그 원한이 깊었음을 알 수 있다. 우리는 흔히 갑골문하면 그것이 은나라에서 발견되었기 때문에 으레 은나라의 것으로 생각하기 쉽다. 그러나 갑골문의 발상지는 발해연안이며, 그것이 서남쪽으로 내려가 황하 이북의 은허에서 성행하게 되었다. 지금까지 갑골문자는 중국 허난성 은허에서 집중적으로 출토되고 있지만, 초기의 갑골문화는 발해 연안을 중심으로 서남쪽으로는 대행산 이동과 황하 이북, 북으로는 흥안령 이남의 요령지방과 요동반도 그리고 흑룡강 이남의 송화강, 두만강 유역에 분포돼 있다. 물론 이 지역은 두말 할 나위없이 동이족이 활동하던 지역이다. 1981년에는 경남 김해에서도 발굴되어 더욱 갑골문화의 주인공이 우리였음을 실감케 한다.[43]

인류 문명사에서 이성적 합리성이 싹트기 직전에는 좌뇌와 우뇌가 분리되지 않은 양원적 마음 구조가 건재했으며, 이때의 인간들은 하늘과 땅을 자유자재로 넘나들었다. 이런 의식상태를 두고 '환상적'이라고 한다. 양원적 마음 구조가 파괴되면서 자연히 하늘과 땅의 교통도 단절

---

42 유승국, 『東洋哲學硏究』 (서울: 근역서제, 1983), 35.
43 이형구 교수는 갑골문화의 기원을 발해 연안이라 논증하고 있다. 1981년 경남 김해시 부원
　동 유적지에서 삼한시대 내지 가야시대의 복골이 나왔다. 이형구, 『한국고대문화의 기원』
　(서울: 까치, 1991), 112.

되었으며, 그 단절의 궁금증이 춘추전국시대의 소왕의 의문 속에 남겨져 있고, 지금까지 우리 역시 같은 궁금증 속에 있다. 4차산업과 함께 가상과 현실이 분별하기 없는 즈음, 과연 가상과 현실 사이를 끊으라고 할 수 있을 것인가? 공자가 현세를 모르는 데 내세를 어떻게 알겠느냐고 말한 것도 이미 양원적 뇌의 균열의 심각성을 알리는 신호탄이다. 과연 신과의 직접 내통을 다시 살려야 할 것인가? 호모 데우스로 가는 것이 바로 이것인가?

자아의 본색

문명이란 죽음을 극복하려는 하나의 시도라고 정의할 수 있다. 저 이집트의 나일 강변에 즐비하게 늘어 서 있는 피라미드를 바라볼 때마다 우리는 인간들의 죽음에 대한 부정이 얼마나 치열했는지를 보게 된다. 죽음을 극복하고 영원한 생명을 보장받으려는 고대 인간들의 갈구가 사막 위에 거대한 돌을 옮겨 세계 4대 불가사의 가운데 하나인 피라미드를 세우게 한 것이다. 그리고 만주벌의 고구려 고분군에서 보는 대형 무덤군에 이르기까지 인간의 죽음 부정은 동·서양이 동일하다.

높은 소속감시대에 속하는 기원전 3000년경에 이르러 인간의 죽음에 대한 공포와 무덤 만들기는 하나의 세계적인 현상으로 나타나게 된다. 구석기인들도 사람이 죽으면 동굴 안 주거지 바닥을 파고 흙을 덮은 뒤 돌을 주워 모아 주검을 덮었다. 신석기 초기는 구석기 시대의 그것과 비슷했으나, 신석기 시대 중기에 이르면서 인간의 주검을 흙으로만 덮어 만든 무덤이 더욱 견고한 돌[石材]로 둘러싸 축조하게 되었다. 동북아 고대민족인 우리 동이족에게는 돌을 사용하여 주검을 보호하는 풍습이 널리 퍼져 있었다. "동이족의 시신 매장시설은 다른 민족과 달리 돌을 가지고 축조했는데, 이것이 돌무덤 또는 석묘이다. 돌무덤 중에는 돌무지무덤[積石塚], 돌널무덤[石棺墓], 돌덧널무덤[石槨墓], 돌방무덤[石室墓], 고인돌무덤[支石墓] 등이 있다. 그 중에서도 대표적인 무덤 형식의 하나가 바로 돌널무덤이다."[44]

돌널무덤은 한반도를 포함한 만주 일대와 요동 산동 일대까지 널리 퍼져 있었다. 남쪽으로는 일본의 규슈(九州) 지방과 류큐(琉球) 열도에까지 분포되어 있었다. 돌널무덤 안에는 빗살무늬토기를 비롯하여 채색토기, 옥기 등 전형적인 홍산문화 유형의 유물이 출토되었다. 홍산문화(洪山文化)는 황하강 유역의 용산문화(龍山文化)와 대조되는 동이족이 발해 연안에서 창출한 문화유형 가운데 하나로, 그 연대는 기원전 4000~3000년경인 높은 소속감시대에 해당한다. 동이족에게 이렇게 다양한 무덤 문화가 생긴 연대는 이집트의 피라미드 문화와 거의 일치하고 있다. 그 무덤의 형식에 있어서는 이집트의 경우보다 훨씬 다양하다. 무덤은 그 나라의 문화를 반영하는 가장 대표적이라고 할 수 있다. 돌널무덤은 벼농사와 밀접한 관계가 있다. 이에 대해 김병모는, "벼농사집약노동력의 필요 거석 기념물의 축조라는 함수관계가 이루어지는데, 여기서 기본변수인 벼농사는 거석문화와 함께 이루어지지 않을 수가 없을 것"[45]이라고 지적하고 있다.

농경문화와 함께 형성된 시간 의식은 이와 같이 무덤문화를 필수불가결하게 동반하게 되었던 것이다. 그러나 우리가 알아야 할 사실은 죽음의 극복은 진정한 자아 죽음을 단행함으로써만 이룩될 수 있다는 점이다. 무덤이란 무엇인가? 결국 자기가 살던 공간을 땅속에 옮겨 생명을 연

---

44 앞의 책, 84.

45 한상복, 『한국인과 한국문화』 (서울: 심설당, 1983), 86.

장시켜보자는 자기애의 표현, 즉 비틀림 현상이 아니고 무엇이겠는가? 진정한 자아의 죽음을 이루지 못한 대신 대치물로 자아죽음을 대신하려고 한 것이 무덤으로 나타났다는 것이다. 자기 죽음을 단행해 죽음의 공포를 극복한 인간은 결코 대형 피라미드를 만들려 하지 않는다. 예수나 붓다같이 말이다.

이와 같이 하나의 문명이나 개인의 삶이 층변을 이루지 못하고 같은 층 안에서 공간을 넓혀 보려는 시도(간변)는 문명의 퇴화를 자초할 뿐이다. 자기애가 자기 죽음을 능가할 때 문명이 높은 층으로 상승하지 못하고 만다. 동일한 층에서 간변만 일어날 뿐이다. 높은 소속감시기로 접어들면서 의식이 깨어나고 자아의식도 생겨났지만 문명의 비틀림 현상은 종래에 볼 수 없을 정도로 심해진다.

잉여 농산물을 받아먹고 사는 계급들은 노예들이 밭에서 일할 때 매일매일 먹고 놀면서 죽음만을 생각, 공포에 사로잡히게 된다. 그들은 수많은 인민 대중을 동원하여 죽음 후의 사후보장을 위해 피라미드를 축성하였다. 하다못해 그들은 살아생전에 사용하던 물건들까지 무덤 속에 가지고 들어갔던 것이다. 이것은 한마디로 말해서 '미치광이'짓 이외에 아무것도 아니다. 물건뿐만 아니라 사람까지 순장시켰다.

드디어 '자아'의 본색이 드러나기 시작한다. 이런 미치광이 짓은 기원전 6세기경 붓다나 노자 같은 인물들이 나타나 무(無)나 도(道) 같은 것을 발견하기까지 서슴없이 자행되었다. 무나 도에 의한 진정한 자기 죽음을 맛보도록 한 인물들이 붓다와 노자 같은 인물들일 것이다. 그 후 예수는 십자가를 통해 이 길을 제시했다. 이렇게 비카오스화와 함께 나타난 현상이 바로 죽음에 대한 공포이다. "내가 죽음을 이겼다"라고 한 것은 농경시대의 종언을 고하는 것이었다. 그러나 아직 갈 길은 멀다.

IV

무서운 엄마

사람이 사람을 잡아먹다

인간이 피라미드를 쌓는다고 죽음의 공포에서 해방될 수 있을까? 죽음의 공포는 왜 생기는가? 인간이 자연과 하나가 돼 있던 에덴동산 우로보로스에 있을 당시에는 죽음이라는 것을 느끼지 못했다. 자연에서 아니 전체에서 분리된 고립된 자아가 생기면서부터 죽음 의식이 싹트기 시작하였다. 죽음 의식은 에덴동산에서 추방된 이후부터 생긴 의식이다. 전체에서 분리되어 자기 자신이 우주의 중심이 되는 순간, 자기 자신이 신이라는 착각에 사로잡히게 되고, 이것이 쉽게 광기로 탈바꿈한다. 그래서 모든 고립된 자아는 광기에 사로잡히게 된다. 죽음의 공포는 '분리' 그 자체일 뿐이다.

붓다는 이러한 분리되고 고립된 자아로부터 생로병사의 고(苦)에 사로잡히게 된다고 보았으며, 이러한 고립된 자아의 해체를 제법무아(諸法無我)라고 했던 것이다. 인간은 다시 전체와의 만남을 통해서만 죽음의 공포에서 해방될 수 있다. 그래서 종교란 Re+legio, 즉 재결합을 의미한다.

높은 '소속감시기'(BCE 4500~2500)에 들어와 인류는 이집트, 수메르, 인도, 극동 아시아 등에서 전에 볼 수 없었던 문명의 꽃을 피운 것이 사실이다. 수학, 달력, 언어, 문자, 관개시설, 천문학, 계산법 등 오늘날 우리가 누리는 문명의 혜택이 대부분 이때 이룩되었다. 그런데 이런 제문명의 요소들이 새로운 층변을 일으키는 데 공헌하지 못하고 자기중심적 자기사랑에 집착하는 데에 공헌한다면 전에 없던 가공할 만한 현상이 나타나게 된다. 그래서 높은 소속감시기에 들어와 우리는 긍정적 그리고 부정적 양대방향에서 문명을 새롭게 조명해보지 않을 수 없게 되었다.

개인적으로 분리되고 고립된 자아의식이 싹트기 시작하면서 생긴 죽음 의식은 대형무덤 쌓기로 비틀리기 시작했다. 그렇다면 이전의 우로보로스-에덴동산으로 되돌아가 다시 전체와 만나야 할 것인가? 이런 되돌아감을 유치퇴행(幼稚退行)이라고 했다. 결코 우리는 이러한 유치퇴행을 할 수는 없다. 무의식 속에 다시 흡입될 수는 없다.

여기에 높은 소속감시대에 살던 인간들이 전시대보다 더 자기답지 못한 일들을 저지르고 있었으니, 그 일이란 참으로 끔찍한 사건이라고 할 수 있다. 그것은 일 년에 한 번 씩 큰 축제를 벌이고는 그때 젊은 남녀를 산 제물로 바치는 소위 인간 공희인 것이었다. 일 년 전부터 뽑혀진 두 남녀가 여러 사람이 보는 앞으로 걸어 나가 미리 걸어둔 육중한 널빤지 밑에 목을 갖다 댄다. 덜커덩 소리가 나면서 널빤지가 밑으로 떨어진다. 그러면 두 남녀는 피를 흘리며 죽게 된다. 죽은 남녀는 널빤지 밑에서 끄집어내져 토막내진다. 그리고 살을 구워서 둘러서 있던 사람들이 뜯어먹는다. 이 무슨 미친 광란이란 말인가? 인간이 인간을 제물로 바치고 제물의 살을 서로 뜯어먹는 광경이 공공연히 벌어지고 있는 이 희괴한 사건이 의미하는 바는 과연 무엇인가? 문명의 먼동이 틀 무렵 세계 도처에서 이런 끔찍한 짓이 벌어지고 있다.

인간 제물은 과연 누구에게 바쳐졌단 말인가? 인간의 살과 피를 제물로 받기를 원하는 존재는 과연 무엇인가? 그 존재가 바로 '태모'(太母)이다. 태모의 등장은 인간이 자연으로 분리돼 나오면서 시작된다. 그런 면에서 타이폰의 초기부터 이미 태모는 태동돼 나타났다고 할 수 있다. 이 태모가 우리나라에서는 산신(産神)으로 알려져 있다. 태모는 나중에 나타나는 대여신(大女神, Goddess)과는 구별된다. 대다수 종교학자, 인류학자들이 태모와 대여신을 구별시켜 내는 데 실패했다. 태모는 다산을 약속하는 지극히 물질적인 풍요를 약속하는 존재이다. 그러나 대여신은 자비와 정의를 보호하는 수호신이다. 이 점에 있어서 전자가 외양적 (exoteric)이라면 후자는 내밀적(esoteric)이다.

대여신을 우리 문화전통에서는 '삼신'(三神)이라고 한다. 산신할머니와 삼신할머니는 매우 유사한 양상을 가지나, 전자는 다산의 약속을 후자는 자비를 보장한다. 전자가 물질적이라면 후자는 정신적이다. 전자가 아직 물질적 '이'(利)를 추구한다면 후자는 정신적 '의'(義) 같은 것을 추구한다. 전자가 자기를 화나게 만들면 인간에게 그 분풀이를 심하게 하지만, 후자는 차라리 자기희생적이다. 그런데 한자의 원의에서 利와 義는 같은 의의를 갖는다. 기나긴 문명사가 이를 잘 반영한다고 본다.

조선 땅에 산 태모

북한 학자들이 쓴 『조선전사』 1권은 신석기 전기에는 괭이 농사의 첫 시기로 그 주된 담당자가 여자라고 했다. 신석기 후기에 보습 농사가 나타나면서 그 주된 담당자가 남자로 바뀌었다고 했다. 동양에서 가장 빠른 시기의 태모상들은 발해 연안 북부 대릉하 유역 요령성 능원형 우하량에서 돌널무덤이 발견된 인접 지역과 여기서 얼마 멀지 않은 객좌현

동산취 제단 유적지에서 발견되었다.[46]

1979년에 동산취에서 발굴된 유적은 당시 인간들이 제사 지내던 일종의 제단이었다. 제단의 주변에서 여러 개의 진흙으로 된 토용(土埇) 조각들이 나타났다. 그 가운데 가장 잘 보관되어 있으나 머리와 발이 없는 높이 5cm 되는 것과 6.8cm 높이의 임신한 여인상이 있었다. 이 여인상들은 모두 다산을 비는 태모, 즉 산신에게 바쳐진 토용들이다. 이런 토용들은 구석기 시대부터 신석기 시대에 이르기까지 유럽과 그 밖의 지역에서도 모두 발견되는데 동산취 유적의 여인상들은 지금까지 중국 어느 곳에서도 발견되지 않던 생산과 관계되는 것이어서 이들 토용의 발견은 엄청난 흥분과 추측을 자아내게 했으며, 이것은 이 일대에 강한 모계중심사회가 있었음을 암시해 준다.[47] 이들 태모상이 발굴되는 지역은 석관묘와 빗살무늬토기도 함께 발굴되는 지역이어서, 문명의 제3번째 고리인 태모-소속감시기의 특징들을 일관되게 보여주고 있다. '之'자형의 빗살무늬토기, 채색무늬원통형토기, 석관묘, 지석묘 등은 전형적인 중국 용산

흥산문화 여신상과 불교 이전의 가부좌상

46 김상일 편, 『인류 문명의 기원과 한』 (서울: 가나출판사, 1988), 60.
47 앞의 책 참고.

문화에 대립되는 홍산문화의 특징을 지니고 있어서 그것이 동이 문화의 유산임을 실감케 한다.

한반도에서는 함경북도 청진시 농포동 유적과 웅기군 서포항 유적지에서도 태모상이 발굴되었다. 인물상은 머리가 깨어져 없어졌으나 가슴에 팔짱을 끼고 배가 나오고 엉덩이가 뒤로 처져 있는 점에서 대릉하의 그것과 아주 유사하다. 서포항 유적에서 나온 태모상은 뼛조각으로 만든 여신상이 많다. 얼굴에는 세 개의 점을 파서 두 눈과 입을 나타내고, 몸에도 복판에 여러 개의 점을 파서 여성이라는 것을 나타내고 있다. 『조선전사』 1권은 신석기 시대의 인물상 가운데 성별을 가릴 수 있는 것은 모두 여인상이라고 했다. 그리고 『조선고고학개요』에서는 그 연대가 기원전 3000년 후반기(낮은 소속감 시기)에 해당한다고 했다. 이 연대는 동산취 유적의 연대와 거의 일치하며, 그렇다면 이 비슷한 연대에 한반도와 만주 일대에 태모 숭배가 매우 성행했음을 암시한다.

산신인 태모는 인간에게 희생을 요구한다. 결코 자비의 어머니가 아니었다. 이루 형용할 수 없는, 어쩌면 무자비한 희생을 요구했던 것이다. 즉, 인명을 희생제물로 요구했던 것이다. 그러나 이것은 개인으로 볼 때 얼마나 비극적이며, 인류의 입장에서 보더라도 바람직한 일이 아니라는 것을 실감하게 한다. 그러나 오직 생존 (survival)이란 관점에서 만 보면 인간제물이린 태모를 위무해 다산을 약속받는다고 한 생각의 결과물이다. 삼신은 여신이고 산신은 태모로 구별한다. 태모는 생물적이며 물질적이다. 이 말은 산신할머니가 인간의 생물학적 생명을 좌지우지할 수 있는 막강한 힘을 지닌 존재였음을 의미한다. 인간들이 자기의 비위를 잘 맞추어주지 않으면 갓 태어난 생명도 무자비하게 앗아가곤 하였다. 이 산신의 비위를 맞추기 위해서 한 사람 정도의 희생을 감내하고라도 더 많은 공동체의 생명을 보호하려고 했던 것이 신석기 농경시대의 인간들이 가졌던 태모 숭배란 소박한 신앙이었다. 그런데 페미니스트들은 이를 구별하지 못하고 태모를 조건 없이 높이 평가한다.

그러나 이런 산신할머니 숭배를 결코 미개하다고 보아서는 안 된다. 태모에게 희생제물을 바치는 것이 그 당시 생존전략의 한 모습이라고 보아야 하기 때문이다. 그리고 이것은, 카프란이 지적한대로 인간으로 태어나 생후 4~5개월이 되면서 자기를 낳은 어머니를 자기와 한 몸이 아닌 타자로 느끼면서 겪게 되는 심리적 현상인 것이다.[48] 어머니를 타자로 느끼는 순간 자애롭던 어머니가 갑자기 자기에게 벌주고 야단치는 어머니로 변할 때 생기는 소박한 공포심에서 산신할머니 숭배사상이 싹트기 시작한다. 그런즉 우로보로스 상태를 제외한 미약한 분리가 일어났던 타이폰 시기부터 이미 태모상이 생겨났던 것이다. 이제 생물적이고 물질적인 태모가 정신적인 존재로 탈바꿈하는데, 이가 곧 대여신(Goddesss)이며 삼신(三神)이다.

왜 그 끔찍한 짓을

산신할머니는 사람의 산 생명을 희생제물로 요구하였다. 다산과 풍요 그리고 비를 바라는 마술적 사고에서 인간 희생 제물이 용납되었다. 이것도 인간 희생 제물을 가능케 한 이유 가운데 하나이다. 프레이저도 땅을 마술적으로 비옥하게 만드는 수법으로 인명 희생 제사가 가능하게 되었다고 지적했다. 희생 제사를 정신분석학자들은 어머니와 근친상간하고 싶은 욕망에서 나온 죄책감을 면하려는 것이라고 했다. 그러나 이들 이유는 모두 부분적으로만 옳을 뿐이다.

---

48 L. Kaplan, *Oneness and Separation* (New York: Simon and Schuster, 1978), 108.

문제의 궁극적인 의미는 위의 두 가지 지적을 넘어서는 데 있다. 즉 태모에서 분리되어 나온 개체적 자아의식이 자기 안전을 보장받고 싶어 하며, 다시 그 어머니와 하나(한)가 되고 싶어 하는 욕구에서 그 희생제사 가 서슴없이 자행되었다는 것이다. 희생제사는 두 가지 요소가 교묘하 게 결부되어져 자행된 것이라고 볼 수 있다. 첫째 요소는 죽음의 공포에 서 마술적으로 벗어나자는 것이고, 둘째 요소는 다산의 축복을 빌자는 것이었다. 바꾸어 말하면 마술적으로 영생의 초월을 바꿔치기해서 경험 해 보자는 수작이었다. 그리고 배불리 먹고 살 수 있는 다산의 축복을 받 아내기 위한 것이었다. 이 모두가 이(利)와 관계되어져 있다. 결국 자기 애에 가득 차 자기중심으로 세상이 돌아가도록 만들어 보자는 꾀에서 나 온 것이다. 그러나 이것은 마술적 꾀에서 나온 것에 지나지 않는다. 태모 의 이(利)가 의(義)로 변하는 것이 층변이며 4층에 와서야 비로소 가능해 진다.

인간의 의식이 마술에서 갓 깨어나 신비적-신화적 단계로 넘어오고 있으나 아직도 마술과 신화가 혼재돼 이성적 자아가 싹트기에는 약간 이를 때에 태모 숭배와 인간 희생 제사가 성행했던 것이다. 분리된 개별 적 자아의 해체, 이것을 불교는 제법무아(諸法無我)라고 한다. 무아, 즉 자아 해체에는 두 가지 방향이 있다. 하나는 초월하는 것이고 다른 하나 는 퇴행하는 것이다. 그런데 문제는 태모가 요구한 해체는 초월적인 것 이 아니고 퇴행적이다. 이 말은, 산신은 아직 삼신이 아니기 때문에 물질 의 풍요와 이익을 담당하는 물질적 산신할머니이지 정의와 사랑을 추구 하는 삼신할머니가 아니라는 점이다. 그래서 산신할머니는 우리가 초월 적 자아로 해체되는 것을 원치 않았다.

이 당시의 자아는 태모, 자연, 땅으로부터 완전히 분리되어 나오기를 바라지 않던 자아였다. 자아가 싹트기는 했어도 어린 자아는 어머니로부터 완전히 독립되기를 원치 않는 자아였던 것이다. 태모의 자궁(우로보로스) 속에 다시 되돌아가고 싶은 강한 충동이 죽음마저도 불사하는 것으로 나타난다. 이것이 오이디푸스 갈등이다. 아니 죽음으로써 태모와 다시 하나가 된다고 착각하게 되었던 것이다. 이것은 초월이 아니고 퇴행이다. 이 퇴행은 무서운 집단의 이익과 관계되어 있었다. 그것은 그 집단의 다산을 보장받는 것이었다.

자식을 삼키는 어미를 동물의 세계에서 종종 발견된다. 토끼가 새끼를 낳고 적을 만나면 어미는 새끼를 단숨에 삼켜버리고 만다. 그 이유는 적에게 빼앗겨 새끼와 분리되는 것을 막는 길은 새끼를 자기 속에 집어 삼키는 길밖에 없다고 착각하기 때문이다. 이것이야말로 인지가 성숙하지 못한 마술-신화적 의식구조에서 나온 것이다. 현대의 인간에게도 이런 마술적 사고는 남겨져 있다. 생활을 비관한 가장이 자식들과 동반 자살하는 경우라 할 수 있다. 자식이 자기와 분리되어 고생하는 것보다는 함께 죽어 하나가 되는 것이 낫다고 생각했기 때문이다. 자식에 대한 애정이 강할수록 집단 자살도 강할 수밖에 없다. 특히 한국의 부모들이 서양의 부모들보다 자궁으로 회귀하려는 마술적 본능이 더 강한 이유는 자식들을 자기와 분리된 개별적 자아로 이해하고 있지 못하기 때문이다.

이렇게도 분리의 공포가 무서운 것인가. 점차로 자연에서 분리감을 느끼기 시작하면서 초월로 다시 태어나기를 두려워한 인간은 퇴행의 비틀림을 자행하게 된다. 이제 태모도 인간과 죽음을 사고파는 이런 행위를 떠나서 한층 더 높은 가치를 두고 인간과 거래를 나누어야 한다. 사랑과 정의의 거래를 다루는 신으로의 승화가 문명의 갈길을 좌우하게 된다. 즉, 태모가 초월하여 자비의 대여신으로 층변을 일으켜야 한다.

우리 엄마: 좋은 엄마, 무서운 엄마

문명의 계통발생과 개인의 개체발생을 나란히 놓고 볼 때에 두 계통 사이에 일치되는 것이 있는데, 그것은 '땅'과 '어머니'이다. 땅이란 자연이나 주위 환경을 두고 하는 말이다. 이것이 개인 차원으로 나란히 비교될 때 어머니가 된다는 것이다.

인간이 자연에서 자기를 분리해 낸다는 것은 마치 어린아이가 어머니에서 떨어져 나온다는 것과 같다. 카플란(Louise Kaplan)은 『하나와 분리』(*Oneness and Separateness*)에서 이 점을 잘 다룬다.[49] 어린 아기는 출생될 당시에는 어머니로부터 완전히 분리된 자아를 가질 수 없다. 카플란의 주장에 의하면, 정확히 말해서 생후 4~6개월 동안은 아직 어머니와 완전히 '하나'된 상태에 있다는 것이다. 자연과 분리되지 못한 의식구조를 가진 우로보로스(500만~20만 년 전) 상태와 같다. 신화 속에는 이 상태가 '에덴'으로 나타난다. 우로보로스란 오스트랄로피테쿠스가 자연과 하나 돼 있는 상태이거나, 혹은 어린아이가 어머니와 한 몸으로 되어 있는 상태를 두고 하는 말이다. 클라인(M. Klein)은 이런 하나됨을 '투사적 동일성'(projective identification)[50]이라고 했다. 프롬은 '공서적 합일'(共棲的 合一)이라고 한다. 이 동일성의 상태가 곧 에덴동산의 복을 누린 상태이다. 공중에 나는 새들이나 백합화같이 아무 염려 없이 살던 상태이다. 그러나 모든 정신 질환의 근원적 원인이기도 한다.

그런데 5~6개월부터 이런 한 몸의 하나됨에 금이 가기 시작하면서 균열이 생기게 된다. 그러나 엄격한 의미의 균열은 18개월경부터 이루

---

49 앞의 책 참고.

50 M. Klein, *The Psychoanalysis of Children* (New York: Delacorte, 1975), 60.

어진다. 소위 이때가 어머니로부터 젖떼기가 시작되는 기간이다. 어머니와 한 몸 됨이 완전히 깨어져 독립체가 되는 일이 거의 이루어지는 시기는 생후 36개월이다. 어머니로부터 젖떼기가 완전히 끝나면서부터 어린아이에게 어머니란 존재는 '한편 사랑스럽고 한편 무서운' 존재로 나타난다. 어린아이들이 첫 웃음을 터트리는 시기가 3~4개월부터인데, 이때는 어머니와의 사이에 금이 가는 시기와 일치된다. 그 이유는 어머니란 존재가 자기와 하나인가 따로 인가의 갈등에 빠져 있다가 그래도 어머니가 자기에게 있어서 보호자라는 사실을 아는 순간에 안도의 첫 웃음이 터져 나온다고 한다.[51] '웃음'과 '울음'이 같은 뿌리('우')를 가지고 있는 이유가 여기에 있다.

오스트랄로피테쿠스에게 있어서 자연, 즉 땅이 온 우주이듯이 어머니는 어린아이에 있어 바로 그것과 같다. 생물학적으로 자기를 낳아준 어머니는 그 아기에게 있어서 전체우주와 다름없다. 이런 점에서 어머니는 주위 환경이나 주변 전체인 것이다. 여기서 바로 태모(Great Mother)가 인류 문명사의 한 장을 장식하는 이유를 납득하게 된다. 생후 5개월 만에 분리의 낌새가 나타나고, 18개월에 분리는 그 절정에 이르고, 36개월 만에는 그 분리가 끝난다고 할 때 이를 계통 발생적으로 볼 때 우리는 인류 문명사에 나타난 태모의 등장 배경과 그 등장연대를 짐작하게 된다. 매우 낮은 단계의 분리는 타이폰 시기부터 일어난다. 즉, 자연의 땅으로부터 분리는 타이폰 시기에 이미 발생했던 것이다. 그 시기가 20만 년 전이다. 그렇다면 태모의 역사도 그렇게 길다고 할 수 있다. 인류 역사 20만 년 전의 분리 시기는 개인 나이 생후 5개월 정도에 해당한다고 할 수 있다.

---

51 데스몬드 모리스, 『털없는 원숭이』 (서울: 정신세계사, 1991), 90.

과연 우리 '엄마'가 좋은 엄마인가 나쁜 엄마인가? 36개월 이후부터 어린아이는 이런 고민에 빠지게 된다. 어머니와의 한 몸 상태는 알 카오스(카오스)의 상태였다. 알 카오스 상태에서 분리되어져 나온다는 것은 비카오스화 되어 감을 의미한다. 비카오스화의 초등 단계에 나타나는 존재가 바로 태모(太母)이다.

태모는 자녀 양육을 담당하는 자이고 보호자이다. 아주 좋은 엄마이다. 그러나 다른 한편 말 안 들을 때는 무서운 회초리로 벌하는 엄마이다. 이런 좋은 그리고 나쁜 양면성이 바로 태모가 지닌 성격이라고 할 수 있다. 태모는 풍년과 다산(多産)을 약속한다. 그 대가로 산 인간의 피와 살을 제물로 요구한다. 이 요구를 들어주지 않으면 흉년을 내려 자식들을 휩쓸어 버린다. 여기에 인간들은 태모라는 존재 앞에 전전긍긍하게 된다. 비카오스화의 문턱에서 맞는 위기이다. 이렇게 신석기 농경시대의 엄마는 무서운 존재였다. 여성해방운동가들이 이 사실을 안다면 태모에 생각을 달리 할 것이다. 우리 문명권에는 산신[利]와 삼신[義]를 구별할 줄 아는 전통을 가지고 있다.

마리아와 태모

인류 문명이 알 카오스에서 비카오스화의 단계로 넘어오는 문턱에서 전에 볼 수 없었던, 인간을 희생제물로 바치는 현상은 참으로 말로 다 표현할 수 없는 끔찍한 현상이었다. 이성과 합리적 자아가 싹트기 시작하는 비카오스화의 단계로 넘어오면서 인간이 제일 먼저 폐지시킨 것이 인간 희생제물풍습이다. 이 풍습은 인간의 합리적 자아가 아직 싹트기 이전의 마술적 그리고 신화적인, 그야말로 고논리적(paleological) 사고 방식에서 유래된 것이다. 알 카오스의 의식 구조가 범할 수 있는 착각 현상이었다. 그 착각 현상을 순서대로 적어 보면 그야말로 무지의 소산밖에 아무것도 아니었다.

첫 번째로 여자를 달과 일치시킨 착각이다. 달이 기울고 차는 것이 여자의 월경주기와 같다고 생각했다. 그리고 달이 차고 기우는 주기는 바다의 썰물, 밀물 주기와는 같다고 생각하여 여자를 물과도 일치시켰다. 달이 지는 그믐에서 초생달이 뜨는 기간은 3일이다. 그래서 죽은 후 3일 만에 부활이 가능하다고 믿었다.

두 번째 착각은 성교 때마다 생식이 이루어지지 않기 때문에 남자라는 존재가 생산에 꼭 필요한 것인 줄 몰랐다. 따라서 남자의 정액이 생산에 아무 상관 없다고 여겼다. 그래서 여자의 피가 생명 생산의 전부인 줄 알았다. 생산을 좌우하는 태모는 다산을 약속하는 조건으로 피를 요구한다고 착각하였다. 그래서 태모의 몸인 땅에 피를 뿌리는 제사가 유래하게 된 것이다. 생산은 남자 없이 여자만이 좌우한다. 이 점은 가부장제에 들어와서 아기를 낳지 못할 때 그 원인을 여자에게만 돌리는 이유가 되기도 했다. 모계사회가 자초한 무지이다.

세 번째 착각은 죽은 희생제물로서의 인간이 태모의 배우자가 된다고 생각한 것이다. 왕들이란 이 태모의 배우자였으며 왕들 자신이 즐겨 태모에게 자기의 생명을 희생제물로 바쳤다. 왕은 사람들이 보는 앞에서 칼로서 자기의 코, 귀, 팔다리 등을 자르고 피를 땅에 뿌린 다음에 마지막에는 자기 목마저 자른다. 왕과 함께 처녀들도 동반 살해된다. 이들은 태모와 함께 3일 만에 부활된다고 확신했던 것이다. 이것은 곧 태모와의 만남이요, 하나됨이요 곧 성교 행위와 같은 것이다. 이런 풍습은 20세기인 지금까지도 아프리카 인도 등지에서 행해졌으며, 프레이저의 『황금가지』에 의하면, 서남아시아의 수메르 왕조시대인 기원전 2350년경 우르에서도 이런 풍습이 나타났다고 지적하고 있다. 인류 문명의 동트기란 이렇게 인간희생을 통해 이루어졌다. 이 끔찍한 인간희생제물은 나중에 사람 대신에 염소, 황소, 말, 멧돼지, 양 같은 것으로 대치되어진다. 문명의 먼동이 트면서 인간 살해의 끔찍한 짓도 사라지기 시작한다.

기독교는 문명의 여명기에 있었던 이러한 종교 유습을 고등종교로 승화시킨다. 마리아는 태모가 탈바꿈된 대여신이다. 예수는 희생제물이다. 그는 죽었다가 3일 만에 부활한다. 이때 마리아는 처녀이며 그녀는 죽은 신의 어머니인 동시에 신의 아버지의 처녀 신부이다. 기독교의 경우에는 아버지의 존재가 뚜렷하게 등장하지만 문명의 여명기에는 아직 아버지신의 정체가 뚜렷하지 않았다. 예수와 마리아의 관계는 수메르 신화의 다무지(Damuzi)와 인안나(Inanna)의 관계, 혹은 바빌론 신화의 타무즈(Tamuz)와 이슈타르(Ishtar)의 관계, 이집트 신화의 오시리스(Osiris)와 아이시스(Isis)의 관계 등과 같다. 이 후자들의 동북아시아 신화는 기독교 신화의 먼 옛날 얘기라고 할 수 있다. 또 기독교 신화는 이 먼 옛이야기들의 재판이라고도 할 수 있다. 마리아는 태모가 아닌 대여신적 존재이다.

로마 왕국으로부터 기독교가 오해를 받은 원인도 예수의 피와 살을 마시고 먹는다는 성례전이 마치 로마가 금지하고 열등시한 태모층의 고대종교의 유습이 아닌가 생각한 데서 유래한다. 그래서 기독교는 고대종교의 유습을 이미 높은 차원으로 올려놓고 있었다. 예수의 희생, 즉 인간희생제물은 다산이라는 이(利)와 관계되는 것이 전혀 아니었다. "너희는 먼저 그의 나라와 의를 구하라"(마태복음 6:33)고 할 때 하나님 나라의 정의와 사랑을 실현하기 위한 것이다. 기독교가 고대 유습을 답습하는 듯 그 외양을 취한 것은 그 당시 민중들의 무의식 속에 이런 유습이 강하게 깔려 있기 때문이었으며, 기독교는 이를 무시하지 않았기 때문이다. 이것이 바로 기독교가 갖는 큰 힘이기도 했었다. 이 유습과 단절된 합리적 종교는 결국 역사 속에 산 생명을 유지시킬 수 없었다. 기독교가 헬레니즘과 헤브라이즘과도 다른 원인이 여기에 있다.

V

아마조네스냐, 아바조네스냐?

언제쯤 남성 성기가 생겼나?

생명은 바다에서 생겨났다. 그런 의미에서 바다는 여자의 자궁과 같다. 자궁 속에 있는 양수는 곧 바닷물과 같다. 모든 유기체적 생명이 바닷속에 있었다. 그때에는 아직 남·여성이 구별되지 않았었다.[52] 좀더 복잡한 생명체가 나타나면서 생명체는 물에서 뭍으로 올라올 필요가 생겼다. 물속에 있던 때 부력에 의해 지탱되던 큰 몸체가 좀 작아질 필요성이 있게 되었다. 바닷속에 있을 때는 촉촉한 물기 때문에 알이 태양에 타 버릴 염려가 없었다. 그러나 뭍으로 올라온 후 양서류의 알은 당장 햇볕에 타 버릴 위험성을 갖게 되었다. 이에 알에 의한 생식의 한계가 나타나기 시작했으며, 남·여성이 구분될 필요성과 남성 생식기의 필요성이 절박하게 되었다. 여자의 월경주기가 아직도 달의 주기에 따르는 것도 달의 주기와 관계 깊은 것이 바닷물인 것을 보면 이해된다.

---

52 Monica Sjoo and Barbara Mor, *The Great Cosmic Mother* (San Francisco: Harper and Row Publications, 1975), 2.

동물에게서 남성 성기가 처음 나타난 것은 지금으로부터 약 2억 년 전인 파충류에서부터이다. 남성 성기가 뱀과 연관돼 상징적으로 등장하는 이유란 바로 이러한 고대적 기억에서 유래된 것이다. 모든 생물이 남성 성기의 도움을 받지 않고 처녀생식을 했음을 의미한다. 이 말은 "태초에 우리 모두가 여자로 창조되었음을 의미한다." 모니카 스주(Monica Sjoo)와 바바라 모르(Barbara Mor)의 공저인 『대우주적 태모』(The Great Cosmic Mother)는 태초의 인류가 모두 여성이지 않을 수 없음을 강력히 시사해 주고 있다.[53] 그런 의미에서 구약 창세기에서 남자가 먼저 창조된 것이라 한 것은 분명한 가부장제의 소산이다.

여자 한 몸에 남성 성기를 지니고 있어서 분리된 남성 성기 없이도 처녀생식이 충분히 가능했던 것이다. 지금도 물벼룩은 처녀생식을 하고 있으며, 미국의 남서부에 서식하고 있는 도마뱀도 처녀생식이 불가능한 것이 아니다. 여성의 난자는 그 염색체 속에 남녀 양성적 요소를 모두 지니고 있지만 남성은 그렇지 않다. 이렇게 추론해 보면 남성이 성기를 달고 분리된 존재로 등장한 것은 지금으로부터 2억 년 전 일이며, 지구상에 생명체가 처음 나타난 것이 30억 년 전이라면 극히 최근에 생긴 우연적인 일 가운데 하나라고 할 수 있다. 스주와 모르 두 교수는 여성들이 생식기 속에 지니고 있는 클리토리스[陰核]야말로 여성 몸속에 퇴화된 남성 성기라고 한다.

클리토리스는 생식과 성감이라는 두 가지 역할을 담당하고 있는데, 몇몇 남성 가부장제사회에서는 여성들의 성감대를 없애기 위해 그것을 제거시키거나 절개시켜 버리기도 했다. 생산수단으로만 다시 말해서 여성을 남성의 씨 주머니로만 생각한 소산이다. 아프리카 모슬렘 사회에

---

53 앞의 책 참고.

서는 클리토리스 절개수술을 받은 여성이 수백만에 이른다고 한다. 중세기 십자군전쟁 때의 정조대 역시 같은 선상에서 생각할 수 있다.[54] 남성들이 여성들을 독점하려는 수단으로 여성의 성 쾌감을 말소하려 한 것으로 모두 가부장제의 악습들이다.

타이폰 시기에 속하는 네안데르탈인과 크로마뇽인들은 그들이 살던 동굴 안에다 큰 태모상을 그려놓고 있다. 그들의 태모였음이 분명하다. 20만 년 전에 살았던 네안데르탈인들은 주검을 땅에 묻었으며 죽음과 삶의 순환을 지배하는 것이 태모라고 믿었다. 이라크 북부의 샤니라 동굴에서 큰 태모상이 발굴되었는데, 이것은 네안데르탈인이 그린 것이었다. 그들은 땅이 생명을 낳고, 기르며, 돌보는 신비적인 힘을 지니고 있다고 믿었다.

땅은 생명이 나오는 곳이며 주검이 되돌아가는 곳으로 생각하였다. 땅에서 나고 땅으로 돌아감이 모두 태모에 의하여 좌우된다고 믿었기 때문에 태모에 대한 사랑과 무서움은 이루 말할 수가 없었다. 우리말의 '딸'이라는 말이 '땅'과 같이 '따'에서 유래했음은 땅과 여자가 일치되었음을 알 수 있다. 낳은 '때'와 죽은 '때'의 시간 개념인 '때'의 개념과 '따'와 그 근원이 같다고 보면,[55] 결국 시간의 순환을 태모가 장악했음을 알 수 있다. 우리 말의 '터'라는 말은 장소와 시간을 동시에 표현할 수 있는 말이다. 시공간의 분리되지 않음을 의미한다. '땅'과 '때'는 같았다.

타이폰 인간들은 남녀가 하나씩 짝짓는 것도 몰랐고 너무 어린 시기부터 성관계가 자유스럽게 이루어졌기 때문에 생식에 남자라는 짝이 필수조건임도 몰랐었다. 그래서 그들은 생식의 힘은 오직 여자에게 있는

---

54 Janes J. Preston, ed., *Mother Worship* (Chapel Hill:The University of North Carolina Press, 1982), 51.

55 정호완, 『우리말 상상력』(서울: 정신세계사, 1991), 51.

줄로만 생각할 수밖에 없었다. 현대인들은 남녀접촉이 모든 생식을 동반하지 않는다는 것도 알게 되었으며, 심지어는 주기 같은 것도 알게 되어 임신 조절을 할 수 있게 되었다. 그러나 네안데르탈인이나 크로마뇽인들의 경우에는 사정이 달랐다. 생산은 오직 여성만이 해낼 수 있는 주특기로 알게 되었으며, 그것은 땅에게도 그대로 해당된다고 보았다. 즉, 땅과 딸은 낳는 때와 죽는 때를 결정하는 막강한 힘을 지닌 것으로 확신하고 태모를 땅의 진흙으로 빚어 만들게 되었던 것이다. 태모 숭배가 왕성한 이유 가운데 하나가 남자가 생산에 필수적인 것을 모르고 여자 혼자 힘으로 가능한 줄로 만 알았기 때문이다.

아마도 태모를 만들게 된 두 가지 동기는 처녀생식이라는 생물학적 기억과 남성의 생식기가 생긴 다음에도 그것이 꼭 생식의 필수조건임을 몰랐던 때문이라고 볼 수 있을 것이다. 땅에서 나온 김이 비가 되고 여성에서 나온 피가 있은 다음에 생식이 가능한 것을 보고 더욱 땅과 딸은 같다고 여기게 되었다. 그리고 월경의 주기성은 땅과 때를 일치시키게 되었다. 이렇게 우리 말에는 길고도 먼 문명사의 암호가 담겨 있었다.

결코 '여자'가 먼저였다

태아는 8주가 될 즈음에 고환(睾丸)이 생기기 시작한다. 고환에서 남성 호르몬이나 기타 호르몬이 분비되기 시작한다. 이 남성 호르몬의 분비가 태아의 성(性)을 결정하는 데 중요한 역할을 한다. 남성이 남성되는 주된 원인은 이 남성 호르몬 때문이다. 그런데 남성 호르몬이 남자의 성을 결정하는 데 필수적인 만큼, 여성 호르몬이 여자의 성을 결정하는 데에는 그만큼 결정적이지 않다는 점이다. 태아가 8주쯤에 남성 호르몬에 닿지 않으면 자연스럽게 자라 11주쯤에 여성만의 특징인 난소를 만들기

시작한다.[56]

이 말은 매우 중요하다. 즉 여성은 태아가 생기기 시작되면서 자연스럽게 그 성이 결정된 것이고, 남성은 8주쯤에 와서 우연히 결정된다는 것이다. 이 말은 태아의 몸에 남성 호르몬이 닿지 않으면 자연스럽게 여성으로 남는다는 것이다. 바꾸어 말하며 사람 몸의 기본형은 여성형이며, 여성형이 우연히 변형되어 남성형으로 된다는 것이다. 이 원리는 포유동물 전반에 걸쳐 들어맞는다. 이러한 개체발생에서 생기는 원리는 그대로 계통발생에도 해당된다. 생물이 2억5천만 년 전까지, 즉 파충류가 등장하기 전까지는 여성형이었다. 그러다가 파충류의 등장과 함께 남성 성기(性器)가 생겨났다. 그다음 단계인 포유류에서는 남·여 성기의 차이가 뚜렷해졌다.

여성형이 기본이라는 주장은 남녀 뇌의 성분화에 있어서도 들어맞는다. 남녀는 다 같이 성주기(性週期)를 일으킨다. 그러나 뇌의 신경회로망이 형성되기 시작하는 태아기의 제20주쯤에 들어서 만들어지기 시작한 뇌가 남성 호르몬에 닿게 되면 남성형의 뇌로 개량되고, 그 후로는 어떤 일이 있어도 본래의 모양으로 되돌아가지 않는다. 태아기의 제20주쯤의 뇌에 남성 호르몬이 흘러 들어가면 남성 호르몬에 대해 민감한 성주기 중추, 즉 시상하부(視相下部)의 일부가 파괴되고 만다. 바로 이 점이 남성에게서 성주기가 없어지는 원인인 것이다. 즉, 성장한 다음에도 시상하부로부터 뇌하수체의 성선자극 호르몬을 분비시키는 호르몬의 분비가 일어나지 않기 때문에 남자에게는 성주기가 없어지는 것이다. 남성 호르몬에 의해서 시상하부의 일부가 파괴되었기 때문이다. 따라서 남자의 뇌에서는 여자같이 성주기에 관여하는 신경회로망이 구성되지

---

56 「사이언스」, (1993. 4.), 21-22.

않는다. 반대로 여성의 뇌는 남성 호르몬에 의해 손상을 입지 않고 성주기 중추 기관인 시상하부가 원상 그대로 남아서 생리가 시작될 때마다 남자에게는 볼 수 없는 특이한 정신활동(히스테리 같은)이 일어나게 된다.[57]

성서에는 남자의 갈비뼈에서 여자가 나왔다고 했으나, 뇌의 생리적 구조로 볼 때 그 반대로 인간의 원형은 여자였고, 그 원형이 임신 8주쯤에 손상되어 남자가 되었다고 할 수 있다. 아마도 이런 뇌생리학적 이론은 여성해방운동가들에게 좋은 소식이 될 수 있을 것이다. 고고학적으로 여성이 먼저라는 '아프리카 이브'라는 말의 유래도 생리적 이유와 조화를 이루게 된다.

아마조네스는 언제쯤?

부계가 먼저냐 모계가 먼저냐는 아직까지도 끝나지 않은 인류학적 논란거리이다. 이 대답은 "남자가 먼저냐? 여자가 먼저냐?"와 같은 유형에서 대답되어질 수 있다고 본다. 즉, 2억 년 전 파충류에서부터 남성 성기가 생기기 이전까지는 남·여성의 구별이 없는 무성시대(無性時代)였다. 생물은 자웅동체로서 처녀생식을 했던 것이다. 그러다가 남성 성기가 생기면서 남성과 여성이 별개의 몸으로 나뉘어졌다. 슈미트(Father Schmidt)는 고대 사회를 3단계로 나누어 구별하였다.[58] 그 첫 번째 단계는 부계로도 모계로도 구별지어 생각할 수 없는 사회이다. 에스키모, 피그미, 쿠르나이족 등에서 보는 바와 같이 성의 구별이 전혀 없는 전분별

---

57 앞의 책 참고.
58 Ken Wilber, 121.

적 단계, 즉 우로보로스의 사회가 있었다. 이런 사회가 있었음은 신화 속에 더 분명하게 나타나 있다. 『삼국유사』에서는 박혁거세의 모친은 사소였는데, 동해 바다 속의 가장 깊은 곳에 있는 진한으로 시집가서 박혁거세를 낳았다. 사소의 상대자는 괴이한 탈을 쓴 신인(神人)이었다고 했다.[59] 고구려 시조 고주몽, 백제 무당의 설화에서도 비슷한 양상을 발견할 수 있다. 이 신화는 고대 사회에서 모계와 부계의 구분이 불투명한 모습을 보여주고 있다.

두 번째 단계는 수렵 사냥의 단계로서 이 단계에서는 자아와 자연이란 주위 환경 사이에 구별이 생긴다. 그러나 완전한 구별이 아닌 마술적으로 상호 연관 되어진다. 이런 사회를 토템사회라고 한다. 소속감으로 묶여진 공동체가 아니고 혈연으로 맺어진 공동체이다. 슈미트는 이 두 번째의 심리상태는 남성적인 것으로 대표될 수 있다고 했다. 그러나 여기서 남성적이라 할 때 주의할 점은 나중에 나타날 부계사회의 남성과는 전혀 다른 남성이다. 이 두 번째 단계의 남성을 건장한 육체미와 무거운 물건을 집어 올릴 수 있는 힘을 지닌 남성을 의미한다. 이런 남성을 '크토닉남성'(chthonic male)이라고 한다. 정신적인 지성이란 찾아볼 수 없는 몸이 건장한 남성을 두고 하는 말이다. 그런 점에서 이 두 번째 고대 사회의 특징을 두고 나중에 나타난 정신적인 남성이 건설한 부계와 일치시키거나 혼돈해서는 안 된다. 신석기 후기부터 보습 농사가 시작되면서 남자의 육체적인 힘이 필요하게 되었으며, 사냥을 위해서도 남성들의 건장한 육체가 요구되었다. 그렇다고 이것을 두고 부계라고 고집하면 곤란하다. 부계사회란 남성들이 정신적인 것으로 육체적인 것을 지배하면서 시작된다. 모계와 부계의 차이는 그 지배의 성격이 뭐냐에 달려 있다.

---

59 박용숙, 『한국미술의 기원』 (서울: 예경산업사, 1990), 135.

모계는 물질적 그리고 육체적인 것으로 지배했고, 부계는 그 반대인 정신적인 것으로 지배한다. 이 두 번째 고대 사회에서는 남자들의 건강한 육체적인 힘이 사회를 만들어나가는 데 원동력이 되었을지는 몰라도 남성들이 사회를 지배하는 지배력을 가졌다고는 할 수 없다. 남자들은 육체로 노동력을 제공하고 생식을 위한 정액을 생산해 낼 수 있었어도 그야말로 캠벨이 지적한 대로 '철부지 꼬마'에 불과했던 것이다. 철부지 남자들을 치마폭에 감싸고 있던 존재가 태모였다. 네안데르탈인 그리고 크로마뇽인들이 모두 이런 태모 슬하에서 철부지 노릇하던 꼬마들이었다. 이들 인간이 최초로 발견한 신이 바로 태모였다. 태모는 철부지 꼬마들을 돌보고 어르고 달래고 하면서 사회를 이끌어 나갔던 것이다.

이제 세 번째 고대 사회의 단계는 모계 농경 사회이다. 이때를 두고 진정한 의미에서의 모계사회가 시작되었다고 할 수 있다. 두 번째 단계에서는 달리 태모가 동물적인 자아에서 깨어나 인격체로서의 인간의 모습을 지니게 된다. 이런 단계가 신화 속에서는 곰이 변하여 여자가 되는 것으로 묘사돼 있다. 그래서 곰이 여자가 된다는 내용은 실로 우리에게 큰 의미가 있다고 볼 수 있다.

부계와 모계의 전후 관계를 혼동하는 대부분의 학설이 고대 사회의 이러한 3단계 구분을 모르는 데서 유래한다고 볼 수 있다. 특히 두 번째 단계인 육체적 남성이 두드러지게 나타나는 사회를 부계로 착각하기 쉽고, 첫 번째 단계를 모계로 착각한다는 것이다. 진정한 의미의 모계와 부계는 신석기 후기와 청동기에 들어와서야 가능해졌다고 할 수 있고, 그 이전에는 성의 역할을 적용하기가 어렵다고 할 수 있다.

한국적 '아마조네스'

'아마존'(Amazon)이란 흑해 연안에 살았다고 하는 용맹스러운 여인족이 다스리는 나라이다. 이 나라에서는 사내아이가 태어나면 곧 죽여 버리거나 이웃나라에 사는 그 아비에게 보내 버렸다고 한다. 이런 여인천국을 아마조네스(Amazonese)라고 한다. 1653년 한국에 표류했던 네덜란드의 선원 마튜스 에이복켄도 그의 견문록에서 "한국에서는 여인들만 살고 있는 지방이 있어서 욕정이 일어나면 다리를 남풍이 부는 쪽을 향해 벌린다."고 기록하고 있다. 왜 서양의 한 선원이 한국의 여인국에 대해 이렇게 관심을 갖고 그의 견문록에까지 기록했을까?

한국에는 여인국에 관한 전설이 남달리 많다. 『후한서』<동옥저편>에 보면 "함경도 지방에 살았던 동옥저의 동쪽바다 가운데 한 섬이 있었다. 그 섬에는 남자라곤 하나도 없이 여자만 살았으며 남자 없이도 아이를 밸 수 있었다"라고 기록하고 있다. 제주도 해녀들은 남쪽바다 멀리에 이어도에 여인국이 있다고 믿었었다. 신라의 석탈해(昔脫解)의 표류설화에도 탈해의 어머니는 적녀국(積女國)이라는 여인국의 여자로 되어 있다. 『남사』<부상국전>에도 "해돋이 나라인 부상(扶桑)국의 동쪽 1천여 리쯤에 여인국이 있는 데 남자라곤 한 사람도 없다"[60]고 기록하고 있다.

물론 여인국은 전설로 전해져 내려올 뿐 실제로 그 위치와 장소가 확인된 곳은 없다. 중요한 것은 이 전설 자체이다. 이 전설은 고대의 강한 모계사회의 흔적을 반영하기 때문이다. 남자 없이 수태한다는 얘기는 암컷과 수컷이 분리되기 이전의 자웅동체적 의식구조를 그대로 반영한다고 본다. 이와 같이 신화는 강력한 과거가 축적된 현재 무의식의 반영

---

60 이규태, 『민속한국사 II』 (서울: 현암사, 1983), 93.

인 것이다. 바로 한국 역사 속에 많은 여인국의 전설이 있다는 것은 우리 역사 속에 뚜렷한 모계사회의 흔적이 있었음을 그대로 반영하는 것이라고 볼 수 있다.[61]

오늘날 부계사회에서 여아를 고도로 발달된 과학 기술을 동원하여 태어나기도 전에 살해하듯이, 옛날 모계사회에서는 남아를 그렇게 하였다. 이 얼마나 무서운 성대결인가? 우리 인류 문명사에서 이런 끔찍한 성대결은 쉽게 끝날 것 같지는 않다. 남아는 일정 기간 집에서 키운 후 공동체에서 추방해 버린다. 떠돌이는 다른 여성의 가정에 들어가 데릴사위를 산다. 구약 야곱의 예가 좋은 예이다. 그리고 이런 떠돌이들에게서 높은 자아의식이 먼저 동트게 되었고 이런 떠돌이들이 모여 만든 것이 '도시police'이다.

이들 떠돌이가 깨어난 높은 자아의식을 토대로 도시국가를 만들면서 태모 공동체는 무너지기 시작하였고, 서양에서 태어난 여아는 세 단계로 그 운명이 결정된다. 첫 번째 운명은 '악마화'이다. 이스라엘 민족은 6세기경에 바빌론에 포로로 잡혀갔다가 돌아온 이후로 여자를 사탄 혹은 악마로 여기기 시작하였다. 나라가 망한 원인을 여자들의 타락에서 찾았기 때문이다. 여자가 육체적 감정과 일치되면서 고대 그리스 철학은 여자를 악마화시켰다. 플라톤, 아리스토텔레스, 피타고라스 등은 모두 여자를 악마화(demonization)했다. 다음으로 여자는 미화(beautify)된다. 미스 메이퀸, 미스 유니버스 등 미인대회는 여자의 성적 매력을 남자들의 만족도에 따라 미화하기 시작했다. 다음으로 17세기경부터 자본주의가 등장하면서 여자는 상품화(commercialization)되기 시작한다. 광

---

61 우리 한국에서는 웅녀가 삼국시대의 시조들의 어머니 유화 같은 존재로 바뀜으로 태모가 대여신이 된다. 유화는 나중에 시조신으로까지 모셔진다. 지리산 노고단의 산신도 이미 대여신 단계의 신이다.

고선전과 자본의 극대화에 여성의 미는 이용당하기 시작한다. 이러한 3단계 서양 여성들의 운명은 아마조네스의 영광을 송두리째 훼손시키고 말았다.

그러나 여인국의 여왕들은 죽지 않았다. 물밑에 잠복되어 과거보다 더 왕성한 활동을 하고 있다. 우리 시대의 그 한 예가 바로 5공 시대 한 손 큰 여인이 한국 경제를 자기 손에 넣고 좌지우지한 것이다. 그녀의 손은 과거의 태모 산신의 손이 아니고는 그렇게 큰손을 가질 수 없는 손이다. 5공 초기에 정권기반을 흔들어 놓았으며, 6공 실세의 등장에 일조했다. 그리고 제2의 큰 여인 사건은 문민정부의 경제구조를 또 한 차례 뒤집어 놓았다. 현대 세계의 어느 나라에서 한 여자의 손이 이렇게 지각변동을 일으킨 예를 찾아보기 힘들다. 분명히 이 여인의 큰 손 사건은 아마조네스 신화의 현대판이라고 할 수 있다.

군비리 수사 과정에서도 잠수함의 밑에는 '사모님'들이 남편의 별 또는 장성들을 조종하고 있는 것을 보았다. 인류학자 마가레트 미드 여사가 한국을 방문하여 한국 여성들의 의식이 서양 여성들의 그것에 비교도 안 될 정도로 강한 사실에 놀랐다고 한다. 이것은 신화와 전설로만 이해될 수 있는 실증될 수 없는 현실이다.

태모의 지상적 가치는 다산(多産)이며 물질적 이익이다. 유교는 군자를 내세워 이 태모의 가치를 혐오하고 질타한다. 인간의 인간됨은 이(利)가 아니라 인의예지 같은 윤리적 혹은 정신적인 가치들이라고. 그러나 태모는 군자를 비웃고 있다. 인·의·예·지 같은 것을 사흘 굶어서 지킬 수 있는 것이냐고. 부계사회로 넘어오면서 태모들도 높은 정신적 가치를 갖기 시작한다. 이들을 태모와 구별하여 '대여신'이라고 했다. 율곡의 어머니 사임당 신 씨는 이제 여자의 몸으로 인의예지를 겸비한 정신적 존재가 된 분이다. 서양의 대여신은 예수의 어머니 마리아이다.

VI
농사꾼의 타락

기호와 상징

화나면 자식들을 집어삼킨 태모가 사라지면서 자애로우신 어머니상
의 신이 등장한다. 곧 대여신이 그것이다. 태모가 여러 다양한 다신적(多
神的)인 모습으로 나타났는데, 대여신은 '정묘한 일자'(subtle Oneness)의
모습으로 등장한다. 리바이어던 같은 모습은 기원전 7500~3500년경에
그리고 수메르 같은 지역에서 대여신의 모습은 기원전 3500~2500년경
에 엿보이기 시작한다.[62] 홍산문화 대여신은 이보다 이른 시기에 속한
다. 서로 연관성이 있는지는 연구의 대상이다.

이집트에 등장한 대여신은 아이시스(Isis)이다. 그녀는 이렇게 말한
다. "나는 만물의 자연적 어머니이다. 만물의 모든 요소를 지배한다. 온
세상의 시작이 나로부터 나왔으며, 모든 신적인 힘도 나에게 근원을 두
고 있다. 하늘과 지옥의 힘도 나에게 달려 있다. 바다와 땅 위의 권세도

---

62 Ken Wilber, 133; E. Neumann, *The Great Mother* (Princeton: Princeton University
  Press), 1954 참고.

내 손에 달려 있다…."[63] 이것이 이집트를 지배하던 대여신 아이시스의 말이다.

이 대여신은 분명히 종전의 태모와는 다른 존재이다. 자식들을 먹여 살리고 자양분을 제공하는 다산의 산신이 아니고, 참다운 신성을 지닌 정신적인 그리고 초월적인 정묘한 일자인 삼신이다. 노자는 이를 현묘한 곡신(谷神)이라고 했다(도덕경 6장). 자기에게 희생제물을 바치지 않으면 자식들을 집어삼키고 신기한 힘을 부리는 태모가 아니라 정의와 사랑에 의해 자애롭기도 하고 분노도 하는 초월적 일자이다. 산신과 삼신은 문명의 대연쇄고리에서 각각 비슷한 양상을 띠면서 속한 층이 다른 두 고리인 것이다. 태모층의 문화목록어는 새이다. 새를 총칭하는 것이 '닥'이다. 타이폰-감 다음 처음으로 태모-닥이 신이 된다. 처음으로 인간이 신이 되는 경우이고 그 처음은 남성이 아니고 여성이었다. 이러한 현상이 홍산문화를 비롯하여 세계 도처에 나타난다.

산신 곧 태모는 눈에 보이는 산 제물을 원한다. 그러나 삼신은 마음의 참 제사를 원한다. 전자는 피를 원한다. 그러나 후자는 마음속으로부터의 기도와 명상을 원한다. 피 흘림으로 하나가 되는 것이 아니고 기도와 명상을 통한 하나 됨을 원한다. 여기서부터 '하나'인 신이 탄생하게 된다. 그래서 하나인 신은 대여신으로부터 등장한다. 그런즉 최초의 유일신은 여자였지 남자가 아니었다. 굴살이에서 들살이로 변하면서 공동체 마다 솟대를 세우고 새짐승 닥을 모신다. 알감이 무라면 닥은 仙적이다.

전자인 태모의 양상을 외양적이라 하고, 후자인 대여신적 양상을 내밀적 양상이라고 한다. 대부분의 종교학자들과 인류학자들이 이 두 양상을 분간해내지 못하는 오류를 범했다.[64] 왜냐하면 태모와 대여신은 아

---

63 인류학자들은 대여신을 태모로 생각했고, 종교학자들은 태모를 대여신이라 착각한다.

주 유사해 보이기 때문이다. 두 존재가 성적으로 여자이기 때문에 그리고 잇달아 서로 등장하기 때문에, 그 구별을 어렵게 만든다. 인간을 산 제물로 바칠 때 이런 것을 기호라 하고, 마음의 산제사를 드린다고 할 때 이것을 상징이라고 한다.

인간 제물을 바칠 때의 인간 의식 구조는 기호가 지배했지 상징이 지배하지 않았다. 기호는 비와 피를, 즉 대상과 대상을 일 대 일로 일치시켰다. 마치 전조작기의 어린아이들이 연필 한 개를 손가락 하나에 일 대 일로 일치시켜 셈을 하듯이. 그러나 구체적 조작기에 들어오면 연필 하나를 머릿속에 상징으로 만들어 수를 셈할 수 있게 된다. 태모 숭배에서 대여신으로 넘어서는 문명발전단계란 전조작기에서 구체적 조작기로 인지가 발달되는 것과도 같다. 여러 대상물을 모아 '하나'라는 상징을 만든다. 기호는 여럿을, 상징은 하나를 만든다. 상징적 존재란 그래서 '여럿'을 대표하는 '하나'라는 말과 같다. 구체적 조작을 하면서 '하나'의 신이 탄생하는 이유가 여기에 있다.

태모가 대여신으로 바뀐 문명권이 있는가 하면, 그렇지 못한 문명권도 있다. 이스라엘 문명에서 볼 때 아브라함에게 아들인 이삭을 산 체로 드리라고 한 신은 태모이다. 그러나 그 마음을 바꾸어 사람 대신 양(羊)으로 바치게 한 신은 대여신이다. 그러나 구약성서는 남신으로 둔갑시킨다. 예레미야 예언자는 숫양의 피를 하나님이 원하시지 않고 너희들의 진실한 마음의 향내라고 할 때 이스라엘 문명은 큰 층변을 이루어나간 문명이었다. 이를 '새 계약'이라 한다. 그러나 아직도 태모가 대여신으로 변하지 못한 문명권이 밀림 속에 그대로 남아 있다는 사실도 알아야한다. 인간 희생제물은 바로 상징이 발달하지 못한 곳에서 필연적으로

64 김상일, 126.

생기는 현상이다. 태모는 기호이고 대여신은 상징이다. 이 구별을 못 하면 문명은 퇴화한다.

돈은 마나적 힘

인류 문명사에 관권(官權)과 금권(金權)이 처음 등장한 시기는 농경 문화가 등장하는 시기와 일치한다. 인류가 농사를 짓기 이전에 엄격한 의미에서 관권과 금권이 있었는지는 의문스럽다 할 수 있다. 농경 시기 이전에는 매우 소박한 육체적 힘을 겨루는 생물학적 힘이 있었을 뿐이다. 이것을 관권이라고까지는 할 수 없다. 재물이란 그날 먹을 정도만 들이나 산에서 채취하여 모아두는 정도였다. 그러나 인간이 농사를 짓기 시작하면서 사정은 달라졌다. 싸놓을 만한 잉여생산물이 생기기 시작하면서 단순히 재물이 아닌 그것이 상징화된 '돈'이라는 것이 등장한다. 재물과 돈은 구별되어져야 할 것이다. 즉, 재물의 상징적 존재가 돈일 것이다.

농경시기에도 인간들은 에로스(자기애)와 타나토스(자기 죽음) 사이에서 고민한다. 에로스란 원래 궁극적 존재, 혹은 의식과 '하나'되려는 강한 본능에서 솟아나온다. 에로스의 속성은 '하나'됨이다. 그러나 에로스는 진정한 '하나'됨에 실패한다. 흔히 에로스는 이성적 연인으로서 그 궁극적 대상을 대치시키고 만다. 이것이 성애(性愛)이다. 에로스의 진정한 '하나'됨의 본성에도 불구하고 그것이 남녀 간의 성애로 전락해 버리는 이유가 여기에 있다. 실로 에로스는 본래 존재론적 굶주림(ontological hunger)에서 나온 것이지만, 그 굶주림을 쉽게 성애로 채우려고 한다. 그래서 성애는 이 존재론적 굶주림의 비틀림 현상이라고 할 수 있다. 농경시기와 함께 이런 에로스의 비틀림 현상이 나타난다.

농경 인들은 씨를 뿌려 놓고 절기의 변화를 기다리는 동안 끊임없이 자기 인생이 무엇인지 영혼 불멸이 무엇인지 생각해보지 않을 수가 없게 되었다. 베커는 이런 농경인의 의식 구조를 다음과 같이 잘 지적하고 있다. "인간들은 잉여생산물을 쌓기 시작하면서부터 힘을 느끼기 시작한다. 인간들은 자신들이 유한한 존재라는 것과 그러면서도 힘을 축적해 간다는 모순된 자각을 하기 시작한다. 인간욕망의 기원은 자기가 피조물이라는 사실을 느끼기 시작하면서 생긴다. 유한한 피조물이 자기의 유한성을 초월하기 위해서 안간힘으로 재산을 축적하려는 욕구로 번지게 된다. 여기서 영웅이 되려는 욕구가 생기면서 자기의 무력(無力)과 유한성을 극복하려는 시도를 한다. 그리하여 승리자가 되어보려는 동기와 욕구는 더욱 유발되고 드디어 자기 유한성을 초월하는 경지에 이르려 한다."[65] 이처럼 베커는 인류 역사에 금권과 관권이 생기는 유래를 잘 지적하고 있다.

그러나 우리가 알아야 할 사실은 베커의 주장이 반은 옳고 반은 옳지 않다는 점이다. 존재론적 굶주림을 채우려고 인간은 재물과 권력으로 그것을 대치시켜 보려 한다. 유한한 것으로 무한한 것을 대치시키려 하는 인간의 노력이 잘못된 것임은 베커의 주장대로 옳다. 그러나 알아야 할 사실은 인간이 나약하기에 유한으로 무한을 대치시키려는 것이 아니라, 인간은 신의 형상을 무한하게 가지고 있는데 그것을 다 실현하기 전까지는 불안하기 때문에 그 영원한 자아와 하나 됨을 실현하는 과정에서 부단히 대치물로 자기의 불안을 위로하려 한다는 것이다. 도덕경 1장에서 도를 가지려는 욕망과 같다고 할 수 있다. 이상과 현실 사이의 괴리에서 그 간격을 채우려 하는 것이 '욕'이라는 것이다.

---

65 E. Becker, *The Denial of Death* (N.Y.: Free Press, 1973), 69.

여기서 등장하는 가장 큰 대치물이 바로 '권력'과 '금권'이라는 것이다. 돈은 그 특출한 상징력 때문에 개인과 개인을 결속시켜 소속감을 두텁게 만들어 주는 데 공헌한 것이 사실이다. 그러나 돈의 축적은 힘을 불러일으켰고, 드디어 돈은 자기의 화신 내지 연장이며, 자기 자신을 우주의 중심인양 착각하게 만든다. 그래서 금권과 관권은 불가분리적 관계 속에 있게 된다. 돈을 벌었으니 권력도 한번 잡아보자는 것이 자연스런 수순이 된다. 금권이 관권으로 쉽게 변하는 이유는 돈이 수직적으로 의식을 상승시키지 못하고, 수평적으로 돈 그 자체에만 몰두케 하기 때문이다. 그리고 돈은 살아생전에 쉽게 우주적 자아가 되도록 만들어 준다.

돈은 이미 신비한 힘을 지니게 되고 금권을 장악한 자는 마나적 힘을 지니게 된다. 돈을 많이 가졌다는 단 하나의 이유만으로 그 사람은 보통 사람이 아닌 것처럼 보이게 된다. 돈이 사람을 가장 쉽게 신으로 착각하게 만드는 이유가 여기에 있다.

람보의 유래

개체적 자아(ego)가 죽고 전체적 자기(Self)와 '하나'되는 것을 불교에서는 무(無), 혹은 법(法), 도가에서는 도(道), 힌두교에서는 범(梵)이라고 했다. 각 문명은 모두 이를 실현시켜 나가는 과정이라고 할 수 있다. 그러면 우리 한민족공동체가 지향하는 문명의 목표는 무엇인가? 그것을 필자는 '한'이라고 한다. '하나'됨의 의미를 지니고 있는 '한'은 하나님'이 거기서 유래되기도 한다. '한'이란 한민족공동체 속의 개체적 자아가 자기 죽음을 단행한 후, '나'와 '너'의 경계선이 사라지고, 자기 초월을 단행할 때 이루어진다. 아집 속에 사로잡혀 서로 간에 경계선을 긋고 나면 '한'은 그 기능을 상실하고 만다. 지방색, 학연, 지연, 인연에 의해 집단이기주의에 빠지면 '한'은 제기능을 상실하고 만다. 이를 '한의 비틀림'(Han Project)이라 한다.

이제 개인이기주의와 집단이기주의를 극복하지 못할 때 그 대가가 너무 가공할 만하다. 자기 죽음을 단행하지 못한 인간들은 자기 죽음 대신에 타인을 학살함으로써 자기 죽음을 단행한 것으로 착각한다. 여기서 대속적 희생이 나타난다. 프로이트는 이를 '외향적 죽음'이라고 한다. 자기 죽음을 단행해야 진정한 무, 도, 범, 한에 도달할 수 있을 텐데, 이를 단행하지 못해 밖으로 남을 학살하는 것을 취미로 삼는 것으로 나타난다. 이것이 바로 히틀러 같은 살인광이 생겨 전쟁이 발생하는 원인이다. 미국 캘리포니아에서 있었던 22명의 연쇄학살사건에서 히틀러에 이르기까지 사람을 죽이는 살인광들은 한의 비틀림 현상이다. 살인광들은 남을 죽이는 순간순간마다 자기 죽음의 쾌감을 맛본다고 한다. 그러면서 자기 죽음으로 열반에 들고 있다고 착각한다. 이것은 자기 죽음을 남의 죽음과 거래행위를 한 것이라 할 수 있다.

바로 이러한 죽음 거래행위가 농경소속감시기에 들어오면서 나타나기 시작한다. 농경시대에 들어오면서 인간들은 전쟁이란 장난을 벌인다. 인류 역사를 통하여 1년 쉬고 평균 14년간 전쟁을 치렀다고 한다. 트로이전쟁에서 십자군전쟁을 거쳐 그리고 하얀전쟁(베트남전)에 이르기까지 인간들은 남을 죽임으로 자기가 죽는 쾌감을 누린다. 크메르 루즈, 이디 아민의 대량학살 등은 모두 살인광의 도착증 현상이다.

이미 기원전 3500년경에 수메르의 우르, 우루크, 라가시 등지에서 전쟁이 있었다. 길가메시 서사시는 전쟁 이야기로 얼룩져 있다. 길가메시가 어전에서 전쟁을 요청하는 기록이 나온다.[66] 동양에서는 탁록의 들판

---

66 James B.Pritchard, *Ancient Near Eastern Texts* (Princeton: Princeton University Press,

에서 황제와 치우가 벌인 신화적인 전쟁도 있다. 왕들은 전쟁을 통해 자기 영역을 넓혀 자기가 결코 유한한 존재가 아니라는 만용을 부린다. 왕들은 자기 세력을 확장함으로써 자아가 동시에 확장된다고 믿는다. 인간이 인간 위에 군림하여 남을 죽임으로 자아가 확대되는 것, 곧 우주와 하나 되는 것으로 착각을 한다는 것이다. 즉, 전쟁은 유한한 존재가 무한한 존재로 되려는 착각에서 유래된 것이다. 이것은 곧 미국 람보의 착각이라고 할 수 있다. 부분이 전체가 되려는 즉 인간이 신과 같이 되려는 헛수고에서 나온 착각이다.

이렇게 전쟁과 돈은 인간으로 하여금 가장 쉽게 과대망상증에 걸리도록 한다. 진시황제의 무덤 속에 즐비하게 늘어서 있는 토우 상들을 보면서 우리는 무엇을 생각해야 하는가? 불로초를 먹고 죽을 자아를 죽지 않게 만들어 보려던 진시황제의 거대 자아망상증은 그의 무덤이 오늘날까지도 산 역사로 우리에게 보여주고 있다.

도, 무, 범과 한은 결코 이런 거짓 자아의 망상증으로 이루어지는 것이 아니다. 오늘날 신세대들은 전쟁 대신 마약을 통해 환각 속에서 거대 망상증을 즐기고 있다. 이것은 전쟁광이나 살인광과 그 동기에 있어서는 같다고 할 수 있다. 그 동기란 왜곡된 '한'을 이루려는 것이다. 개체적 자아가 전체적 자기와 '하나'가 되려는 애타는 몸부림이 이런 착각으로 나타난 것이다. 문명이 비카오스화 되어감에 따라 이런 한의 비틀림 현상은 더욱 심각해진다. 호모 사피엔스가 되어 가면서 인간은 전쟁으로 더 많은 동료 인간들을 죽였다.

1969), 44-52.

텃세의 유래

동물에게 텃세라는 것이 있다. 자기가 사는 공간에 다른 존재가 침범하려고 하면, 동물들은 텃세라는 것을 부린다. 집에서 기르는 가축 가운데 닭이나 개에서 우리는 쉽게 이런 텃세를 발견하게 된다. 그런데 우리인간들에게도 동물세계에서나 발견될 수 있는 텃세라는 것이 있는데, 이것이 바로 '지방색'이다.

이 지방색의 유래를 찾아보면 그것이 가장 원초적인 동물적 본능에서 나온 것임을 발견한다. 무리지어 살기를 좋아하는 동물에게서 텃세가 쉽게 발견되어지는 것으로 보아 텃세는 공동체의식과 밀접하게 연관되어 있음이 분명하다. 원시 무리기에는 인간들이 일정한 공간에 머물러 살 필요가 없었기 때문에 구태여 장소에 집착할 필요가 없었다. 그러나 1만 2천여 년 전 인간들이 농경 생활을 시작하면서부터 자기가 사는 땅과 터에 애착심을 갖게 되었다. 그야말로 '고향'이라는 것이 생기게 되었다. 그런즉 지방이라는 자기가 사는 공간에 정착되면서 지방마다의 색깔이 생기게 되었고 그것이 지방색의 유래이다. 집시에게는 고향이 없고 그래서 그들에게는 지방색이라는 것이 있을 리 없다. 확실히 지방색은 농경문화와 밀접한 관계가 있다. 이렇게 1차산업혁명은 농경 문화의 여러 증상과 함께 출발하였다.

인류 문명의 진보와 함께 농경문화가 어차피 거쳐야 할 단계인 것같이 지방색은 피치 못할 것인 양 보이고 있다. 그러나 우리가 알아야 할 사실은 농경문화란 인류 문명사에서 볼 때 제1의 물결에 지나지 않는다는 것이다. 서구사회는 18~19세기에 산업혁명을 거쳐 제2의 물결을 겪었고, 바야흐로 정보산업사회라는 제3의 물결을 맞아 제4차의 물결을 목도하고 있다. 제2의 물결과 함께 서구사회는 도시화와 산업화라는 과정을 거치면서 지방색을 초월한 개체적 시민 의식이 싹트기 시작했다. 서구의 민주주의란 이런 시민 의식에 기초를 두고 발전하였다.[67]

우리도 민주주의를 해보기 위해 서구식 선거를 벌써 여러 차례 치렀다. 그러나 선거에 의한 서구식 민주주의가 잘 정착 되어지지 않고 있는 이유 가운데 하나가 농경문화가 물려준 지방색이다. 어느 지방에 따라 특정 후보를 거의 맹목적으로 지지하는 현상이 선거 때마다 나타난다. 제4물결이 밀려오는데 우리의 의식구조는 아직 제1 물결에 잠겨 있다.

제3 층은 닥-태모층이다. 이 층에서는 한의 비틀림이 보이기 시작한다. 농경문화와 함께 지연과 연고주의가 독버섯처럼 만연하였고 한의 비틀림이 나타나기 시작하였다. 잉여 농산물이 생기면서 일하는 계급과 그것을 관리하는 계급이 나뉘기 시작하였다. 땅 나누기와 땅 빼앗기의 전쟁과 같은 과거 없던 일들이 나타났다. 다른 한 편 타이폰 마술적 사고에서 신비적 사고를 하기 시작했으며 이 층은 무층에서 선층으로 이동을 의미한다. 이 때에 이동이 없었더라면 다음 제 층 밝-태양화 시기가 오지 못했을 것이다. 여기서 강조해 말해 둘 것은 어느 층이든 이전 층을 박해하거나 악마화하지 말아야 한다는 것이다. 그래서 문화 목록어가 '후래거상'(後來居上) 즉, 나중 이름이 위래 기록되는 '닥-감-알'로 나아가야 한다. 그러나 대부분의 문명사는 그렇지 못하고 나중 층이 이전 층을 억압해 단절 시켜 버리거나 말살 시켜 버린다. 인도-유럽 등지에서 이런 현상들이 심각하게 전개 되었다.

---

67 허먼 메이너드 2세와 수전 E. 머턴스는 제4물결을 다음과 같이 정의하고 있다. ① 의식의 변화 ② 과학주의로부터 각성 ③ 권위와 권력의 내면적 원천 ④ 사회의 재정신화 ⑤ 물질주의의 몰락 ⑥ 정치적 및 경제적 민주화 ⑦ 국적의 초월. 허먼 메이너드 2세 · 수전 E. 머턴스/ 한영환 역, 『제4물결』 (서울: 한국경제신문사), 1993 참고.

제 6 장

문명에 "해 뜨다"

I
쥬라기공원의 보복살인

쥬라기공원에서 생긴 일들

제2장에서는 1층에서 8층으로 상승하는 것을 '진화'(evolution)라 하고, 8층에서 1층으로 하강하는 것을 '퇴화'(involution)라고 했다.[1] 진화의 상승 방향에는 두 가닥이 있다. 평균적(1~4층) 그리고 전향적(5~8층) 양상이 그것이다. 전향적 양상은 평균적 양상을 반복한다. 즉, 1~2층은 5층에, 3층은 6층에, 4층은 7~8층에서 되풀이된다. 전향적 양상은 계통발생적으로 볼 때 미래적이다. 그러나 개인의식에 있어서 꼭 그것이 미래적일 필요는 없다. 왜냐하면 지금부터 2000~2500년 전에 살았던 예수, 붓다, 노자 같은 인물들은 모두 전향적 양상들을 경험했기 때문이다. 그리고 개인명상 속에 있어서 언제나 5~8층을 현재 속에서 경험할 수 있기 때문이다. 그러나 계통발생적 과정 속에서 볼 때 인류는 지금 겨우 4층의 말기에 살고 있다. 이제 인류가 전향적 미래로 뛰어들 때, 그 첫 단계 경험은 1~2층과 매우 유사한 특징을 갖는 5층에서 시작할 것이다.

---

1 Ken Wilber, *The Atman Project* (Wheaton: A Quest Books, 1980), 30.

우로보로스(1층)와 타이폰(2층)은 모두 파충류인 뱀이나 용으로 표현된다. 의식의 진화, 혹은 문명의 진화는 동·서양을 막론하고 뱀을 통해 표현하였다. 뱀이 갖는 상징적인 의미는 가장 낮은 악마에서 가장 높은 신성까지를 모두 포함한다.

뱀은 항상 인간의 몸이나 땅에 밀착되어 있는 동물이다. 쿤달리니 요가에서는 뱀의 꼬여진 상징을 통해 가장 낮은 꼬리 부분을 성, 음식과 죽음 등과 같은 악의 세력과 연관시킨다. 또한 높은 의식(머리)을 유혹하여 끌어내리는 차크라이다. 반면에 꼬여지지 않고 하늘 위로 치솟아 있는 뱀의 머리 부분은 가장 거룩하고 신성한 것을 상징한다. 이와 같이 뱀은 한 몸에 천사와 악마의 양면성을 다 지니고 있다. 뱀의 이러한 양면성을 동양에서는 잠룡, 전룡, 비룡으로 표현한다고 했다.

물밑 속에 잠겨 무한한 창조적 잠재력이 있는 상태가 잠룡이다. 그런데 서양에서는 물밑 속에 잠겨 있던 잠룡이 땅 위로 나타나려 하면 거의 예외 없이 살해당하고 만다. 이것이 서양의 뱀이 갖는 운명이다. 즉 잠룡이 전룡으로 될 수 없는 것이 서양문명의 운명이다. 그래서 물질(1층), 성욕(2층)을 억압하고 제어하는 것을 뱀을 제어하고 살해하는 장면으로 표현하였다.

그런데 영화 <쥬라기공원>을 보면, 무서운 힘을 가진 공룡이 깨어나 인간에게 복수를 한다. 인간들은 그 공룡을 제압하려 온갖 첨단무기를 동원해 본다. 서양에 전해져 오는 바다 위 하늘을 나는 공룡이 동양에서는 비룡의 자연스런 모습이다. 그래서 동·서양의 모든 제왕은 이 비룡의 상징을 자기의 상징으로 삼아 공룡의 막강한 힘을 가지려고 했다. 그러한 비룡은 신성한 종교적 의미마저 띠었다. 모세 역시 광야에서 지팡이를 들어서 뱀을 만들었고 그것을 보는 사람들이 병이 나았다. 예수도 제자들에게 뱀같이 지혜로워야 한다고 했다. 이것은 에덴동산의 뱀과는 다른 종류의 뱀이다. 전자가 잠룡이라면 후자는 비룡이다. 동양에서는 이렇게 삼룡의 세 단계적 변신이 자연스럽지만 서양에서는 그렇지 못한데 문명사적 문제가 생긴다. 이렇게 얼로 변화된 뱀은 이제 제왕과 신성한 종교적인 머리 위에 장식된다. 7장에서 좀 더 자세히 다루어 보겠다.

잠룡의 살해를 비카오스화라 한다. 카오스에 대한 부정과 거세가 상징적으로 용을 살해하는 장면으로 나타난다. 잠룡이 어두운 물속이라면 비카오스화란 곧 밝음과 태양의 등장을 의미한다. 어둡던 밤에 동이 트기 시작하고 문명에 해가 뜨기 시작한다.

차축 시대와 비카오스

청동기 문명의 시작은 인간이 최초로 쇠붙이를 도구로 사용하였다는 점에서 매우 중요한 의미를 지닌다. 그 이전까지 인간들은 돌을 도구로 사용하였다. 청동기를 도구로 사용하면서 인간들은 전에 듣지 못하던 몇 가지 중대한 변화를 경험하게 된다. 그 두드러진 변화 가운데 하나가 가부장 제도의 등장이다. 또 다른 하나의 큰 사건은 도시국가의 등장이라고 할 수 있다. 가부장제의 등장은 종래에 3층-닥 모계중심사회를 청산하는 것이라고 할 수 있다. 모계중심사회에서는 할머니, 어머니, 딸 중심으로 사회가 운영됐다. 그러나 가부장제의 등장과 함께 아버지, 아들 중심의 사회로 변하게 된다.

청동기 문명이 가져온 인간 의식의 변화는 매우 크다고 할 수 있다. 이제부터는 거의 현재 우리가 가지고 있는 의식과 유사한 의식이 등장하게 된다. 즉, 합리적이고도 개인적인 자아의식이 생겨나게 된다는 것이다. 그래서 갭서 같은 학자는 청동기와 함께 '정신적 자아'가 등장하기 시작했다고 한다.[2] 여기서 말하는 정신적 자아란 곧 '비카오스적 자아'(코스모스적 자아)라고도 할 수 있다. 알 카오스적인 애매성이 도태된 뚜렷하고 확실한 합리적 자아의식이 이때부터 등장한다는 것이다. 이때부터 줄곧 비카오스적 자아는 박차를 가해 가면서 지금까지 전개되어 왔다.

인간정신의 합리화, 개성화, 정신화를 비카오스적인 자아의 특징이라고 생각할 때 대략 다음과 같이 세 단계로 전개되어 내려왔다고 할 수 있다.

초기 정신적 자아기: 기원전 2000~500년
중기 정신적 자아기: 기원전 500~서기 1500년
말기 정신적 자아기: 1500~현재

초기 정신적 자아가 등장하는 기원전 2000년 전후는 개인적인 나이로 볼 때 철이 드는 7세 정도라 할 수 있다. 전 세계적으로 중대한 변화가 일어났음은 이 당시를 배경으로 하는 신화가 이를 증명하고 있다. 즉, 동양에서 요·순의 등장 그리고 단군의 등장이 모두 기원전 2000년 전후였다.『삼국유사』가 중국의 요임금과 조선의 단군이 같은 이 시기에 등장했다고 특별히 명기하고 이때부터 특별히 역사가 시작된 것처럼 기술하는 것은 이런 의미에서 매우 중요하다 할 수 있다. 이들 왕은 모두 초기 정신적 자아의 등장을 암시하는 문화영웅이라고 할 수 있다.

이제 중기 정신적 자아기인 기원전 500~서기 1500년은 계란의 노른자위 같이 우리에게 중요한 기간이다. 특히 기원전 800~200년은 '차축시기'(the axial age)라고 한다. 차축시기란 인류 문명사의 축(軸)과 같이 중요한 기간임을 의미한다. 동·서양을 막론하고 위대한 종교지도자와 철

---

2 J. Gebser, "Foundations of Perspective World," *Main Currents*, vol. 29.

학자들이 모두 이때 태어났다. 플래톤, 소크라테스, 아리스토텔레스, 공자, 맹자, 노자, 붓다 그리고 예레미야, 이사야, 아모스 같은 예언자들이 모두 이 기간에 태어났다. 그래서 야스퍼스 같은 철학자는 특별히 이 기간을 '차축시대'라고 명명했다. 실로 이 기간이 없었더라면 인류 문명사는 지금과는 달라졌을 것이다. 화이트헤드가 서양철학사는 플래톤 철학의 주석에 불과했다고 할 만큼 매우 중요한 시기이다. 말기 정신적 자아기인 기원후 1500년대 이후부터 현대까지는 서양에 있어서 비카오스적인 합리적 자아가 그 극치에 도달된 시기라고 할 수 있다. 이때부터 인간의 정신적 자아는 합리화를 극단적으로 이상화시키는 그것을 추구하게 된다. 뉴턴-데카르트로 대표되는 서양의 합리적 자아는 비합리적이고 카오스적인 요소들을 완전히 제거시켜 버리려고 한다.

전체에 부분을 귀속시키는 환원주의 그리고 정신과 물질, 마음과 몸을 이원론적으로 나누는 합리주의가 등장한다. 이러한 합리주의 정신은 뉴턴 물리학과 동반관계를 이루면서 소위 뉴턴-데카르트적인 세계관을 만든다. 결국 '뉴턴-데카르트적인 세계관'은 카오스적인 세계관의 극치를 이루게 된다. 우리 동양에서도 16세기부터 주자학과 그의 성리학이 동양 정신의 합리주의 정신을 고양시킨다.

태양화 시기

기원전 2000년경은 문명사의 수평선에 태양이 떠오르는 시기라 할 수 있다. 그래서 이때를 '태양화 시기'(the solar age)라고도 한다. 우주에 태양계가 등장한 이후 의식 속에 해가 떠오르기 시작한다. 기원전 2000년 경 이전까지 인간 정신은 무의식 상태라는 깊은 잠에 빠져 있었다. 그러나 서서히 인간 내면 속에 개체적인 자의식이 생겨나기 시작한다. 이러한 개체적이고도 정신적인 자의식이 떠오르는 것을 상징적으로 '해가 떠오르는 것'으로도 하늘에서 남성신이 내려오는 것으로도 상징한다. 그래서 모든 신화는 해를 의식의 등장과 일치시킨다. 신석기 농경시대에 먼동이 터(갓밝) 청동기 시대와 함께 해가 뜨기 시작했다.

영어의 '정신'에 해당되는 'mental'이란 말은 산스크리트어의 ma에서 유래한다. ma에서 man, mat, me 그리고 men 같은 접두어가 유래했다고 한다. 이런 파생어들은 모두 정신적 구조의 성격들을 규정하는 말들과 연관돼 있다. 'mental'이란 말의 여격은 menis인데, 이 말은 호머의 『일리어드』에 처음으로 등장한다. 서방세계에서는 이때 이 말이 처음 등장한다.

어느 한 시기에서 다른 시기로 넘어갈 때 당대의 모든 인간이 다 함께 그러한 전환을 일으킨다고는 할 수 없다. 대부분의 평균적 인간들은 태모의 치마폭에 감싸여 무의식 속에서 깊은 잠을 자고 있을 때 몇몇 전향적 인간들은 '정신적' 자아에 눈을 뜨기 시작한다. 이런 전향적 인간들을 '영웅'이라고 한다. 주로 모계 사회에서 추장해 떠돌이 생활을 하던 '머슴아'들이다. 이들은 여자 집에 들어가 데릴사위로 '머슴살이'를 할 운명이었다.

이들 영웅은 당시 평균적 인간들이 갖지 못하던 그리고 '생전 들어보지도 못한'(something unheard before) 발상을 과감히 하게 된다. 알 카오스의 마술적이고 신비적이던 전자아(前自我)에서 합리적이고 논리적인 사고를 할 수 있는 자아가 지평선 위에 해와 함께 떠오른다. 짐승몸-타이폰 인간들은 모든 사물을 마술적으로 처리하였고, 태모들은 인간을 자기 슬하에 자식들을 신비적 사고를 하도록 길 드렸다. 그러나 정신적 자아가 생겨나면서 인간은 자기 내면의 자아를 성찰하기 시작했으며, 자기 자신을 스스로 분석할 줄도 알게 되었다. 한마디로 말해서 철학과 과학의 탐구가 이때부터 싹트기 시작했다고 할 수 있다. 그러나 아직 이때를 과학의 시대라고 할 수는 없다. 그러나 마술과 신비적 사고를 혐오하기 시작한다. 하늘과 땅이 직접 통하는 것을 금기시 한다. 그래서 드디어 합리적 자아가 등장하기 시작한다.

합리적이고도 정신적인 사고를 '알음알이'라고 할 때 '앎'의 지각작용이 생겨나기 시작했다고 할 수 있다. 알음알이(知)와 분석적 사고력은 문명의 비카오스화를 촉진시킨다. '앎' 이전의 의식은 '넋'이라 할 수 있다. '넋'이란 말의 사전적 의미는 정신이 아직 물질에 묻어 있는 상태, 혹은 마음이 몸에서 분리되지 않은 상태를 두고 하는 말이다. '넋'이 아직 방향을 잡지 못하고 있는 무정형적 사고라면, '앎'은 목적지향성을 갖는 의식 구조라고 할 수 있다. 우로보로스와 타이폰은 엄격한 의미에 있어서 알 카오스의 넋에 잠겨 있는 의식 구조를 반영한다. 인간의식은 '알음알이'의 분별지(分別知)를 갖기 시작하면서 직선적인 방향이 있는 사고를 하기 시작한다. 드디어 에덴동산의 지식의 열매를 따먹었다.

문명사적으로 보아 인간이 태모의 슬하를 떠난다는 것은 어린아이가 어머니로부터 젖을 떼는 시기라고 할 수 있다. 생후 18개월경이 되는 시기라고 할 수 있다. 인간 정신이 주위 환경으로부터 차츰 분리되면서 독립적 개체로서의 자아의식을 갖추기 시작한다. 이러한 어머니로부터 젖떼기를 반영하는 의식 구조가 세계의 모든 신화 속에 여실히 잘 나타나 있다. 아이들은 잠을 깰 때나 잠들 때 반드시 울음을 터뜨린다. 그만큼 고통이 따르기 때문이다. 마찬가지로 알 카오스의 의식 구조에서 비카오스적 의식 구조로 탈바꿈을 하는 데는 큰 진통이 따른다. 이러한 진통이 신화 속에 잘 반영되어 나타난다. 이런 의식이 깨어나는 진통을 인류의 집단 무의식은 기원전 2000년경에 전자아의 '넋'에서 자아의 '앎'으로 전환하는 과정에서 경험했던 것이다. 우주, 자연, 몸, 물질적인 것에 집착되어 있던 '넋'에서 '알음알이' 작용을 일으키는 진통은 심각하였고, 넋이 끌어당기는 관성 역시 보통이 아니었다. 운동의 관성법칙과 같이 의식도 한번 고착되었던 것에서 뛰어넘고 벗어나가기가 어려웠다. 몇몇 문화영웅들은 이런 의식의 관성을 깨고 의식의 지평선 위에 해가 떠오르게 했었다. 역설적이게도 모계 사회에서 핍박을 받던 머슴아들이 다름 아닌 문화영웅이 된 것이다.

제우스의 타이폰 살해

의식이 비카오스적인 것으로 깨어나는 진통은 세계 도처에서 심각하게 나타난다. 알 카오스의 '아리송함'에서 합리적이고 명확한 '나'라는 자의식이 깨어나면서 인류 문명은 '갓밝'의 여명기를 맞이하게 된다. 이러한 비카오스적인 합리적 자아의식은 밝음, 태양, 이성 같은 상징체계와 연관되면서 등장한다. 그리고 이런 상징체계는 모두 남성적인 것과 일치한다. 그와 반대로 어둠, 달, 감정 같은 카오스의 상징들은 여성적인 것과 일치한다.

전세계 도처에서 기원전 2000년경에 남성신이 일제히 등장한다. 그리고 이들 남성신들은 모두 하늘에서 내려오는 것이 특징이다. 이들 남성신들은 하늘 태양빛이 번쩍이는 옷을 입고 있는 것이 특징이다. 이들 남성신들의 등장을 '에누마 엘리시'(Enuma Ellish)[3]라고 한다. 이들 남성신들이 등장하는 문명사적 의미는 실로 크다. 그 첫째 의미는 가부장제의 등장이다. 둘째는 청동기 문명의 등장이다. 셋째는 도시국가의 등장

---

3 '에누마 엘리시'란 남성신이 등장할 때란 뜻인데, 이 말은 매우 중요한 의미를 지닌다. 비카오스의 문명 즉 남성부계사회의 등장을 뜻하기 때문이다.

이다. 오늘날 있는 모든 문명적 특징들이 이때부터 생겼다고 할 수 있다. 그래서 종교학자 엘리아데는 기원전 2000년경을 두고 '매우 중요한 시기'라고 했다.[4]

그리스의 올림포스 신전에 얽힌 대부분의 신화는 모두 이때 이루어진 얘기들이라고 할 수 있다. 가부장제도의 등장에 얽힌 복잡한 얘기들이 결국 그리스 신화의 핵심이 되었다. 기원전 700년경에 헤시오도스는 『신통기』(*Theogony*)에서 가부장제도의 등장과 함께 핵심이 되는 인물인 제우스에 관한 얘기를 장황하게 서술해 놓았다. 실로 제우스는 서구 문명의 비카오스화에 공헌한 장본인이다. 헤시오도스에 따르면 태초에 '혼돈'이 있었다. 이 혼돈으로부터 가이아(땅), 타르타로스(지옥의 끝) 그리고 에로스(사랑)가 나온다. 가이아는 여성적인 땅으로서 우라노스라는 아들을 낳는다. 우라노스는 하늘이란 뜻이다. 가이아는 우라노스와 결합하여 12명의 타이탄(Titan)을 낳는다. 이 타이탄 가족들이 바로 올림포스 신들의 부모들이 된다.[5]

우라노스는 고대 그리스신화에 나오는 첫 번째 남성신으로 가부장제의 수장이라고 할 수 있다. 우라노스의 막내아들 크로노스는 자기 아버지의 성기를 잘라 바다에 던진다. 크로노스는 그의 누이동생인 리아와 결합하여 헤스티아, 데메테르, 헤라, 하데스, 포세이돈 그리고 제우스를 낳는다. 제우스는 자기 아버지를 축출하고 인간과 신을 모두 지배하게 된다. 이러한 제우스의 승리 이후 세 형제인 제우스, 포세이돈, 하데스가 우주를 셋으로 나누어 다스린다. 제우스는 하늘을, 포세이돈은 바다를, 하데스는 지하세계를 다스린다. 딸들인 세 자매 헤스티아, 데미테르

---

4 M. Eliade, *Cosmos and History* (New York: Harper), 1959.

5 에로스는 카오스 위에 떠 있던 뉘크스(밤)의 알에서 태어났다. 토마스 볼핀치/최혁순 역, 『그리스 로마 신화』 (서울: 범우사, 1987), 29.

그리고 헤라는 이 와중에 아무런 재산도 물려받지 못한다. 이 일련의 신들의 이야기는 모두 고대 그리스 세계에 제우스를 중심한 가부장제도가 등장하고 있으며, 모계 사회의 여성신들이 퇴각하고 있음을 그대로 시사하고 있다.

제우스의 가장 상징적인 행위는 가이아의 가장 나이 어린 자식 타이폰을 살해하는 장면이라고 할 수 있다. 타이폰은 땅의 태모 가이아의 자식이다. 이는 곧 하늘 남성신이 땅의 태모를 살해하는 것과 같다. 이러한 하늘의 남성신이 땅의 여성신을 살해하는 이야기는 세계적으로 보편적이다.

유사한 이야기가 인도에도 있다. 즉 하늘에서 내려온 남성신 인드라(Indra)가 땅의 태모신 브리트라(Vritra)를 살해하는 것이 바로 그것이다. 인드라는 단군신화의 환인인 '제석천'이지만 그 행위가 판이하게 다르다. 어디 이뿐인가? 바빌론에서는 남성신 마르두크(Marduk)가 여성신 티아마트(Tiamat)를 살해하는 것도 바로 그것이라고 할 수 있다.

이러한 하늘 남성신의 태모 살해에 얽힌 이야기는 고대 그리스, 로마, 켈트, 독일, 셈, 이란, 바빌론, 페니키아, 히브리, 아랍, 알메니아, 슬라브 등 세계 도처의 모든 신화에 등장한다. 서로 상호 간에 연관도 없이 쓰인 신화들 속에 이와 같은 유사성과 공통성을 보여준다는 것은 곧 세계 도처에 이 기간에 청동기문화가 나타나면서 가부장제가 등장했다는 것을 의미한다. 이런 남성적 신들이 나타나면서 진정한 '자아'(ego) 혹은 '나'(I)라는 의식이 등장한다.

ΙΙ
해 뜨자 고뇌가 시작

조선 땅에 "해 뜨다"

대지 위에 해가 떠오름으로 밤 동안의 어둠에 가려져 뚜렷이 보이지 않던 물건들이 분명하고 확실하게 보이기 시작한다. 이와 같이 이성의 해 그리고 합리적인 해가 떠오르는 시기를 '태양화시기'라고 한다. 태양화는 곧 비카오스화란 말과 같다고 할 수 있다. 바로 이때가 기원전 2000년경이라는 것이다. 합리적 그리고 이성적 자아가 등장한 시기라고 할 수 있다.

우리나라에도 이러한 태양 시기가 뚜렷이 존재하는데 유달리 이 시기에는 태양과 밝음이 강조된다. 일찍이 육당 최남선은 1925년에 『불함문화론』(不咸文化論)을 발표한 바 있다. '불함'이란 중국문헌에 나오는 말로 순수한 우리말 '밝'과 같다고 했다. '밝'이란 태양의 밝음과 광명을 의미하는 말로서 한자로 전음될 때는 '白', '朴', '不咸' 등으로 된다는 것이다. 이런 한자들은 모두 '밝'이 단순히 한자로 전음된 것에 불과하다고 했다. 이외에도 發, 弗九內 등도 모두 '밝'에서 전음된 것이다.[6]

육당 최남선은 먼저, 왜 우리나라의 이름난 산과 강이 모두 白으로 그 명칭이 붙여져 있는지에 착안을 한다. 白頭山, 小白山, 長白山, 太白山, 白雲山… 등 이름난 명산들에는 모두 白 자가 예외 없이 들어가 있다는 것이다. 육당은 이것이 보통 일이 아닌 매우 중요한 하나의 문화적인 현상으로 보고 있다. 육당은 '밝'이 결코 우리나라에만 있는 것이 아니라고 했다. '바이칼' '바그다드' 등 세계 도처에 예외 없이 '밝'이 들어가 있다고 했다. 그래서 육당은 이를 하나의 '밝문화' 혹은 '不咸文化'라고 했으며, 이는 세계 도처에 퍼져 있는 가장 오래된 문화권이며, 그 순수한 모습이 우리 조선에 보존되어 있다고 했다. 한나라 한민족(一土一民) 속에 그 순수한 모습을 그대로 간직하고 있는 곳이 바로 조선이라는 것이다.

밝문화는 밝은 태양, 하늘, 머리 같은 것과 연관되어 있으며, 세계 도처에서 태양문화, 하늘신, 머리 등을 숭배하는 것과 밀접하게 관계되어 있다고 했다. 예를 들면 기원전 2000년 전후하여 등장한 '단군'의 경우 그 순수한 말은 '뎅그리'(Tengri)라고 하며, 이는 '대가리'(頭), 혹은 '하늘'(天)과 같다고 했다. 한 가지 놀라운 사실은 밝이 모든 남성 상징들, 즉 '하늘', '태양', '머리' 같은 것과 연관되어 있다는 점이다. 이것은 우리 문명사에 뚜렷한 태양화의 시기가 있었음을 의미한다. 이 태양 시기가 지금까지 이어지고 있다는 점에서 중요하며 그 점에서 우리는 아직도 태양화 시기에 살고 있다.

그러나 육당이 간과한 중요한 두 가지 사실이 있다. 첫째, 그것은 바로 태양화 시기를 편협하게 본 것이다. 태양화 시기란 청동기문화 시기에 해당되며, 이 시기는 정확하게 기원전 2000년경으로 일치한다. 물론 우리나라의 경우에는 북에서는 청동기문화를 기원전 2000년, 남에서는 기원전 1000년경으로 보는 차이가 있다. 그런데 육당은 밝문화만을 가

---

6 최남선, 『불함문화론』, 최남선전집 2 (서울: 현암사), 1975 참고.

장 오랜 문화권으로만 보았고, 오직 그 하나의 문화가 있었을 뿐이라고 보았다.

둘째로는 여성 원리적 상징을 보지 못한 점에 있다. 즉 어느 문화를 대표하는 말을 '문화목록어'(inventory)라고 할 때 '밝'은 매우 중요한 태양 시기를 반영하는 문화목록어라고 할 수 있다. '박혁거세', '해모수', '해부루', '불구내' 등도 모두 해와 태양을 의미하는 태양 시기의 문화를 지칭하는 말들이다. 그런데 '청동기', '부계', '하늘', '밝음', '아들'로 연결되는 밝의 문화상징들은 모두 '남성 원리'들을 반영하며, 비카오스 문명적 상징들이라고 할 수 있다. 그렇다면 우리가 알아야 할 사실은 남성 원리에는 그 대칭이 되는 '여성 원리'가 있어야 할 것이라는 점이다. '신석기', '모계', '땅', '어둠', '딸' 같은 것이 남성 원리에 대칭되는 여성 원리적 상징들이고, 이 상징들은 모두 알 카오스와 관계되는 상징들이다. 여성 원리를 대표하는 문화목록어는 '감'이라고 할 수 있으며, 이는 '밝'과 대칭된다. '감'은 '곰', '검음', '가미' 등과 관계되며 밝에 대칭되어 무시 못할 문화적 실체이다. '감'과 '밝'은 여성적 그리고 남성적 원리로서 쌍벽을 이룬다. 육당은 이런 쌍벽관계에서 우리 문화를 파악하지 못하였다. 그가 간과한 점이 이 책에서 다루어지고 있다.

구리혁명

부계 남성신의 등장은 문명의 비카오스화를 가속화시킨다. 부계의 등장은 청동기의 등장과 평행하고 있다. 부계, 청동기, 비카오스화는 하나의 연쇄고리를 만든다고 할 수 있다. 이런 연관 관계가 어떻게 이어지는지에 관해서 좀 더 자세히 살펴보겠다.

북한 학자들의 역사 서술 방법은 남한 학자들보다 훨씬 유기적이어서 위의 연쇄고리를 설명하기가 쉽다. 청동기 유적에서 발견되는 노동기구의 변화 그리고 부계사회와 이를 대표하는 남성신의 등장을 북한 학자들은 손색없이 연관시키고 있다. 모계씨족사회로부터 부계씨족사회로의 발전은 남자의 노동이 생산발전에서 결정적으로 강화되었을 경우에 이루어진다. 이미 신석기후기부터 괭이농사보다는 훨씬 생산성이 높은 보습농사를 짓기 시작하였는데, 그것은 농업생산에서 남자의 역할을 급격히 증가시켰음을 의미한다. 보습농사의 등장이 남성부계사회의 등장을 촉진시켰다는 얘기이다. 보습농사가 점차로 발전하여 남자의 생산노동이 더욱더 큰 비중을 차지하고, 잉여생산물이 축적되어감에 따라서 데릴사위혼인제도가 더욱 공고화되고 모계제도의 붕괴가 불가피하게 되었다. 우리나라에서 그와 같은 과정은 신석기 말기 그리고 청동기 초기에 진행되었다. 이러한 진행에 대한 고고학적 고증은 청동기 시대의 매장풍습을 통하여 확증되었다. 즉, 신석기 시대의 여자중심의 가족무덤이 청동기 시대에 들어와 갑자기 남자 중심의 가족무덤으로 바뀐다. 남자 중심의 가족무덤으로서는 청동기 시대 초기에 보급된 여러 가지 형식의 무덤들에서 나타난다. 남자 중심의 가족무덤형식은 황해도 황주군 침촌리에서 처음으로 그 모양이 밝혀졌는데, 이를 '침촌형 고인돌'이라고 한다. 이 청동기 시대의 무덤 속에서 우리는 남녀 간의 공고한 관계를 반영하는 부계사회의 매장풍습을 볼 수 있다.[7]

또 한 가지 청동기사회의 등장을 뚜렷이 반영하는 것으로는, 신석기 시대 문화층에서 나온 인형들은 태모신을 숭상한 흔적이 뚜렷하지만, 청동기 시대 이후의 집자리와 무덤에서 나온 인형들에서는 그와 같은 여자의 특징이 보이지 않고, 남자의 특징만 보인다는 점이다. 신상에 보이

---

7 『조선전사』 제1권 (평양: 조선인민출판소, 1979), 176.

는 이런 현상은 여성숭배로부터 남성숭배로 넘어간 것을 의미한다. 남녀 간의 공고한 관계를 반영하는 부부를 함께 묻기와 남자의 사회적 지위를 반영하는 무덤, 부성 신을 형성화한 신상이 나타난 것 등은 가정에서 남성지배가 확립된 부계사회의 특징을 반영한다.

기원전 2000년경에 들어서서 금속주조기술의 도입을 비롯하여 노동기구의 개선과 기술의 진보는 내륙지방의 갈이농사와 연해안지방의 물고기 잡이를 급격히 발전시켰고, 원시공동체 안에서 잉여생산물의 축적을 가능케 만들었다. 생산에서 중요한 역할을 담당하게 된 남자는 생산물에 대한 주인공으로 등장하게 되었다. 한편 모계씨족사회에서 주인공 노릇을 하던 여자들이 그 권좌에서 밀려나가게 됨에 따라서 생산에서 남자들의 보조적 역할밖에 담당할 수 없게 되었다. 청동기 시대에 들어와 농기구가 금속화 되면서 남자의 노동력이 결정적으로 중요시되었고 자연인 땅을 정복하기가 훨씬 쉬워졌다. 태모인 땅은 이제부터 숭배의 대상이 아니고 갈이의 대상이 되었다.

청동기 시대에 인간이 터득한 한 가지 중요한 사실은 불(火)의 효용성이었다. 불은 이제 쬐고 굽는 데 사용된 것이 아니고, 녹이는 데 사용되었다. 인간들은 광물의 성질을 알아서 구리를 녹이는 데 1100℃ 이상의 열을 내어야 한다는 사실을 알게 되었다. 돌과 달리 구리를 녹이면 그 모양을 자유자재로 바꿀 수 있다는 사실도 알게 되었다. 야금술 즉 금을 합금시키는 방법을 알게 되었던 것이다.

구석기 시대의 석기 제작 술은 3백만 년이라는 긴 세월이 걸렸지만 아무런 변화가 없었다. 이제 야금술은 기껏 4천 년 만에 엄청난 변화를 가능케 했다. 포항제철에서 광양만 제2 제철소에 이르기까지 인간들은 불의 신비를 이용하여 노동기구의 혁신적인 변화를 가능케 했으며, 노동기구의 변화는 인류사회의 구조를 모계에서 부계로 바꾸어 놓았고,

사회구조의 변화는 인간의 의식도 바꾸어 놓고 말았다. 즉 알 카오스적 의식에서 비카오스적인 의식으로 변한 것이 그것이다.

구리와 자아의식의 싹틈

금세기 우라늄의 등장은 인간이 금속을 사용하기 시작한 이래로 가장 획기적인 변화라 할 수 있다. 우라늄의 등장과 함께 연료의 혁명은 원자로에 이르러 가히 혁명적이라 할 수 있다. 바로 이러한 우라늄의 등장에 비견할 만한 사건이 구리의 등장이라고 할 수 있다. 청동기 이전의 석기 시대에는 인간들이 돌을 변형시켜 도구로 사용하였다. 구리라는 금속을 처음 사용하면서 인간들은 굉장한 생활상의 변화를 경험하게 되었다. 불에 조금만 달구어도 그 모양을 쉽게 바꾸어 낫, 도끼, 화살촉, 칼 같은 도구를 쉽게 만들 수 있었으며, 다른 금속, 특히 아연과 같은 것과 합금시켜 그 강도를 단단하게 만들 수도 있었다. 가히 짐작하기 어려운 큰 변화가 인간이 구리를 사용하면서부터 생겼다. 구리에서 철로 변화되는 철기시대의 등장보다, 돌에서 구리로 변하는 청동기 시대의 등장은 우라늄 등장 이상의 의미를 지닐 수 있다.

인간은 자연을 정복하기 위한 끊임없는 투쟁 과정에서 우주와 세계 그리고 자신을 더 깊이 인식하고 지식과 경험을 축적하게 되었으며, 그에 기초하여 세계를 자기 의사에 알맞게 변혁하기 위한 창조적 활동을 확대하여 나갔다. 인간이 구리와 주석 그 밖의 금속을 합금하여 새로운 노동기구를 제조함으로써 세계에 대한 그들의 경험과 지식을 풍부하게 만들 수 있었다. 청동기 이전까지 자연은 가히 변할 수 없는 대상이요, 자연은 어머니신의 몸이었다. 돌로 된 도구로는 인간이 자연을 정복하기에 역부족이다. 그러나 금속으로 된 도구의 경우에는 상황이 달랐다. 석기농경시대에는 땅이 어머니 몸과 같았다. 그러나 청동기를 사용하기 시작한 인간들은 도구들로 이 어머니 몸을 훼손시키는 데 자신감을 얻기 시작하였다.

석기농경 시대에는 어머니 땅의 슬하에서 인간들은 자아의식이 싹틀 수가 없었다. 그러나 인간은 노동 도구로 자연을 파괴하면서부터 태모의 품에서 해방되는 쾌감을 느끼며 자아의식을 싹트게 하는 연습에 익숙해지기 시작하였다. 즉, 자연으로부터 해방된 개체적 자아의식이 싹트기 시작했다. 노동 도구를 만드는 데에 주로 돌과 동물의 뼈, 나무밖에 모르던 석기 시대의 주민들은 수십만 년 동안 자연은 정복될 수 없는 것으로 보았으며, 자연은 곧 그들의 신(가이아)이었다. 그러나 청동기의 등장과 함께 자연은 더이상 그들의 신이 아니었으며 차라리 정복해야 될 악마적 대상이 되고 말았다.

우리나라의 청동기 시대는 아직 그 연대가 분명하지 않다. 김원룡은 우리나라 청동기 시대는 오르도스, 스키타이, 요령의 청동기 시대와 대를 같이하는 '퉁구스' 주민들의 청동기 문명과 같다고 보아 기원전 700년을 그 상한선으로 잡아본다.[8] 김정배는 기원전 1000년경 혹은 그 이상이라고 본다. 김정학도 기원전 1000년경으로 본다. 윤무병은 기원전 5~6세기경으로 본다. 이들 남한학자가 청동기 시대의 상한선을 놓고 우왕좌왕하는 원인은 우리 민족이 북쪽에서 이동해 왔다고 주장하고 있기 때문이다. 즉 북쪽의 퉁구스와 시베리아의 청동기 시대와 그 연대를 맞추느라 고심하고 있기 때문이다.

그러나 이러한 민족 이동설을 부인하고 한반도에 역사 이전부터 '원인', '고인', '신인'의 순서로 인간이 살아왔음을 주장하는 북한 학자들은

---

8 김원룡, 『청동기 시대와 그 문화』 (서울: 삼성미술문화재단, 1981), 46.

청동기 시대의 상한선을 기원전 2000년경으로 보고 있다. 청동기문화 역시 석기 시대의 기술이 연장되어 발전된 것으로 보고 있으며, 한반도를 중심으로 해서 아시아 대륙 동쪽의 넓은 지역에서 일찍부터 정착하여 다방면으로 생산 활동을 벌여 온 '승리산' 사람 이후 옛 조선인이 기원전 3000년경 신석기 문명을 창조하였고, 이들이 잇따라 청동기 문명을 꽃 피웠다고 본다.9

남북학자들에게 미흡한 점은 청동기 문명의 등장과 함께 인간의 의식 변화에 대해 심도 있는 언급을 하고 있지 않은 점이라고 할 수 있다. 청동기의 등장과 함께 인간의 자의식이 깨어났고, 가부장제가 등장했고, 도시국가가 나타났다. 이와 함께 고뇌가 따라왔다. 무섭고 떨리는 고뇌의 시절이 시작된 것이다. 청동기와 고인돌 그리고 남성 가부장제와 남성신의 등장은 그대로 지금까지 연장되고 있다. 이를 밝층이라고 하며 육당은 이 층 하나로 이 문화 전반을 '불함문화'라고 제단하고 있다.

유럽적 균열과 한국적 화합

서양 신화에서는 태모가 청동기 시대의 등장과 함께 모두 사라지거나 살해당하고 만다. 여기에는 거의 예외가 없다. 타이폰이 제우스에 의해 살해당한 것이 그 두드러진 예이다. 그러나 아시아 계통의 신화에서는 태모가 한결 높은 차원의 대여신으로 승격되는 것이 특징이다. 이 점에서 유럽적 문명의 특징과 아시아적 문명의 특징은 판가름 난다고 해도 과언이 아니다.

여기서 태모와 대여신과의 차이점을 다시 한 번 분명히 해 놓을 필요

---

9 『조선유적도감』 1권 (평양: 동광출판사, 1990), 140.

가 있다. 태모는 생산과 다산에 관계되는 매우 물질적이고 생물학적 존재였다. 반면에 대여신은 같은 여성이기는 하나 정신적이며 형이상학적이다. 그런 면에서 대여신은 남성신과 매우 유사한 특징을 지니고 있다. 서양 역사에도 태모가 대여신으로 승격되는 경우가 있는데, 그것은 기독교 역사에 나타났으며, 마리아가 그 예라고 할 수 있다. 실로 가톨릭교회의 마리아 숭배는 그런 의미에서 유럽적 특징이라기보다는 아시아적 특징이라고 할 수 있다. 유럽에서는 태모가 남성신에 의해 무자비하게 보복당하고 억압과 박해를 당했기 때문이다.

인도의 칼리(Kali)라는 대여신은 그 형상에 있어서 태모의 성격과 대여신의 성격을 동시에 지니고 있다. 칼리는 시바의 아내로서 가장 높은 모습을 지니고 있다. 칼리의 모습을 마치 태모인 것처럼 보인다. 인간을 집어삼키는 태모같이 칼리는 오른손에 작두의 날을 쥐고 있다. 팔이 네개로서 오른쪽의 다른 한 손은 삼지창을 들고 있다. 왼손 하나는 사람의 머리채를 들고 있으며 다른 손으로는 그 머리채에서 흐르는 피를 받고 있다. 그리고 그녀의 목에는 해골로 구슬 삼아 만든 목걸이를 걸고 있다. 영락없이 농경시대의 태모 상을 연상케 하고 있다. 그러나 태모 상에서는 발견할 수 없는 머리 뒤에 후광이 있다. 이 후광은—예수상이나 석가모니상에서나 발견된다— 정신적 고귀성을 상징한다. 우리가 여기서 알아야할 사실은, 칼리 대여신은 절대로 문자적 의미 그대로 사람 피를 요구하지 않았다는 점과 그녀는 인간내면의 분리된 개체의 자기애(自己愛)를 죽일 것을 인간에게 요구했다는 점이다. 따라서 고등종교로 승화된 여신임에 틀림없다. 칼리는 태모적 성격을 유지하고는 있으나 그녀는 훨씬 초월하여 물질적인 것과 정신적인 것을 조화시킨 존재이다. 태모와의 단절, 이것은 어린아이가 어머니 품을 떠나 젖을 떼는 것과 같다고 할 수 있다. 태모와는 동일성을 찾는 것이 아니라 이제부턴 차별성을 찾는

칼리 대여신

다. 이를 균열이라고 한다.

　칼리 여신의 양면성은 곧 우리의 산신과 삼신의 성격을 동시에 지니고 있다는 것이다. 이는 문명의 큰 전환이 일어나고 있음을 의미한다. 하늘신 환웅이 등장하는 것과 시기적으로 일치하고 있다. 청동기 시대 가부장제의 등장과 함께 태모가 대여신으로 변화됨을 볼 수 있다. 인도의 칼리는 유럽과 아시아 문명권 사이의 접경지대 대여신상을 잘 보여준다.[10] 태모가 대여신으로 변환되는 아시아 문명권에서는 하늘과 땅, 남성과 여성, 정신과 물질의 균열이 그렇게 심각하지 않다. 그러나 태모가 대여신으로 승격되지 못하거나 남성신에 의하여 살해당하는 유럽문명권에서는 그 양극 사이의 균열이 매우 심각하다. 이를 '유럽적 균열'이라고 하며, 이러한 균열을 문명의 비카오스화(혹은 코스모스화)라고 한다.

---

10 立川武蔵/김구산 역, 『女神들의 인도』 (서울: 동문선, 1993), 87.

비카오스화권이란 말에는 합리성과 이성주의의 등장이라는 의미가 있다. 이때부터 혼동과 애매성은 사라지고, 문명에는 양극화의 병폐가 생긴다. 또 가부장제의 등장과 함께 인간의 자아의식이 뚜렷이 자리 잡게 되었고 알 카오스적인 애매한 요소가 사라진다.

서양문명의 이러한 비카오스화는 시간이 지남에 따라 더욱 가속화되고, 18세기 뉴턴, 데카르트에 이르러 그 극에 도달하게 된다. 그러나 이런 비카오스화에도 알 카오스적인 특징을 잃지 않으려고 애쓴 철학자들을 서양사 속에서 찾을 수 있다. 헤라클레이토스나 파스칼 같은 철학자가 이에 속한다. 칼리와 웅녀 같은 대여신도 알 카오스 문명의 수호신들이다. 알과 얼을 겸비한 존재들이다.

제1차 우주전쟁

청동기문화가 시작되면서 크나큰 우주전쟁이 벌어진다. 하늘에서 남성 신들이 우박처럼 쏟아져 내려온다. 하나의 남성신은 대부대를 이끌고 내려온다. 제우스, 마르두크, 인드라, 환웅 등이 바로 기원전 2000년경에 하늘로부터 내려온 남성신들이다. 이들 남성신은 땅의 태모와 대접전을 벌이는데 이를 제1차 우주전쟁이라고 한다. 이것은 한갓 세계대전 정도가 아니라 우주전쟁이라고 할 만하다. 우주전쟁은 남성과 여성의 싸움이다. 민족과 민족, 계급과 계급, 국가와 국가 간의 싸움이 아니라 성(性)의 대결이다.

계급모순이나 민족모순보다 먼저 있었던 원초적 모순이 성의 모순이라고 할 수 있다. 남성과 여성은 하늘과 땅의 대결로 상징화된다. 즉 남성은 하늘, 여성은 땅을 상징화한다. 그래서 이를 우주전쟁이라고 한다. 제1차 우주전쟁이 시작된 지 4000년이 지났다. 지금 우리가 사는 시대는 제2차 우주전쟁이 시작되고 있다. 제2차 성의 대결이 시작되고 있다. 미투 같은 사회 운동이 그러한 한 단면이라 할 수 있다.

제1차 우주전쟁은 동양과 서양에 있어서 그 결과의 양상이 판이하게 달랐다. 서양에서는 남성신이 여성신을 이기는 대승리로 끝난다. 그러나 동양에서는 주로 화전(和戰)으로 끝난다. 예외 없이 남성신의 여성신에 대한 무자비한 학살이 서양에서 자행된다. 이것은 가부장제가 모계씨족 사회를 말살하면서 등장하는 것을 의미한다. 하늘이 땅을 파괴시키는 것을 의미한다. 그래서 지금 서구 문명은 땅이 병들어 죽어가고 있다. 물이 오염되고 땅이 썩어가고 있다. 자연이 모두 열병에 시달리고 있다. 생태계 파괴의 그 진정한 원인을 우리는 기원전 2000년 전까지 거슬러 올라가 찾아보아야 한다. 태모에 대한 남성신의 무자비한 박해는 곧 땅의 무자비한 파괴를 의미한다.

동양에서는 하늘과 땅을 양(陽)과 음(陰)으로 상징화시켰다. 건(乾)과 곤(坤)이라 하기도 하였다. 양과 음 그리고 건과 곤은 서로 상보하는 힘이지 어느 한 쪽이 다른 쪽을 파괴시키지는 않았었다. 차라리 음인 여성적 힘이 양인 남성적인 힘보다 더 필요불가결한 요소로 취급하기까지 한다. 단군신화에서도 하늘의 남성신 환웅(桓雄)이 땅의 태모 곰과 만나 화합한다. 이를 유럽적 균열에 대하여 '프랙털'이라 한다. 이런 종류의 신화를 서양세계 속에서는 찾아보기 힘들다. 여기서 제기된 몇 가지 문제들을 요약해 보면 다음과 같다.

1) 왜 하필이면 신들이 하늘에서 내려와야 했는가?

2) 왜 그들은 모두 남성이어야 했는가?

3) 왜 서양에서는 하늘의 남성신들이 땅의 태모들을 그렇게 무자비하게 학살해야 했는가?

4) 왜 동양, 특히 한국에서는 남여신들의 싸움이 화전으로 끝났는가?

우리는 지금까지 신화를 꾸며진 허구에 찬 얘기로 취급하여 왔었다. 그러나 신화란 허구가 아닌 역사의 축적이다. 축적되어 침전된 역사는 신화로 바뀐다. 축적되고 침전된 역사란 큰 사건 혹은 인간들의 마음속에 큰 자극과 충격을 준 사건 같은 것들이다. 예를 들면 홍수신화는 전세계적으로 30여 개나 되는데, 이것은 전세계적으로 인류가 한때 큰 홍수를 겪었음을 의미한다. 그때의 홍수는 많은 인명을 앗아갔고 그 충격은 오랫동안 사람들의 기억 속에 남아 있었다. 고대 수메르나 「구약성서」에도 홍수신화가 있다. 우리나라에도 물론 있다.

홍수신화만큼 흔하고 세계 도처 어디서나 쉽게 나타나는 것이 하늘의 남성신과 땅의 여성신의 조우라고 할 수 있다. 이것은 모계 씨족 사회에서 부계 가부장제가 등장하는 역사적 사건을 반영하는 것이다. 이처럼 신화는 정확하게 역사적 사건을 반영한다는 것이 일반적인 견해이다. 그러나 신화적 표현 그대로가 역사적 서술은 아니다. 그렇기에 신화는 해석이 따라야 한다. 이제 우리는 세계 모든 신화에 거의 예외 없이 등장하는 하늘의 남성신과 땅의 여성신에 얽힌 얘기들을 의미심장하게 받아들이면서 이를 해석할 필요성을 절실하게 느끼게 된다. 신화의 재해석 없이는 역사가 무엇인지 알 수 없기 때문이다.

단군신화는 한국적 화합

신화는 그 민족문화의 정수리요 민족 성원의 마음의 고향이다. 신화는 공상으로 만들어낸 이야기가 아니다. 역사의 축적과정 속에서 찌꺼기는 걸러지고 진수로만 남은 것, 그것이 그 민족 문화의 신화다. 카오스의 관점에서 신화를 종류별로 나누어보면 크게 둘로 나눌 수 있다. 즉, '딱딱한 신화'와 '부드러운 신화'가 그것이다. 신화에는 그 공통된 요소로서 하늘과 땅, 빛과 어둠, 남자와 여자 같은 대칭성이 뚜렷이 등장한다. 딱딱한 신화란 대칭의 어느 한 요소가 다른 요소를 무참히 살해하거나 억압하는 신화를 두고 하는 말이고, 부드러운 신화란 대칭의 양극요소들이 부드럽게 조화를 이루는 신화를 두고 하는 말이다.

유럽 신화는 바삭바삭 부러지는 딱딱한 크리스프 신화(crisp myth)이고, 한국신화는 부드러운 퍼지 신화(fuzzy myth)이다. 유럽에는 시베리아 지방에서 발견할 수 있는 샤먼 같은 것이 없다. 유럽 사람으로서 시베리아 샤머니즘에 관하여 처음으로 보고한 사람은 폴란드 출신 상인 이데스(Everet Y. Ides)였다. 이데스는 러시아 표트르 대제의 사신으로 모스크바를 출발, 시베리아를 지나 북경으로 여행하였다. 그는 여행 도중 바이칼 호수의 서북부에서 퉁구스의 박수무당을 만나 굿을 보았다.

이데스 이후 뮐러(Johan B. Müler) 같은 학자들의 연구로 샤먼에 대한 연구가 본격화되었다.[11] 그런데 이들 서양 여행가, 학자, 탐험가들에 의하여 서방에 알려진 샤먼은 다음과 같은 점에 있어서 그 공통된 특징이 있다. 즉 무술(巫術)이 '마녀 짓거리', '우상숭배' 같은 것으로 보였다는 것이다. 러시아의 카타리나 대제는 무당을 사기꾼과 음모꾼으로 묘사할 정도였다.[12] 서양의 마녀사냥 유래도 결국 이와 같은 천시 풍조와 맥을 같이한다고 할 수 있다. 또 서양 전통을 보면 대개의 무녀가 모두 악마화되었음을 발견할 수 있다.

무당에는 선령(善靈)과 교제하는 백(白) 샤먼과 악령과 교제하는 흑

---

11 조흥윤, 『巫와 민족문화』 (서울: 민족문화사, 1990), 91.
12 유동식, 『한국종교와 기독교』 (서울: 기독교서회, 1969), 15.

(黑) 샤먼이 있다. 한국의 샤먼은 대체로 백 샤먼 계통에 속한다. 그런데 한국 샤먼이 갖는 두드러진 특징은 한국 샤먼이 비록 백샤먼 계통에 속하고는 있어도 한국무속의 신들은 선신(善神)과 악신(惡神)의 구별이 뚜렷하지 않다. 이에 비교하면 시베리아 지방과 기타 지방에서는 선신과 악신의 대결이 너무나 뚜렷하다. 한국에선 선신과 악신이 영역별로 나누어져 있는 것이 아니라, 인간이 어떻게 그들을 예우하느냐에 따라서 같은 신이 선신도 되고 악신도 된다. 인간의 예우에 따라서 변하는 상대적 존재들이다. 잘 대접하면 원령(怨靈)도 선신(善神)이 되고, 잘못 대하면 친조상이라도 자식들에게 해악을 끼치는 무서운 악신이 된다.13

한국무속에는 무려 273종의 각종 신이 있다. 그러나 그 어느 한 신도 고대 그리스, 기독교, 회교, 고대인도 등지에서 발견되는 신들과 같이 선신과 악신으로 나누어져 증오하고 생사를 건 투쟁을 하는 경우란 발견할 수가 없다. 제우스가 타이폰을 살해하고, 마르두크가 티아마트를 살해하고, 인드라가 브리트라를 살해하는 경우란 발견하기 힘들다. 악신계통에 속한 신들 가운데는 '왕신'이 그 으뜸 된다. 왕신이란 귀신 가운데 제일 악하고 무서운 귀신이다. 왕신이란 처녀가 죽어서 된 귀신이다. 왕신을 잘못 모시면 온 집안이 망하는 경우도 있다고 한다. 그래서 따로 봉안하여 특별히 모셔야 한다. 악신이기는 하나 잘만 모시면 별 탈이 없다. 왕신 다음으로 속하는 악신은 총각이 죽어서 된 '삼태귀신', 혹은 '몽달귀신'이다. 사람에게 명을 전하는 역신(疫神)도 악귀이다. 역신이 못 들어오도록 별신굿을 하기도 한다.

처용가는 바로 이 역신과 처용 사이에 얽힌 이야기이다. 자기의 아내를 범한 역신에 대하여 처용이 대처하는 방법은 죽느냐 사느냐의 사생을

---

13 이몽희,『한국현대시의 무속적 연구』(서울: 집문당, 1990), 56.

건 결투가 아니라 노래와 춤으로의 대처이다. '한국적 화합'의 두드러진 좋은 예라고 할 수 있다. 처용은 노래와 춤으로 역신과 화해함으로써 문제를 해결한다. 이런 예를 우리는 인도 유럽 계통의 신화나 문학작품 속에서 거의 찾아볼 수 없다. 이런 역신이 유럽에서는 모두 여자이다.

악신의 무서운 힘 앞에 무릎을 꿇고 결국 약하던 선신이 강해지고, 강해 보이던 악신이 도리어 약해져 강약의 주객이 뒤바뀌어지고 만다는 것이다. 약한 선이 강한 악을 이기고 악귀마저 마음을 감동시켜 선하게 만드는 것이 바로 '한국적 화합'이라고 할 수 있다. 한국의 도깨비만 해도 그렇다. 한국의 도깨비를 서양의 드라큐라 같은 존재로 보아서는 잘못이다. 한국의 도깨비는 장난기가 심한 심술궂은 존재일 따름이다. 그리고 사람들의 꼬임에 잘 속아 넘어가기도 하는 얼간이 광대 같은 존재다. 그 심술이 보통이 아니어서 횡재를 가져올 수도 있고, 생명을 앗아갈 수도 있다.[14]

인간들이 이 악귀들을 대하는 태도는 서양에서 같이 무기를 가지고 쳐부수는 작전을 벌여서는 안 된다. 어르고 달래는 길밖에 없다. 만약 악귀들을 무례하게 다루거나 무자비하게 다룰 때는 더 무서운 보복을 받는다는 것이 한국인들의 악귀에 대한 태도이다. 제우스가 타이폰을 살해한 그 결과는 어떠한가? 부메랑 효과가 생겨 이제 인간들은 온갖 자연의 재앙을 뒤집어쓰고 있다. 물, 공기 같은 자연의 모든 재앙은 인간들이 자연의 어머니 가이아의 자식을 무자비하게 살해했기 때문에 그 후환을 겪는 것이다. 악귀를 잘못 다룰 때 그 후환이 두려울 것을 우리는 항상 생각하며 살아왔다.

서양선교사들이나 학자들이 동양의 샤머니즘을 바라보는 눈이 왜

---

14 김열규·김태곤, 『한국사상의 원천』 (서울: 박영사, 1973), 99-100.

비뚤어져 있었는가는 분명하다. 그들의 유럽적 균열의 전통은 샤머니즘의 모든 신을 악마화시켜 놓고 있었기 때문이다. 선신과 악신의 격렬한 투쟁이란 차원에서 볼 때 그러한 오류를 범한 것이다. 그러나 우리 한국에는 그런 전통이 없다.

한국적 화합과 유럽적 균열을 가장 극명하게 보여주는 것이 단군신화이다. 인도-유럽 신화에서는 하늘 남성신들이 에누마 엘리시와 함께 등장하면서 땅의 태모들을 살해한다. 제우스가 타이폰을, 마르두크가 티아마트를, 인드라가 브리트라를 예외 없이 살해한다. 이것을 두고 유럽적 균열이라고 한다. 중국에서도 반고가 흑암을 도끼로 깨부수려 하나 그 정도가 서양만큼은 아니다. 그래서 태모를 악마화는 안 하였다. 음과 양의 조화가 여성들을 구제하였다.

한국의 단군 신화는 사정이 판이하게 다르다. 다시 말해서 하늘 남성신 환웅이 내려와 땅의 태모 곰과 만나 결합을 한다. 삼국유사, 제왕운기, 환단고기 등에서 양자의 관계가 표현상에 있어서 다른 점이 있기는 하나 궁극적으로는 남녀 두 존재가 화합한다. 이를 두고 '한국적 화합'이라고 한다. 단군 신화를 세계 다른 신화들과 비교를 해 보았을 때에 균열과 화합은 매우 중요한 대조가 된다. 환인이 인도의 인드라인 데도 그 성격이 판이하게 다르다. 인드라는 브리트라를 살해하지만 동일한 존재가 자기 아들이 땅의 존재와 결합하도록한다.

누가 처녀냐?

신화는 역사도 반영한다. 역사가 역사로만 남는다면 그 수명이 고작 한 세기를 넘기기 힘들 것이다. 역사적 사건은 신화화됨으로써 그 수명을 영속시킬 수 있다. 하늘에서 내려온 남성신들이란 가부장 제도의 등장과 함께 나타난 남성 영웅들을 의미한다. '하늘'이 그들 영웅 앞에 관용사로 붙는 이유는 태모의 '땅'에 대칭을 만들기 위해서이다.

가부장제도 때 등장하는 남성, 하늘, 영웅들이 지닌 두드러진 특징은 그들이 거의 예외 없이 두 아버지와 두 어머니를 가지고 있다는 점이다. 즉, 그들의 육체적 개인적 아버지 곁에는 항상 정신적 영적 아버지가 있다. 영적 아버지를 '원형적 아버지'(archetypal father)라고 한다. 마찬가지로 개인적-육체적 어머니 곁에는 정신적 원형적 어머니가 있다.

태모는 영원한 처녀이다. 처녀라는 개념이 지금 우리의 개념과는 다르다. 즉 결혼하지 않았거나 혹은 성관계를 어떤 남자와도 갖지 않았기 때문에 처녀가 아니라, 어느 남자에게도 속하지 않았기 때문에 처녀라고 한다. 즉, 태모는 많은 남자와 다산을 목적으로 성관계를 갖지만 어느 남자에게도 속하지 않았기 때문에 처녀다. 태모는 가부장제의 등장과 함께 한 남자에 소속된다. 그때부터 비처녀가 된다. 그러나 고대 농경사회에서는 태모란 배우자를 갖는 것이 목적이 아니라, 오직 다산(多産)이 목적이었다. 남자란 이 태모에게 다산을 위해서 남근(phalus)을 제공해 주는 것이 전부였다. 우로보로스층에서는 아직 남·여성을 구별 지을 필요가 없었기 때문에 남근이 나타나지 않았다(남근은 고작 파충류 이후부터 등장한다). 그런즉 남자란 우로보로스층에서 익명성으로 숨겨져 있었다. 제2층인 타이폰 단계와 제3층의 소속감층에 와서 남성들은 태모 곁에서 정액을 제공해 주고 빌붙어 살았다. 여왕벌에 대한 수벌같이 말이다. 다음 단계로 조금 발전한 것이 태모의 배우자가 되어 그녀의 슬하에서 귀염이나 받고 재롱을 떠는 정도였다. 엄처시하의 뿌리가 깊은 이유도 여기에 있다. 남자가 큰 기침하고 산 것은 고작 4000년, 그 이전의 수백만 년 동안을 태모 슬하에서 숨도 제대로 쉬지 못하고 산 것이 남자였다. 남자들의 내면에 제일 큰 공포는 태모의 여성 세력이 기를 쓰고 고개를 드는 것이다. 세상의 온갖 제도와 법의 유래를 자세히 살펴보면 모두가 이 여성 세력들(감정, 성본능 같은 것 등)을 제압하자는 데 있다. 남근을 통해 성적인 힘을 제공함으로써 남성들이 제 구실을 하기 시작한 것은 바로 기원전 2000년경 청동기문화의 등장 때부터라 할 수 있다.

오래된 신화일수록 생명의 생산은 남녀 양성 결합의 결과로 이루어지는 것이 아니라, 여성 스스로 힘으로 이루어졌다고 한다. 이집트의 호루스(Horus)가 탄생된 것을 봐도 그는 스스로 낳기도 하고 낳아지기도 한다. 그는 능동적인 동시에 수동적이다. 거의 남자라는 존재가 필요 없다.

고대인들은 새 생명이 남녀 간의 교접으로 이루어진다는 사실을 몰랐었다. 그들은 남녀가 난자와 정자를 생산하기 이전부터 자유 성교를 했기 때문에 그리고 성관계 때마다 생명이 생기지 않았기 때문에 성교= 생명의 등식을 알지 못했다. 남자가 생산에 반드시 필요하고 성교도 주기에 따라 생산과 연결되기도 하고 그렇지 않기도 하다는 사실을 인간은 최근에 와서야 알게 되었다. 그렇다면 다산에 관계되는 것은 남근뿐이지 남자라는 인격체일 필요는 없게 되었다. 여자의 경우에도 마찬가지이다. 그래서 대부분의 태모의 경우 얼굴은 없고 유방과 엉덩이뿐인 경우가 허다하다. 고대인들이 그려놓은 벽화에 보면 성교장면이 거의 동물과 같이 뒤로 이루어지고 있다. 정면을 마주보는 성행위는 인간 속에 내면적 자아와 정신적 사랑 같은 것이, 즉 플라톤 사랑 생긴 이후부터이다. 여기서 우리는 농경사회에서 인간의 정신적 자아의식이 도저히 생겨날 수 없는 이유를 알게 된다. 이것은 농경사회에서 다산을 목적으로 할 때 필연적으로 빠지는 모습인 것이다.

남근男根이냐, 인격人格이냐

청동기에 접어들면서 신석기 모계 농경 사회에 다음과 같은 자각 현상이 나타나기 시작한다. 인간이 생식과 다산을 목적으로만 살 수 없다는 자각일 수 있다. 매슬로는 말하기를 인간에게 기본적인 욕구가 만족되면 그 위로 정신적인 가치를 추구해 나가게 마련이라고 했다. 즉, 농경 사회에서 남자에게 귀중한 것은 남근(男根)이지 인격(人格)이 아니었지만 인격적 가치로의 지향은 필수이다. 남근 소유의 육체적인 아버지와 정신적인 아버지를 구별할 필요성이 자연히 생기게 된 것이다. 다시 말해서 남근을 제공하는 육체적인 아버지와 정신적인 아버지의 구별과 함께 한 아들이 두 종류의 아버지를 갖게 된다.

『삼국유사』를 보면 환웅은 환인의 서자(庶子)다. 왜 신의 아들을 구태여 서자라고 했을까? 여기에는 깊은 문명사적 의미가 있다. 그 이유는 아버지의 이중성 때문이다. 즉, 육체적 아버지와 정신적 아버지라는 이중성 때문이다. 쉬운 예를 든다면 예수의 경우에는 아버지가 둘이다. 마리아가 성령으로 예수를 잉태했다고 할 때 마리아에게는 영으로 통하는 정신적 남편인 신이 있었고, 다른 한편으로는 인간세계에서 정혼한 요셉이라는 육신적 남편이 있었다. 이때 예수는 어느 한쪽의 아버지 쪽에서 볼 때 다른 쪽에서는 적자가 아닌 서자가 된다.

이런 현상이 기원전 2000년경을 전후하여 인류 문명사에 전에 없었던 정신적 자각이 깨어났을 때 그리고 일찍이 인간이 자의식을 체험한 곳에서는 이런 이중현상이 나타나게 된다. 이런 이중현상 때문에 마음과 몸, 정신과 육체라는 이원론(二元論)이 철학사에 끼어들게 된다. 정신적 세계에서 육체적 세계로 옮기는 현상을 신화에서는 보통 하늘에서 하늘 아들이 땅으로 강림한다는 표현으로 나타난다. 제우스의 강림, 인드라의 강림, 환웅의 강림 등이 바로 그것이다. 그때 신은 나무(신단수)를 타고 꼭대기에서 아래로 내려온다. 기독교가 크리스마스를 제정할 때 북유럽 일대의 이교도로부터 나무를 통한 신의 강림을 배웠고 그 표현을 따왔다고 하는 것이 성탄절 트리의 유래이다.

우리 민족사서인 『부도지』(符都志)[15]에 의하면 마고(麻古)라는 할머니가 하늘의 천정(天情)을 받아서 임신하고 궁희와 소희라는 두 딸을 낳고, 두 딸은 네 아들을 낳았다고 했다. 세계 도처에도 이런 신의 강림사상은 퍼져 있다. 태모는 정신적인 하늘인 남편과 결합한다. 이때 태모도 이미 농경사회에서 지녔던 물질 생산적인 것에서 환골탈태하여 정신적 인격체로 변한다. 그래서 정신적 남성신의 배우자가 된다. 이때 그녀의 육체적인 남편은 입장이 난처해진다. 요셉의 경우를 생각하면 된다.

이런 일련의 신화적인 표현들은, 정확하게 인간이 석기 시대에서 금속문화시대에로 넘어오면서 겪었던 정신적인 체험의 세계를 반영한다. 이때부터 인간들은 그 행동 표현에서도 달라진다. 즉, 정신적인 자아 경험을 하면서부터 인간들은 감각형에서 숙고형으로 변한다. 여기서 숙고형이란 모든 결정을 할 때 감각적인 말초신경적 반응을 보이는 것이 아니라 결정을 지체하면서 오랜 생각 끝에 의사결정을 한다는 뜻이다. 이것은 큰 변화이다. 동물들은 숙고하거나 지연시키지 않고 즉각 행동한다. 인간은 심사숙고 끝에 결정을 내린다. 정신적인 경험이 많은 사람일수록 더욱 그러하다. 린 화이트 등은 인간의 이러한 숙고를 정신발달의 두드러진 특징으로 평가하였다.

이러한 두드러진 특징은 여자에게서가 아니라 남자에게서 먼저 나타나기 시작하였다. 공자가 여자와 어린아이를 함께 소인(小人)으로 취

---

15 박제상/김은수 역, 『符都誌』(서울: 가나출판사), 1986 참고.

급한 이유도 양자가 모두 정신적 숙고성을 결핍하다고 보았기 때문이다. 공자의 이러한 평가는 여성 일반에 대한 평가이지 특정 대상을 두고 한 말은 아니다. 여성에 대한 이러한 평가는 차축 시대에 나타난 모든 인물의 공통된 견해였다. 정신적 자의식을 일찍 깨친 남성들은 아직 농경신석기문화의 잠에 깊이 잠들어 있는 여성적 의식을 앞서가게 되었다. 그들은 일찍 깨어난 의식을 무기로 여성 중심의 모계사회를 무자비하게 파괴하기 시작한다. 정신적 개체적 자의식이 깨어난 남자의 손에는 청동기로 시작된 칼과 화살촉이 들려져 있었다. 이런 인간의 정신화는 비카오스적 문명을 재촉하였다.

아이슬러(Riane Eisler)의 1987년 저작 『찻잔과 칼날』(*The Chalice and The Blade: Our History, Our Future*)은 인류문명사를 여성 모계 사회가 남긴 찻잔과 남성 가부장 사회가 남긴 칼날을 비교하면서 여성은 평화를 남성은 전쟁을 구가했다고 한다. 중국 여성 학자는 이 책을 홍산 문화 유산에 적용하여 중국 고대 문명 속에 남겨져 있는 모계 사회를 추구하고 있다. 그러나 이것은 잘못된 비교이다. 홍산 모계는 황하강 용산 문화와는 별개의 다른 종족적 배경을 가지고 있으며 후자는 칼날의 문화 그리고 전자는 찻잔의 문화라고 비교하는 것이 더 타당할 것이다. 여기서 말하는 칼이란 구리로 된 최초의 철제 무기였다. 이런 철제 무기를 든 무리와 돌로 된 무기를 든 족속들 간에는 처음부터 경쟁이 되지 않았을 것이다. 이다음 철기 무기 그리고 핵무기로 이어지는 인간 전쟁사는 남성의 것으로 얼룩진다.

III

여성의 악마화

문명 철들기의 시작

카오스적 문명과 비카오스적 문명은 기원전 2000년경을 중심하여 나누어진다. 카오스적 의식구조는 육체와 물질에 잠겨 있던 문명이었다. 도구 상으로 볼 때는 돌에서 구리로 그 연장이 바뀜으로 알 카오스와 비카오스 문명은 갈라진다. 기원전 2000년경이 개인 나이로 비교하면 7세 정도라 할 수 있다. 남녀 7세 부동석이라 하고 미운 일곱 살이란 말도 있다. 왜 남자와 여자가 7세만 되면 같은 자리에 앉지 말라고 했던가? 그 이유는 7세 이전까지는 성(性)의 자각이 없었기에 자신이 남성이다 여성이다 하는 것을 구별 짓지 못했기 때문이다. 그러나 7세만 되면 자기 성에 대한 정체감(Identity)이 생겨나기 시작한다. 상대방을 자기와 다른 이성으로 자각하기 시작한다는 뜻이다. 성에 대한 구별의식이 생겨난다.

다시 말해서 7세는 철이 드는 나이이고 문명사에는 기원전 2000년 경의 시기에 해당한다. 철이 든다는 것은 자기가 하는 행동을 자기가 알아본다는 말과 같다. 철없이 하는 행동은, 남은 자기를 보는데 자기는 자기를 못 보고 하는 행동을 두고 하는 말이다. 자기를 알라는 말의 유래가 여기에 있다. 인간은 종종 감정에 빠진 행동을 할 때 철없는 짓을 하게 마련이다. 미운 일곱 살이란 말은 나름대로 자기 주관이 생기는 일곱 살이 되면서 어른 말을 잘 듣지 않고 자기 고집을 부리기 때문에 생겨난 말이다. 7세 이전에 어린아이들은 마술과 신화적 사고방식에 잘 길들여져 있다. 그래서 이 나이에는 마술과 신화에 속한 이야기들을 그대로 수용한다. 특히 신화와 신비로 가득 차 있는 종교적인 교훈들은 6세 이전에 마쳐야 효과가 난다. 7세부터는 이성적으로 수용하기 때문에 그대로 믿지를 않고 추리를 하고 따진다. 산타할아버지를 의심하기 시작하는 나이가 7세부터인 이유가 여기에 있다.

어쨌든 7세는 인간이 이성적, 합리적 사고에 눈뜨는 나이이다. 피아제는 이 시기를 '구체적 조작기'라고 했다. 7세에서 11세 사이를 이 기간으로 분류하였다. 이 나이가 되면 조작적인 사고를 하게 되는데, 그것은 어떤 일관되고 통일된 인지체계를 사용할 수 있게 된다는 뜻이다. 그렇게 됨으로써 아동은 자기 주위에 있는 세계를 조작할 수 있게 된다. 그러나 아직도 그것은 어디까지나 그 대상이 구체적 사실인 경우에 한해서만 그러한 것이고, 추상적이거나 관념적인 사실에 대해서는 조작적인 사고를 할 수 없다. 이렇게 추상적이며 관념적인 사고는 기원전 600년을 전후한 소위 차축시대(車軸時代)에 들어와서야 가능해졌다. 그리고 더 추상적이고 합리적이게 된 것은 기원후 17세기와 18세기부터라고 할 수 있다. 인간 이성의 꽃은 이 무렵에 와서 활짝 피어난다.

마술과 신화적 사고를 카오스, 혹은 알 카오스적 사고라고 했다. 그렇다면 이러한 카오스에서 의식이 깨어나는 개인 나이는 7세이고, 문명사적 연령은 기원전 2000년경이라고 할 수 있다. 마술과 신화적 의식은 인간의 독자적인 의식이 생겨나지 않은, 그래서 자아와 자연, 정신이 물질에서 분리되지 않은 혼돈상태의 의식구조라 할 수 있다. 어머니의 젖으로부터 떨어지지 않은, 즉 자아의식이 깨어나지 않은 상태인 것이다. 기원전 2000년경에 인간이 자기 정신을 육체와 자연으로부터 분리시켜 객관화시킨 것은 큰 사건이라 아니할 수 없다. 정신이 육체에서 분리되지 않을 때는 심사숙고도 하지 않고 주로 즉각적인 반응을 보이는 행동을 한다. 기분 나는 대로 살았다. 마치 동물과 같은. 그러나 인간의 이성은 감정이 주는 충동을 자제시켰으며, 그것을 알맞게 조절하도록 만들었다. 이 때에 윤리도덕 같은 것들이 모두 이성으로 감정을 조절하도록 만드는 것이었다.

그러나 이런 의식 진화상에서 부딪힌 문제는, 인간이 정신으로 육체를 대상화시키고 이를 극복했다지만, 아직까지 자기 자신의 자아 혹은 자기의 의식 자체를 대상화시키고 그것을 극복하지는 못하고 있었다. 인간의 자의식과 이성적 합리성이 현대의 과학 문명을 태동시켰다. 그러나 그것은 조절되거나 자제되지 않은 것이기 때문에 많은 문제점을 노정시키고 있다. 문명의 비카오스화의 문제점이라 볼 수 있다. 이제 인류는 비카오스적인 문명을 극복해야 될 단계에 와 있다. 그 단계가 바로 얼카오스의 단계이다.

크로노스 신

의식의 성장은 자아의 깸과 일치한다. 한번 의식이 깨어났을 때 그 힘은 폭발적이었다. 여성 모계 사회 속에서의 남성들의 고독, 외로움 그리고 무시당함 같은 것들이 속으로 축적되면서 남성 내면에는 자아의식이 싹트게 되었다. 그래서 여성적 자아가 밖으로 향해 있을 때 남성적 자아는 속으로 깊이 삭아져 들어갔던 것이다. 지금은 반대로 남성들이 정치다 경제다 교육이다면서 전반적인 사회 일들을 맡아 그 자아를 밖으로 치닫게 하고 있다. 한편 여성들은 가사일을 돌보면서 남성의 보조적 역할을 한다. 그러나 이런 구조 역시 지나가는 한 때의 현상일 뿐이다.

자아가 내면 깊이 삭혀 들어가는 개인에게는 창조가 있고 희망이 있다. 어떻게 여성의 절망이 희망이 되는지를 볼 것이다. 지금부터 4000년 전에는 남성들이 그러하였고, 지금은 여성들이 반대로 그러하다. 앞으로 여성적 자아에 희망이 있는 이유가 모든 시기는 지나가기 때문이다. 밖으로 향하는 힘은 강해 보이나 약하고, 안으로 향하는 힘은 약해 보이나 강하다. 모계 사회 속에서의 남성적 고독이 남성적 자아를 싹트게 만들었고, 부계 사회에서의 여성적 고독이 여성적 자아를 싹트게 만든다. 전자는 4000년 전에 가능했으며, 지금은 그 반대 현상이 일어나고 있다. 화이트헤드는 종교를 고독에서 찾았다. 모계 사회에서 추방된 야곱이 돌베개를 베고 사막에서 잠을 자다 하늘을 오르내리는 꿈을 꾸었고 이것이 가부장의 씨가 되었다.

어쨌든 청동기-밭 층에서 남성의 새 정신적 자아의식이 생겨나면서 새로운 양상의 시간 이해와 새로운 양상의 몸에 대한 이해가 생기기 시작하였다. 새롭게 생겨난 시간 이해란 직선적-개념적 시간 이해를 두고 하는 말이다. 새 자아는 가장 두드러지게 새로운 시간 이해를 가능하도록 만들어 주었다. 농경 모계 사회에서의 시간 이해는 순환적이었다. 그러나 새 자아의 등장과 함께 시간 개념이 직선적으로 변했다. 이런 직선적 시간 이해를 두고서야 비로소 역사적이라고 할 수 있다. 엄격한 의미에서 역사는 새 자아의 등장과 함께 시작되었다고 할 수 있다. 순환적 시간에는 과거, 현재, 미래의 구분이 희미한 알 카오스적 시간 이해였다. 순환적 시간 개념에는 언제나 반복되어 돌아오는 절기 적 시간이 있었을 뿐이다. 춘분, 추분, 하지, 동지는 절기 적 시간이다. 언제나 일 년마다 반복되는 절기이다. 캠벨은 이러한 절기 적 시간을 두고 '절대적으로 어느 기점이 없는' 시간이라고 했다.[16] 거기가 거기일 뿐이다.

순환적 시간은 방향이 없는 시간이다. 이러한 시간 속에서 인간은 죄책감 같은 것을 느낄 필요가 없다. 왜냐하면 허물과 죄는 돌아오는 절기마다 행하는 축제 때 다 씻어지기 때문이다. 이러한 축제 가운데 신년축제가 가장 유명하다. 의식이 축적되는 일이 없기에 작년의 잘못은 신년에 드리는 제사로 씻긴다. "모르는 게 약이고, 아는 게 병이다."란 말이 이때 해당 되는 말이다. 축제를 통해 과거를 망각해 버림으로써 자아의 잘못이 저절로 없어진다고 보았다. 순환적 시간을 갖는 동양 사회에서 과거와 단절이 어려운 이유가 바로 여기에 있다.

그러나 직선적이고 전진적인 시간 이해가 등장하면서 경우는 달라졌다. 역사의 아버지라 할 수 있는 헤로도토스는 진정한 역사가 기원전 1300년경부터 시작되었다고 했다. 비카오스 문명의 실질적 기원 같은 것이라고 할 수 있다. 대략 1300년경부터 건물축조와 왕의 행적에 관한 기록이 등장한다. 제인즈도 이때를 '역사의 발명'이라고 했다. 이 역사의 발명은 인류에게 좋기도 하고 한편 나쁘기도 했다. 어제에 대해 오늘을 반성하고 미래를 내다보는 역사의식은 곧 무엇을 분간하고 분별하는 반성적 의식이 싹트는 것을 의미한다. 역사의 발명이 없었더라면 인간은 아직도 시간의 무분별적 카오스 상태에 머물러 있었을 것이다.

그러나 의식의 등장은 정신을 물질에서, 마음을 몸에서 분리시켜 버렸다. 이것은 큰 비극이다. 몸에서의 정신의 분리는 곧 역사가 자연에서 분리되는 것이나 마찬가지이다. 즉 알 카오스 상태에서는 몸과 마음이 분리되지 않았고, 역사가 자연에서 분리되지 않았었다. 시간-공간 연속선상의 의식구조를 가지고 있었다. 그러나 의식의 등장, 즉 의식의 비카

---

16 J. Campbell, "Creative Mythology," *The Marks of God* (New York: Viking), 1968.

오스화라는 두 세계 사이의 심각한 균열을 만들어 놓고 말았다. 이를 유럽적 균열이라고 했다. 그래서 의식의 등장을 두고 좋다고도 동시에 나쁘다고도 한다.

서양 악마의 꼴

신과 악마는 백지장 차이에 불과하다. 어느 시대의 천사는 다른 시대에 가면 악마로 변하고 만다. 알감닥밝이 후래거상이 제대로 되지 않을 때 나중 오는 것이 먼저 있었던 것을 악마화시키고 높은 신격의 자리를 차지한다. 신석기 농경시대의 신은 청동기 시대로 넘어오면서 악마로 변한다. 한때 높은 신전에 모셔졌던 신들이 하루아침에 그 신전 꼭대기에서 떨어져 볼품없는 악마로 변하고 만다. 한번 서양 전통에서 묘사해 놓은 악마상을 놓고 생각해 보자. 서양의 악마와 사탄은 머리에 뿔이 돋아나 있고, 몸은 반인반수형으로 되어 있다. 이 점에서는 서양 악마상에는 예외가 없다. 그런데 놀라운 사실은 이 악마상들이 모두 타이폰과 그 모양이 일치한다는 점이라고 할 수 있다. 타이폰은 반인반수인데 그 강조점은 역시 동물 쪽에 있다.

그런데 타이폰은 문명발전의 대연쇄 고리선상에서 볼 때 두 번째 고리에 해당된다. 즉 20만~1만 2천 년 전 사이의 고리이다. 이 기간에 신들은 모두 타이폰 형상을 하고 있었다. 이집트의 스핑크스가 대표적인 타이폰 시대의 신들이었다. 그러다가 이런 타이폰이 태양 시기인 청동기 시대(네 번째 고리)에 접어들면서 모두 악마상으로 변하고 만다. 이렇게 변한 타이폰상의 그림을 분석해 보면, 그 속에 우로보로스뱀의 상이 있고, 남·여성을 동시에 구비한 자웅동체적 성격을 또한 지니고 있다. 그런데 바로 태모가 자웅동체적 성격을 지니지 않았던가? 태모(세 번째 고리)를 포함한 타이폰(두 번째 고리), 우로보로스(첫 번째 고리)가 모두 4층으로 접어들면서 그 이전 신의 성격들이 모두 악마화되고 말았다. 뱀, 동물, 여자 태모가 전형적으로 악마의 성격을 띤 것으로 나타난다.[17]

1, 2, 3층은 4층과의 사이에 유럽적 균열이 생기면서 불행히도 전의 신들은 악마화되고 만다. 낮은 층은 위층에 의해 변형되고, 통전되어져야 한다. 그렇지 못하고 억압되면서 배타시되었을 때 무더기로 악마가 탄생된다. 층과 층은 분별화되어져야 한다. 그러나 균열화되어져 위험에 처한다. 그러나 불행하게도 서양에서는 균열되고 말았다. 동양에서는 분별화는 되었어도 균열화되지 않았다. 그래서 동양에서는 뱀도 성스러운 존재였고, 12지상의 동물들은 사람의 띠에 반영될 정도로 신성한 존재로 여겨졌다. 그러나 「구약성서」에서만 하더라도 뱀은 악마다. 그리고 동물은 신의 반열에 들지 못한다.

이러한 동물-타이폰층과 태모-인간 사이의 균열은 심각한 다른 균열을 초래하였다. 즉, 인간의 몸을 동물적 요소로 생각함으로써 동물을 악마화시킨다는 것은 육체-몸을 악마화시킨다는 말과도 같다. 몸에서 생기는 감정, 성욕, 성적 본능 같은 것들을 자연히 악마화시키지 않을 수가 없었다. 여기에 유럽적 균열의 비극은 한층 심각해진다. 이것이 정신병의 기원이기 때문이다.

우로보로스와 타이폰은 모두 알 카오스 시대의 신들이라고 할 수 있다. 그리고 그 성격이 여성적이었다. 비카오스화와 함께 신도 비카오스화된다. 신이 비카오스화된다는 것은 극히 합리적이고 이성적 존재로 되었다는 것을 의미한다. 악마의 신인 사탄의 육체는 타이폰으로, 천사의 신은 정신적 존재로 나누어진다. 이러한 악마와 천사의 균열은 서양

---

17 Elise Boulding, *The Underside of History* (Boulder: Westview Press, 1976), 415.

기독교 속으로 그대로 흘러 들어가게 된다. 이러한 이유로 육체는 서양사 속에서 죄악시될 수밖에 없었다. 서양의 악마상은 전형적인 타이폰과 우로보로스상을 모두 지니고 있다. 자웅동체적 태모상도 지니고 있다. 동양에서는 우로보로스-타이폰-태모가 구별되며 그렇게 악마화되지도 않았다.

IV

그리스인들의 비카오스화

그리스인의 개성화와 합리화

그리스인들은 서구 문명사에서 자기 자신을 개인으로서 그리고 그 개인을 합리적인 자아로 의식했던 최초의 사람들이다. 고대 세계의 역사가 개인주의 이전의 단계에서 개인주의 단계로 이행된 것은 바로 그리스에서였다.[18] 야곱 부흐카르트 같은 역사학자는 인간의 개체적-인격적 자아, 즉 '퍼스널리티'의 출현을 촉진시킨 세 가지 주요한 역사적 시기를 기원전 6세기의 그리스 시대, 이스라엘의 예언자 시대, 유럽의 르네상스 시대로 보고 있다. 이 세 시기는 모두 인간의 합리적 자아의식이 고양된 시기로서, 이 시기를 두고 비카오스적 시기라고 본다. 이 시기에 인간은 '개성'이 무엇인지를 발견하게 된다. 이성적 존재로서의 자기인식, 이것은 인류 문명사에 괄목할 만한 사건인 것이다.

그러면 왜 하필 그리스에서 비카오스적인 합리적 자아가 제일 먼저 등장하게 되었는가? 이에 대하여 제베데이 바루부는 그의『역사심리학』

---

18 제베데이 바루부/임철규 역,『역사심리학』(서울: 창작과비평사, 1988), 103.

에서, "인간이 자기 자신을 개인으로서 의식하게 된 것은 그리스 문명의 출현과 더불어 자연발생적으로 생긴 것이 아니다. … 그리스인들은 그 것을 역사의 어떤 특정한 단계에서 우연히 발견한 것도 아니다. 그렇기 는커녕, 오히려 그것은 고전시대가 끝날 무렵 이오니아에서 시작해서 헬레니즘 시대가 끝날 바로 그 무렵까지 계속 성장한 그렇게 될 만한 심 리역사적 과정에 있다. 그리고 우리가 그리스 역사 자체 내에서 개인주 의 이전의 문명에서 개인주의적 문명으로의 이행과정을 탐구할 수 있는 것은 이런 이유 때문이다"[19]라고 했다. 바로 그리스 이전의 우로보로스, 타이폰, 농경소속감의 세 시기가 지나고, 태양 시기의 중기에 해당하는 것이 '그리스 문명'이라고 할 수 있다. 그런 의미에서 그리스의 등장은 우연 적인 것도 우발적인 것도 아니다. 그런데 종종 서양 역사가들이 놓치기 쉬 운 것으로서 같은 시기에 동양에서도 이와 비슷한 현상이 생겨났다는 사실 이다. 그러나 그 개인의 자아 정신은 같지 않았다.

어쨌든 그리스의 합리주의 정신을 더 자세히 살펴보면 다음과 같다. 정확히 기원전 7세기 말 이래로 아테네 사람들은 자기 자신을 수동적인 도구로 의식하는 데서 벗어나서 점차로 자신을 합리적인 주체로서 의식 하게 되었다. 즉, 자기 자신을 사는 사회의 질서와 전체로서의 질서에 기 초가 되고 있는 객관적 가치와 객관적 규칙의 소유자로서 자각하게 되었 다. 개인의 내면적 자아에 대한 성찰은 소크라테스의 "너 자신을 알라"는 격언 속에 요약된다.

개성화와 합리화는 문명의 비카오스화의 양대요소라 할 수 있다. 개 성화가 개인의 내면적 자아의 통합된 표현이라면, 합리화는 개인의 사

---

19 헬레니즘 시대에 이르러 문학은 작가들과 독자들에 의해 그 자체로서 연마되는 특수한 활 동이 된다. 폴 벤느/김지영 역, 『그리스인들은 신화를 믿었는가』 (서울: 신생총서, 1993), 93.

회적 통합의 표현이다. 개성화가 개인의 분리성과 독자성의 감정에 결부된 것이라면, 합리화는 개인의 사회에 귀속하는 감정에 기초한다. 개인은 합리화를 통해 사회의 일원이 되는 자기 자신을 의식하게 된다. 고전 시대의 그리스인들의 자아는 개성화와 합리화라는 두 과정을 통해 완전히 균형 잡혔다.[20]

　태양화 시기 이전에는 농경소속감시기가 있었다. 이집트, 바빌로니아, 페르시아 등과 같은 그리스 이전의 문명은 개성화가 안 된 문명이었다고 할 수 있다. 농경소속감시기에 인간들은 공동체의 생활 안에서 자기 자신을 '우리'로서, '참여자'로서만 알고 있었다. 즉 '나'로서의 개체적인 인격 또는 전체로서의 개인적 정신구조는 집단의 구조 속에 매몰되어 있었다. 그런데 농경소속감시기를 벗어나고 태양 시기로 들어와서 인간 스스로가 개인으로서 자기를 의식한 최초의 시작이 그리스인들로부터 나타난다.

　그러나 우리는 그리스인의 비카오스적인 개성화는 그것이 남성적 개성화였다는 사실을 분명히 알아야 한다. 제우스는 분명히 남성이었다. 그리고 그리스인들의 합리화는 이성적 자아로서 비이성적인 요소들을 배제하는 자아였다는 사실도 알아야 한다. 이러한 남성적-이성적 자아는 제우스가 타이폰을 살해하는 장면에서 시작했다. 결국 제우스의 대승리와 함께 비카오스적인 개성화합리화 작업이 그리스인들의 의식 속에서 생겨났다.

---

20 동양에 나타난 붓다, 노자, 공자 등은 이미 자아와 합리성의 극복을 통한 초인격성을 추구한다. 그리스인들이 이상화시킨 이성적 자아는 그 당시에 동양에서는 이미 부정되고 있었다.

수치냐, 죄냐?

　기원전 4세기 그리스 사회는 '미처 날뛰는 개인주의 시대'라고 할 수 있을 정도로 비카오스적 개인주의가 만개된 시기였다. 즉 기원전 4세기에서 6세기 사이의 두 세기는 개인주의가 눈에 띄게 증대된 시기였다. 기원전 2000년경부터 등장한 가부장제가 기원전 6세기 즈음에 어느 정도 무너지면서 각 개인은 가족이나 부족의 구성원으로서만이 아니라 독립된 주체임을 의식하게 되었다.[21]

　이러한 개인의식은 그 당시에 쓰인 서정시나 극시 그리고 철학 속에 가장 잘 나타나 있다. 기원전 4세기는 도시국가가 몰락하는 한편 헬레니즘 문명이 탄생한 시기였다. 헬레니즘 문명의 특징은 문화의 다원성이라고 할 수 있다. 인간은 하늘의 별과 달 같은 것이 아닌, 자기 내면세계의 성찰에 힘을 쏟게 되었다. 고독감에서 출발한 자기 내면의 성찰은 금욕주의로까지 발전하였으며 스토아학파에 속한 인물들에 의하여 극대화되어졌다고 할 수 있다.[22]

　그런데 아직 개인의식이 싹트지 못한 공동체 문화에서는 그 안에서 자기 체면을 유지하고, 얼굴 깎이지 않는 것에 더 급급하였다. 그래서 여기서는 수치심이 지배적이었다. 잘못을 저질러 놓고도 철저하게 자기 잘못을 뉘우치는 것이 아니라 체면을 손상시키지 않고, 명예 퇴진하는 쪽에 더 신경을 썼다. 이런 문화를 문화인류학자는 '수치 문화(shame culture)라고 한다. 오늘날 재산공개와 함께 지명도 높은 인물들이 조금도

---

21 바루부, 109.
22 탈레스가 하늘의 별을 관찰하다 하수구에 빠진 얘기는 유명하다. 그는 인간세계보다는 자연세계에 더 관심을 가졌었다. 그러나 소크라테스는 '너 자신을 알라'고 인간 내면세계를 들여다보라고 했다.

회개하는 빛이 없이 어떻게 하면 명예퇴진을 할 수 있을까 하는 것도 수치문화의 소산이라고 할 수 있다. 즉 "다른 사람으로부터 인정받지 못하고, 질책당하거나 조소 받지 않을까 하는 데서 오는 공포와 당혹," 이것이 수치 문화 속에 사는 인간들의 특징이다. 인류학자들은 동양문화권이 대부분 이런 수치 문화권이라고 했다.[23] 회개할 수 없는 자아 의식이 미발달 할 때에 나타나는 현상이라는 것이다. 잘 못을 인정하는 것보다는 체면을 유지하는 문화라는 것이다. 과연 그런가? 그르면 "의를 위해 자기 목숨을 버리라"는 유교의 덕목은 어떻게 이해될 것인가? 맹자는 仁義禮智를 四端이라 했다. 그는 義는 인간의 수치심을 아는 데서 그 단서가 되어 나타난다고 했다. 수치심은 어디까지나 빌미일 뿐 그 끝은 의로움으로 나타내야 한다. 다시 말해서 유교는 '수치심'을 한 부분에서 나름대로 자리 매김하고 있다.

일찍이 개인주의 의식이 싹튼 문명권에서는 수치 문화가 아니라 죄의식이 깊이 싹터 죄의 회개 문화로 발전했다고 한다. 죄의 문화권 속에서 개인은 자기의 잘못을 철저하게 깨닫고 속죄함으로써 용서를 빈다는 것이다. 서양의 기독교 문화가 그 대표적인 예라고 할 수 있다. 다윗의 속죄 같은 예는 유명하다. 왕이라도 자기의 잘못을 지적받을 때 삼베옷을 입고 잿더미 위에서 신에게 속죄를 빌었다.

그리스에서는 4~6세기경 수치 문화에서 죄의 문화로 전환되었다. 이러한 전환은 바로 개인의 개성화 과정과 밀접하게 연관되어 있다. 개인화가 이루어지기 전의 그리스 사회는 "너의 신을 존경하라", "너의 부모를 존경하라", "낯선 사람을 대접하라"와 같은 사회적 관습이 최고의 가치였으며, 이러한 계율을 지킴으로써 사회적으로 '덕망' 있는 인물로 존

---

23 수치심 문화 운운은 동양을 오해하고 있음이 분명하다.

경받았다. 그러나 개인화 과정이 일어나면서 개인은 자기의 과오를 신이나 가문 그리고 운명에 투사하지 않고 오직 자기 자신에게로 그 책임을 물었다. 죄인은 그 자손까지 벌을 받을 필요가 없게 되었다. 「구약성서」에서는 처음으로 에스겔이라는 예언자가 부모가 먹은 포도의 신맛이 자손의 입에까지 맛보게 할 필요가 없다고 하였다. '우리'가 아닌 '내'가 죄인이라는 뜻이다.

개성의 비카오스화와 함께 수치 문화가 죄의 문화로 바뀜으로써 서양문화사에는 긴 역사 동안 인간이 죄책감에 시달리지 않을 수 없게 되었다. 중세기 1천 년 동안 죄의 속죄는 율법화되었으며 드디어 가톨릭교회의 면죄부 판매에까지 이르게 되었다. 그래서 서양문명이 수치 문화에서 죄의 문화로 발전한 것에 대해서는 긍정 반 부정 반이라 할 수 있다. 책임적 존재로서의 개인의 등장은 오늘날 서구시민사회를 건설하는 데에 공헌했다고 할 수 있을 것이다. 다른 한편 인간은 죄의 개념을 인간과 인간 사이에 국한시켜 결국 인간이 자연에 대하여 짓는 죄에 대해서는 전혀 무관심하게 되었다. 결국 그 결과로 생태계적 위기에 직면하게 되었다. 서양의 죄 개념은 살인을 포함한 '살생'(殺生) 자체를 죄로 규정하는 동양의 죄 개념과는 거리가 멀게 되었다. 이제 "인간은 자연을 위하여 자연은 인간을 위하여"라는 구호를 제창할 때이다.

동양문화를 도식에 의하여 수치 문화라고 규정함은 잘못이다. 이처럼 그 죄의 개념에 있어서 서양과 동양은 다른 점이 있다. 서양의 개성화는 윤리관을 선과 악으로 나누는 데 있다. 그러나 동양사상, 특히 불교는 '나' 자신이 온갖 문제의 근원이라고 본다. 그러나 서양은 지금까지도 개성화된 '나'를 이상화하고 있다. 전체와 분리된 '나'가 불행의 원인이기 때문에 전체와의 분리 자체를 문제 삼는다.

친구가 남남으로

　기원전 6세기경의 그리스 사회는 합리화의 발걸음이 매우 바빴던, 즉 비카오스화의 과정이 가장 활발하게 진행되던 시기였다고 할 수 있다. 개성화와 합리화는 같은 함수를 가지고 있지만 그 방향은 서로 반대였다. 즉, 개성화는 개인적이고 내면적이었지만, 합리화는 외면적이면서도 사회적이었다. 인간이 합리적인 사고를 하려는 가장 큰 이유 가운데 하나가 정상적인 사회인이 되기 위해서이다. 만약 지금이라도 합리적 사고를 하지 않는다면 사회로부터 빈축을 받고 소외당하고 만다.

　호메로스와 고전 시대에는 주술적이며 신비적으로 생각하는 것이 그 사회에 잘 적응하는 길이었다. 그러나 기원전 6세기만 하더라도 신비와 주술의 힘은 모두 다 물러가고 합리적인 사고만이 사회를 지배하게 되었기 때문에 개인은 속히 합리화되는 것이 사회화되는 첫길이었다. 초자연적인 신비의 힘에 호소하지 않고, 사물 그 자체 및 사물의 내적 연관에 의하여 주어진 그대로의 물리적 환경을 이해하고 설명하고자 하는 경향을 뚜렷하게 보여주고 있다. 주술과 미신으로 가득 차 있는 시골 촌뜨기가 도시에 와서 겪는 과정이 이와 같다고 할 수 있다.

　6세기 그리스인들은 자기들의 경험이 가져다주는 감각 자료와 그것을 처리하는 정신 활동에 한정하여 규범과 표준을 정하였다. 그렇게 함으로써 그들은 신성한 것이 개입해 들어오는 것을 차단시켰다. 이런 특징은 6세기 철학자이며 엘리아학파의 창시자인 크세노파네스(Xenophanes)의 사상에서 뚜렷이 나타난다. 그는 인간의 특질을 신에게 귀속시키는 것을 거부하였다. 헤라클레이토스는 "가장 현명한 인간도 신에게 비교하면 지혜나 아름다움, 기타 모든 점에서 원숭이처럼 보인다"라고 했다. 이 말에서 신성한 것과 자연적인 것이 뚜렷이 구별된다. 6세기의 그리스인들은 감정을 이성으로 잘 다스리는 훈련을 하게 되었다. 감정은 무의식 속으로 밀려났다. 뇌의 변연계(limbic system)가 요구하는 동물적인 충동을 신피질이 잘 조절하고 억제할 수 있었다는 것을 의미한다. 일련의 이러한 과정은 문명의 비카오스화를 가속화시켰다.

6세기 그리스 사회의 두드러진 특징은 정으로 맺어진 동료를 '타인'으로 바라보게 되었다는 것이다. 즉, 자기 자신으로부터 서로서로 구별된 단위로 지각함으로써 의사소통을 위한 의식적인 노력이 증가하게 되었다. 만약 친구마저 타인으로 객관화시키지 못하였다면 그곳에서는 정감에 얽매어 온갖 부정부패가 자행될 것이 명백하다. 이런 면에서 동료의 타인화에서 시민 정신이 싹트게 되는 것이다. 코로나19로 불가피하게 우리는 지금 비대면(untact)이란 서로 타인이 되는 시대로 돌입했다.

그리고 이러한 시민정신을 뒷받침하는 것은 규칙, 규범 혹은 원리 같은 것이다. 동료는 이제 정(情)으로 맺어지는 것이 아니라 '사교'(社交)를 통해 새롭게 관계가 규정된다. 6세기 소피스트들(Sophists)이 이런 사교술의 명수들이었다. 그들은 사교에 필요한 수사학을 발전시킨 장본인들이었다. 이미 친구관계가 말의 꾸밈으로 맺어진다면 옛날 관계는 아닌 것이다.

합리적 사회를 지배하는 규범과 규칙은 법(法)으로 모두 총정리 요약된다. 과거 사회는 개인의 권위에 의존해 있었지만 합리적인 사회는 법의 권위에 의존하게 된다. 법이야말로 사회를 비카오스적으로 만드는 실천적인 도구였다. 이제부터는 법으로 다스려지게 되므로 법에 적응하는 훈련을 기르는 것이 합리적이다. 지금도 합리적인 사람이란 그 사회가 만들어 놓은 법과 규칙에 잘 적응하는 사람을 의미한다. 6세기 그리스의 솔론(Solon)이야말로 성문법전(成文法典)을 만들어 사회질서의 초석으로 놓으려고 했다. 솔론의 법이 순수하게 합리적이었다고는 할 수 없지만, 어쨌든 그 초석을 놓았다.

데스모이와 노모이

그리스의 역사는 크게 호메로스 시대(기원전 8세기 말 이전), 아케이즘 시대(기원전 7~6세기), 고전 시대(기원전 5~4세기), 그 이후는 헬레니즘 시대(4세기 이후)로 나눌 수 있다. 그런데 아테네 공동체 안에서 사회행동의 내면화는 아케이즘 시대 말경부터 발생하였다.

그리스인들의 법에 대한 태도는 아케이즘 시대와 고전시대 사이에 그 판이한 차이점을 보여주고 있다. 즉, 아케이즘 시대에는 법이란 신이 내려준 것이었다. 즉 아폴로신이 아테네의 웅변가였던 리쿠르고스(Lycurgos, BCE 390~324)를 통해 헌법을 내려준 것이었다. 바로 이것이 스파르타의 헌법이었다. 그래서 아케이즘 시대의 법은 타율적이었으며 내면화되지 않았던 법이다. 이는 마치 모세가 타율적으로 신의 음성을 듣고 만든 율법과 같다. 그런데 완전히 법이 내면화되고 인간화되지는 않았지만 신의 타율적인 성격에서 많이 일탈한 것이 솔론의 법이었다. 솔론의 법은 아직도 그 내용 속에 신비적인 요소들을 많이 지니고는 있었지만, 법의 권위를 시민동의로부터 얻어낸 것에 특징이 있다.[24]

그리스에는 공법(公法)을 나타내는 두 개의 개념이 있었다. 그 두 개의 개념은 '데스모이'(thesmoi)와 '노모이'(nomoi)가 바로 그것이다. '데스모이'란 그 말의 뜻이 이미 보여주는 바와 같이 신율적(神律的)이었다. 데스모이는 신들의 신성한 권위에 바탕을 둔, 성문화되지 않고 구전으로

---

24 Samuel Enoch Stumpf, *Philosophy: History and Problems* (New York: McGraw Hill Book Company, 1983), 46.

사제들에 의하여 전승된 것이다. 그러니 자연히 사제의 말 한 마디가 곧 '아티마'(atima), 즉 법률상의 모든 권한을 빼앗을 수도 줄 수도 있었다. 자연히 재판이란 주술적인 분위기 속에서 진행될 수밖에 없었다. 이것 역시 양원적 마음의 결과이다. 이 시기에 그리스인들은 좌뇌를 우뇌에서 완전히 분리시키지 못했었다. 그리스인들은 아케이즘 시대 말(6세기 말)까지 이런 식의 재판을 받으면서 살아왔다. 이런 식의 타율적인 법은 법이라기보다는 차라리 터부(禁忌, Taboo)에 가까웠다.

인간의 양심에 의한 자율적인 선택이 아닌 신탁에 의한 타율적인 법에 대한 복종은 어떤 면에서 더욱 엄격한 면이 있었다. 동양인들은 갑골문으로 점친 것과 같다. 그러나 인간의 인지발달과정이나 역사발전과정에서 볼 때 타율에서 자율로 옮겨가는 것은 자연스러웠다. 인간 개인 나이로 7세쯤 되면 철이 들고 그때부터 자율적으로 행동하기 시작한다. 이런 자율화가 생기기 시작한 시기가 바로 고전시기였다고 할 수 있다. 고전시대에 등장한 법은 내면화된 자율적인 것이었다. 즉 '노모이'(nomoi)가 바로 그것이다. '노모스'(nomos)란 신의 신탁에 의존한 것이 아닌 공중의 동의에 기인하고 있었다.[25]

지금과 같이 대표자들이 법을 만들고 대중이 동의한 다음에야 법으로서 효능을 가질 수 있었다. 이런 법을 우리는 합리적인 과정을 거쳐 만들어진 법이라고 한다. 이런 합리성은 양날을 가진 칼과 같다. 한 날에는 '공동의 이익'이, 다른 한 날에는 '자제'(自制)라는 것이 있다. 신율이란 법에는 자제라는 것이 필요 없다. 사제의 말에 그냥 복종만 하면 되기 때문이다. 이제부터 사람들은 자기의 이익 대신에 공동의 이익을 위해 자제할 줄 아는 기술을 배워야만 한다. 그러지 못하고 과대하게 자기 이익만

---

25 바루부, 147.

을 추구할 때 공동선은 무너지고 만다. 이런 자제력은 외유내강(外柔內剛)이란 말에 포함되어 있듯이 내면의 자기 양심에 철저한 훈련을 의미한다.

기원전 5세기 말엽부터 올림포스 신전에 우거하던 신들의 권위는 실추당하기 시작한다. 중국의 경우에는 주(周)대로 넘어오면서 '상제'(上帝)가 사라지고, '천'(天)이 등장하기 시작한다. 그리고 공자의 경우에는 타율적인 신의 권위를 전무라 할 정도로 부정한다. 타율적인 도덕의 근거가 내면화되어진 것을 덕(德)이라고 했다. 이스라엘에도 예레미야에 이르러 율법이 내면화되었고, '신은 산양이 아닌 마음의 향내 나는 산제사를 원한다'고 한다. 이를 '새계약'이라고 했다.

그리스의 경우에는 호메로스 시대를 지배하던 귀족계급들이 몰락하고 올림포스 신앙은 귀족주의적 색채에 잘 어울렸다. 신흥평민계급들이 등장하였다. 기원전 5세기가 끝날 무렵 그리스 사회는 최악의 '불안시대'에 접어들고 중국에서도 춘추전국시대가 출현한다. 올림포스의 신들은 이런 시대의 인간을 제어하는 데는 역부족이었다. 이제부터 법은 절대다수의 공동선을 보장하는, 합의에 의한 법이어야 했다. 그리고 개인은 이런 법 앞에서 자제할 수밖에 없었다. 우리는 이런 법을 비카오스적인 법이라고 한다.

레아 준테스

그렇다면 왜 그리스에서 개성화와 합리화의 작업이 제일 먼저 시작되었는지 그럴 만한 특별한 이유가 무엇인지 알아보는 것이 순서일 것이다. 바르부는 그 이유로서 세 가지를 손꼽고 있다. 즉, 그리스의 기후, 그리스의 종교, 그리스의 사회적 배경이 그것이다.[26] 먼저 지중해적 기후가 그리스적인 정신구조에 어떤 영향을 미쳤는지에 대한 관심은 많은 사람의 주의를 끌어온 것이 사실이다. 바르부 자신은 그리스인의 인격 형성에 지중해적 기후가 미친 영향은 전혀 없다고 결론짓고 있다. 즉, "인간은 자기가 사는 자연환경과 기후에 지대한 영향을 받는 것이 사실이고, 특히 지중해의 온화한 기후가 그리스인들에게 삶의 쾌적감적으로 해결하도록 도와주었을 것이지만, 그렇다고 모든 지중해적 기후가 그리스적인 합리성을 보장하는 것으로 보기는 어렵기 때문이다. 왜냐하면 많은 유사한 기후 속에서도 그리스적인 인격이 생겨나지 않은 곳도 있기 때문이다."

그리스인들의 개성화와 합리화에 지대한 영향을 준 것은 무엇보다도 그리스의 종교라고 보여진다. 그리스 신들은 세계의 여타 신들과는 달리 인간에게 친밀감을 주는 신들이었다. 그리스 신들은 인간인지 신인지 구별되어지지 않을 정도로 사랑하고, 질투하고, 노하고, 기뻐했다. 두려움의 신에서 점차로 친밀감을 주는 신으로 변해 갔다. 그리스의 신들은 명령하는 신이 아니었고 차라리 조언하는 신이었다. 엄한 부모 밑에서 개성이 강한 자녀가 자라나지 못하듯이 무서운 신들 밑에서는 인간의 자유분방한 자아가 생겨날 수가 없는 것과 마찬가지이다. 그야말로 그리스인들은 '레아 준테스'(rhea zoontes), 즉 제멋대로 생활하는 사람들이었다. 올림포스 신들의 비권위적인 성격이 그리스 사람들로 하여금 자기의 개성을 제멋대로 발휘할 수 있도록 만들어 주었을 것이다.

그리스의 다신교적 성격도 그리스인으로 하여금 개성을 기르는 데 공헌했을 것이다. 유대-기독교의 유일신(唯一神) 신앙 밑에서는 인간의 맹종과 복종뿐이었다. 유일신의 엄격성에 비교하면 그리스의 신들은 인

---

26 바루부, 199.

간과 거의 서로 대등한 권력을 분담하면서 어려운 난제를 상의하고 협의함으로써 해결한다. 여기서 그리스인들은 사회생활에 있어서 토론문화와 대화문화를 정착시킬 수 있었고, 합리적으로 살아가는 법을 배웠을 것으로 보인다.

물론 유대교에서도 두 가지 신의 성격이 있는데, 신 엘로힘(Elohim)과 야훼(Yahweh)는 판이하게 다르다. 전자는 권위적이고 인간의 의사를 전혀 고려하지 않지만, 후자는 인간과 대화하며 인간과 대등한 관계를 유지하는 존재였다.[27] 여기서 인간의 진정한 개성화는 유대-기독교적 전통에 있었지 그리스적 전통에 있었던 것은 아니라고 하는 주장도 있다.[28] 그리스적 전통에는 아직도 신과 인간이 뒤엉켜 분간이 안 되는 상태였는데, 어떻게 인간 독자적인 개성화 작업이 일어날 수 있느냐고 회의적으로 보기 때문이다. 유대-기독교 전통에서는 신에서 인간이 분리되지 않는 것은 모두 우상으로 여겨졌다. 여기서 진정한 개인의식이 싹튼다는 것이다. 그러나 그리스적 자아는 자연에서 아직 미분리된 자아라고 본다.

역시 개성화의 지대한 공헌은 사회적 배경에서 찾아야 한다고 주장하는 것이 바르부의 결론이다. 도시국가(polis) 속에 있는 소규모의 민주사회적 성격이 개성화 작업에 지대한 공헌을 했을 것이라는 주장이다. 그런데 바로 이런 도시국가의 형성과정도 그리스의 지리적 환경과 종교적 배경을 떠나서는 생각할 수 없다. 그래서 그리스인들의 이러한 개성화와 합리화를 현대인들의 그것과 일치시켜 생각해서는 안 된다는 것이다. 왜냐하면 그리스인들은 그들의 합리화라는 과정에서 신화적인 요소

---

27 엘로힘은 일방적으로 세상을 홍수로 멸망시킨다. 그러나 야훼는 소돔 고모라성의 멸망에서 보는 바와 같이 인간과 상의한다.

28 인간이 죄를 자각하고 신으로부터 완전히 분리된 자아의식을 가진 유대기독교 전통에서 개성화가 가능해졌다는 주장이다.

들을 완전히 배제시키고 있지는 않았기 때문이다. 차라리 그 중용을 고수하였다. 그리고 그들의 합리화 속에는 감정이라는 요소가 잘 균형 잡혀 있었다. 그런데 근현대의 인간들은 이런 균형과 중용을 완전히 상실한, 즉 후자의 여러 가지 성격들—신화적 그리고 감정적—을 상실하고 말았던 것이다. 물론 그리스의 개성화와 합리화 과정이 동양에서는 전혀 일어나고 있지 않았다는 주장에도 문제가 있다.

햄릿의 자아와 고뇌

16세기는 이미 태양 화시기 제3기이다. 합리화가 절정기에 이른다. 기원전 2000년경부터 서구문명사에는 남성 원리와 여성 원리가 심각하게 균열되어졌다. 정신이나 이성 같은 것이 남성 원리에 속한다면 감정이나 본능 같은 것은 여성 원리에 속한다고 할 수 있다. 고대 그리스인들만 하더라도 그 합리주의적 정신 속에는 감정적인 것이 그렇게 균열된 상태는 아니었으며 중용적 통합된 인격성을 지니고 있었다고 할 수 있다. 중세기인들도 상대적으로 안정되고 통합된 인격성을 지니고 살았었다.

그런데 서구에서 16세기부터 이러한 통합된 인격이 해체되기 시작한다. 한마디로 말해서 16세기 유럽인들은 그 인격 형태에 있어서 형체가 없었다고 할 수 있다. 매우 유동적이며 특징이 없었다. 그들은 중세기인들에 못지않게 종교적이었을 뿐만 아니라 어느 정도의 합리주의적 정신도 가지고 있었다. 16세기 이러한 영국인들을 중심으로 한 유럽인들의 의식구조는 셰익스피어의 작중인물들 속에 잘 나타나 있다. 루드 앤더슨은, 셰익스피어 극의 주인공들은 공통으로 정신의 부조화와 인격의 비통합적인 성격을 지니고 있었다고 했다.[29] 바로 셰익스피어의 작중 인물들의 비극은 여기서부터 시작된다고 할 수 있다.

햄릿은 매우 사변적이다. 그는 지나칠 정도로 사변적이다. 그런가 하면 햄릿은 그의 초기에 겪었던 성욕(性欲) 때문에 그의 부모에 대하여 양면 가치적 감정을 품게 된다. 그는 세 가지의 성격을 소유하게 되는데 그의 아버지 시대에 속했던 병사적 이상형, 그의 시대에 속했던 학자적 이상형 그리고 정직과 정의의 도덕적 이상형이 그것이다. 그가 이 세 가지 이상형을 한 몸에 짊어지고 있는 데서 비극은 시작된다.

그는 그의 숙부가 저지른 비도덕적인 행동—아버지에 대한 살해와 어머니와의 결혼—에 대해 정의감으로 대결한다. 그런데 그는 성루에서 들려오는 유령의 음성을 듣고 그것을 믿기 시작한다. 그는 그 유령의 음성이 사실인지, 즉 그것을 믿는 것이 합리적일 수 있는지 고민하게 된다. 친구들이 귀띔해준 유령의 소리에 그대로 끌려갔다면 그는 우뇌의 환상적 소리인지 좌뇌의 합리성의 소리인지 전혀 검증하지 않았다. 즉, 그는 양원적이었다. 그는 철저하게 자신이 합리적이라는 확신하기 원한다. 그는 그가 들은 유령의 음성과 그것의 합리적 검증 사이에서 사느냐 죽느냐의 고민을 하게 된다. 그는 유령의 음성—죽은 아버지의 음성—이 사실이라는 것, 즉 그의 숙부가 아버지를 죽인 것이 사실이라는 것을 입증하기 위해서 광대들을 시켜 연극무대를 만든다. 그의 비이성적인 요소와 이성적인 합리성을 연결시켜주는 장치인 것이다. 가상 무대를 통해 현실을 검증하려 한 것이다.

고대 그리스 호메로스 시대에 인간들이 신탁을 그대로 믿고 행동했던 경우와는 판이하게 다르다. 그들에게 있어서 신탁은 그대로 현실이었으며 신탁에 따라 그대로 행동해야 했다. 트로이전쟁은 신들의 전쟁인지 인간들의 전쟁인지 분간하기 힘들 정도였다. 그러나 16세기 인간

---

29 바루부, 223.

들은 근대적 합리주의로 완전히 넘어오기까지 신탁이라는 것을 검증을 통해 받아들이게 된다. 햄릿은 신탁이 사실이라는 것을 완전히 검증하기까지 삼촌을 살해하는 행동을 끝까지 보류한다. 그는 병사적 용기와 함께 학자적 사변을 충분히 지녔다. 한마디로 말해서 햄릿의 성격은 16세기 인간들의 성격을 그대로 반영하고 있다.

16세기 유럽인들은 중세기인들같이 강한 신중심적 신앙이나 엄격하게 일관된 사고방식이 모두 결여돼있었다. 중세기적인 규제로부터 일탈해 있었지만, 합리·비판적 정신을 소유하고 있지는 못하였다. 그 대신 규제에서 일탈한 본능이 걷잡을 수 없이 돌출하고 있었다. 이러한 규제로부터 본능의 탈출이 『리어왕』에서도 뚜렷이 나타나 있다. 셰익스피어의 성격은 이 시대를 가장 잘 대변하고 있다. 18세기에 오면서 합리적 자아 증상은 뚜렷해진다. 그가 가상 무대에서 현실을 검증하려 한 것은 그대로 4차산업시대의 우리의 모습이다.

바로크와 퓨리터니즘

16세기 후반에서 18세기 초에 걸쳐서 남서유럽 미술을 지배했던 양식을 바로크(Baroque)라고 한다. 명암의 뚜렷한 대비, 심한 운동감, 극적인 감정표출 같은 것이 대표적인 바로크적 정신이라고 할 수 있다. 건축양식에 있어서는 곡선이 흘러넘치는 호화로운 장식, 역동적인 공간배치 같은 것이 그 특색이다. 문학에 있어서는 밀턴의 『실락원』이 바로크적 정신을 가장 잘 반영하고 있다.[30] 어쨌든 르네상스에 지쳐 버렸으나 아직 계몽주의가 등장하지 않은 그 사이의 특이한 정신이 바로 바로크적

---

30 바루부, 211.

정신 속에 잘 반영되어 있다. 이러한 바로크적 정신이 셰익스피어 작품 속 주인공들의 성격 속에도 잘 나타나 있다고 바르부는 지적하고 있다. 즉 햄릿의 심한 우울증, 오델로의 간질병적 발작, 리어왕의 분노의 폭발, 멕베드의 냉정을 잃고 허공에서 환각을 봄 같은 것이 바로크적 성격을 그대로 반영한다는 것이다. 제인즈의 말을 빌리면 양원적 마음 가운데 우뇌의 기능이 왕성한 상태이다. 이들 주인공들은 모두 무언가에 미쳐 제정신을 잃고 있는 병리적인 엑스터시 속에 있다. 광신적이며 병적인 비합리적인 요소에 의하여 지배받는다. 바로크 시대의 인간상들은 모두 격노해 있다. 그것을 무슨 특기인 양 삼게 되었으며, 이렇게 억제되지 않은 격노는 바로크 시대의 전 문화적 영역 속에 그대로 나타나게 된다.

바로크 시대의 연극무대를 한번 살펴보자. 복장은 화려하며, 무대장치는 요란하다. 그 시대 사람들은 몸이 오싹하고 아찔한 기분을 맛보려고 극장에 갔던 것이다. 이 말은, 이 시대의 인간들이 본능을 자극시키고 리비도를 폭발시키는 재미로 살았다고 할 수 있다. 그들은 극장 안에서 여성 관객 곁에 앉기를 원했으며, 격정적인 장면에서는 괴성을 지르는 것도 서슴지 않았다. 좀 상스러웠다고 할 수 있다. 배우들에게 휘파람도 불어 대고, 공연이 끝난 다음에는 배우들에게 덤벼드는 일도 있었다. 확실히 바로크적인 요소들은 무언가 새로운 시대가 나타나기 직전의 돌발적인 현상임에 불과하다. 이것은 바로크 시대가 끝나면서 서구에는 강력한 합리주의가 나타난 것으로도 증명된다. 한마디로 말해서 바로크 정신은 합리주의가 등장하기 이전의 전주곡 같은 것이었다. 낡은 시대의 붕괴와 그로 말미암아 생긴 불안이 가라앉고, 새로운 세계의 형태가 뚜렷이 가까워지기 시작한 시기에 대두된 것이 바로크 정신의 성격이다.

바로크는 인간 내면의 모순과 무정부적 상태를 새로운 인격건설을 향하여 돌진하도록 만들었다. 이것이 하나의 예술적인 표현으로 나타날 때 바로크는 인격의 새로운 조화상을 추구하는 것으로 표현되어졌다. 바로크는 그레코로망(Greco-Roman)적인 자아가 무너지고, 아직 자아를 제어할 만한 가치가 나타나기 이전의 그 중간상태인, 제어되지 못한 상태의 리비도가 발작되어 나온 것이라고 할 수 있을 것이다. 이런 바로크적 자아는 이 당시의 건물 양식 속에 잘 나타나 있다.31

서양정신사에 또 하나 빼놓을 수 없는 것이 청교도주의(Puritanism)라고 할 수 있다. 중세기적 제어에서 탈피한 서구정신은 바로크적으로 발작하든지 새로운 제어로 방향을 돌리든지 하는 수밖에 없었다. 청교도주의는 가톨릭적인 방향감각을 상실한 인간들에게 하나의 반작용을 일으킨 운동이었다. 바로크같이 정동적(情動的)인 감정을 그대로 노출시킬 수는 없었다. 청교도주의는 낡은 가톨릭 신앙에서 일탈하여 그로 말미암아 생긴 천벌에 대한 무의식적인 두려움에 대한 반동에서 생긴 것이었다. 따라서 청교도주의는 바로크와는 다르게 중세기적 정신에 반응한 것이었다고 할 수 있다.

청교도주의는 가톨릭의 이상으로 인간의 감정을 죄어들었다. 중세기적인 초자아보다 한층 더 엄한 인격으로 이끌었다. 청교도주의의 신은 절대군주의 모습 바로 그대로였다. 가톨릭 세계를 무너뜨린 인간들은 거기에 따른 아나키 상태를 매우 두려워했으며, 결국 청교도주의를 통해 자유로부터 새롭게 도피했다. 그러나 그 도피처에는 새로운 억압구조가 기다리고 있었다.

---

31 J. 애시부룩은 고딕형의 건물양식은 좌뇌 특징을 그리고 돔양식은 우뇌의 특징을 잘 반영한다고 썼다. 바로크 양식은 그 중간쯤 된다고 할 수 있다. James B. Ashbrook, *The Brain and Belief* (Bristrol: Wyndham Hall Press, 1988), 206.

V

공자와 예수의 의식구조

공자의 비카오스적 의식구조

공자는 자기의 도를 하나로 꿸 수 있다고 했다(一以貫之). 공자는 그 의식구조에 있어서 그 이전 시대와 다른 점이 있었다. 공자는 『논어』〈옹야편〉에서 '觚不觚 觚哉觚哉'라고 했다. 고(觚)란 공자 이전 시대부터 사용하던 술병이었다. 그 모양이 모서리져 있었다. 그런데 후대인들은 모서리가 지지 않은 것도 '고'라고 부르게 되었다. 그래서 "고는 고가 아니다. 슬프다 고여! 슬프다 고여!"라고 했었다. 공자는 사물과 이름이 일치해야 한다는 정명(正名) 사상을 그의 사상의 중심으로 삼았다. 사물에 해당하는 이름이 있으면 그 이름과 사물은 일치되어야 한다고 보았다.

모서리진 술병을 고(觚)라고 했으면, 딴 것을 두고 고라고 해서는 안 된다는 고집을 공자는 가지고 있었다. 좀 고지식해 보인 주장 같지만 현대 비트겐슈타인은 공자에 대하여 경탄할 것이다. 바가지란 원래 박으로 만든 것인데 요즘은 플라스틱으로 만든 것도 바가지라고 한다. 요즘은 흙으로만 빚어 만든 것이 아닌 플라스틱 제품도 '바가지'라 한다. 공자는 바로 바가지는 박으로 만든 것이어야지 플라스틱으로 만든 것을 두고 바가지라고 해서는 안 된다고 한 것이다. 공자에게 있어서 이러한 정명사상이 얼마나 심각했고 철저했는가를 그의 다음과 같은 말속에 잘 나타나 있다.[32]

임금은 임금다워야 하고($君^1$ $君^2$),
신하는 신하다워야 하고($臣^1$ $臣^2$),
아비는 아비다워야 하고($父^1$ $父^2$),
아들은 아들다워야 한다($子^1$ $子^2$)

공자 이전에는 $君^1$과 $君^2$, $父^1$과 $父^2$ 사이에 그렇게 심각한 균열이 없었다. 이것이 바로 원시적 미분화 그리고 전분별적 상태였다. 그러나 공자가 살던 춘추전국시대는 이러한 말의 이중화 현상이 심각하게 생기기 시작했었다. 한 실체의 이러한 이중화 현상을 X^2라고 표시하자. 그렇다면 "X^1는 X^2 다워야 한다"라고 위의 네 가지 종류의 이중화 현상을 요약할 수 있을 것이다. 이런 이중화 현상은 곧 의식의 비카오스화 현상이라고 할 수 있다. 의식이 메타화 된다고 할 수 있다. 소크라테스가 "너 자신을 알라'고 할 때도 알려지는(Known) 자아와 알고 있는(Knowing) 자아 사이에 이중화 현상이 이미 생긴 것이다. 소크라테스 이전의 그 누구도 이런 말을 하지 않았다. 확실히 원시인들이 현대인들과 다른 점은 자기의 의식을 다시 대상화시켜(메타화시켜) 알려지는 것과 아는 것 사이에 차이가 생긴 것이라 할 수 있다. 그런 의미에서 서양에 있어서 합리주의와 관념론은 엄격한 의미에서 소크라테스로부터 생겼다고 할 수 있을 것이다.

공자에게로 돌아와 그의 말에서의 의식의 이중화 현상을 다시 살펴

---

32 태동, "사유의 흐름," 「신학논단」 제18집(서울: 연세대학교, 1989), 13.

보기로 하자. 공자는 "과오를 범하고 뉘우치지 않을 때 이것이 곧 잘못이다"(見過而不改 是謂過也)라고 했다. 이를 쉽게 기호화해 표현하면, 過¹(不改) 過²와 같다. 이제부터는 어떤 일을 저지르는 잘못(過¹)이 있고, 다시그 저지른 잘못을 고치지 않는 잘못(過²)이 있는 것이다. 그는 또한 아는지식에 있어서, "아는 것을 안다고 하고 알지 못하는 것을 알지 못한다고하는 것이 아는 것이다"(知之爲知之, 不知爲不知 是知也)라고 했다. 앎(知)에도 이제부터 두 가지 종류가 있게 되었다. 알지 못하는 것을 알지 못한다고 하는 것도 앎이라는 것이다. 아는 것(知)도 앎에 포함될 수 있지만알지 못하는 것(不知)도 앎에 포함될 수 있게 되었다.

실로 이것은 인류정신사에 있어서 하나의 놀라운 사건이다. 동물에게는 그 의식 전개사에 있어서 이러한 이중화 현상이 아직 일어나지 않고 있다. 아마도 먼 미래에 동물에게도 이런 현상이 나타날지 모른다. 일찍이 인류는 기원전 5~6세기경에 이르러 이러한 이차원적 의식구조를가질 수 있게 된다. 문명의 진정한 비카오스화 현상은 이런 의식의 이중화 현상에서부터 시작된다. 플래톤, 아리스토텔레스, 공자, 노자, 석가등에서 우리는 이런 이중화 현상을 두드러지게 발견할 수 있다. 플래톤이 이데아와 사물 사이를 나눈 것도 이런 이중화 현상이다. 동양에서는이런 2차원적 사고방식은 극복되어져야 한다고 생각하고 그것을 초월한다. 그러나 서양은 고수한다. 그래서 서양철학은 플래톤 철학의 주석에 불과하다고 할 때에 이 말은 그에게 와서 지식의 메타화 혹은 이중화현상이 나타났기 때문이다.

태모와 군자君子

중국에서 가부장제가 확실하게 성립된 시기는 주(周)대부터라고 할 수 있다. 그 이전의 은(殷)까지만 하더라도 모계사회의 흔적이 뚜렷하다. 은에서 주대로 바뀌는 기원전 12세기는 모계에서 부계로 바뀌는 문명의 대전환기였다. 주를 창건한 씨족은 희(姬) 씨였다. 희 씨 일가족이 중국을 통일하고 강력한 중앙집권체제를 유지하기 위해서는 하나의 강력한 이념이 필요했으며, 이러한 필요성에 의해 생겨난 이념이 곧 충(忠)과 효(孝)였다. 충효란 곧 강력한 남성인 왕(王)과 남성인 아버지에 대한 복종을 의미한다. 라캉의 상징화가 강화되었다는 말이다.

충효와 함께 이상적인 남성상, 즉 군자(君子)라는 남성상이 등장했으며, 이들은 오랫동안 중국과 동양 사회를 지배해 온 유교의 이상적인 인간상이기도 했다. 공자 역시 군자를 최고의 이상적인 인간상으로 여겼다. 그리고 공자가 말하는 군자상은 남성 원리를 그대로 지니고 있었다. 공자는 <李氏篇>에서 "군자에게는 세 가지 경외하는 것이 있는데, 천명(天命)을 경외하고, 대인(大人)을 경외하고, 성인(聖人)의 말씀을 경외한다. 소인은 천명을 알지 못하므로 경외하지 않는다. 그리하여 대인을 업신여기고 성인의 말씀을 모욕한다."라고 했다.

공자는 군자란 무엇보다 하늘의 뜻[天命]을 따라야 한다고 했다. 그는 군자를 '하늘'의 아들이라고 보았지 땅의 아들이라고는 보지 않았다. 우리는 공자의 '천명'이란 말을 땅에 대립하여 이해할 때 그는 농경모계 사회를 거부하고 뚜렷한 가부장제를 수립하려는 의도를 발견하게 된다. 농경사회의 태모는 첫째도 둘째도 다산(多産)에 관계되며 그것은 땅을 떠나 생각할 수 없다. 다산이란 곧 '이'(利)를 추구하는 것이다. 공자는 이익추구를 극단으로 혐오하고 있으며, 이익추구를 소인배들의 몫으로서 군자의 행동과 반대되는 것으로 간주한다. 공자는 "군자는 높은 경지에 도달[上達]하고, 소인은 낮은 이익에 통달[下達]한다"(『논어』 <헌문편>). "군자는 의(義)에 밝고 소인은 이(利)에 밝다"(『논어』 <이인편>)라고 했다.

'땅'이 항상 물질적 이익과 관계되어 있는 반면에 '하늘'은 항상 높은 정신적 윤리와 관계되어 있는 것이 동·서양에 공통된 하나의 현상이라고 할 수 있다. 군자는 도를 추구하려고 생각하지, 개인의 식생활을 위하여 일을 도모하지 않는다. 군자는 도가 실행되지 않을까 걱정하지, 빈곤한 것을 근심하지 않는다(『논어』 <위령공편>). 공자는 이러한 군자상에 가장 적합한 인물로서 안회(安回)를 손꼽고 있다. 안회는 너무 가난하여 젊은 나이로 죽을 정도였다. 공자의 이러한 균열은 유럽적 균열에 준하는 '중국적 균열' 현상이라고 볼 수 있다.

군자가 따를 가장 높은 덕목은 인(仁)과 의(義)였다. 이것은 하늘이 내려준 인간이 지상의 가치로서 준수해야 할 덕목이다. 자기 목숨을 버려서라도 의를 성취해야 한다[舍生取義]. 자기 몸을 버려서라도 인을 이루어야 한다[殺身成仁]. 그러나 태모의 가치는 생명 유지와 몸의 보존에 있었다. 유교 윤리가 등장하면서 인간의 몸을 위하는 물질적 이익추구를 극단적으로 배격하게 되는 동기는 두말할 것 없이 모계사회의 태모가 가지고 있던 가치관을 부정하기 위해서였던 것이다.

만약 부계사회가 등장하지 않았더라면 하는 가설을 세워 본다. 그 결과는 세계 도처에서 정의, 사랑 같은 정신적 가치가 등장하는 데에 문제가 있었을 것이다. 동양 사회에서 유교 윤리의 공헌은 인간의 의식을 물질적인 가치에서 정신적인 것으로 전환시킨 것이라고 할 수 있을 것이다. 그러나 인간은 떡으로만 살 수 없듯이 인의만 가지고도 살 수 없는 존재이다. 유교 윤리가 후기에 와서 실리(實利)를 경시하는 방향으로 경도되어 실학(實學)이 등장하게 되었다. 그러나 한편 부계사회로의 전환이 이루어지지 못한 사회에서는 아직도 물질적 이익 추구 이상의 가치관이 없는 곳도 있다.

한국의 실학은 유교 이념을 살리면서 실리를 추구하는 경향이 있다.

그러나 다른 한편으로는 유교 윤리의 붕괴와 함께 군자 혹은 선비는 사라지고 소인배들이 부동산투기 및 부정축재로 태모 다산의 가치가 자본주의와 함께 재방문하고 있다. 태모의 치마폭이 아닌 남자들의 호주머니 속에다 돈을 모으고 있다. 태모는 공동체의 생존 수단으로 다산은 필수적인 것으로 삼지 않을 수가 없었다. 그러나 소인배의 축재는 생존의 수단이 아닌 미래 자손 대대로 안전을 보장받으려는 노후대책과 관계되어 있다. 이것은 위험한 것이며, 공자는 이런 위험성을 간파한 인물이라 할 수 있다. 우리는 공자의 군자상을 이런 관점에서 재평가해야만 할 것이다. 서구의 실용주의 사상은 물질적 이익 추구로 경도되는 경향이 있어서 인의를 숭상하던 군자상이 사라지고 있다.

후대 유교의 삼강오륜(三綱五倫)을 두고 볼 때 이는 모두 모계사회의 가치관을 척결하려는 것이라 할 수 있다. '군신유의'(君臣有義)란 임금과 신하 간에는 의가 있어야 한다는 것이다. 모계 사회를 떠나 남자 아이들이 도시에 모여 도시 국가를 만들 때 지연이나 혈연이 아닌 임금과 신하 사이에는 의로 관계가 만들어져야 한다. '부부유별'(夫婦有別)이란 머슴아가 머슴으로 데릴사위가 될 경우 남녀 사이에는 별거가 필요했었다. 일정 기간 별거 후에 만나야 한다. '붕우유신'(朋友有信)이란 서로 타지에서 모인 머슴 간엔 신의가 있을 수 없다. 그래서 신의를 강조한 것이다. 신의가 아니면 성을 통한 일체감, 곧 동성애가 불가결했었다. 동성애 대신에 유교는 신의를 강조했다. '장유유서(長幼有序)란 그리스 아테네 사회에선 사방에서 모인 젊은 군상들 간에 질서를 유지하기 위해선 동성애가 필수였다. 특히 소크라테스와 애제자 알키비아데스와의 동성애는 유명한 일화이다. 나이에 의한 질서가 아니고 동성애에 의한 질서 유지였다. 그러나 유교에서는 나이에 의한 질서를 만든 것이다.

'부자유친'(父子有親)은 가장 모계에서 부계로의 사회 전환기에 필요한 가치관이었다. 모계 사회에서 남자 아이는 고향을 떠나야 하기에 장성해 되돌아와서 자기 어머니와 근친상간이 이루어지게 되는 현상이 자연히 생기게 되었다. 그리고 남자는 한 동네에서 잠을 자고 여자에게 자기 아이를 임신시키고 그 마을을 떠나야 하기에 자기가 낳은 아이를 다시 만났을 때에 친숙해 짐이 무엇보다 중요하다. 요즘 입양아들이 자기 부모를 다시 찾는 경우도 있지만 오히려 강한 적대감을 표출하기도 한다. 그래서 아들은 자기를 버리고 떠난 아버지와의 친함은 무엇보다 중요했던 것이다.

기독교의 의식구조와 카오스

기독교는 그리스 세계의 합리화와 개성화의 과정보다 훨씬 뒤에 나타난다. 400~500년 뒤라고 할 수 있다. 그런데 필자는 짐작컨대 합리화되고 개성화되는 과정을 기독교가 더 밟았어야 하는데 그렇지 않았다고 본다. 가령 공자는 원시적인 요소들을 모두 제거해 버리려고 했었다. 그는 초자연적인 존재를 믿지 않았던 것 같다. 그는 제자들로부터 "왜 기원을 하지 않느냐"는 질문을 받았었다. 그는 "내세를 믿느냐"는 질문도 받았다. 그러나 그는 모두 부정적이었다. 그는 현실적이며 합리적이지 않은 것은 받아들이지 않았던 차축시대의 인물이었다. 동시대의 인물이었던 소크라테스는 델파이 신전에 제사 지낼 만큼 아직 원시적인 종교신앙을 가지고 있었던 것 같다.[33] 그러나 공자나 소크라테스는 원시시대의 주술, 신화, 마술적인 요소들을 모두 제거시킨 인물들은 아니었다. 그들

---

33 공자는 현세도 모르는데 내세를 어떻게 알겠느냐고 대답했다. 공자의 자아는 현재의 내면적 자아였다. 소크라테스는 죽기 전에 유언으로 제자들에게 델파이 신전에 제사 지내기 위해서 아테네 시장에게서 빌린 닭 한 마리 값을 갚아달라고 했다고 한다.

은 이성적 판단과 합리적 사고에 호소하는 윤리를 인간들에게 가르치려고 했다. 그러나 이에 대한 반론도 있다. 소크라테스는 델파이 신전에 제물을 올렸고, 공자 역시 무속적 춤 즉, 팔일무를 즐겨 추었다. 그리고 공자의 어머니와 이모는 태산의 무녀였다.

그러면 이들보다 500년이나 후에 등장한 예수의 경우는 어떠한가? 바울은 십자가의 도가 고대 그리스인에게는 미련한 것이라고 했다. 이 말은 기독교의 신앙체계가 합리적이지 않았다는 것을 의미한다. 그 당시 그리스 문명은 이성이 거의 만개했던 시기였다. 왜 그리스인들(고대 그리스인들)의 눈으로 볼 때 크리스천들은 합리적이지 않게 보였던 것인가? 그 이유는 플래톤, 아리스토텔레스가 모두 저버린 비이성적이고 원시적인 요소들을 예수가 모두 다시 끄집어내어 재등장시켰기 때문이다. 즉 예수는 지식을 추구하고 이성을 생명처럼 중히 여기던 고대 그리스인에게 원시적인 기적을 행하였다. 그는 처녀의 몸에서 태어나 병자를 비과학적인 방법으로 치료했으며, 물 위를 걷기도 했다. 그리고 죽었다가 3일 만에 다시 살아났다. 그래서 그리스인은 크리스천을 보고 어리석다 한 것이다. 자기들은 500여 년 전에 청산한 것이 가지고 있기 때문이다.

이런 비이성적이며 초자연적인 예수의 언행에 그리스인들은 어리둥절할 수밖에 없었으며, 미련하게 보일 수밖에 없었다. 소크라테스도 공자도 기적을 행하지 않았으며 부활하지도 않았다. 물론 처녀 몸에서 태어나지도 않았었다. 그러면 기독교는 차축시대 이전으로 후퇴한 것인가? 기독교 사상은 그리스 사상보다 열등한 것인가? 비합리적인 알 카오스적 요소의 도입은 문명사의 후퇴를 의미한 것인가? 기독교는 합리적인 요소란 전혀 없이 비합리적인 주술과 마술로만 가득 찬 종교인가? 그리스의 합리화와 개성화의 과정에서 볼 때 기독교는 열등한 종교같이 보이는 것도 사실이다. 소크라테스가 예수가 행한 기적을 보았다면 미개화된 것으로 보았을 것이다. 그러나 바울은 세상의 미련한 것을 통해서 도리어 신의 영광을 드러낸다고 하면서 그렇게 그리스의 합리화를 동경하지 않았다. 그러면서도 이상한 현상은 기독교가 가장 배척한 것은 원시종교의 주술신앙과 마술신앙이었다는 점이다.[34]

여기에 기독교 신앙의 특징이 있다. 기독교는 원시 종교적 요소들을 승계하면서도 그것을 합리적 요소와 별개의 것으로 보지 않았다. 「신약성서」 <요한복음>에 이런 조화가 가장 잘 나타난다. 예수를 로고스(Logos)라고 함으로써 이성과 동일시하였다. 예수의 기적 행위는 이미 사랑과 정의라는 고차원적 윤리를 수반하고 있었다. 다산(多産)을 목적으로 삼는 이익 추구와는 거리가 먼 것이었다. 마리아는 이미 대여신이지 태모가 아니다.

여기서 예수가 비이성적인 요소를 받아들인 것은 이미 알 카오스가 가지고 있는 비합리적인 것이 아니라, 그것을 초월한 얼카오스의 요소였다. 그리고 양자를 조화시킨 카오스모스였다. 그런데 기독교는 3~4세기경에 이러한 알감닥층적인 요소들을 그리스 철학에 의해 모두 제거당하고 합리적인 종교로 둔갑된 것이었다. 이것은 기독교의 생명력을 죽이는 것과 마찬가지이다. 바울이 예수의 병 고치는 기적 사건을 거의 말하지 않은 것은 의도적이었다고 할 수 있다. 존 캅 교수는 기독교적 존재 구조가 다른 존재 구조와 다른 점은 바로 알과 얼카오스를 다시 일치시킨 것이라고 한다.[35]

---

34 J. BCEobb, Jr., *The Structure of Christian Existence* (New York: A Crossroad Book, 1979), 17.

35 존. B. 캅/김상일 역, 『존재구조의 비교연구』(*The Structure of Christian Existence*) (서울: 전망사, 1980), 참고.

V I
멀고 먼 여성해방의 길

아트만 프로젝트

린 화이트는 우리 문화의 불안과 질병은 몸과 마음이 균열되는 체계 속에서 일어난다고 했다. 결국 한 번 이 균열 속에 빠지게 되면 심각한 정신적 위기를 겪는다고도 했다. 유럽적 균열이 한번 생기자 전시대의 짐승몸-타이폰이 가지고 있던 본능, 감정들은 고삐 풀린 말같이 걷잡을 수 없게 되었다. 합리적 자아는 영국 신사형을 그 표본으로 삼게 되었으며, 그것은 합리적이며 만사를 제 궤도에 따라 행동하는 인간상이다. 그러나 화이트는 혹평하기를 이것은 호모 사피엔스의 저주라고 했다.[36] 영국 신사형은 이미 몸과 마음이 균열된 인간상이다. 이성적 자아가 감성적 자아를 짓밟고 억누르고 있는 자아이다. 이런 자아는 '채털리 부인'에 의하여 버림받을 수밖에 없는 자아인 것이다. 변화와 유동성 그리고 역동성을 상실하고만 자아라고 할 수 있다. 산지기가 영국신사를 조롱하고 있는 것이다.

---

36 L. Hixon, *Coming Home* (New York: Anchor Press, 1978), 68.

자아란 항상 자기 초월을 하여 초자아(trans-ego)로 나아가야만 한다. 그러나 그 초자아는 아랫층을 억압해서는 안 된다. 서구적 자아는 그 역동성을 상실했기 때문에 실체화되었으며 자기 초월을 할 수 없게 되고 말았다. 이것이 유럽적 균열 이후 서양에 등장한 자아의 위기이고 한계이기도 하다. '채털리 부인'은 이 위기를 반영한 소설이다. 정신적 자아는 육체적 본능에서 분리되어 나왔기 때문에, 즉 전체를 상실하고 말았기 때문에 이때부터 심각한 문제가 잇따라 나타난다. 이렇게 분리되어 나온 소자아는 대자아가 있다는 사실을 까마득하게 상실하고, 자기 소자아의 확장에만 골몰하게 된다. 이를 '이데올로기화'라고 한다. 윌버는 이를 '아트만 프로젝트'라고 했다.[37] 큰 자아를 상실한 소자아는 비틀리기 시작하면서 돈과 권력 같은 것에 자기를 투사한다.

인간이 끊임없이 이데올로기를 만드는 이유는 소자아의 아성을 더욱 튼튼히 구축하기 위해서이다. 이데올로기는 자기를 우주의 중심으로 삼고 거기에 개념들을 고정화시켜 절대적이며 불변하는 것으로 만들어 버린다. 그러면서 정체된 정신적 자아는 육체적 감각의 세계와는 유기적 관계를 끊어버린다. 그러면 그것은 줄 끊어진 연과 같이 하늘 위로 날면서 자기가 하나님이 된 양 착각에 빠지게 된다. 그러나 그러한 연은 얼마 날지 못하고 지상에 떨어지고 만다. 인간이 만들어내는 이데올로기라는 것이 모두 이런 운명을 면치 못한다.

이데올로기로 무장된 서양적 자아는 나폴레옹, 히틀러, 레닌 같은 인간상을 통해 잘 반영되었다. 이들은 아트만 프로젝트의 대표적인 인물들이다. 이들은 한때 하늘 높이 비상하는 연같이 보였다. 그러나 실 끊어진 연같이 역사라는 지평선 위에 낙하하고 말았다. 그들은 신의 이름과

---

37 Ken Wilber, *The Atman Project*, 100.

이데올로기, 나치 혹은 어떤 주의의 이름으로 자기가 신이라고 착각하기에 이르렀다.

서구적 자아의 등장과 함께 도시화라는 것이 전형적으로 가능하게 되었다. 역사적 시간이란 직선적 시간이며, 이런 직선적 시간 개념은 권력자들이 권력을 축적하기엔 안성맞춤인 시간 개념이다. 직선적 시간은 직선 선상으로 흐르기 때문에 무제한적 권력 추구를 부추기게 된다. 그래서 서양역사란 자아의 권력 행사의 연대기였다고 할 수 있다. 역사는 영웅들이 힘을 자랑하는 역사였지 의식이 초자아로 상승되는 역사는 아니었다. 서양에서 외양적인 물질문명의 변화는 상당히 있었는지 몰라도 자아의 구조는 전혀 달라진 것이 없다.

구제불능의 그러나 구제되어져야 할 서구적 자아의 미래가 암담하다. 마약 아니면 단 하루를 지탱하기 어려운 서구적 자아는 그 한계상황에 분명히 직면해 있다. 그런데 그 병의 유래와 진단이 내려졌으니 그 처방도 있을 수 있다. 그 진단이란 문명사적 진단이다. 4000여 년 전에 '제1차 우주전쟁'과 함께 남겨진 후유증, 즉 유럽적 균열이 그 원인이다. 마르크스도 헤겔도 그 진단을 바로 하지 못했다. 자아 초월의 비결, 서양은 그것을 지금 동양으로부터 배워야 산다.

남자가 이기는 이유

왜 모계에서 부계로 바뀌어졌는가? 그 진정한 동기와 이유란 무엇인가? 일부 여성해방론자들은 이에 대해 간단하게 대답한다. 즉, 남성 성차별주의자들의 억압에 의해서라고. 그러나 그 대답에는 부족한 점이 있다. 이에 대해 역사학자들은 남성 원리의 가치들이 여성 원리의 그것들보다 우월하기 때문이라고 한다. 즉, 여성 원리들은 전(前)인격적(pre-

마녀사냥의 장면

personal)이고, 본능적이며, 하등 가치적이었기 때문이라는 것이다. 이에 비하여 남성 원리인 인격적, 이성적, 고등인간적인 것은 여성 원리들보다 우월하다고 본다. 이런 점에서 남성 원리가 여성 원리보다 우월하다는 것이다. 과연 이런 역사학자들의 주장이 옳은가? 그렇다면 태모가 지닌 여러 가지 가치들이 열등하다고 치더라도 여성 원리들 가운데는 태모적 성격만 있는 것이 아니다. 다른 고차원의 여성 원리들도 있다. 즉 그런 여성 원리들은 남성 원리에 비견할 만한 요소도 있다는 것이다. 예를 들면 불교의 관세음보살 같은 경우는 여성이지만 태모 같은 피흘림을 요구하는 존재가 아니라 지극히 자비로운 존재이다. 이렇게 모계사회가 등장하는 근본적인 이유에는 상상하기 어려울 정도의 복합적이고도 복잡한 요소들이 섞여 있다.

먼저 가부장제의 등장 배경을 개체발생적 관점에서 한번 살펴보기로 하자. 가부장제 남성 원리의 특징은 육체가 아닌 정신이다. 태모라는 존재는 정신을 상징하지 못하고 육체를 상징한다. 태모에게서 어떤 정신적 가치를 기대할 수는 없다. 태모의 몸은 뱀으로 감겨 있다. 뱀은 가장 낮은 층의 우로보로스를 상징한다. 우로보로스란 남·여성이 구별 안 된 상태이다. 이처럼 태모는 여자이면서도 남·여성이 구분이 안 된 양성(兩性)을 상징한다고 할 수 있다. 이것은 마치 어린아이에게서 젖떼기 이전에 어머니란 존재를 전혀 남·여성으로 나누어 생각하지 않는 상태와 같다고 할 수 있다. 우로보로스와 태모는 양성동체적이다. 그래서 젖떼기 이전의 어머니를 아이의 여성이라고 보아서는 안 된다. 단순히 먹이를 제공하는 태모적 성격이 강한 존재이다. 그리고 아이는 어머니와 한 몸이다. 2세가 되면서 아이는 어머니(태모)를 객체로서 바라보게 되고 남자아이는 자기와 다른 성을 가진 존재로 파악한다는 것을 의미하게 된다. 물론 여자아이는 아버지를 이성으로 파악하게 된다. 여기서 프로이트는 남자아이는 아버지를 질투하고 여자아이는 어머니를 질투하여 반대성의 부모를 차지하려 한다. 이를 두고 오이디푸스·엘렉트라 콤플렉스 (OedipusElectra complex)라고 한다.[38]

그런데 여기서 해석은 좀 달라진다. 즉 아이들이 반대성을 차지하려는 것은 질투에 의해서가 아니고 인간의 본성 속에 있는 우로보로스적이 욕망, 즉 남·여성이 미분화된 상태로 되돌아가려는 충동 때문에 남자는 여자 어머니를, 여자는 남자 아버지와 하나(one)되려고 한다는 것이다. 이것이 원초적인 본능이다. 이것이 우로보로스의 진정한 의미이다. 이 점에서 프로이트의 해석은 수정되어져야 한다. 이때 아이들은 반대성의 부모들을 차지할 수 없다는 사실을 깨닫고는 남자아이의 경우 이미 자기 어머니를 차지하고 있는 아버지와 같아지려고 하므로 대리만족을 통해

---

38 오이디푸스 콤플렉스는 아들이 어머니를 차지하려는 것이고, 엘렉트라 콤플렉스는 딸이 아버지를 차지하려는 것이다.

하나 됨을 만끽하려고 한다. 이때 아버지같이 된다는 것은 전적으로 정신적이다. 여기서 '정신적인 남성 원리'가 태어난다는 것이다.

알 카오스적인 미분화의 우로보로스로 되돌아가려다 결국 대리만족을 통해 비카오스적 자의식을 일깨우게 된다. 아마도 이 설명이 남성적 자아와 여성적 자아가 생겨나는 심리학적 이유일 것이다.

자연스런 비카오스와 부자연스런 카오스

카오스적인 것과 비카오스적인 것을 성(性)적으로 구분할 경우, 여성적인 것이 알 카오스적이라면 남성적인 것은 비카오스적이라고 할 수 있다. 청동기 시대에 들어와 문명이 남성화되면서 이성적·합리적 자아가 싹트기 시작했으며, 그때부터 애매한 요소들은 의식 속에서 사라져가기 시작했다.

그런데 문제는 비카오스화되는 과정에서 자연스런 경우와 부자연스런 경우의 두 가지 경우가 있었다는 것이다. 자연스런 경우란 다음과 같다. 흔히들 남자는 공격적능-동적-이성적이라고 하며, 여자는 비공격적-수동적-감정적이라고 정형화시켜 말해 버린다. 그러나 이러한 신체상의 구조와 특징은 남성, 여성을 막론하고 정신화될수록 그것을 초월할 수가 있는 것이다. 그래서 "하늘나라에서는 남자도 없고 여자도 없다"라고 예수는 말했다. 이를 두고 정신적-영적 양성동체(mental androgen)라고 할 수 있고, 비카오스화를 초월한 얼카오스라고 할 수 있다. 이와 같이 태양 시기에 들어오면서 정신적-남성 그리고 정신적-여성이 모두 등장하는 것이 가능해진다. 그리고 이전 시기에 여자는 '땅'으로 상징화되어 있었으므로, 가부장제도가 등장하면서 '하늘'이 그 반대상징으로 등장한 것은 자연스럽다. 그리고 여성이 감정적이라면 남성은 그 반대로 이성적이 되는 것도 자연스럽다고 할 수 있다. 그러나 이런 균열은 모두 병적인 것이다.

여성적 자아와 남성적 자아는 나중에 모두 정신화되어졌다고 하더라도 그 원초적 출발점에 있어서 여성은 감정적이고, 남성은 논리적이었기 때문에 나중에 여성은 감정적 정신화로 그리고 남성은 논리적 정신화로 되지 않을 수가 없었다. 이러한 이유로 인해서 여자아이들이 언어 터득능력에 있어서 남자아이보다 앞서나, 나중에는 논리적이고 합리적인 사고능력에 있어서 뒤지게 되는 경우가 많다. 이러한 사실은 프랜시스 보간(Frances Vaughan) 교수의 『깨어나는 직관』(*Awakening Intuition*)에서 그 연구결과가 밝혀진 바이다.[39]

루트 언더힐(Ruth Underhill)도 아이를 생산하고 한 달에 한 번씩 월경을 하는 것은 여성의 자연스러운 힘이라고 했다. 이와는 반대로 남성적이란 생산과 생명에 관계되는 것이 아니라 다분히 사회적이다. 여성적인 것이 자연과 땅에 관계된다면, 남성적인 것은 정신적 그리고 문화적인 것이었다. 이처럼 여성 원리가 땅-자연에 관계된다면 남성 원리는 하늘문화에 관계되는 것은 자연스러운 현상이라고 할 수 있다. 이를 두고 '자연스런 가부장제'라고 한다. 여성 원리가 고대로부터 중세 그리고 현대에 이르기까지 변함없이 자연적이었다면, 남성 원리는 문화적이었다. 문화적이라고 할 때 이 말에는 법, 질서, 교육, 같은 개념들이 포함되어 있다. 그래서 남성 원리는 시대마다 그 원리가 대표하는 상징이 수시로 변해 왔다. 또 남성 원리는 초자아(super-ego), 즉 형이상학적 자아를 형성시키는 데 공헌하였다. 마르크스가 규탄 하는 바 관념론 체계란 바로 남성 원리가 만든 문화적 산물이라고 할 수 있다. 그런 면에서 마르크스

---

39 R. Restak, *The Brain: The Last Frontier* (New York: Doubleday, 1979), 37.

의 유물론은 여성 원리에 대한 재발견이라고 할 수 있다.

그런데 우리가 알아야 할 사실은 남성 원리인 초자아가 결코 인격의 전부일 수 없고, 전체인격의 한 부분 즉 3분의 1밖에 안 되는 부분임을 알아야 한다는 사실이다. 초자아는 그 밑의 층에 있는 타이폰과 우로보로스적인 자아를 억눌러 버렸다. 우리 뇌는 파충류층, 포유류층, 신피질층이 있는데, 초자아는 신피질층에 해당하며 파충류는 우로보로스, 포유류는 타이폰층에 각각 해당된다. 여기서 결국 억눌림을 당한 파충류층과 포유류층은 분노를 느끼기 시작한다.

아담 1세와 아담 2세

동양에서 음양의 대칭개념이 등장한 것은 매우 자연스러운 현상이라고 할 수 있다. 양이 남성 원리라면 음은 여성 원리라고 볼 수 있다. 음과 양이 쌍벽을 이루며 문명이 등장하는 것은 의미가 깊다. 음양은 태극(太極)에서 나왔다고 한다. 그러니까 태극은 음과 양이 나뉘기 이전의 남성적인 것도 여성적인 것도 아닌 양성동체적(hermaphroditic bisexual)이었다고 할 수 있다. 실로 이런 의미에서 '易有太極, 太極生陰陽'(역에 태극이 있다. 태극이 음양을 낳았다)이라는 『역경』의 말은 의미있다. 이 구절은 곧 인류 문명과 의식이 진화되어 나오는 과정을 그대로 반영한다고 볼 수도 있다.[40]

남·여성이 구별되기 이전의 것이 우로보로스적이라면 이것은 곧 태극의 상태이고 카오스적인 상태였다고 할 수 있다. 동양에서는 비카오

---

40 역은 2분진법으로 발생한다. 음양사상팔괘… 64괘와 같다. 이러한 2분진법적 사고방식이 전형적인 중국인의 사고유형이 되었다.

스화가 되나 음과 양이 공존한다. 여성 원리는 종종 남성 원리보다 우위에 속하기도 한다. 한의학에서는 음에 속한 장(腸)이 양에 속에 부(腑)보다 더 중요시되기도 한다. 태극이 동시에 음양을 낳는다. 그래서 음과 양이 동양에서는 균열되지 않는다. 비카오스화가 된다 하더라도 분별(分別)은 될지언정 분리(分離)는 되지 않는다. 음과 양이 분명히 분별은 되지만 분리는 안 된다. 부부유별(夫婦有別)일 뿐이지, 부부이별(離別)은 아니다. 그러나 서양 문명권에서는 남성 원리가 여성 원리를 억압하였기 때문에 음과 양이 완전히 이별하고 분리되었고, 여성 원리를 죄악시하고 악마시하기까지 했다. 그래서 서양에서는 비카오스화라는 병적이고 매우 기분 나쁜 사건마저 있었다. 대표적인 3대 여성 원리인 자연, 육체, 여자는 무자비하게 짓밟힘을 당하게 되었다. 서양 기독교는 이러한 남성 원리를 대표하는 종교로 지탄받게 되었다.

그러나 우리는 「구약성서」 <창세기>로 눈을 돌려볼 때 한 가지 중요한 사실을 발견하게 된다. 보통 여성신학자가 「구약성서」에 대하여 불만을 갖는 이유 가운데 하나가 여자가 남자 아담의 갈비뼈에서 나온 부속물일 수 있느냐에 관심이 집중되는 것 같다. 그러나 그렇지 않다는 것이다. 아담을 아담 1세(Adam, Sr.)의 아담 2세(Adam, Jr.)로 나누어보아야 한다.[41] 이브가 아담 1세의 몸에서 나왔지만, 아담 1세는 남·여성이 동체로 존재한다고 본다. 이제 아담 2세는 이브의 배우자가 된다. 그런 점에서 아담 1세는 태극과 같다면, 아담 2세는 양이고 이브는 음이다. 지금까지의 오류는 아담 1세를 남자로 보았다는 점이다. 그렇게 되기까지는 가부장제도의 여러 규범의 악의가 섞여 있었다고 할 수 있을 것이다. 이런 점에서 서양문명권은 남성적인 것을 항상 양성동체적인 보편적인 것과

---

41 Ken Wilber, *Up From Eden*, 232.

일치화시키는 오류를 범해 왔던 것이다. 마치 낮(晝)은 날(日)과 같다고 생각하듯이 말이다. 즉, 영어에서 Day(하루)는 곧 Day(낮)와 같다.

아담 1세는 절대로 남성일 수 없다. 아담 1세는 원초적 양성동체적, 남근 태모(Phallic Mother)이고, 몸-땅-어머니이다. 항상 생명을 낳는 것은 여성이지 남성이 아니다. 아담 1세의 몸에서 이브가 나오고 아담 1세에서 아담 2세가 나온 것이다. 아담 1세는 오직 생산만 좌우하는 산신(産神)적인 존재이다. 아담 1세는 정신적인 것을 소유하지 않은 육체적 남성을 지닌 남근 소유의 태모였다. 아담 1세는 밭갈이도 먹이도 준비하지 않았던 그리고 어떤 문화도 역사도 소유하지 않았던 존재이다. 그는 에덴동산이란 지복(至福)의 상태에 머물러 있었다. 자연과 본능 속에 잠겨 있었다. 이브가 태어날 때까지도 알 카오스적 지복 상태에 있었다.

그러나 타락이 일어나면서 지식에 눈이 뜨였고 애매한 몽롱한 상태에서 깨어나 눈이 뜨였다. 이를 비카오스화라고 한다. 낙원에서 쫓겨난 다음에도 이브는 생각하고, 계획하고, 철학하고, 계산하는 존재가 되지 못하였다. 아담 2세는 자유를 얻었으나 이브는 그렇지 못했다. 오히려 더 악마화되고 말았다. 이것이 서양문명에서 음양이 공존하지 못하게 된 큰 이유인 것이다. 유럽적 균열이 원인이다.

호주戶主: 남성의 법적 자아

인류 문명사에 한 가정이 등장하고 호주(戶主)가 생긴 것은 가부장제도로부터 시작된다. 이전의 모계사회에서는 호주라는 것이 있을 수 없었다. 거기서는 부부관계로 맺어진 가정이라는 것이 엄격한 의미에서 없었다고 할 수 있다. 한 남자와 한 여자가 만나 일부일처제의 가족제도가 생긴 것은 가부장제부터라고 해도 과언이 아니다.

이제 한 집안에는 호주가 등장한다. 물론 호주는 남자이다. 그는 전 재산에 대한 소유권과 가족의 생사여탈권을 가질 만큼 권한이 막강하다. 같은 남자로서 신흥 도시국가에서는 이와 똑같은 소유권과 생사여탈권을 가진 존재가 바로 왕인 것이다. 이들 왕을 영웅들이라고 한다. 호주와 영웅들은 소유권과 생사여탈권을 지닌다는 점에서 같다.

모계사회의 태모는 권좌에서 쫓겨나 창녀, 남신의 배우자, 마녀 등의 운명의 길을 걷는다. 집안에 갇혀 '안사람'이 되었으며 '安'이란 한자가 보여주는 대로 집 안에 여자(女)는 머물러 있을 때 평안한 것이다. 그 대신에 남자는 밖에서 활동하는 '바깥사람'이 되었다. 가부장제가 심화 될수록 재산 상속은 아들에게만 주어지며 딸에게는 그것이 제외되었다.

청동기 도시 국가의 등장-돈의 축적-문자의 발달 등이 이러한 남성 호주제를 가능하게 만들었다. 남성 호주는 강력한 자아의식을 가지고 등장한다. 모계 사회의 여성들이 이 점에 있어서 기선을 놓쳐버리게 된 것이다. 물론 여성들이 먼저 자아의식에 눈을 떴더라면 인류 문명사는 판이하게 달라졌을 것이다. 그래서 문명사는 의식들의 전쟁역사였다. 의식이 높은 자가 낮은 자를 지배한다. 무기 없이 인간과 동물이 맞붙어 싸우면 인간은 동물에 잡혀 죽는다. 그러나 인간은 무기를 사용해 동물을 부린다.

남성들이 청동기 시대에 의식이란 무기를 개발했으며, 결국 월경과 생산에 매여 있던 여성들은 도시 국가에 적응할 만한 기동력을 갖지 못하게 되었다. 가부장제도란 호주제가 등장하면서 호주는 그 가정의 자아를 대표한다. 한 가정의 호주는 하늘이요 빛이다. 그는 가정의 태양이다. 영웅=자아=정신=하늘=빛=태양=호주의 등식이 성립된다. 그러나 호주는 언제나 태모의 도전을 받는다. 마치 태양도 저녁이면 서쪽으로 넘어가고 말 듯이. 가부장제에도 해는 저물 때가 있었다. 서쪽과 밤은 남성 호주에게 위협적인 세력이다. 이것이 알 카오스의 세력이다. 이제 아침이면 동쪽에서 태양이 솟는다. 이것이 비카오스화이다. 그래서 수많은 창조신화는 남성영웅이 그렇게 밤과 여성신과 싸우는 얘기들로 기록돼 있다. 전쟁과 전투 그리고 피비린내 나는 살육과 승리, 이런 역사가 점철되어 있다. 서양에서 가부장제의 등장은 인간의식의 상승, 즉 자아의식의 등장이라는 전대미문의 획기적 사건을 불러일으켰다. 그러나 부자연스러운 가부장제의 등장은 여성탄압이란 기현상을 가져왔다. 여성탄압은 버려야 할 탕 속의 구정물이다. 그러나 가부장제와 함께 등장한 자아의식이라는 아기까지 버릴 수는 없다. 이것이 가부장제가 가지고 있는 자기모순이다. 이제 모계사회는 모계사회가 가지고 있는 자기모순 때문에 기울 듯이 가부장제도 마찬가지 운명에 직면하였다.

오이디푸스는 영웅이며 그는 아버지를 죽이고 호주가 되려고 했다. 오이디푸스는 그 꿈이 좌절된 비극적 영웅 호주이다. 그는 두 가지 심리적 갈등 속에서 고민한다. 아버지를 죽이고 호주가 될 것인가 아니면 태모(어머니)의 품으로 돌아가 원시 우로보로스 원형 의식을 다시 찾을 것인가? 어머니로의 회귀는 인간이 땅-무의식-본능-먹이가 있는 세계로 되돌아가려는 본능이라고 할 수 있다. 그러나 이것은 의식의 퇴행이다. 이를 '유치퇴행'이라고 한다. 그렇지만 유치 퇴행의 본능은 강렬하다. 그는 높은 자아의식으로 상승되어 진정한 호주가 되어야 한다. 이 양극단 사이에서 오이디푸스는 전자의 길을 택한다. 그의 눈이 뽑혀졌다는 것은 빛의 상실, 즉 자아의식의 포기를 의미한다. 의식의 상승을 포기한 모든 인간이 겪어야 할 비극을 소포클레스는 그의 작품을 통해 잘 묘사하고 있다.

비카오스 문명의 정신 연령

비카오스적 문명은 기원전 2000년경부터 시작된다고 했다. 어느 정도의 합리적 자아의식이 눈뜬 시기가 바로 이때부터이기 때문이다. 그때부터 시작된 비카오스적 문명은 지금까지 지속되고 있다. 그 사이를 3시기로 구분할 수 있다. 초기는 기원전 2000~500년, 중기는 기원전 500~기원후 1500년, 후기는 기원후 1500년~현재로 분류할 수 있다.

이를 다시 개인의 정신연령에 맞추어 보면 초기는 4~6세, 중기는 7~11세, 후기는 12~21세와 같다. 이는 피아제가 인지발달단계를 직관적 전조작기(intuitive pre-operation), 구체적 조작기(concrete operation), 형식적 조작기(formal operation)로 나눈 것과 일치한다. 이를 알기 쉽게 정리하면 다음과 같다.[42]

초기: 4~6세, 직관적 조작기, 기원전 2000~500년
중기: 7~11세, 구체적 조작기, 기원전 500~기원후 1500년
후기: 12~21세, 형식적 조작기, 기원후 1500~현재

이렇게 인간의 합리적 자아는 더 합리화되는 방향으로 박차를 가하면서 지금까지 비카오스화의 길을 밟아 왔다. 이제 피아제의 말을 빌려서 각 연령기의 특징을 하나하나 자세히 살펴보자.

'직관적 조작기'는 아동기가 시작되는 단계이다. 이 나이에 해당되는 아동들은 물체를 담아보거나 재어보는 추론을 통해 실재를 파악하는 능력이 없고 즉각적으로 지각되는 외관에 기초하여 판단한다. 또 이 기간

---

42 로널드 더스키·마릴린 휠런/문창수 역, 『피아제콜버 도덕발달입문』 (서울: 정경사), 1984 참고.

에는 자기중심적 자아가 뚜렷이 나타나는 단계이기도 하다. 아동들은 이 나이 때 사물을 판단함에 있어서, 실제로 눈에 잡히는 그대로 판단해 버린다. 예를 들면, 같은 양의 진흙으로 한번은 길이가 길게, 다음번은 둥글게 만들어 놓으면 긴 것이 둥근 것보다 그 크기가 크다고 직관적으로 판단해 버린다는 것이다. 양과 크기를 추리에 의해서 구별하지 못한다. 2+3=5는 알아도 5-3=2는 모른다. 이를 비가역적이라고 한다. 즉, 반대로 한번 뒤집어 추리하는 능력이 전무한 상태이다. '하나는 알아도 둘은 모른다'라는 말이 이 나이 때 적용될 수 있다. 해가 동쪽에서 서쪽으로 움직이니 해가 움직인다고 눈에 보이는 그대로 판단하는 경우라 할 수 있다.

직관적 조작기의 다른 한 가지 두드러진 특징은 물활론적 사고라고 할 수 있다. 물활론적 사고란 생명이 없는 사물에도 생명이 있는 것인 양 그것에 자기의 감정을 부여하는 것을 두고 하는 말이다. 이 나이의 아동들은 장난감을 갖기 좋아하는데 인형과 대화도 하면서 인형을 마치 생명 있는 생명체인 양 여긴다. 물활론적 사고는 해, 달, 별 같은 자연적 대상을 살아 있는 생물인 양 여기면서 그것과 대화하고 그것을 숭배하기도 한다. 비는 신이 우는 눈물이며, 해와 달은 신이 만든 성냥불인 양 생각한다. 그림을 실물과 혼동하면서 도깨비 그림을 보고도 실물 도깨비인 줄로 알고 놀라게 된다. 이러한 물활론적 신관을 신인동형론(authromorphism)이라고 한다. 보베의 주장에 의하면 이 기간에 아동들은 신을 부성화(父性化)시킨다.[43] 즉, 그들의 신은 아버지와 같은 존재이다. 인류가 기원전 2000년경에 '아버지 하나님'(The Father God)을 왜 찾게 되었는지를 알게 된다.

그때 인류의 정신 연령이 직관적 전조작기에 있었기 때문이다. '어머

---

43 L. Hixon, 70.

니 하나님'에서 '아버지 하나님'으로 바뀌는 기원전 2000년경이 개인 나이로 말하면 4~6세에 해당하는 기간이라는 뜻이다. 자기중심적이며 물활론적 의식구조는 신인동형론적(神人同形論的) 신관을 가능케 만든다. '해'를 추상화시켜 상징적 의미로서의 신이 아니라, 해 자체를 곧 신이라고 부르게 된다. 이집트의 태양신 라(Re)가 대표적인 예가 아닌가 한다. 나중에 기독교가 신이 태양 같다고 할 때의 태양은 신의 상징일 뿐이다. 벌써 기독교의 신은 구체적 조작을 끝낸 단계에서나 나올 만하다. 기독교는 해 자체를 신이라 하는 것을 우상이라고 한다. 그래서 "하늘 위에나 땅에나 물에 있는 그 어느 것에도 절하지 말라"는 십계명의 제1계명은 곧 직관적 전조작기의 신인동형론적 신관에서 하루속히 벗어나라는 명령이기도 하다.

서양 철학은 플라톤 철학에 대한 주석에 불과

피아제의 '구체적 조작기'란 개인 나이 7~11세를 의미한다. 이 단계의 나이에 들어오면 조직적이고도 합리적인 사고를 하게 되는데, 그 이유는 어떤 일관되고 통일된 인지체계를 사용할 수 있기 때문이다. 그렇게 함으로써 아동들은 자기 주변의 사물들을 조작할 능력을 갖게 된다. 그러나 이것은 어디까지나 그 대상이 구체적인 사실일 경우에 한해서 가능하고, 추상적이거나 관념적인 사실에 대해서는 조작적인 사고를 할 수 없다. 전조작기의 자아 중심적 사고 형태가 사라지고 하나의 단순한 형태의 합리적인 인과관계에 대한 설명을 할 수 있게 된다. 점차 자기중심적 관점에서 벗어나 객관적 관점에서 사물을 보게 된다. 이에 따라 시간 개념과 공간개념이 형성되기 시작하며 다양한 조작적 개념들을 현실에다 적용시킬 수 있게 된다. 주로 집합의 체계에서 성립되는 여러 가지

조작, 즉 논리조작, 산술조작, 기하조작, 시간조작, 기계조작 등이 시작되는데 그야말로 비카오스적인 요소들은 이때부터 생겨나기 시작한다.

소위 '철이 든다'라는 나이가 바로 구체적 조작기에 해당한다. 문명사에서 구체적 조작기는 태양 시기의 중기(기원전 500~기원후 1500년)에 해당된다. 이때 위대한 철학과 종교가 모두 탄생된다. 이때부터 역사 속에는 인간의 사고가 어떤 일관되고 통일된 인지체계를 사용할 수 있게 된다. 추상적 개념에 대한 이해, 논리적 전제를 세움, 가설에 따른 추론, 사고의 전도 같은 것이 가능해진다. 이 시기에 인간은 실제로 눈앞에 보이고 만질 수 있는 사물을 대상으로 지적 작업을 한다. 예를 들면, 서양 철학의 시조라 할 수 있는 탈레스(기원전 624~545?년)와 고대 그리스 자연철학자 탈레스는 구체적인 물을 보고 그것이 만물의 원질(arche)이라고 했다. 그 밖에 불, 바람, 흙 같은 것이 우주의 원질이라고 했다. 그러나 아테네 철학자들인 플라톤이나 아리스토텔레스는 구체적인 것이 아닌 형식(form)이나 이데아(Idea)가 우주의 본질이라고 보았던 것이다. 이것은 형식적으로 사물을 조작할 능력이 생겼음을 의미한다. 손가락으로 수를 계산하다가 머릿속에 있는 수의 개념으로 셈을 하는 경우와 같다고 할 수 있다.

'형식적 조작'기에는 어떠한 사실에도 이론적으로 그리고 체계적으로 설명할 수 있는 힘을 기르게 된다. 즉, 구체적 사물에 한정되던 전단계와는 달리 추상적 구조나 일반화된 개념들을 틀로 하여 사고를 할 수 있게 된다. 가령 이 나이에 이르면 미래에 대한 꿈같은 것을 그리게 되는데, 이는 모두 형식적 조작능력 때문이다. 바로 형이상학적 추상능력을 갖게 되는 것도 모두 이 능력 때문인데, 사실상 이때부터 인간이 철학적 사유를 제대로 할 수 있게 되었다고 할 수 있다. 플래톤에서 칸트나 헤겔에 이르기까지 이들은 모두 형식적 조작능력을 통해 철학적 작업을 수행하였고, 이들의 철학은 모두 비카오스적인 특징을 지니고 있다. 플래톤과 아리스토텔레스는 중기에 살았지만 말기의 형식적 조작의 기초를 닦았고, 결국 데카르트와 칸트로 이어지는 서양 철학은 결국 이런 면에서 플라톤 철학의 주석에 불과한 것이다.[44]

농경시대에 다산하기 위해서 직접 사람의 피와 살을 태모에게 바친 것은 형식적 조작을 못 했기 때문이다. 이는 마치 물을 우주의 원질이라고 하는 자연철학자들의 사고와 대동소이한 것이다. 추상 능력이 없었기 때문에 이런 결과가 나타난다. 기독교는 형식적 조작을 거친 종교다. 사람의 살과 피 그 자체대로가 아니라 떡과 포도주로 그것을 대신한다. 이 말은 형식적 상징작용이 많이 발달되었음을 의미한다. 만약 인류역사상에 형식적 조작을 할 수 있는 인물들이 나타나지 않았더라면 지금도 아마 다산을 빌기 위해서 사람을 잡아 피와 살을 태모에게 바치는 제사를 지낼 것이다. 그러나 이와 같은 비카오스화의 비극의 심각성이 과연 무엇인지를 우리는 아직 모르고 있다.

---

44 A.N. 화이트헤드/오영환 역, 『과정과 실재』(서울: 민음사, 1991), 109.

VII

전에 못 들었던 절규

인격 시대와 법 — 헤겔과 하버마스를 중심으로

태양화 시기가 등장하면서 뚜렷한 정신적 자아가 나타났다. 이 정신
적 자아는 반성적 자기의식을 가지면서도 다른 정신적 자아와 상호인정
을 하고 의사 교환을 서로 할 수 있었다는 점에서 합리적 특징이 있다.
이런 현상을 태양화 이전에는 찾아볼 수 없었다. '종전에 들어보지 못하
던 일들'이 생긴 것이다. 린 화이트는 인간들이 이때부터 제자신의 내면
적 세계를 곰곰이 들여다보고 생각하기 시작했으며, 무엇을 선택할 수
있는 권리도 갖게 되었다고 했다.[45] 한마디로 말해서 '인격'(人格)이 나타
나기 시작한 것이다. 그래서 태양화시기를 한편 인격의 시대라고도 할
수 있다. 이때부터 인간들은 인격의 주체로서 자존적 자아를 갖게 되었
으며, 상대방의 인격을 상호 인정할 수 있게 되었던 것이다. 그리고 자기
인격의 자존성과 상호 인정은 모두 의사교환에 의존해 있었다.

헤겔 사상의 재구성자인 하버마스는 이 문제에 관해서 가장 많은 이

---

45 J. White and S. Kripper(eds), *Future Science* (New York: Anchor, 1977), 108.

론적 작업을 했다. 한국인들의 현재 의식 구조상의 문제에 있어서 가장 중요한 점은 민족성이 자기 인격의 자존성을 상실했다는 점과 계층, 지역, 세대 간에 의사 교환을 상실하고 있다는 점이라고 할 수 있다. 신라 삼국통일 이후 외세 의존적 사대주의 근성 때문에 자존적 자아의식을 갖지 못하고 있다. 자존적 자주 의식이 없는 자아는 인격이 없는 것이나 마찬가지이다. 우리 땅에서 외세의 완전한 소거와 민족 자주적 그리고 자존의식의 회복이 현재 한국적 의식개혁의 첫 과제라 할 수 있다. 이런 의미에서 헤겔과 하버마스의 분석은 우리에게 도움이 된다. 헤겔과 하버마스의 입장을 다음 네 가지로 요약해 볼 수 있다.

첫째로, 자기의식의 정체성은 본래인 것이 아니라 역사발전과정 속에서 발달되는 것이라는 점이다. 이런 사상이 지금 우리에게는 당연한 것처럼 받아들여지고 있지만 헤겔 이전에는 그 누구도 이런 생각을 갖지 못했었다. 사대 외세 의존적 근성은 결코 본래 우리 민족성이 아니다. 삼국통일 이전에는 자존적인 민족적 기상이 있었다. 고려 때에도 묘청의 난을 통해 이 기상을 회복시키려 하였다. 이성계의 위화도회군은 결정적으로 자존적 자아를 상실케 하는 계기가 되었고, 8·15 해방 이후 외세의 진주는 자존적 자아의식을 더욱 병들게 만들었다. 우리가 외세 의존적 사대주의 근성에서 탈피하여 자존적 자아를 다시 찾는 길도 그것이 본래 것이 아니라, 발달론적이라는 데 희망을 준다. 즉, 우리의 자존적 자아의식은 우리 자신의 노력에 따라 되찾을 수 있다. 헤겔의 공헌은 바로 자존성의 상실을 운명적으로 받아들이지 않게 하는 점이다.

둘째로 자존적 자아란 갇힌, 자폐적인 것이 아니라는 점이다. 헤겔은 '상호교환적 체계'라고 했다. 그것은 결코 자기애적 나르시시즘이 아니다. 다른 사람 없이 자기 혼자만의 자존성은 가질 수 없다는 뜻이다. 북한의 '주체'가 갖는 의미가 결코 자폐적인 자존이 되어서는 안 되며 참된 자존적 자아를 가지고 있는 타자들과 그 자존성을 상호 교환하는 것이어야 한다. 이 점에 대해 하버마스는 이렇게 말하고 있다. "자존은 상호인정이다. 나의 정체성은 나를 인정하는 타자의 정체성을 통해서만 가능하다. 타자의 인정은 곧 나의 인정에 의존해 있다."[46] 과연 조선조의 중국과의 관계에 있어서나 해방 후 미국과의 관계에 있어서 하버마스가 얘기하는 상호인정과 그 인정 위에 나의 인정이 있는 그런 대등한 상호관계였는지를 반성해 보아야 한다. 소위 지배 관계가 아닌 진정한 '동반자' 관계가 정립되었는지 의문을 던져 보아야 한다.

셋째로 상호인정과 의사 교환은 높은 정신적 자아가 등장한 다음에야 가능한 것이기 때문에, 그것은 낮은 물질적(1층) 차원이나 생리적(2층) 차원으로 떨어질 수 없다는 것이다. 그래서 하버마스는 이를 두고 의사 교환 차원(3층)이 물질적 교환 차원으로 떨어질 수는 없다고 했다.[47]

넷째로 그러면 관념론적 자아(4층)와 유물론적 욕구(1층) 사이에는 어떤 관계가 있는가? 하버마스는 후자가 전자의 근저를 마련한다고 했다. 양자 사이에는 상호작용과 상호 연관이 있다고 했다. 하버마스와 헤겔은 상호인정적인 정신적 자아가 안정되면, 그것은 노동과 소유 같은 하부구조 위에서 그것이 안정성을 유지한다고 보았다.

그런데 하버마스와 다른 입장은 4층이 1층 위에서만 설정되는 것이 아니라, 1~3층 모두 위에서도 터전을 마련한다고 할 수 있다는 것이다. 여기서 가장 중요한 사실은 정신적 자아와 물질적 욕구 사이를 매개시켜 주는 것이 '법적 규범'이라는 것이다. 이 법적 규범 위에서만 사회적 상호 교류가 상호인정이라는 터전 위에서 그 안정성을 유지하게 된다. 정신

---

46 T. McCarthy, *The Critical Theory of Jurgen Harbermas* (Cambridge: MIT Press, 1978), 215.
47 앞의 책 참고.

적 4층과 물질적 1층 사이에 법적 장치가 정상적으로 마련되어 있지 못할 때에 4층은 물리적인 힘으로 횡포를 부리게 된다. 헤겔은 현명하게도 법이라는 안정장치가 있어서 양자 간의 조정을 맡게 된다고 하였다. 하버마스의 주장은 법적 체계가 제대로 살아 있고 운용되고 있는 서구 사회에서나 볼 수 있는 부러움 피안의 소리 같이 우리에겐 들린다. 사법 개혁이 이루어진다고 하더라도 하버마스의 주장이 제대로 적용이 될런지는 의문이다.

한恨과 '그림자' — 여성의 법적 자아

'인격'을 의미하는 '페르소나'(Persona)란 말은 원래 라틴어로 '가면'이란 뜻이다. 무대 위에서 배우가 연기할 때 자기의 본래 모습을 숨기고 작중인물의 역할을 하는 것을 페르소나라 한다. 그렇다면 인간이 인격자 노릇한다는 것은 배우가 가면을 쓰고 연극을 하는 것과 같은 것이다. 학교, 직장, 가정에서 우리는 '인격'이란 페르소나를 쓰고 살고 있다. 직장에서 쓰고 있던 가면을 직장문 밖을 나서자마자 벗어 던지려 한다. 그러나 가면은 직장생활을 원활하게 할 수 있는 좋은 수단이다.

가면(페르소나)은 자기에게 유리하기도 하고 불리하기도 하다. 가면에 압도된 사람은 자기본성에서 소외된다. 유교문화가 심어준 체면은 페르소나가 본성을 압도하게 만들었으며, 이는 곧 위선을 초래하였다. 가면과 자아가 일치되는 것을 '팽창'이라고 하며, 팽창은 과도한 우월감과 자존심을 조장한다. 미국과 같은 강대국가 국민들 속에서 이런 팽창 현상을 발견하게 된다. 미국제일주의란 가면은 팽창 현상으로 나타나고 있다.

칼 융은 가면적 인격인 페르소나와 아니마(Anima)와 아니무스(Animus),

그림자(Shadow), 자기(Self)를 인간의 가장 오래된 '태고원형'(archetype)
이라고 했다. 아니마는 남성정신 속의 여성적 측면이고, 아니무스는 여
성정신 속의 남성적 측면이다. 심리학적으로 볼 때 모든 인간은 자웅동
체적이다. 그러나 이차적인 문화와 페르소나는 이런 원형적 양성동체성
을 무시하고 여자는 여자다워야 하고, 남자는 남자다워야 한다고 세뇌
시킨다. 여자아이는 여성적이어야 하고, 남자 아이는 남성적이어야 한
다고 교육한다. 그래서 페르소나가 우위에 서면 아니마와 아니무스는
질식당하고 만다. 융의 이런 아니마와 아니무스의 양성동체성은 우로보
로스를 그대로 두고 하는 말이다.[48]

아니마와 아니무스는 이성에 투영된다. 그런데 인간에게는 자신의
성을 대표하는 동성인 사람에게 영향을 미치는 태고원형이 있는데 이것
을 '그림자'라고 한다. '그림자'는 인간의 기본적인 동물적 본성을 많이
포함하고 있다. 가장 강력하고 잠재력이 강하며 그래서 가장 위험한 태
고유형이다. 우리 한국의 한(恨)과 같은 것으로 늘 그늘져 성취되지 못한
의지 같은 것이다. 보릿고개 시절에 쌀밥 쇠고기 등 먹고 싶은 것이 평생
소원이라 할 때 이런 소원은 그 사람의 한이다. 어떤 농부는 늘 자기는
위대한 시인이 되겠다는 생각하고 사는데 형편이 그렇지 않다. 한번 대
학생이 되어, 배워보고 싶은 것 같은 것도 그림자이다. 이런 그림자가 자
아에 의하여 받아들여지지 못할 때 폭발적인 힘을 가지고 밖으로 분출된
다. 이 그림자가 받아들여지고 조화 있게 정신 속에 들어와 있는가, 아니
면 자아에게 배격당해 무의식 속에 쫓겨나 있는가에 따라서 동성과의 관
계가 우호적이 되기도 하고 적대적이 되기도 한다. 그림자가 억압되고
미분화된 상태에 있으면, 본능의 거센 파도가 밀려와 더욱 자아를 압도

---

48 캘빈 S. 홀 외/최현 역, 『융심리학입문』(서울: 범우사, 1988), 52.

하고 개인은 타격을 받게 된다.

　윤리·도덕이나 법 같은 것이 바로 이런 그림자를 자아가 합법적인 절차를 밟아 잘 받아들이도록 한다. 예를 들어 이성을 만나고 싶은 그림자를 결혼이란 제도가 합법화시켜 주고, 이성끼리 서로 잠자는 것을 윤리화시켜준다. 그림자를 잘 해석해 준다. 어떻게 보면 해석학이란 다름 아닌 그림자에 대한 해석이라고도 할 수 있다. 그러면 자아는 원수 같던 그림자와 만나 친구가 된다. 적인 줄 알고 만났는데 만나고 보니 자기 자신이었다. 그래서 자아와 그림자는 만나서 더 큰 통일체를 만들게 된다. 그러면 더이상 그림자는 그림자가 아니고 한은 풀리게 된다. 한국 전통에서 무당이야말로 그림자의 해석자들이라고 할 수 있다. 비로소 인간은 한을 풀 때 자신의 운명의 주인공이 되며 우리는 이를 '참사람'이라고 부른다.

　부천에서 인간의 태고원형을 이용한 한 경찰관의 한 여성에 대한 고문이 있었다. 소위 '권인숙 양의 부천서 성고문사건'이었다. 권력의 하수인인 남성경찰관이 한 힘없는 여성에게 대하여 태고원형을 이용한 고문이 있었다. 여자의 순결과 정조는 '여자다움'의 상징이었으며, 한국의 모든 여성은 이런 여자다움을 생명같이 여기며 그것이 곧 그들의 페르소나이다. 여자는 이 가면을 써야 여자라는 인격과 체면을 한국사회에서 유지할 수 있다. 권인숙 양의 아니무스와 페르소나에 결정적인 손상을 입힘으로써 인격 파탄이란 고문을 자행한 것이다. 어떤 물고문이나 전기고문보다 더 무서운 고문을 가한 것이다. 외부의 흉터가 아닌 정신적 흉터를 내기 위한 고문이다.

　이때부터 권인숙의 내면에는 그림자가 생기게 된다. 이 그림자를 자아가 받아들일 때 이것은 성고문의 폭로를 의미하며 이것을 페르소나에 큰 타격을 줄지 모른다. 그러나 권인숙 양은 이것을 과감하게 폭로하였다. 이 폭로는 한국 여성사에 획기적인 사건이라 아니할 수 없다. 여성의 정신적 그리고 법적 자아(4층)가 그림자(1층)를 수용하고 받아들인 최초의 사건이기 때문이다. 이를 '법적으로 인정된 자기의식'이라고 한다. 권인숙은 한국 여성 의식 발달사에서 최초로 법적으로 보장된 자기를 발견하고 찾은 여성이다. 법적인 인간이란 주로 남성을 두고 하는 말이었다. 노예와 여성은 이러한 법적인 인격의 주체가 아니었다. 그래서 권인숙을 '참사람' 기원으로 생각하려고 한다. 진정한 시민사회란 바로 법적으로 자기의식을 갖는 인간들의 집합체라고 할 수 있다. 정신대 위안부 할머니의 경우도 사정은 마찬가지이다. 한국 사회가 여성들의 처녀성을 신비화하여 거기에 씌운 올가미를 여성들 자신들이 과감하게 벗어 낸 것이다.

권인숙의 법적인 자기의식은 기원전 2000년경에 남성들이 의식한 그것과 같다. 권인숙의 이전 법적인 자기의식이 모든 여성에게 보편적인 의식이 될 때에 큰 문명의 전환은 예기되는 것이다. 한국 여성들의 이러한 법적 자아의 발견이 요청되고 있다.

새 자아의 '집착'이란 고민거리

기원전 2000년경에 남성들이 바로 여성들의 억압에 의한 가면을 벗었으며 자아의식을 떠올렸다. 그 남성들의 새 자아는 실로 농경 모계사회의 신비적 자아와는 다른 것이었다. 남성적 새 자아는 새로운 시간, 죄의식, 죽음 이해를 가져왔다. 새 자아가 시간-죄의식-죽음의 삼중주와 함께 등장한다는 사실을 최초로 지적한 학자는 브라운이었다. 다른 차원의 의식은 매우 다른 시간 개념을 만들고 다른 죽음의 이해를 가져온다. 타이폰-마술적인 것과는 달리 태모-신비적 농경시대의 의식구조는 반복되고 순화되는 시간 개념을 가진다. 그리고 합리적 청동기 시대의 의식구조는 진행하는 직선적 시간 개념을 가진다. 죄책감은 분리된 자아의식에서 생긴다. 순환적 시간 개념 속에서는 반복만 있기에 분리의식을 갖지 못한다. 진정한 분리의식은 직선적 시간 이해와 함께 등장한다. 아담이 신과 분리되었다는 의식에서 죄책감을 느끼기 시작한다. 물론 고대 신비적 인간들도 이미 우로보로스로부터 분리된 것이기 때문에 죄책감, 공포, 불안이 있었던 것이 사실이다. 그러나 그들이 가지고 있던 것들은 태양 시기의 정신적 자아가 가지고 있던 그것들과는 비교가 되지 않는다. 고대 신비적 죄책감은 순환되는 계절적인 축제를 통해 모두 속죄될 수 있는 것이었다. 지금도 정월보름에 제사나 축제를 통해 한 해의 묵은 죄책감을 속죄하고 있다. 그러나 현대적 자아는 이런 농경사회의 계절적 축제 같은 것으로 죄책감을 씻으려고 하지 않는다. 이와 같이 죄책감은 시간 개념과 밀접하게 연관되어 있다.[49]

직선적 시간이 가부장제도와 함께 등장하였다. 그리고 남성들은 여성들에게 일방적으로 처녀성을 강조하게 되었으며, 이것은 여성에게 새로운 죄책감을 유발시켰다. 농경 모계 사회에서는 정조라든지 정절 같은 것이 전혀 문제시되지 않았었다. 차라리 이성과의 빈번한 접촉은 도리어 다산을 보장하는 것으로 장려되었다. 그러나 새로 등장한 남성적 자아는 더 횡포를 부렸다. 농경 모계 사회에도 전쟁이 없었던 것은 아니다. 그때에도 전쟁에 의한 대량학살이 있었다. 그러나 규모에 있어서 새로운 시대에 비교할 바가 못 되었다. 즉, 청동기로 무장된 새로운 전쟁은 그 규모에 있어서 엄청났다. 왕들도 더 잔혹해졌을 뿐만 아니라 왕을 지지하는 백성들도 더 잔혹 서러웠다. 백성들도 적들을 죽인 대가로 자기

---

49 N.O.Brown, *Life Against Death* (Middlestone: Wesleyan Univ. Press, 1959), 167.

종족들과 어깨동무하고 자기 종족끼리만 잘먹고 잘사는 것을 찬양했던 것이다.

이처럼 새롭게 등장한 남성적 자아는 법을 통해 여성들을 죄책감에 빠지게 했으며, 다른 종족을 희생의 대가로 착취하였다. 남자에게는 순결성을 강조하지 않으면서 여성에게만 그것을 강조하였다. 여성에게 덮어씌운 가면을 여성들 스스로가 벗기 시작하였다. 그리고 마르크스는 노예와 피압박자에게 쓰인 페르소나를 벗겨주려고 하였다. 그러나 과거 한 세기 동안은 마르크스적인 자아의 실험기간이었다. 동구권과 구소련이 무너지면서 우리는 태양 시기의 자아도 문제이지만 그 반(反)자아 (1~3층)도 문제라는 사실을 깨달아 알게 되었다. 자아든 그 반자아이든 모두 집착 그 자체를 가지고 있다는 점에서 같으며, 이제는 자본주의냐 공산주의냐가 아니라 집착 자체를 제거시키지 않으면 늘 문제는 문제 자체로 남는다는 사실을 발견하게 되었다. 여기서 우리는 불교의 어디에도 집착하지 말고 구애받지 말라는 '무애'(無碍)라는 말에 귀를 기울이게 된다. 이 집착 자체를 소거시키지 않는 한 남성적 자아이든 여성적 자아이든 모두 문제이다.

비극의 시작과 대전환

태양화 시기에 떠오른 자아는 그 자체로서 역사에 공헌한 점은 지대하다고 할 수 있다. 논리성과 합리성이 그것이고 그것에 기초한 제반 과학 기술의 발달이 그것이라고 할 수 있다. 그러나 이러한 것은 모두 우리를 위해 있는 것이지 우리 자신이 그것과 곧 동일시되어져서는 안 된다. 그러나 인간들은 특히 서구의 인간들은 그만 이것들과 자신을 일치화시키고 말았다. 그 대가란 자기 자신이라는 무거운 자아의 짐을 짊어지게 되었다. 사물과의 일치화는 '사물인터넷'에서 보는 바와 같이 4차산업의 총아가 되고 있다. 유발 하라리는 호모 데우스의 도래를 이에서 기대하고 있다. 사물인터넷을 눈앞에 두고 호모 데우스도 너머 무엇을 관조해야 할 것 같다.

이제 인간의 합리적 자아가 만들어 놓은 과학 기술은 모든 가치를 뒤바꾸어 놓고 말았다. 유한한 것을 무한한 것으로 바꾸어 놓았고, 이 세상을 천국이라고 착각하도록 만들어 놓았다. 알 카오스를 파괴하고 비카오스화로 줄달음질친 인간의 이성적 자아는 이 지상에 하늘에 닿을 만한 거대한 탑, 바벨탑을 쌓기 시작한 것이다. 바벨탑이야말로 비카오스화의 상징물이라고 할 수 있다. 에덴동산의 깊은 무의식의 잠에서 깨어난 인간들은 타락과 함께 에덴의 동쪽으로 추방되어 거기서 큰 도시를 건설하고 바벨탑을 쌓기 시작한 것이다. 그리고 비카오스의 바벨탑을 쌓는 순간부터 비극은 시작되었다. 바벨탑 밑에서 터져 나오는 탄식 소리는 전혀 들어보지 못하던 소리였다.

바벨탑은 다름 아닌 수메르인이 쌓은 지구라트(Ziggurat)를 두고 하는 말이다. 이 거대한 인조 산을 만든 기원전 2000년 전후 수메르인들의 탄식 소리를 한번 들어 보자.

> 사방 돌아보는 곳마다 죄악의 더미뿐
> 비극은 쌓이고 정의는 사라졌네.
> 나는 남신에게 외쳤네.
> 그러나 그는 그의 얼굴을 보이지 않았고,
> 나는 여신에게 기도했네.
> 그러나 그녀도 얼굴을 들지 않으셨네.[50]

이 시구는 기원전 1750년경의 타비우틀엔릴의 것인데, 욥의 절규보다 1500년 앞선 것이다. 지금부터 4000년 전에 인간이 인간의 비극에 대하여 이만큼 강렬하게 절규할 수 있었던 것은 놀랄 만한 일이다. 그때의 자아가 그렇게 절규한 비극의 내용이 과연 무엇인지 우리는 정확히 알 수 없다. 그러나 이 엔릴 영웅의 절규는 태양화 시기 자아의 상태를 여실히 나타내 보여주고 있다. 엔릴이 경건하지 않아서 혹은 신심이 없어서 이런 절규를 한 것이 아니다. 그는 기도를 실천하면서 살았고 매일매일 기쁨에 넘쳐 신에게 예배했으며, 여신에게도 그러했었다. 그렇지만 그는 매일 고뇌 속에서 살아야 했다. 타이폰 같이 차라리 신비-마술적인 힘 앞에 자기의 운명을 내던졌더라면 이런 고뇌를 겪지 않았을 것이다. 엔릴의 고뇌는 바로 정신적인 자아를 강하게 의식하면 할 수록 더 커지는 것이다. 자기의 자아의식 자체가 곧 고뇌의 원인이다.

어제까지 살아 있던 사람이 죽었네.
너무나 졸지에 닥친 이 슬픔이여.
낮 동안만 하더라도 그는 노래 부르고 놀았는데
한순간에 그는 곡하는 자로 변했네.[51]

기원전 2000년 이전의 어떤 문서에도 이처럼 처절하게 삶과 죽음을 읊은 노래는 없었다. 슬픔, 고뇌, 고통은 분명히 자의식이 깨어나면서 폭발된다. 인간의 의식이 신비-마술에 잠겨 있던 알-카오스 시대에는 이런 처절한 고뇌를 독백하지 않았었다.

---

50 Ken Wilber, 288.
51 앞의 책 참고.

우리 한국에도 고조선 시대의 시가가 한편 전해져 내려오고 있다. 작품 이름은 <공후인>(箜篌引)[52]이다. 이 작품에 얽힌 내력은 진(晉)나라의 최표(崔豹)가 엮은 『고금주』(古今注)에 실려 있는데 그 내용은 다음과 같다.

고조선 시대에 자고(子高)라는 어부가 배를 타려고 나갔는데, 흰 머리를 풀어헤친 미친 사람[白首狂夫]이 술병을 들고 어지러운 물을 건너려 하니, 그 아내가 쫓으며 외쳐 막았으나 미치지 못하고 드디어 물에 빠져 죽었다. 이에 그 아내는 공후를 타며 '공무도하'(公無渡河)의 노래를 지으니, 그 소리는 심히 구슬펐다. 노래가 끝나자 스스로 물에 몸을 던져 죽었다. 이 광경을 본 자고가 돌아와 그의 아내 여옥에게 그 광경과 노래를 이야기해 주었다. 여옥이 슬퍼하며 곧 공후로 그 소리를 본받아 타니, 듣는 자는 눈물을 흘리지 않을 수 없었다. 여옥이 그 소리를 이웃 여자 여용에게 전하니 일컬어 <공후인>이라고 하였다고 한다.[53]

임은 물을 건너지 마오(公無渡河)

임이 물을 건너시다(公竟渡河)

물에 떨어져 죽으면(墮河而死)

임은 어쩌란 말인가요.(公將奈何)

우리는 여기서 고대 수메르인과 고조선인의 고뇌를 비교해 엿볼 수

---

52 이만열 교수는 <공후인>의 연대는 <한국사 연표>에서 기원전 108년으로 보고 있다. 위만 조선이 망하고 고조선의 후예들이 각처에서 대거 일어나던 때이다. 소설 『공무도하가』에서 작가 이철원은 백수광부는 고조선 마지막 왕 '추내'이며, 강은 난하이고 추내의 변심에 분노한 아화가 반기를 들고 추내를 저격하고 같이 물에 뛰어든 것을 한의 최표가 역사의식을 제거하고 한갓 남녀 간의 애정적 비극으로 묘사했다고 주장한다. 이철원, 『공무도하가』(서울: 금문서관), 1993 참고.

53 국문학신감편찬위원회, 『國文學新著』(서울: 새문사, 1985), 35.

있다. 흰머리 미친 남편이 술병을 들고 어지러운 물결 이는 강물 속으로 걸어가는 장면은 고조선인들의 고뇌를 짐작케 한다. 이미 어느 정도 가부장제가 형성되었을 무렵 술병을 든 흰머리의 남자가 가진 인간적 그리고 사회적 고뇌가 자세히 무엇인지 모른다. 그러나 수메르의 엔릴과 같이 태양 시기의 남성적 자아가 겪어야 했던 자의식의 고뇌와 슬픔은 같았다고 볼 수 있다. 남편을 따라 운명을 같이 하는 아내 그리고 이를 보고 같이 슬퍼하며 공감대를 형성한 여옥과 그의 친구 여용은 모두 고조선 공동체 속에서 고뇌를 서로 나누어 가진 인물들이다.

<공후인>에서 물이 갖는 상징성은 매우 중요하다. 물은 항상 원시적 모성을 반영한다. 두 남녀가 물속에 익사하는 것은 모태회귀 혹은 우로보로스적 낙원회귀를 의미한다. 거기서 두 남녀가 합일하려는 의지는 최근세사의 김우진과 윤심덕이 현해탄에 몸을 던짐에 이르기까지 유사하다. <공후인>에서 고조선인들의 의식구조를 살펴보면 태양화 시기에 얻은 정신적 자아의 고뇌는 결국 원시회귀를 통해 극복하려고 한 것이라고 할 수 있다. 이때의 정신적 자아는 자기 초월로써만 그 고뇌에서 벗어날 수 있는데, 그들에게 그것을 안내할 지주가 없었다. 붓다의 이름은 아직 그들에게 알려지지 않았으며, 고조선인들은 태모와 우로보로스적인 합일 속에서 그들의 정신적 고뇌를 극복할 수밖에 없었다. 성애인 에로스는 초인격 감정이 아니고 우로보로스-타이폰 같은 것으로 상징되는데 거기에 빠져 버렸다.

백수광부는 우리의 자아

이른 아침 술병을 든 흰머리의 광인. 흰머리는 고뇌의 상징이며, 손에는 고뇌를 풀려는 술병이 들려 있다. 태양이 떠오를 무렵의 이 광인은 물을 건너려 하고 있다. 지금부터 2000여 년 전 고조선인들의 자아가 겪고 있던 고뇌를 이 짧은 <공후인>만큼 잘 그려낼 수는 없다. 불과 네 연으로 된 이 우리나라 최초의 시가는 그 이후 태양화 시기를 살고 있는 비카오스적 자아의 고뇌를 반영하고 있다. 이 시기의 수메르인들도 자아의 고뇌를 처절하게 그려내고 있다.

> 내 이름마저 역겹다.
> 새의 악취보다 더 역겹다.
> 하늘이 불타는 여름,
> 누구에게 오늘의 이 고뇌를 말하랴!
> 형제들마저 모두 악한들
> 선량한 사람들은 모두 파멸되고
> 나 이제 가엾은 몸일세.
> 악당들이 땅을 황폐케 하니
> 이런 날 끝도 끝도 없네.[54]

이런 절규는 전에 들어보지 못했던 절규였다. 인간이 자아를 의식한다는 것이 이렇게 괴로운 것이다. 햄릿의 "죽을 것인가 살 것인가"에 이르기까지 동서고금을 막론하고 자아의식의 절규는 예외가 없다. 인간이 자아를 의식하면서 치러야 할 절규는 여름날 하늘 불볕이 타는 것과 같다. 유럽적 균열이 심한 서양에서는 더욱 심하여 햄릿이 그런 인간상을 대표하고 있다.

기독교에서 말하는 '타락'이란 다름 아닌 이 자아의식인 것이다. 기독

---

54 Ken Wilber, 288.

교 신학은 이 타락이 결국 전체 국면을 바꾸어 놓고 있다고 지적하고 있다. 조셉 캠벨은 이 국면을 '대전환'이라고 했다. 캠벨의 지적에 의하면 인간이 최초로 동·서양을 막론하고 죄의 속박에서 해방되려고 몸부림쳤기 때문에 자아의식이 생겼다고 했다. 이제 우리는 이 책의 처음에 제시했던 대존재의 연쇄고리로 돌아가 생각해 볼 필요가 있다. 캠벨이 말하는 대전환이란 수레바퀴의 맨 꼭대기 부분에 해당된다. 큰 원의 중간이라고 할 수 있다. 우리는 지금 기원전 2000년 이래로 줄곧 꼭대기 부분에 머물러 있다. 거의 4000년 동안 말이다. 그런데 우리는 이 순간 큰 수레바퀴의 중앙 꼭대기에서 좌로 회전할 것인가 우로 회전할 것인가 망설이게 된다. 이런 인간 자아의 망설임을 고대 그리스신화는 '익사이온의 수레바퀴'(Ixions's wheel)를 통해 적절하게 표현하고 있다. 익사이온은 라피테족의 왕으로서 헤라(Hera)의 사랑을 요구했기 때문에 제우스의 벌을 받았다. 그 벌로 타타루스(Tartarus)라는 영원히 도는 불의 바퀴에 묶이게 된다. 이 불의 바퀴를 '익사이온의 수레바퀴'라고 한다.

고뇌 많고 갈등 많은 태양 시기의 자아는 그 자아를 죽일 때 동양과 서양에서 상반된 두 방법을 선택한다. 고대 그리스의 익사이온은 타는 불 속에 갇히고, 고조선의 백수 광부는 물속에 빠진다. 이것 역시 매우 상징적이라고 할 수 있다. 많은 자아이 죽음을 선택할 때 물에 빠지는 것과 불에 태우는 것은 죽음 선택의 전형이 되었다. 주로 동양에서는 물을 서양에서는 불을 선택한다. 물은 땅으로의 회귀를 그리고 불은 하늘로의 승화를 의미한다. 불은 태양을 상징하기도 한다. 동양적 자아는 대존재의 고리에서 볼 때 좌회전(우로보로스-타이폰으로)하기를 갈구했고, 서양적 자아는 우회전(태양 시기로)하기를 원했다.

인간 자아의 등장은 진정한 타락의 시작이다. 타락된 인간 자아는 이와 같이 물에 빠지든지 불에 타버리든지 양단간의 방법으로 이 괴로운

익사이온의 바퀴

자아에서 해방되려고 한다. 기독교는 지금도 물에 잠기는 예[浸禮]를 통해 자아를 죽이고 불로 상징되는 성령을 받음으로 거듭난다고 믿는다.

태양화 시기 자아의 구조

우리는 이제 태양화 시기의 자아가 가지고 있는 구조를 더 구체적으로 파악해 봄으로써 그 고뇌의 실상을 분명히 보게 된다. 이때의 자아는 대개 다음 네 가지의 특징을 지니고 있다. 이는 곧 백수광부와 익사이온의 자아가 지닌 구조이기도 하다.

첫 번째로, 이때의 자아는 매우 높은 자의식과 자기반성적 구조가 있었다. 높은 자의식을 가진 만큼 죄의식과 실존적 공포도 지니고 있었다. 린 화이트는 "인간이 이때 최초로 도덕적 갈등을 느끼기 시작했으며, 자기가 자신을 볼 수도 있게 되었다. 그리고 인간인 자신이 자연으로부터 분리감을 느꼈다. 이런 갈등이 자기의식으로 그리고 죄의식으로 초대되었다"[55]고 지적했다. 노이만은 "활짝 핀 자아가 등장하면서, 낙원의 달콤한 꿈은 사라지고 말았다. 여기서부터 죄의식을 느끼기 시작했으며, 이것이 원죄요 타락이다" 또한 "죄책감이 등장하면서부터 고통과 질병이 생겨났다"[56]라고 했다.

두 번째로 한번 분리가 생긴 자아의식은 겹치기 초과분의 분리가 생기면서 죄책감은 정신병적 증상을 일으키기 시작한다. 프로이트의 지적에 의하면 이러한 정신병리적 증상은 부성적 초자아(the paternal super-ego)가 등장하면서 더욱 심화된다. 이것은 부가 가치적 죄책감이라고 할 수 있다.

세 번째로, 태양 시기의 자아는 이중적 분리감을 느끼기 시작한다. 그 첫 번째 분리감은 마술, 신비적인 그리고 유아기적인 어머니와 아버지 신으로부터의 분리감을 느끼는 동시에, 진정한 존재의 근원이며 신 자체인 신성(神性)으로부터도 분리감을 느낀다. 보통 평균적 양상 속에 있는 인간들은 전자로부터의 분리감을 느끼지만 후자로부터의 분리감은 느끼지 못한다. 이 말은 사닥다리의 꼭대기로부터 분리는 느껴도 사닥다리 자체로부터의 분리는 느끼지 못한다는 말과도 같다. 법(法)으로부터 8층의 분리는 느껴도, 연(然)으로부터 8층의 분리는 느끼지 못한다는 뜻이다. 백수광부는 물속으로 돌아감으로써 자연 그리고 신비마술적 아버지 어머니신으로 회귀하고 만다. 2층 곰(감)신과 태모신으로 회귀한다. 그러나 그가 진정으로 성취했어야 할 과제는 하나님과 '하나' 됨이었어야 한다. 실로 백수광부의 물속의 잠김이 갖는 의미가 크다. 물속은 감신(태모신)의 고향인 것이다.

---

55 L. L.Whyte, *The Next Development in Man* (New York: Mentor, 1950), 180.

56 E. Neumann, *The Origin and History of Consciousness* (Princeton: Princeton Univ. Press, 1973), 217.

서양에서는 유럽적 균열 때문에 '하나'로서의 근저 자체가 파괴되고 말았지만, 한국에서는 프랙털 때문에 근저 자체와의 합일이 가능하였다. 백수광부의 물에 잠김은 곧 근저와의 합일을 의미하기도 한다. 이중적 분리를 심각하게 느끼는 곳은 서양이다. 엔릴과 「구약성서」의 욥(Job)은 이런 이중적 분리로부터 가장 많은 갈등과 고난을 겪은 장본인들이라고 할 수 있다. 「구약성서」 <욥기>는 '하나님'과 '하나'됨에서 분리될 때 인간이 겪는 고뇌를 가장 장엄하게 그려 놓은 대서사시라고 할 수 있다.

　　네 번째로 서양에서 타락된 자아는 물을 적대시한다. 바다는 리바이어던이라는 사탄이 잠겨 있는 곳이다. 서양의 영웅들은 이 바다의 용을 쳐서 승리하여야 한다. 바빌론 신화에서 마르두크는 바다의 신 티아마트를 쳐 승리함으로써 우주를 창조한다. 그러나 서양의 남성 영웅적 자아들은 바다와 싸워 이긴다는 것이 잘못된 승리라는 것을 알지 못하고 있다. 결국 서양적 자아는 바다를 이김으로써 냉정하고, 합리적이고, 추상적이며, 완고한 자아로 발전하게 된다. 바다와 땅을 누르고 하늘 위로 솟구쳐 오르려고 한다. 이것이 익사이온의 수레바퀴가 보여주는 바라고 할 수 있다. 그러나 이들이 추구하는 바 하늘은 진정한 하늘이 아닌 것이다. 결국 서양적 자아는 땅을 억압하고 하늘을 부정하는 결과를 빚고 말았다. 그래서 그들은 모두 무신론자의 후예가 되고 말았다.

　　하늘 위로 솟구쳐 오르려던 자아가 산산이 땅에 떨어져 부서지는 모습이 수메르의 수도 키시(Kish)의 왕이었던 에타나(Etana)의 설화 속에 잘 나타나 있다. 독수리의 날개 위에 앉아서 에타나 왕은 하늘 위로 훨훨 날아 오른다. 이것은 무의식의 땅에서부터 자아가 해방되어 나오는 것을 상징한다. 에타나는 두려움을 느끼기 시작했으며 독수리에게 "나의 친구여 더이상 날아오르지 말게"라고 간청한다. 그러나 "하늘만 처다보던 인간 자아의 운명이여!", 바로 그때 독수리와 왕은 땅에 떨어진다.

두 시간이나 더 그들은 떨어졌다.

두 시간이나 더…

여섯 시간이나…

독수리는 떨어졌다…

땅에 떨어져 산산이 부서졌다.[57]

토판의 마지막 부분에 왕비가 슬피 울었다고 되어 있다. 에타나의 추락은 곧 바벨탑의 무너짐으로 「구약성서」에 기록되어 있다. 땅을 짓밟으며 하늘 위로만 상승하려던 인간의 좌절을 여실히 보여주는 신화라고 할 수 있다. 익사이온, 백수광부, 에타나 모두 태양화 시기에 등장한 자아를 상징하는 영웅적인 인물들이다. 이들은 모두 새로 등장한 자아 때문에 고민한다. 그러나 그들이 해결하는 방법은 다르다. 에타나는 하늘 위로 치솟아 오르려고 한다. 전에 못 듣던 절규를 하고 있는 것이다. 그러나 그 자아는 땅에 떨어져 산산이 깨지고 만다. 서양적 자아의 한계이고 운명이다. 고조선의 백수광부는 감과 태모 신에게로 되돌아간다. 우리는 물에 잠긴 백수광부의 자아가 물 위에서 떠오르기를 기다리고 있는 것이다. 그리고 서양적 자아는 땅에 떨어져 깨어진 자아에서 숨이 돌아오기를 기다리고 있는 것이다. 익사이온은 수레바퀴에 갇혀 있다. 이것은 서양적 자아의 모습이다. 지금도 갇혀 있다. 그들은 해방을 기다린다. 심청의 넋같이 백수광부의 넋도 물 위로 떠 올라와야 한다.

---

57 G. Clark, *The Stone Age Hunters* (London: Thames and Hudson, 1967), 168.

V I I I
서양 용龍들의 한맺힘

용들의 부메랑 효과

문명의 비카오스화나 유럽적 균열이 정신적 자아 즉 태양화 시기의 제2기부터 본격적으로 시작되었다고 했다. 여기서 비카오스화는 알 카오스를 억압하는 것이 가능하긴 해도 그 반대는 안 된다. 그러나 우로보로스나 타이폰 같은 낮은 층도 위층에 강한 영향을 미친다. 즉 낮은 층이 높은 층을 뒤엎어 버릴 수도 있고, 만약에 낮은 층이 그 자체에 어떤 훼손이 생기면, 그것이 부분적으로 높은 층을 훼손시킬 수도 있다. 좀더 부연 설명하면, 높은 층은 낮은 층으로부터(from) 나오는 것은 아니지만 낮은 층을 통해서(through) 나오기 때문에 낮은 층이 훼손되면 곧바로 높은 층에도 그 영향이 미친다는 것이다. 이런 경우를 두고 '발생적 오염'이라고 한다. 이것은 마치 지진으로 일층이 흔들리면 그 위층도 흔들리는 경우와 같다고 할 수 있다. 아래층의 알 카오스층이 흔들릴 때 그 위의 비카오스층에도 그 울림이 있을 수밖에 없다. 그러나 양자 사이에는 어떤 절대적인 인과성이 있는 것은 아니다.

2층과 3층에서도 억압이 없었던 것은 아니지만 진정한 억압은 4층에서부터 생긴다고 할 수 있다. 4층은 비카오스화의 절정이라고 할 수 있다. 4층에서 개체적 자아가 등장하면서 1층의 물질적 그리고 2층의 성적인 층을 무자비하게 억누른다. 정신은 식욕과 성욕을 최대한 억압한다. 그러면 그 결과는 어떠한가? '부메랑 효과'가 이 바로 그 답이다. 이성적 자아가 성욕을 짓눌러 놓으면 그 반격을 다름 아닌 이성적 자아 그 자신이 받는다는 효과 말이다. 그래서 정신적 자아가 등장할 때는 이미 훼손된 터전 위에서 등장하기 때문에 결국 정신적 자아가 훼손될 수밖에 없다. 이것은 한마디로 말해서 '환경적 오염'이라고 할 수 있다. 성인들의 잘못으로 어린아이들마저 AIDS에 감염되고 있다. 이것은 모든 개체가 상호억압구조 속에 있음을 의미한다.

정도의 차이는 있을망정 모든 층에서 억압은 있었다. 그러나 정신적 자아(4층)가 등장하면서 비카오스화는 절정에 이른다. 그러면서 비카오스층은 알 카오스층을 억압한다. 그런데 중요한 사실은 정신적 자아가 등장할 때에는 이미 이 자아가 억압적 환경 속에서 등장했다는 점이다. 그래서 비카오스적 자아는 원초적 억압상황을 내면화시키고 있었던 것이다. 그리고 이렇게 내면화된 억압은 압박으로 나아가고 있다.

자아의 최초의 억압은 죽음을 피해 보려는 데서 시작된다. 그래서 자아의 억압은 자기 압박에서부터 시작된다고 할 수 있다. 그래서 목가적인 환경 속에서도 자기 압박은 있게 마련이다. 즉 자기 죽음과의 싸움 때문에 그렇다. 그래서 인간에게서 비카오스화는 필연적인 운명인지도 모른다. 이제 인간들은 억압적 사회 속의 구성원이 된다. 즉 그러한 억압적 사회 '속'에 있게 된다는 뜻이다. 그러면 이러한 사회가 또 그 사람 '속'에 있게 된다. 이것이 바로 부모의 죄가 자식에게까지 전달된다는 '원죄'의 구조인 것이다. 죄의 잉여현상이 생겨나게 된다. 「구약성서」는 이 원죄와 함께 그것이 바로 도시화로 연결된다. 카인이 동생 아벨을 죽이고 도망가 건설한 것이 바로 도시였다. 도시는 곧 정신적 자아의 등장과 일치하며, 문명의 비카오스화의 터전이었다.

정리하면, 높은 층은 낮은 층으로부터 나오는 것이 아니라 거쳐 나온다. 훼손된 낮은 층은 높은 층을 향해 제자신의 영역 안에서 비슷한 훼손이 생기도록 한다. 그러나 높은 층이 훼손되도록 낮은 층이 절대적인 원인제공을 하지는 않는다. 각 개인은 물리적-성적-정신적 영역에 있어서 상호 훼손시키기도 억압하기도 한다. 한번 억압이 내면화되면 잉여압박(원죄)을 조장시킨다.

붉은 용 다시 살다

카오스는 용으로 상징되었다. 기원전 2000년경에 서양에서 이 용은 거의 살해당한다. 그러나 용은 죽은 채 숨어 있었을 뿐이다. 현재의 비카오스시대 말기에 이 용은 되살아났으며, 용들의 대반격은 마르크스와 프로이트에 의하여 시작되었다. 문명사적으로 보아 마르크스는 제1층의 우로보로스층을, 프로이트는 제2층의 타이폰층을 대표한다. 제1층은 물질물리적 층이고, 제2층은 생물생리적 층이다. 마르크스는 음식, 자본, 땅, 소유, 경제활동, 육체적 노동 같은 것을 생산양식이라고 했으며, "물질적 생활의 이러한 생산양식이 사회, 정치, 물질적 삶의 전반적인 과정을 조건짓는다"고 했다. 이런 생산양식에 속하는 전반적인 내용들을 '플레로마(pleroma),' 즉 물질이라고 한다. 에릭 프롬이 지적한 대로 마르크스는 세계사적 의의를 갖는 인물이다.

프로이트는 1층을 마르크스는 2층을 대표하는 차이가 있었지만, 양자는 모두 4층의 관념적 자아의 억압으로부터 인간을 해방시키려는 불굴의 의지가 있었다. 인류 문명의 비카오스화 후 정신화를 온갖 수단으로 저항한 인물들이다. 마르크스는 사회의 물질 경제적 구조야말로 기본적인 현실이라고 생각했는데, 이에 반해 프로이트는 개인의 리비도(애욕과 성욕)가 그것이라고 믿었었다. 두 사람 모두 인간 마음에 깃들어져 있는 틀에 박힌 관념, 합리화 작용, 이데올로기에 대해서 지워버릴 수 없는 불신감을 가지고 있었다.

두 사람은 모두 4층을 허구로 보았으며 '진실'이란 도구를 통해서 인간들이 이 허구에서 일깨워져 나오도록 독려하였다. 마르크스에게 있어서는 사회혁명을, 프로이트에게 있어서는 개인의 개혁을 불러일으키는 것이 목적이었다. "개인의 본능적 충동(이드)이 있는 곳에 자아가 있게 하라"고 프로이트는 권하고 있다.

프로이트는 문명을 보는 견해에 있어서도 자기답다. 원시인이란 성적 본능을 완전히 만족시키는 인간으로 보았다. 그러나 본능만을 완전히 만족시키는 인간은 문화나 문명의 창조자가 될 수는 없다. 그래서 원시인들은 본능의 완전한 만족을 단념할 수밖에 없다. 욕구불만에 빠진 인간들은 성적이 아닌 다른 정신적 에너지로 바꾸지 않을 수 없다. 이것이 문명의 출발이다. 성적인 에너지가 정신적인 에너지로 바뀌는 것을 프로이트는 '승화'(昇華)라고 했다. 문명의 발달이란 다름 아닌 승화의 도를 높이는 것이다. 그럴수록 욕구불만은 증대될 수밖에 없다. 3·4층으로의 상승을 프로이트는 승화라고 부르고 있다.

문명인은 지식과 교양(4층)을 늘릴수록 원시인보다 더욱 불행해진다. 그리고 지나친 욕구불만은 신경증을 일으킨다. 드디어 인간은 자기가 만들어 놓은 문명으로부터 억압과 압박감을 받게 되고 불안을 갖게 된다. 결국 프로이트에게서 문명의 발달은 불만의 증대와 이에 병합한 신경증의 증대라고 할 수 있다. 이것을 프로이트 문명론 1이라고 할 수 있다. 그러나 프로이트에게는 또 다른 독특한 문명론 2가 있다.

문명론 2는 오이디푸스 콤플렉스와 관련된 이론이다. 그의 책『토템과 터부』(*Totem and Taboo*)에 잘 기록되어 있다. '아버지에 대한 아들의 반발, 미운 아버지 살해'라는 가설 위에서, 5, 6세의 어린아이는 아버지에게 심한 질투를 느끼고 거세공포 때문에 아버지에 대한 살의를 느낀다. 드디어 이 공포에서 벗어나기 위해서 그는 근친상간의 터부를 내면화하여, 이윽고 그 주위에 양심이란 것이 성장해 갈 핵을 형성케 한다. 그것이 바로 '초자아'(超自我, Super ego)가 된다.[58] 이러한 초자아의 투사에서 나온 것이 신(神)이다.

프로이트의 문명론은 우리의 문명론과 일치하는 부분도 있고 다른 부분도 있다. 정신적인 것이 본능적인 것을 억압할 때 병적 현상이 생긴다는 점은 일치한다. 그러나 프로이트는 원시본능적인 것이 정신적으로 승화되는 과정과 이유를 잘 설명하지 못하고 있다. 그리고 이런 억압구조의 동·서양적 차이도 설명하지 못하고 있으며, 그의 심리학은 서양적 문명이해에 바탕을 두고 있다고 할 수밖에 없다. 즉, 그는 '유럽적 균열'과 '프랙털'을 모르고 있다. 프로이트는 오이디푸스 콤플렉스를 가부장제적 배경에서 이해하고 있는 것 같다. 차라리 이 콤플렉스는 문명의 시초, 즉 우로보로스의 상태로 회귀하려는 남녀 모두 인간의 가장 강한 충동으로 이해했어야 할 것이다.

마르크스에게서 원시인간은 자연에 완전히 의존해 있었다. 진화란 곧 인간이 자연으로부터 완전히 독립되는 과정이다. 인간은 공작과 가공을 통해 자연을 지배하고 변형시키며, 자연을 개조함으로써 인간은 스스로 개조된다. 마르크스에게서 사회주의 사회란 성숙한 인간이 자기

---

58 S. Freud, "Totem and Taboo," The standard edition of the complex *psychological works of Sigmund Freud* vol.13, trans. and ed. by James Strachey (London: Hogarth Press and the Institute of Psycho-analysis, 1953-1964).

의 힘을 전적으로 개화시킬 수 있는 사회를 두고 하는 말이다.

인간은 생물의 한 종족이지만 노동에 의해서 어머니인 자연으로부터 스스로 해방시킨다. 이 해방과정에서 자기 능력을 발달시켜 성장한다. 자연을 완전히 이성적인 통제 속에 두고 사회가 계급성을 잃을 때 선사시대는 종말을 고하게 된다. 이것이 마르크스가 그린 유토피아였다. 마르크스는 상당히 유대-기독교적인 전통 위에 서서 역사를 낙관적으로 바라보고 있다. 사회는 인간의 자기 창조와 자기 개발을 위한 필요조건이다. 그러나 프로이트는 제1차 세계대전 이후 회의론자가 되고 말았다. 그는 인간이 이루어 놓은 모든 일은 욕구불만으로 끝난다고 보았으며, 그렇다고 원시인으로 되돌아가면 인간은 쾌락을 얻지만 지혜를 잃는다고 보았다. 문명의 발달로 인간이 현명해질지는 몰라도 결국 불행해지고 만다고 보았다.

제1층과 제2층의 문명을 대표한 우리 시대의 대표적인 사상가가 마르크스와 프로이트는 문명론에 대하여 이와 같이 매우 유사하면서도 상반된 이론을 제기해 놓았다. 우리는 이 이론들에 대하여 대답을 해야 한다. 결국 21세기는 프로이트와 마르크스를 극복해 가면서 동텄다고 해도 과언이 아닐 것이다.

용 다시 죽다

마르크스 사상에 대한 비판은 다음 다섯 가지 경우로 나누어 생각해 볼 수 있다.

첫째, 마르크스는 유물론에 지나친 의존을 하고 있다. 이것은 아마도 포이에르바하로부터의 영향이라고 할 수 있다. 그러나 유물론에 대한 의존은 적어도 제1층(우로보로스, 플레로마, 자연)에서만은 옳다고 할 수 있다. 마르크스가 제1층 이상의 층들을 가볍게 여기고 1층에다 모두 귀속시킨 것은 또 하나 환원주의의 오류를 범했다고 할 수 있다.

둘째로 마르크스가 제1층(음식, 물질, 노동생산)은 위층들에 대한 원인이고 심지어는 그것들을 창조할 수 있다고 한 것은 1층을 과대평가한 것이라 할 수 있다. 즉, 마르크스는『독일 이데올로기』에서 "의식이 생활을 규정하는 것이 아니라, 생활이 의식을 규정한다"[59]라고 즐겨 말했지만, 이것은 높은 층(의식)이 낮은 층(생활)을 거쳐 나와 그것에 영향을 받는다는 사실을 망각한 것이다. 여기서 마르크스는 높은 층이 낮은 층으로부터 나와 인과적으로 그것에 의해 창출되어진다고 지나치게 단순화시켜 버렸던 것이다.

셋째로 마르크스는 물질세계의 제반 병폐가, 매우 어렵기는 하지만, 높은 의식 층에 의하여 극복되어진다는 사실을 망각하였다. 수많은 사상가들이 경제적인 그리고 물질적인 역경을 딛고 정신적으로 위대해진 경우도 있고, 차라리 정신적인 자유를 위해 경제적인 역경을 감수한 경우도 있다. 아니 물질적 청빈을 예찬한 경우마저 있다. 공자의 제자 안회, 노자 같은 동양의 철인들이 그러했다. 호머는 한때 노예였고 장님이었지만 대사상가가 되었으며, 마르크스 자신도 경제적인 어려움 속에 있었다. 생산양식이 결정적으로 의식에 영향을 준다고는 할 수 없는 점이 여기에 있다.

넷째로, 마르크스는 외적인 압박에 대해서는 많은 관심을 쏟고 있으나, 내적인 것에는 별 관심을 보이지 않고 있다. 외적인 압박과 내적인 압박을 구별해 두어야 할 이유는 다음과 같다. 즉, 인간은 외적인 압박으로

---

59 칼 마르크스·프리드리히 엥겔스/김대웅 역『독일 이데올로기』(서울: 두레, 1989), 97 이하 참고.

부터는 쉽게 해방되려 하지만, 역설적이게도 내적인 압박의 쇠사슬로부터는 도리어 조여들기를 내심 바라고 있다는 사실이다. 다시 말해서 피압박자들은 그 쇠사슬을 도리어 사랑하고 있다는 것이다. 미국의 흑인들은 백인으로부터 해방 받기보다는 백인들의 쇠사슬을 도리어 즐기고 있다는 것이다. 그래서 마틴 루터 킹은 진정한 적은 흑인들 자신이라고 했다. 프랑크푸르트학파는 인간의 이런 점을 정신분석을 통해 잘 파혜쳐 놓고 있다. 이 쇠사슬을 마르쿠제는 '숨겨진 무의식의 끈'이라고 했다. 이 끈은 피압박자를 압박자에게 묶어 놓는 제 자신의 끈이다.[60]

그래서 마르크스가 말한 사회적인 압박, 즉 외적인 압박은 모든 압박 가운데 느슨한 압박의 하나일 뿐이다. 어쩌면 내적인 압박이 더 본질적일 수도 있다. 인간이 내심 압박을 풀기 원하는 것이 아니라 도리어 예속 받기를 원하는 이 마음 상태야말로 자본가보다 더 무서운 마르크스의 적이라는 사실을 그는 간과하고 있다.

마르크스가 제1층의 물질층을 절대화시킨 것과 같이 프로이트는 제2층의 성층을 절대화시켰다. 프로이트는 3, 4층의 등장, 즉 문명과 문화의 등장을 '지혜'로 가는 것으로 보았으며, 문명의 지혜는 곧 성의 억압을 초래하고 그것을 병적인 것으로 보았던 것이다. 성과 지혜는 양립할 수 없다는 것이 프로이트의 입장이었다. 그러나 프랑크푸르트학파의 마르쿠제는 "문화 그 자체는 성과 양립할 수 없는 것이 아니다"[61]라고 했다. 마르쿠제는『에로스와 문명』에서 서구문명의 제반 질병은 성애(에로스)를 억압함으로써 생겼다고 진단한다. 성애는 상품화되고 말았으며, 이 것은 제2층의 성애가 제3, 4층과 정상적인 관계를 서양에서는 정립하지

---

60 P. Robinson, *The Freudian Left* (New York: Harper, 1969), 57.
61 앞의 책 참고.

못했음을 의미한다. 마르쿠제는 위의 인용구에서 보는 바와 같이 문화를 에로스적인 성애와 연관시킴으로써 서구 문명을 치료하려 한다. 그러나 유럽적 균열의 심각성은 그가 생각했던 것보다 그 골이 깊다는 사실을 알게 될 것이다.

프로이트와 마르크스는 서양 문명사 속에서 억압의 구조를 뼈저리게 느낀 인물들이고 가장 낮은 층 억압의 소리를 들은 인물들이며, 이들은 그 층을 대변하기 위해 앞장서서 총대를 멘 사상가들이다. 그러나 그들의 진단과 치료는 부분적으로는 옳았으나 전부는 옳지 않았다.

제 7 장

카오스 해법 모색

I
얼간이들의 눈병

얼을 기다리며

인류 문명사를 삼원팔소(三元八素)로 나눌 때, 지금까지는 삼원 가운데 처음 두 개 그리고 팔소 가운데 처음 네 개만 고찰하였다. 그 이유는 나머지는 모두 미래의 것이기 때문이다. 문명의 삼원이란 바로 알 카오스, 비카오스, 얼카오스였다. 지금까지의 문명사에서는 주로 비카오스적인 것만을 다루었다. 그래서 합리적인 것은 문명사의 출발이자 마지막이었다. 그러나 그것은 전체의 3분의 1밖에 안 되는 것에 불과하다.

삼원 가운데 마지막 얼카오스와 팔소 가운데 5~8층을 기반으로 삼원 팔소의 틀과 윤곽을 잡아보고, 그것을 바탕으로 미래를 전망해 보려고 한다. 삼원은 여기서 다양한 말로 바뀐다. 켄 윌버는 삼원을 세 가지 종류의 눈, 즉 육안, 심안, 혜안으로 나누어 고찰했다. 이것을 다시 과학자의 눈, 철학자의 눈, 명상가의 눈으로 나누어 다루었다.

비카오스화의 주범들은 데카르트와 뉴턴이다. 서구정신사는 19세기에 이르러 이 두 사람에 의해 한쪽은 과학에서 다른 쪽은 철학에서 비합리적인 알 카오스를 제거하는 데 적극적이었다. 이러한 합리적인 세계관을 '뉴턴-데카르트적 세계관'이라고 한다. 이 세계관이 여기서 중점적으로 다루어질 것이다. 우리 시대는 이 세계관 위에 서 있고 바로 비카오스화 시기의 마지막 시점에 처해 있다. 얼카오스의 시기로 넘어가는 문턱에 지금 우리는 서 있는 것이다. 삼원적 구조 가운데 어느 하나만으로 다른 두 가지를 무시하거나 제거시키는 것을 '범주오류'(category fallacy)라고 한다. 이런 오류를 범하지 않기 위해서 삼원적 구조 사이의 관계가 무엇인지 파악해 보는 것이 무엇보다 중요하다.

세 개의 카오스 가운데 비카오스란 인간의 이성적 합리성의 등장을 의미한다. 즉, 인간의 두뇌 속에 '알음알이'(앎)가 시작되어 작용하는 것을 의미한다. 그래서 이를 '앎'이라고 할 때 알·앎·얼, 이 삼자의 구조적 관계를 파악하는 것도 중요하다. 타이폰과 태층에서 뉴-넋의 쌍이 태양화 시기에 알 → 앎 → 얼 로 변한다. 이런 변화를 '진화', 혹은 '신학적 타락'이라고 하며, 반대로 얼 → 앎 → 알로 발전하는 과정을 '퇴화', 혹은 '과학적 타락'이라고 한다. 여기서는 진화와 퇴화의 문제가 가장 많은 비중을 두고 다루어질 것이다.

연대기적으로 표현해 볼 때 알을 '아린기'로 보는데 팔소 가운데 우로보로스층과 타이폰층이 이에 속한다. 전분별, 전인격, 전자아란 말이 모두 이 아린기에 속하는 말이다. '아린'이란 말은 과일이 아직 익지 않는 풋나기 상태를 두고 하는 말이다. 삼원의 두 번째 비카오스화, 즉 '앎' 기는 '어린기'라고 한다. 뉴턴-데카르트적 세계관에서는 알음알이의 이성적 작용을 가장 높은 것으로 보지만 분별적 자아는 아직도 성숙되지 않은 어린이의 것으로 본다. 이 점이 서양과 동양 사이의 근본적인 차이점이라고 볼 수 있다. 이에 붓다는 기원전 5~6세기경에 '제법무아'라 하여 분별적 자아(4층)의 초월을 주장하였다.

이제 인류 문명사의 성숙기는 '어른기'이다. 어른기는 인간이 얼로 깨어나는 시기이며 이를 초분별, 초인격, 초자아라고 한다. 이를 얼카오스라 부른다. 이 책에서는 따라서 이성이 활짝 만개한 현재를 아직 '어린기'라고 본 것은 독특한 시각일 것이다. '어른기'를 우리는 대망할 수밖에 없다. 얼이 간 사람을 '얼간이'라고 한다. 지식과 이성 그리고 똑똑한 분별력만을 교육의 목표로 삼아온 교육은 얼간이 교육이다. 얼간이 교육은 인간을 어린이 정도로밖에는 성숙시키지 못한다. 우리는 모두 얼간이 교육을 시켜왔고 받아 왔다. 그런 의미에서 서양문명사는 얼간이 문명사다. 이제 이 얼간이는 가고 얼 있는 시대, 즉 인간들이 어른다워지는 시기가 올 것이다. 그 시기를 우리는 새로운 신시(神市)가 열리는 후천개벽의 시기로 본다. 호모 데우스에 이어 호모 호모의 도래가 새로운 신시에 태어난다.

카오스와 세 가지 눈

사람 얼굴에 있는 기관 가운데 눈만큼 철학과 종교에 관계되는 것도 없을 것이다. '육신의 눈'[肉眼], '이성의 눈'[心眼], '지혜의 눈'[慧眼], '영혼의 눈'[靈眼] 등 그 명칭이 다양하다. 코나 입, 귀를 두고 그렇게 다양한 명칭을 붙이지는 않은 것 같다. 중세기의 위대한 철학자인 동시에 신비가였던 성 보나벤투라(St. Bonaventura)는 남녀 구별 없이 지식을 얻는 데는 세 가지 종류의 눈이 있다고 했다. 보나벤투라에 의하면 시공간 속에 있는 외계의 사물들을 보는 것을 '육신의 눈'이라 했고, 철학, 논리, 마음 그 자체를 보는 눈을 '이성의 눈'이라 했으며, 초월적 실재를 보는 눈을 '명상의 눈'이라고 했다.[1]

---

1 육의 눈은 알 카오스, 이성의 눈은 비카오스, 명상의 눈은 얼카오스와 같다.

보나벤투라는 라틴어로 감관적 목적물을 보는 눈을 '외적인 눈'(lumen exterius), 이성의 눈 철학의 눈을 '내적인 눈'(lumen interius) 그리고 초월적 존재를 보는 눈을 '초월적 눈'(lumen superius)이라고 했다. 보나벤투라는 '신의 흔적' 속에 이 세 눈이 들어 있다고 보았다.[2]

성 빅토르 휴즈(Hughes of St.Victor)는 보나벤투라의 세 가지 눈을 인지, 사색, 명상으로 삼분하였다. '인지'는 단순 경험적인 것으로서 육안을 사용하여 물질세계의 사실들을 파악하는 것이다. '사색'은 심안을 사용해서 마음 그 자체에 있는 진리를 추구하는 것이다. 여기서 마음 그 자체란 '하나님의 형상' 같은 것이다. '명상'이란 초월적 직관 속에서 신성(神性)과 합일되는 영혼과 같은 것이다.

지금까지 소개한 세 가지 눈은 기독교적 테두리 안에서 파악한 것이다. 그러나 눈의 세 가지 구분법은 반드시 기독교계 안에서만 발견되어지는 것은 결코 아니다. 심리학, 철학, 종교의 모든 영역 속에서 우리는 세 종류의 눈을 발견할 수 있다.[3] 육안은 감각경험에 속하는 것으로 인간뿐만 아니라 동물도 가지고 있다. 매우 조잡한 영역에 속하는 것이다. 시공간과 물질적 범주에 속하는 눈이다. 피아제가 말하는 '감각운동' 같은 것이다. 감각경험적인 것이라 할 때 여기서 '경험적'이란 말에 조심해야 한다. 로크가 '경험적'이라고 할 때 그것은 상징이나 언어 같은 것을 통하지 않고 직접 의식하는 것이다.

다음으로 '이성의 눈'에 대하여 한번 생각해 보기로 한다. 마음의 눈, 사색의 눈, 추리의 눈 같은 것으로서 관념, 영상, 논리, 개념들에 참여하는 눈이다. 이것은 정묘한 영역에 속하는 것이다. 마음의 눈은 몸의 눈을

---

2 Ken Wilber, *Eye to Eye* (New York: Anchor Books. 1985), 4.

3 F. Schuon, *The Transcendental Unity of Religions* (New York: Harper and Row, 1976), 76.

13세기 유럽인이 생각한 세 개의 눈

포함하면서도 초월한다. 이성의 눈인 마음의 눈은 육신의 눈에 의존해 있으면서도 그것을 초월한다. 정신적인 눈이 결코 육체적인 눈으로 환원될 수는 없다. 그러나 감각주의자들인 경험주의자들은 인간의 모든 이성적 지식이 감각적 경험에서, 즉 육의 눈에서 유래한다고 주장한다. 그리고 그들은 인간 지식은 결코 초감각적 지식으로 접근할 수 없다고 주장한다.[4] 그러나 알아야 할 사실은 슈마허도 지적했듯이, 우리가 본다고 할 때에 그 보는 작용이 결코 육안으로만 이루어지는 것이 아니라는 점이다. 육안이 작용할 때 우리의 심안도 함께 작용하여 '봄'이 이루어진다. 그래서 우리는 맛을 '본'다, 재미'본'다, 생각해'본'다 등, 육적-심적 모든 작용이 봄과 더불어 생긴다고 보고 있다.

영어에서도 'I see'할 때는 '안다'는 뜻이 포함되어 있다. 육안과 심안은 하나이지만 또한 구분된다. 예를 들면 수학은 감정의 눈이 아닌 이성의 눈에 의해 발견되고 조명된다. 수학자는 순수 논리적 관계성에만 관심있다. 그들은 경험대상물에 직접 관심있지는 않는다. 화이트헤드가

---

4 F. Schuon, *Logic and Transcendence* (New York: Harper and Row, 1975), 71.

정확하게 지적한 대로 수학의 대부분은 초경험적(trans-empirical)이고 선험적(a priori)이다. 논리학은 초경험적이다. '모든 사람은 죽는다.'를 삼단논법의 대명제로 사용할 때 이 명제는 경험적이 아니다. 왜냐하면 그 누구도 모든 사람이 다 죽는 것을 경험적으로 검증하지 않았기 때문이다. 그래서 현대논리학에서는, 이 명제는 논리적 대전제가 될 수 없다고 본다.

화이트헤드는 추상적인 영역이 매우 필요하고, 필연적이라고 보았다. 이러한 화이트헤드의 입장은 동양사상의 견해와 일치한다. 왜냐하면 불교 같은 동양사상은 모두 감각적인 것에서 이성적인 것이 잇따라 일어난다고 보기 때문이다. 이성의 눈이 감각의 눈에 인접해 있듯이 명상의 눈은 이성의 눈에 인접해 있다. 이성이 육체적인 것을 초월하듯이 명상적인 것은 이성적인 것을 초월한다. 이성이 감각에 환원될 수도 없고 거기서 도출될 수도 없듯이 명상의 눈도 초이성적이고 초합리적이다. 감각의 눈은 제 자신이 독자적인 개성과 독특성을 지니고 있어서 낮은 것이 높은 것으로 환원될 수도 없고, 높은 것이 낮은 것으로부터 이끌어져 나올 수도 없다. 어느 눈을 어느 다른 눈에 환원시키거나 이끌어내리는 오류를 '범주적 오류'라고 하며 여기서 심각하게 그 잘못을 지적하려고 한다.

세 눈의 독자성과 정당성 때문에 학문영역도 셋으로 나뉜다. 경험적 분석적 과학은 몸의 눈에, 철학과 심리학은 마음의 눈에, 종교는 명상의 눈에 각각 속한다 할 수 있다. 이 세 영역은 경험주의, 합리주의, 초월주의를 결정한다. 하나의 눈으로 다른 눈을 장님으로 만들어 버리는 범주적 오류는 학문 분야에 있어서 오늘날 경험주의적인 분석과학이 초월적 영역에 속하는 종교를 부인하는 데서도 나타난다. 오늘날 종교, 철학, 자연과학은 모두 실증주의가 범하는 이런 범주적 오류에 빠져 있다고 할 수 있다. 특히 최근에 이런 오류를 범하고 있는 분야로서는 경험과학분야를 들 수 있다. 경험과학이 범하는 범주적 오류는 심각하며 모든 영역에 만연되어 있다.

데카르트의 비카오스화

현대철학의 큰 두 흐름은 경험주의와 합리주의이다. 전자는 몸의 감각을, 후자는 마음의 이성을 중요시한다. 케플러, 갈릴레오, 뉴턴 같은 과학자들이 이성숭배자들인 것 같지만 사실은 감각경험숭배자들이었다. 그래서 근대과학운동은 반지성주의 운동이었다는 것을 알지 않으면 안 된다. 화이트헤드는 이 점을 정확하게 간파하고 과학이란 그 당시에 통용되는 일반상식에 근거해 있는 것에 지나지 않는다고 했다.

과학은 반합리주의적 경향과 함께 시작되었다. 과학자들과 철학자들은 그들의 사고가 출발하는 원초적 기원점이 있다고 생각한다. 데카르트는 이를 '직관적으로 자명한 진리들', 갈릴레오는 '더 환원시킬 수 없는 엄연한 사실들', 러셀은 '직접적인 현상적 인지'라고 했다. 갈릴레오의 '더 환원시킬 수 없는 사실들'은 몸의 눈이 보는 대상이고, 데카르트의 자명한 진리는 마음의 눈이 보는 대상이다. 그렇다면 제3의 눈인 명상의 눈이 보는 대상은 '계시적 통찰력'(revelatory insight)과 같은 것이라 할 수 있다.

어느 하나의 눈은 다른 눈을 무시한다. 논리학은 감각의 눈을 무시하고 계시적 통찰력도 백안시한다. 여기서 근대과학과 철학이 범하는 범주적 오류가 발생한다. 예를 들면 근대철학의 시조라 할 수 있는 데카르트는 이성만을 최고의 가치로 여기고 감각과 초월적인 영성 같은 것을 무시하고 말았다. 그는 "이성 이외에 어떤 것에 의해서도 설득당해서는 안 된다"라고 말했다. 이 말에는 이성 밖에 감각도 영성도 인정할 수 없다는 의미가 포함되어 있다. 결국 이성만이 자명한 진리를 예증하는 마지막 기준이다. 이 마지막 종착점에 도달하자면 직관, 특히 이성적 직관만이 그것을 가능케 만든다고 보았다. 즉 이성적 직관만이 자명한 진리에 도달토록 만든다.[5]

데카르트는 이성적 직관을 거의 맹신했으며 그 밖의 모든 것은 잘못과 오류를 범한다고 보았다. 데카르트는 이성의 눈만 인정하고 나머지 감각의 눈과 명상의 눈은 모두 쓰레기통에 던져 버리고 말았다. 데카르트가 그 첫 출발점에서부터 근대철학을 얼마나 그르치고 있는가가 분명해진다. 그는 제2의 이성의 눈으로 제1과 제3의 눈을 모두 무시하고 있으며, 이성 속에 나머지 것들이 모두 갖추어져 있다고 함으로써 범주적 오류를 철저하게 범하는 것이다. 하나의 눈이 다른 눈을 뒤집어버리면 범주적 오류가 발생한다. 감각, 이성, 명상의 눈은 각각 제자신의 고유한 진리를 가지고 있는 것이지, 어느 것이 다른 어느 것에 의해 제약받거나 위축되지 않는다.

힌두교, 불교, 기독교, 이슬람교의 성인들은 모두 제3의 눈인 명상의 눈에 전문가들이었다고 할 수 있다. 그러나 이것이 곧 다른 두 눈에도 전문가가 될 수 있다는 보장을 해 주는 것은 아니다. 예를 들면 명상의 눈을 떴다고 해서 곧 과학의 눈도 떠지는 것은 아니다. 수많은 종교적 천재들도 지구가 둥글다는 사실을 몰랐으며, 물이 수소와 산소의 결합체라는 사실도 몰랐다. 그러나 종교인들은 종교가 과학과 철학의 모든 문제를 해결할 수 있다고 생각한다.

한때 성서연구가는 <창세기>와 <요한계시록>의 내용을 그대로 과학적인 것으로 믿고 7일 창조 기사를 그대로 과학적 사실로 입증하려고

---

5 *Revision*, vol.1, No 314, 1978.

힌두교의 비슈누 상

했다.[6] 그러나 <창세기>와 <요한계시록>의 내용은 계시적 영적 눈으로 쓰인 것이지 정확한 과학적 사실과 논리적 정확성에 따라 쓰인 것이 아니다. 신학자들 역시 이런 점에서 범주적 오류를 범한 것이다. 이런 오류를 범한 대표적인 신학서가 바로 서기 535년 수도승 코스마스(Cosmas)가 쓴 『기독교지형학』(*Christian Topography*)이라고 할 수 있다. 기독교만 이런 오류를 범한 것이 아니다. 불교와 힌두교도 마찬가지다. 노장사상에 나타나는 연금술 같은 것도 모두 과학과 종교를 혼동한 데서 나타난 것이다.

영적 차원의 진리를 이성적 진리 그리고 경험적 사실들과 혼동해 버리는 데서 범주적 오류는 생긴다. 계시와 이성을 혼동하고, 이성이 경험적 사실들과 혼동될 때 철학자들은 종교의 합리적 차원을 무시하고, 과학자들은 종교의 경험적 차원을 무시해 버린다. 코스마스 같은 수도승이 나온 데에도 그럴 만한 이유가 있다. 코스마스는 동쪽도 서쪽도 없고 지구는 평평하며 길이는 넓이의 두 배라고 말했다. 이것은 서양의 신학

6 그래서 어리석게도 천지창조는 기원전 4004년에 일어났다고 했었다.

이 영적 차원을 가볍게 보고 그들의 이론을 지나치게 합리주의와 경험적 사실들에 의존시키다가 도달하게 된 결론이다. 그래서 그들은 성경이 말한 대로 지구가 우주의 중심이며 태양이 지구 주위를 돈다고 믿었다.

이렇게 서양신학은 이성과 경험으로 영적 세계를 파악하려 함으로써 결국 영적인 눈에는 까막눈이 되고 말았다. 신학자들이 철학자들이나 과학자들과 성경의 내용에 대해 과학적인가 그렇지 않은 것인가 하는 문제로 논쟁을 벌인다는 것은 무모하고 헛된 일에 불과할 뿐이다.[7] 소위 창조과학회가 범하는 오류가 바로 여기에 있다. 과학과 종교가 같다고 보는 오류 말이다.

근대 철학은 자연과학의 등장과 함께 그 합리성이 공격을 당하게 된다. 뉴턴이나 갈릴레오 그리고 케플러 같은 과학자들은 세 가지 눈 가운데 육안으로만 모든 것을 처리해 버린다. 이들 자연과학자는 눈에 보이는 것만이 실재라고 여긴다. 이들은 이성의 눈도 영적인 눈도 모두 무시한다. 육안으로 관찰되는 실재만이 참 실재이다. 이들 과학자가 범한 범주적 오류는 우리 세기까지 심각한 문제를 야기한다. 범주 오류를 범하는 가장 큰 오류가 유럽적 균열에서 온다. 오류에 대한 시정은 한국적 화합에 있다. 최치원이 난랑비서문에 '포함삼교'(包含三敎)라고 할 때에 그것은 우리의 눈이 범주오류와는 거리가 멀다는 것을 의미한다.

칸트의 비카오스화

1600년경 근대가 등장하기 이전의 인간들은 세 가지 눈을 혼동하였다. 종교가 철학도 되고 과학도 되려고 했으며, 과학이 철학도 되고 종교

---

7 Ken Wilber, 12.

도 되려고 했다. 이것은 모두 범주오류를 범하고 있는 것이다. 갈릴레오와 케플러야말로 과학, 즉 육안을 철학과 종교의 심안과 혜안으로부터 분리시켜 냈던 첫 인물들이다. 연금술 같은 거짓과학에서 철학과 종교를 분리시켰던 것이다. 이렇게 분리시켜 냄으로써 이성의 눈과 명상의 눈이 갖는 의미가 분명해졌다.

이제부터 갈릴레오가 과학의 눈인 육안을 담당했던 것과 같이 칸트[8]는 바로 철학의 눈인 심안을 담당한다. 역할분담이 분명해졌다. 칸트 이전의 철학자들은 과학적 사실들을 연역해 내려고 했을 뿐만 아니라, 명상적인 영적 진리도 연역시킬 수 있다는 무모한 노력을 감행했었다. 이것은 불가능할 뿐만 아니라 무모하고도 위험스러운 수고였다.[9] 예를 들면 중세기의 토마스 아퀴나스 같은 철학자는 신 존재 증명을 합리적으로, 즉 영적 진리를 이성적으로 연역시키려 했다. 이 점에서는 데카르트도 아리스토텔레스도, 안셀무스 등도 같은 어리석음을 범했다.

칸트는 개인적으로 신과 궁극적 실재를 믿었으며, 이를 초월계(noumena)라고 했다. 그러나 우리의 이성을 가지고 이 초월계에 접근하려고 하면 두 개의 모순되고 상반된 주장을 할 수밖에 없기에, 이성으로 이에 도전하는 것은 헛수고에 그칠 것으로 보았다. 신이 있다 없다, 자유가 있다 없다, 세계가 무한하다 유한하다 등 이율배반적 논증은 상반된 주장을 동시에 할 수 있기에 초월계에 이성적 접근을 한다는 것은 불가능하다고 보았다. 그래서 순수이성은 궁극적 실재를 포착할 수 없다고 칸트는 선언한다.

---

8 칸트는 문명의 층 가운데 3층에 속하는 철학자이다. 왜냐하면 3층에서부터 이성적 자아가 싹터 나오기 시작했기 때문이다. 헤겔은 4층에 속한다. 헤겔에게서 이성적 자아는 절대적인 데 도달하기 때문이다.

9 Ken Wilber, 67.

달마상

칸트 이전 1500년 전에 불교의 용수 같은 인물도 칸트와 같은 주장에
도달했었다. 이성은 절대적 실재를 포착 못 하고 기껏해야 이원적 비양
립성에 도달할 뿐이라고 했다. 중세기의 니콜라스 쿠사누스(Nicholas de
Cusanus)도 궁극적 실재란 '반대의 일치'라고 보았으며, 힌두이즘에서도
불이론적(不二論的, advaita)이라고 보아 논리로 묘사될 수 없다고 하였
다. 비가 오는 것과 비가 오지 않는 것을 동시에 포착할 수 없듯이 말이다.
두 개가 아닌 것을 둘로 나누어 그 중 하나만을 포착하여 절대화시키면
역설적 오류에 빠진다고 칸트는 보았었다. 그래서 신 같은 비이원적 존
재를 이성으로 파악하려고 하면 무의미성에 빠지고 만다. 이성의 눈으
로 형이상학적 사색을 한다는 것은 웃음거리가 되고 만다는 것이 칸트의
주장이었다.

실재를 절대라고 말해 보라, 그러면 실재를 상대라고 말하는 것도 옳
고 가능해진다. 그런즉, 실재의 문제는 어느 한쪽이 옳고 그른 문제가 아
니고 웃음거리냐 아니냐의 문제인 것이다. 힌두교에서는 자아를 아트만
(Atman)이라고 한다. 불교는 비-아트만(An-atman)이라고 한다. 상반된 주

장이 동시에 긍정되니 이것은 무의미하다는 것이다. 잘잘못의 문제가 아니라, 그렇게 말하는 것 자체가 무의미하다는 것이다. 용수도 비트겐슈타인도 바로 이 점을 발견한 철학자들이라는 점에서 칸트와 맥을 같이 한다.

칸트와 용수, 달마는 이성의 눈이 갖는 한계성을 간파한 점에서 같은 입장에 서있다. 그러나 칸트가 이성적인 눈은 초월적 세계를 넘어다볼 수 없다고 한계를 분명히 한 반면, 용수는 이성의 눈을 더 뜨게 하여 영적인 지혜의 세계로 들어갈 수 있다고 보았다. 직관을 통한 지혜로 직접 들어갈 수 있음을 주장한 것이다. 칸트에게서 신이란 감각과 이성을 초월해 있기에 우리는 그를 알 수 없으며, 그래서 신은 영원히 우리 앞에 숨겨져 있는 존재이다. 나중에 쇼펜하우어 같은 철학자는 칸트의 이런 입장을 비판한다.[10]

그러나 여기서 중요한 점은 아퀴나스와는 달리 칸트가 종교적인 것과 철학적인 것을 혼동하지 않았다는 것과 철학자로서는 처음으로 이성의 눈에 비늘을 떼게 했다는 점이다. 이것은 마치 갈릴레오가 과학의 눈에서 비늘을 뗀 경우와 같다고 할 수 있다. 이때부터 인간들이 신의 문제나 과학의 문제를 논할 때 비본질적인 종교가 개입하지 않아도 되었다. 갈릴레오의 눈에서 비늘이 떨어지기까지 생명을 거는 고통이 있었다. 과학과 종교를 혼동한 가톨릭교회는 그를 법정에 세웠으며 과학의 눈을 다시 감도록 만들려 했다. 그러나 그가 한번 뜬 눈을 다시 감을 수는 없었다. '그래도 지구는 돈다'라는 그의 말이 이를 증명한다. 그러나 과학자들이 범주오류를 범했듯이 칸트 이후의 철학자들도 같은 오류를 범한다. 이성의 눈을 한번 뜨자 그들은 세상만사를 모두 이성으로만 보려고 했

---

10 Ken Wilber, 19.

다. 합리적이지 않으면 진리가 아니고 이성적인 눈만이 전부였던 것이다. 이때부터 인간들은 칸트가 걸린 눈병으로 많은 대가를 지불해야 했다. 칸트는 비카오스적 눈병에 걸린 것이다. 그런가 하면 같은 눈병을 뉴턴 역시 걸렸다.

뉴턴의 눈병

우리 시대를 소위 '과학만능주의 시대'라고 한다. 바른 세평이라고 할 수 있다. 이런 과학만능주의는 뉴턴으로부터 시작되었다. 과학만능주의를 '과학주의'(scientism)라고 하며, 과학주의는 '눈에 보이지 않는 것은 존재하지 않는다', 혹은 '육안에 잡히지 않는 것은 검증될 수 없다'고까지 한다. 과학주의자들은 인간의 오관이야말로 가장 믿을 만한 것이고 존재를 검증할 수 있는 완벽한 방법론이 거기에 숨겨져 있다고 믿는다. 과학주의의 과오는 분명하다. 인간의 오관 이외의 이성이나 영성이 주는 어떠한 정당성도 인정하지 않으려는 데 오류가 있다.

케플러나 갈릴레오가 '무거운 물건은 가벼운 물건보다 높은 곳에서 더 빨리 떨어진다'고 관찰한 것은 완전히 육안에 의해서 이루어졌다. 그때부터 이들 과학주의자들은 인간의 육안을 과신하기 시작했던 것이다. 측정될 수 없거나 수치나 공식으로 표현될 수 없는 것은 참된 존재가 아니라고 생각하게 되었다. 갈릴레오와 케플러의 이러한 과학주의는 뉴턴의『프린시피아』(Principia)에서 절정에 이르게 된다. 그는 이 세계가 엄연한 사실들 그리고 불변하는 사실들로 가득 차 있다고 생각했다. 뉴턴이 철학에 미친 영향은 상상을 초월한다. 과학주의를 한번 점검해 봄도 없이 철학자들은 뉴턴의 공식들을 맹신하기 시작한다. 칸트 역시 뉴턴적인 종교에 빠지고 만다. 칸트는 철학자가 안 되었다면 물리학자가 될 인물이었다. 철학자 질송은 칸트의 이런 점을 다음과 같이 지적하고 있다.

> 칸트는 수학에서 철학으로 옮아간 것이 아니고, 수학에서 물리학으로 옮아
> 갔던 것이다. 칸트 자신이, '형이상학의 참된 방법론은 근본적으로 뉴턴이
> 자연과학에다 도입했던 방법론과 꼭 같은 것이다. 그 방법론은 훌륭한 결과
> 를 가져왔다'라고 말했던 것이다.[11]

　질송은 결론 맺기를 칸트의 『순수이성비판』이란 뉴턴이 마치 자연
의 구조가 어떤가를 밝히려 했듯이 인간정신의 구조를 규명하려 했던 책
에 지나지 않는다고 말했다.[12] 뉴턴은 인간의 육안으로 우주의 구석구석
을 다 볼 수 있다고 생각한 눈병에 걸린 최초의 환자였다. 우주 구석구석
을 살펴보아도 신은 보지 못했다고 말한 구소련의 우주인 유리 가가린에
이르기까지 뉴턴의 눈병은 심각한 오염을 야기 시킨다. 아담은 별에 이
름을 붙였고, 피타고라스는 별을 계산했으며, 뉴턴은 그 거리를 측정하
려고 했다. 과학주의는 거리를 재고 무게를 달고 양적으로 관찰하는 데
심혈을 기울였다. 과학주의의 진리판단 기준은 오직 경험적인 기준뿐이
었으며, 피아제가 말하는 '감각운동기'뿐이었다. 감각경험은 철저하게
육안에 근거를 두고 있었다. 과학주의자들이 사용하는 '경험'이란 말은
일반적인 의미로서의 경험이 아니고, 감각경험을 두고 하는 말이다. 이
런 과학주의에 근거를 둔 철학자들도 신비적이거나 명상적인 것들은 모
두 배제시키고 말았다. 왜냐하면 감각경험으로는 이들 세계가 검증될
수가 없기 때문이다. 육체로 경험되어지지 않는 것은 비실재적이었다.

---

11 E. Gilson, *The Unity of Philosophical Experience* (London: Sheed and Ward, 1938), 106.
12 앞의 책 참고.

"이론적으로나 실제적으로 감각경험적인 것들을 무시하는 사람들은 여지없이 반격당하고 말았다"[13]라고 화이트헤드는 말하고 있다. 과학은 과학주의가 되었고, 나중에 이는 실증주의(positivism)로 둔갑해 나타난다. 혹은 과학적 유물론(scientific materialism)으로 변신하기도 한다. 이 길로 걸은 현대철학은 피폐해질 수밖에 없었다고 화이트헤드는 정확히 지적하고 있다.

칸트만 하더라도 그 심각성은 덜하였다. 칸트는 감각이나 이성이 초월적인 신 같은 존재를 붙잡을 수 없다고 보았지만, 그렇다고 그 초월적 존재가 존재하지 않는다고까지는 말하지 않았다. 다만 초월자를 말하게 되면 두 개의 상반된 주장을 동시에 할 수 있게 되어 모순이라는 것을 말했을 뿐이다. 초월적 세계를 두고 우리는 무어라 말할 수 없을 뿐이라고 했다. 비트겐슈타인은 "말할 수 없는 것에는 침묵을 지켜야 한다"라고 했다. 그러나 과학주의자들은 이 말을 뒤집어서 "말할 수 없는 것은 존재할 수 없다"라고 했다.

19세기 환상소설 『평면세계』(Flatland)를 예로 생각해 보자. 평면세계에 사는 사각형 씨가 직선세계에 들어가니 몽상가로 취급받고, 공간세계를 경험하고 평면세계로 돌아오니 유언비어 유포자로 배척당한다. 3차원이 2차원 속에 들어오면 원이 된다. 한 차원 낮아지면 반쪽이 난다. 그래서 낮은 차원에서 한 단계 높은 차원을 두고 얘기하면 항상 상반된 주장을 동시에 하게 된다는 것이다. 그래서 칸트는 이 세계의 언어로 신에 대해 이야기하게 되면 '신은 유한하다', '신은 무한하다', '신은 우연이다', '신은 필연이다' 등 상반된 주장을 동시에 하게 된다고 했다.

칸트는 초월 세계가 있다는 것을 믿었었다. 다만 감각이나 순수이성

---

13 A. N. Whitehead, *Science and Modern World* (New York: Macmillan), 1967.

에 의하여 그것이 붙잡혀지지 않을 뿐이다. 그러나 콩트, 마흐, 에이어, 프루, 콰인 같은 그의 추종자들은 붙잡혀지지 않는 것이 아니라고 말한 것이 아니라, 그런 세계는 존재하지 않는다고 말한다. 칸트는 명상의 눈이 가능하다고 생각했으며, 거기에 눈을 뜨지 못함을 고백했을 뿐이다. 그러나 후대의 추종자들은 제3의 눈에 멀고 말았다. 그들에게 있어서 브라만, 붓다, 신, 도 같은 것은 객관적으로 '밖에 있는 실재'가 아니기 때문에 무의미한 것일 뿐이다. 영적인 것을 말하는 것은 무의미하고 헛된 일이다. 그래서 이들의 눈으로 볼 때 그리스도는 어리석은, 붓다는 정신분열증적, 크리슈나는 환각증세적, 노자는 정신병자적일 뿐이다. 평면세계의 눈으로 공간 세계를 바라보았을 때 이렇게 표현된 것이다.14 비카오스적 눈으로 얼카오스를 보았을 때 이런 식의 오해가 자연히 생긴다. 범주 오류인 것이다.

갈릴레오와 케플러에서부터 걸린 눈병은 뉴턴, 칸트, 콩트, 마흐, 에이어, 콰인으로 이어지면서 심화되었고, 콰인에게 와서는 눈이 완전히 멀어진다. 콰인의 세계관을 가장 잘 요약하면 다음과 같다. 이 세계에는 오직 하나의 실재만 있는데, 그 실재는 자연과학자들에 의하여 연구되어질 수 있는 물리학의 대상이며, 이 세계에는 오직 하나의 지식만 있는데 그 지식은 자연과학자들이 가지고 있는 지식이다.15 그러나 이러한 콰인을 두고 평하기를 '금세기의 가장 영향력이 큰 미국 철학자'라고 한다. 한마디로 말해 영성에 눈먼 세기라 할 수 있다. 비카오스적 합리성만이 취급되는 세기에 우리는 지금 살고 있다. 알감닥밝을 거쳐 오면서 서양은 밝층에서 생긴 유럽적 균열에서 길이 막혀 버렸다. 그러면 한국적

---

14 Ken Wilber, 25.

15 H. Smith, *Forgotten Truth* (New York: Harper and Row, 1976), 62.

화합이 그 대안인가?

카오스를 재는 병

뉴턴, 갈릴레오, 케플러 등 이들 과학자의 세계를 아무리 들여다보아
도 이들은 세 눈 가운데 육안밖에 사용하지 않은 흔적을 우리는 발견할
수밖에 없었다. 이들 과학자 이전에도 사람들이 자연을 관찰해 왔지만
그 누구도 과학적 방법을 사용한 사람은 없었다. 최초로 과학적 방법을
사용한 효시는 역시 이들 과학자에게 돌리지 않을 수 없다. 이들이 개발
한 과학적 방법은 실로 새로운 발견을 가능토록 만들어 주었다. 현대과
학 그리고 경험과학은 모두 이 방법론에서 시작되었다. 화이트가 정확
하게 지적한 대로 발견의 과정을 과학적으로 체계화시킨 연구가 이전에
는 없었다.[16] 이 새 과학적 방법이란 경험적-실험적(empirical-ex-
perimental) 방법론이었다고 할 수 있다.[17] 합리주의적 방법론은 전제 같
은 것을 자명한 진리로 받아들임으로써 시작한다. 그러나 갈릴레오는
그 전제를 감각과 감관으로, 즉 경험적으로 실험하려고 했었다. 이를 소
위 귀납적 방법이라고 한다. 연역적 방법론과 반대되는 방법론이다.

귀납적 방법을 사용해 갈릴레오는 지상에서 일어나는 두 가지 법칙
을 발견했고, 케플러는 천상에서 일어나는 세 가지 법칙을 발견했다. 뉴
턴은 이 두 사람의 법칙들을 종합해서 지상과 천상을 통합해 뉴턴은 만
유인력법칙을 내놓게 된다. 이들 과학자는 합리주의적 연역법을 버리고
경험주의적 귀납법을 사용하였다. 그들은 합리주의란 이성의 눈을 저버

---

16 L.L. Whyte, *The Next Development in Man* (New York: Mentor, 1950), 101.

17 Ken Wilber, 13.

리고 경험주의란 감각의 눈을 사용한다. 이전의 사람들도 자연을 관찰할 때 이 감각의 눈을 사용하기도 했지만, 이들같이 철저한 실험위주의 귀납법은 그 누구도 사용할 엄두를 못 내었다. 이들 과학적 방법론의 가장 두드러진 현상은 '측정measuring'됨이라 할 수 있다. 즉, 연구 결과를 측정하고 그것을 수치로 표현할 수 있었다는 것이다. 수로 측정되어지지 않는 대상은 곧 과학적 방법론의 대상이 될 수 없다는 것이다. 즉, 측정되어지지 않는 대상은 경험·과학적 실험대상이 아니다.

뉴턴도 측정했고, 갈릴레오도 측정했고, 케플러도 측정했다. 측정만이 과학적 실험의 소여대상 자료가 될 수 있다. 이들 이전에는 그 누구도 자연을 수치로 측정하려 하지는 않았다. 화이트는 이점을 들어 "아리스토텔레스는 분류했지만, 케플러와 갈릴레오는 측정했다"[18]고 했다. 실로 1600년 이후부터 과학은 수로 측정되는 양화(量化)의 시대로 접어든다. 뉴턴은 질량의 크기와 거리의 관계를 수치로 표현하고 이를 측정했다. 그전에는 인력이 있다는 것을 알았어도 이를 수치로 표시할 생각은 엄두도 못 내었다. 아리스토텔레스는 측정했어야 할 것을 '분류'하고 말았다고 화이트헤드는 지적한다. 현상 속에 있는 사물대상들의 요소들을 측정했고, 이들 측정된 것들의 관계를 또 탐구해 나가는 것이 '과학의 규칙'[19]이 되어버렸다. 이제 수라는 것은 '과학의 언어'가 되었고 수치가 없는 과학은 상상도 할 수 없게 되었다.[20]

주로 측정되는 현대과학은 철저하게 과학의 영역에서 모호한 요소들을 수의 이름으로 난도질하고 말았다. 알 카오스를 모조리 제거한다.

---

18 Ken Wilber, 15.

19 A. N. Whitehead, 90.

20 H. Smith, 160. 그런 의미에서 수치로 측정되지 않았던 고대 과학은 엄격한 의미에서 과학이라고 할 수 없다.

이것은 신화에서 제우스가 타이폰을 살해한 것과 같다. 수로 측정되어지지 않는 것은 과학이 아니게 되었다. 뉴턴 과학은 종래의 과학을 일신시켰다. 움직이는 물체의 속도, 거리, 시간 등을 철저하게 수치로 표현하는 데에 성공했다. 그러나 수로 측정될 수 있는 것으로 시작된 과학은 수로 측정될 수 없음에 도달하고 만다.

뉴턴이 다루던 거시적 세계에서는 수치를 적용시켜 측정하는 것이 가능했지만, 20세기에 들어와 발전된 양자물리학의 세계에서는 측정불가능한 불확정성이 과학의 주종이 되었다. 입자와 파동 이중성의 문제 그리고 위치와 운동량의 문제는 확률로만 나타낼 수 있을 뿐 정확한 수치로의 측정은 불가능하게 되었다. 뉴턴의 측정도 그 한계에 직면하게 되었다. 그리고 과학에서 배제되었던 주관성의 문제가 대두된다. 주관이 배제된 과학적인 실험이란 불가능하다는 것이다. 관찰자의 태도와 입장이 객관에 관여되어 있다는 것이다. 20세기 과학은 잣대로 잰다는 것이 객관적으로 불가능함을 깨닫게 되었다. 정확한 잣대가 없어서가 아니라, 재는 주관이 객관에 개입되기 때문이다. 그래서 측정이란 눈으로 무엇을 정확하게 만들려던 비카오스적 수고는 공염불이 된다. 불안정한 주관이 객관에 개입하기 때문에 결과는 불확정적일 수밖에 없다. 그래서 알 카오스를 제거하려던 비카오스적 노력은 극복되고 새 카오스, 즉 얼카오스를 기다릴 수밖에 없게 된다.

II

범주오류

헤겔의 3원적 정신구조

헤겔은 『정신현상학』(*The Phenomenology of Spirit*)에서 정신의 자기실현과정을 다음 세 단계로 나누어 설명하였다. 그 가장 낮은 단계를 '자연'이라고 했다. 이는 물질, 단순 육체감각적 그리고 지각의 단계다. 헤겔은 하부의식적 자연을 '타락'이라고 했다.[21] 그러나 헤겔은 이 자연이 정신에 대립되거나 정신에서 분리된 것으로는 보지 않았다. 이 자연적인 것을 '졸고 있는 정신' 혹은 '타자 속에 있는 신'이라고 했던 것이다. 동양적 정신이 이에 해당한다고 보았으며 히틀러는 이를 한껏 이용했다. 좀더 구체적으로 말하면, 자연이란 '자기 소외된 정신'(self-alienated spirit)이다. 가장 낮은 형태의 정신으로서 더 높은 정신으로 되돌아가야 할 정신이다. 윌버는 이러한 가장 낮은 자연으로서의 정신적 자아를 '전(前)인격적'이라고 했다.[22]

---

21 G. W. F. Hegel, *The Phenomenology of Mind* (New York: Harper and Row), 1967 참고.
22 앞의 책 참고.

헤겔의 두 번째 정신단계는 자의식적 단계(self-conscious stage)다. 이 것이 전형적인 자아, 즉 자아의식을 하는 단계의 정신이라고 할 수 있다. 자기소외를 극복한 단계다. 우리가 일상생활 속에서 자각하고 있는 정신적 자아를 두고 하는 말이다. 윌버는 이 두 번째 단계를 두고 인격적, 정신적, 자기의식적이라고 했다. 모두 밝층의 소산이다. 헤겔의 마지막 세 번째 정신단계는 절대정신(absolute spirit)의 단계다. 정신이 정신으로 발전하는 단계다. 이 단계를 윌버는 '초인격적,' 혹은 초의식적 단계라고 했다. 이러한 3단계적 발전구조는 그 해당되는 어휘만 달랐을 뿐, 베르쟈에프, 아로빈도, 볼드윈 등에도 나타난다.

발달심리학적 견해는 서양 철학의 초기에서부터 나타나는 현상이다. 즉, 아리스토텔레스에서 헤겔에 이르기까지 그 범위와 폭은 넓다고 할 수 있다. 최근에는 볼드윈과 피아제에 와서 그 절정에 이르게 되었다. 헤겔의『정신현상학』이란 인간의 정신이 어떻게 3단계로 발전하는가를 서술해 놓은 책이다. 동양에서는 쿤달리니 요가가 항문에서부터 머리까지 의식이 상승하는 과정을 잘 관찰해 놓고 있다. 이들 발전론적 제반 견해들은 한결같이 현상을 변하는 것으로서 관찰하고 있으며, 변하는 것은 어떤 높은 목적을 지향하여 움직이고 있다고 본다. 헤겔은 그 최종목표를 절대정신이라고 했으며, 쿤달리니 요가에서는 사하스라 차크라라고 했다. 샤르댕은 오메가 포인트, 아로빈도는 초심(Super Mind)이라고 했다.

삼원적(三元的), 혹은 삼단계적 의식의 발전 과정은 인간의 의식이 애매한 카오스의 상태에서 합리적인 비카오스적인 상태를 거쳐 얼카오스의 초합리적인 단계로 발전됨을 의미한다. 이를 요약해 보면 다음과 같다.

알 카오스	→ 비카오스	→	얼카오스
자연	→ 인간	→	신
전자아	→ 자아	→	초자아
잠재의식	→ 자의식	→	초의식
전분별	→ 분별	→	초분별

이 3단계적 과정은 위계질서적인가? 즉, 높낮이가 있는가? 3단계 사이에는 질의 우열 차이가 있는 것인가? 대답은 이러하다. 3단계의 관계는 직선적으로 나열될 수 있는 관계가 아니고 삼각형의 정립 관계와 같다. 삼각형은 서로 제어하고 협력하는 관계이다. 마치 가위, 바위, 보의 관계와 같다고 할 수 있다. 삼자 간에는 직선적으로 높낮이가 있고, 우열의 차이가 있다고도 할 수 있고 없다고도 할 수 있다. 이러한 역설적 관계를 『천부경』(天符經)은 天一一, 地一二, 人一三 이라고 했다. 天, 地, 人의 삼재(三才)는 一, 二, 三으로 서열적이기도 하지만, 一, 一, 一로 비서열적이기도 하다는 뜻이다.

서양의 대부분의 삼원적 관계는 '서열적'이었다는 점이다. 서열적이란 말은 '시원적'(orientable)이라고도 할 수 있다. 그래서 결국 전체에로 부분을 귀속시키는 환원주의의 오류를 범했다. 그러나 세 카오스 관계는 위계적이라고도 비위계적이라고도 할 수 있다는 것이다.

한참 삭힌 후에야

선불교는 이미 오래전부터 인간 내면에는 세 가지 자아, 전자아자아 초자아 그리고 전분별, 분별, 초분별이 있다는 사실을 알았었다. 선가의 말 중에 다음 구절은 가장 웅변적으로 이 사실을 알려주고 있다.

당신이 선을 공부하기 전에는, 산은 산이고 물은 물이었다(전분별), 선을 공부하고 있는 동안에는 산은 더이상 산이 아니고 물은 더 이상 물이아니다(분별). 그러나 당신이 일단 깨닫고 나면 다시 산은 산이고 물은 물이다(초분별).

이 선가의 말을 통해 볼 때 전분별과 초분별은 똑같이 "산은 산 물은 물"(山自山 水自水)이라고 하는 점에서 같다고 할 수 있다.

전분별과 초분별은 그 양상이 비슷하여 혼동된다. 시정잡배들의 방종(전분열)과 원효의 방종(초분열)을 혼동해서는 안 되듯이 그 명확한 구분이 필요하다. 이 구분을 일본의 도겐(道元, 1200~1253)의 다음 말에서 찾아보기로 한다. 일본의 선의 대가인 도겐은 중국 천룡산에서 5년간 선 수업을 마치고 돌아와 일본에서 도장을 개설하고 그 첫마디 말을 다음과 같이 하였다.[23]

나는 선(禪)의 도장을 그렇게 많이 편력하지는 않았지만 우연히 천룡산(天龍山)의 노사(老師)에게서 수업을 받았다. 그리고 내가 얻은 것이란 눈은 옆으로 코는 바로 뻗어 있다는 사실이다. 거기서 다른 설법이나 사상에 물들지 않고 쉽게 빈손으로 일본에 돌아왔다. 그밖에 불교라고 하는 것은 털끝만큼도 돌아보지 않았다. 있는 그대로 맡겨 두고 '한참' 세월을 보냈다. 매일 아침, 해는 동녘에서 떠오른다. 또 매일 밤 달은 서쪽으로 진다. 구름이 걷히면 산이 눈앞에 가까이 나타나 보인다. 비가 지나면 사방의 산이 낮게 보인다. 어디를 가나, 그것이 어떤 것이냐라고 물어오면, "'여기서 잠깐 시간을 두고 있다가', 3년이 지나면 윤년이 다가오고 닭은 아침 일찍 울며 그리고 '한참' 있

23. Hee Jin, Kim, *Dogen Kigen* (Arizona: Arizona Univ. Press, 1980), 13.

다가 '이 자리를 떠나겠다'"라고 말하고는 사라져 버렸다.[24]

　도겐은 중국에 선을 배우러 갔지만 배운 것이란 '눈은 옆으로 코는 바로 뺐었다'라는 사실뿐이라고 했다. 그 밖에 아무 별다른 것을 배울 게 없어서 일본으로 되돌아오고 말았다는 것이다. 그리고 매일 아침 해는 동쪽에서 떠오르고 매일 저녁에는 서쪽으로 해가 지는 것밖에는 별다른 무슨 말이 없다고 한다. 극히 상식적이고도 일상적인 얘기일 뿐이다. 도겐의 말에 핵심되는 부분은 위의 평범한 말에 있다기보다는 "잠깐 시간을 두고… 한참 있다가"라는 말귀일 것이다.

　'눈은 옆으로 코는 앞으로'라고 말한 것은 필부필부도 다 아는 사실이다(일주문). 그러나 이러한 평범함에 멈추어서는 안 된다. 이 평범함을 깨닫는 데는 '한참'이라는 시간이 걸린다는 것이다. 똑같은 양상과 결론에 도달하는 것 같으면서도 처음부터 그저 평범하게 그냥 아는 사실하고 '한참' 지난 다음 깨달음이 있은 후에 아는 사실하고는 완전히 다르다는 것이다(불이문 혹은 금강문). '한참'이 없이 처음부터 '눈은 옆으로 코는 앞으로'라고 간단히 생각해버리면 있는 그대로의 진실과 정상적이 아닌 허망이 분별되지도 않은 채 혼미한 상태에서 벗어날 수 없다. 전분별적인 뜻이다.

　'좌선'하면, 책도 읽을 필요 없고 아무런 구도의 노력 없는 것으로 생각하기 쉽다. 그리고 방종한 행동도 득도의 표현으로 착각하기 쉽다. 원효가 물고기를 잡아먹는 것과 필부들이 그렇게 하는 것을 동일시할 수는 없다. 같은 물고기를 먹어도 그것을 한참 삭힌 후의 행동과 그렇지 않은

---

24 沈揆桓, 『禪이란?』(서울: 제일문화사, 1981), 65. 유식의 본질은 짧은 30시구로 정리되는데 보통 '유식 30송'이라 하기도 한다. 저자 세친(世親, 4~5세기)은 불과 30개밖에 안 되는 시구 속에 불교의 본질을 모두 담고 있다.

행동은 천지 차이가 나는 것이다. '한참' 그리고 '하지만, 그러나, 잠깐'이 중요한 것이다. 발효 이전의 악취와 발효 이후의 악취는 비슷한 것 같으나 다르듯이 말이다. 한참 발효된 것은 먹을 수 있지만 그렇지 않은 것은 부패한 음식물일 뿐이다. '썩은' 것하고 '삭은' 것은 다르다. 전자는 쓸모가 없지만 후자는 유용하고 건설적이다. 전분별이 분별과정을 거쳐 발효되고 삭지 않으면 썩어버리고 만다. 그러나 잘 삭히면 초분별의 단계로 상승하게 된다. 그래서 범부와 성자 차이는 백지장 한 장의 차이일 뿐이다. 같은 양상을 한창 삭히지 않으면 깨닫지 못하게 된다. 알을 삭히면 얼이 된다.

도겐의 '눈은 옆으로 코는 앞으로'를 한갓 유치원생들이 부르는 동요 정도로 생각해서는 안 된다. 그러나 철없는 유치원생들이 부르는 '손은 앞으로 발은 옆으로'의 평범함 속에 깨달음의 시발점도 있고 종착점도 있는 것이다. 전분별과 초분별의 구별은 학자들도 잘 해내지 못한다. 이 구별을 하지 못할 때 엄청난 학문적 오류가 생긴다. 도마뱀과 공룡, 고양이와 호랑이는 그 모양이 유사하다. 그러나 그 성질은 판이하게 다르다. 예수가 제자들에게 너희는 어린아이같이 되라고 할 때, 이것은 'childish' 하라는 뜻이 아니고 'childlike'라는 뜻이다. 전자는 필부들의 방종과 같고 후자는 원효의 방종과 같다. 후자와 전자가 다른 점은 후자 속에는 항상 분별하면서도, 그것을 초월하고 있는 반면, 전분별과는 분별 자체가 아예 없다는 것이다. 이것은 곧 원(알) 카오스와 초(얼) 카오스의 차이와도 같다고 할 수 있다. 얼카오스는 비카오스보다 위층이고, 비카오스는 알 카오스보다는 위층이다. 그러나 이 삼자는 상호 제어하는 관계 속에 있다.

알-얼의 오류

발전의 3단계 구조 속에서 낮은 단계에서 높은 단계로 움직이는 것을 '진화'(進化)라 했다. 그 반대로 높은 단계에서 낮은 단계로 움직이는 것을 '퇴화'(退化)라고 했다. 이를 도식화하면 다음과 같다.

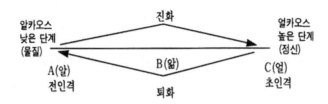

가장 낮은 A는 전자아의 단계로 이 단계를 신학에서는 '타락'이라고 한다. 헤겔의 '졸고 있는 신', 혹은 '자기 소외된 정신'이 이 단계에 속한다. 낮은 단계가 높은 단계로 상향하는 것을 '대폭발'(Big Bang)이라고 한다. 즉, 이때에 물질이라는 가장 낮은 영역이 공(空, Sunyata) 속으로 내던져지는 현상이 나타난다. 진화라는 것은 다름 아닌 신학에서 말하는 타락이란 퇴화의 방향을 역전시키는 것을 두고 하는 말이다. 신학적 타락이란 정신이 물질로 떨어지는 것이며, 이를 퇴화라 한다. 그리고 낮은 단계에서 높은 단계로 정신을 고양시키는 것을 진화라 할 수 있다. 즉 그 반대가 퇴화이다.

전자아와 초자아는 아래에서 보는 바와 같이 삼각형의 저변에 같은 선상에 있다. '전자아'는 어린 자아이고 '초자아'는 어른 자아이다. 전자아는 갓난아기 같은 자아이고 초자아는 어른 같은 자아이다. 이 두 자아는 아주 유사하거나 같은 양상을 보여주고 있으며 '자아'와는 다르기에

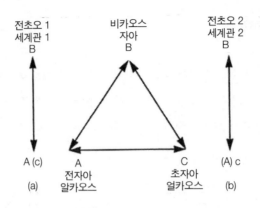

삼각형의 저변에 나란히 놓여진다. 그런데 대다수 철학자와 종교학자들은 이 전자아와 초자아의 유사성을 구별해 내지 못하는 오류를 범한다. 이를 윌버는 'ptf'(pre-trans fallacy의 약자)라고 했다. '전초오'라 부르기로 한다. 혹은 '알·얼의 오류'라고 할 수 있다.

윌버는 말하기를 전초오에는 '전초오-1'과 '전초오-2'의 두 종류가 있다고 했다. 전초오-1은 초인격(C)을 전인격(A)에 귀속시키는 것이고, 전초오-2는 전인격을 초인격에 고양시켜 버리는 것이다. 위의 삼각형에서 점 C가 A에 흡수당함을 '전초오-1'이라 하고, 저변의 점 A가 C에 흡수당하는 것을 전초오-2'라고 한다(괄호 속은 흡수됨을 표시).

전초오-1과 전초오-2의 공통된 특징을 전인격(A)이나 초인격(C) 가운데 어느 하나가 다른 하나에 흡수당하고 말았다는 점이다. 그래서 삼각형 저변의 두 점 가운데 하나만 남게 되었다. 이 흡수 현상은 완전히 두 개의 다른 세계관을 만들어 버리고 만다. 물론 바른 세계관은 어느 하나가 다른 하나에 흡수당하지 않는 A, B, C가 정립되는 것이라고 할 수 있다. 전초오-1의 세계관을 세계관-1(World View-1)이라고 하고, 전초오-2의 세계관을 세계관-2(World View-2)라고 한다.[25]

세계관-1은 전인격(A)이 초인격(C)을 흡수하는 세계관이다. 전인격적 세계관은 자연, 육체, 물질 같은 요소들이 고등정신적 가치들을 흡수해 버리고 만다. 인간에게 있어서 고차원적 성격들을 배제한다. 알이 얼을 흡수한 상태이다. 인간의 육안으로 사물을 모두 판단해 버리고 만다. 이 세계관은 뉴턴의 전통과학적 세계관과 같다고 할 수 있다. 세계관-1은 '천상의' 고등정신적 가치들(C)을 '저급한' 물질적 가치들(A) 속에 함몰시키는 가치관이라고 할 수 있다. 고등정신적 인간인 아담이 탐욕스런 죄의 상태로 떨어지는 경우와 같다. 이러한 세계관-1과는 달리 세계관-2는 그 반대로 초자아가 전자아를 흡수한다.

전자아와 초자아는 각각 반분의 참과 그름을 나누어 갖고 있기 때문에 그 경계를 나누어 놓기가 매우 어렵다는 점이다. 참과 그름의 분별은, 3차원적인 전자아, 자아, 초자아의 관계를 어떻게 볼 것인가와, 방향, 즉 진화와 퇴화의 방향을 어떻게 설정할 것인가에 의하여 결정된다. 그러면 세계관-1이 갖는 옳은 점과 그른 점은 다음과 같다. 옳은 점이란, 진화상에서 합리적이고 인격적인 것(B)을 선행하는 전자아적이고, 비합리적인 것(A)을 세계관-1이 가지고 있어서 옳다고 할 수 있다. 다음으로 방향성에서 볼 때 역사의 진화는 밑에서(A) 위로(B)로 향하고 있기 때문에 옳다고 할 수 있다. 반면에 세계관-1의 오류는 초인격적 요소가 실존한다는 사실을 부정한다는 점에서 그리고 그 방향성에 있어서는 신성(神性) 혹은 정신(spirit)으로부터 물질로 떨어지는 퇴화적 타락이 가능하다는 사실을 부정한다는 점에서 잘못되었다고 할 수 있다.

세계관-2도 다음과 같은 점에서 옳고 그르다. 옳은 점이란 우주에 초인격 요소가 있다는 것을 인정하는 점과 현재 우리가 '죄 안에' 있으며 초월적 정신과 소외되어 분리된 상태에 있다는 사실을 인정하는 점이다.

---

25 Ken Wilber, 212.

반면에 잘못된 점이란 전자아와 같은 생물-본능적 감각의 의식세계를 무시하고 그것을 초자아로 억압하는 점과, 인격적 자아를 마치 원죄의 원인인 것처럼 보는 오류라고 할 수 있다. 세계관-2에 관해서 더 자세한 설명을 해보면 다음과 같다. 세계관-2에서는 합리적 자아(B)를 정신으로부터 소외된 마지막 정수리로 본다는 것이다. 이 말은 아담에게서 합리적 자아가 생겨난 것을 두고 원죄가 처음 생겨난 것인 양 착각하는 것과 같다고 할 수 있다.

그렇게 되면 자아의 등장 바로 전의 상태가 에덴동산인 것처럼 되어버리게 된다. 이 점에 대해서는 다음 장에서 자세히 논하겠다. 그러나 헤겔이나 아로빈도 모두 원초적인 소외가 물질적 자연으로부터 시작되었다고 본다. 자연 혹은 전인격적 상태란 이미 자기 소외된 정신인 것이다. 자아와는 아무 상관도 없지만 이미 타락된 상태이다. 자연은 정신에서 소외된 최상점이라고 할 수 있다. 전자아에도 이미 타락은 있었다.

전초오 시각에서 보았을 때에 유발 하라리는 어느 시점에서 과오를 범하고 있다. 신을 업그레이드 하는 데는 세 가지 방법이 있는 데, 생명공학, 사이보그 공학(인조인간 만들기) 그리고 비(非)유기체 합성이다. 그러나 전초오의 시각에서 보았을 때 A-신체적-전자아-물질적-육체적인 것으로 다른 두 개를 그 속에 귀속시키는 세계관 1의 오류를 범하고 있는 것 같다. 호모 사피엔스가 소속감-상호주관적 영역에 접근해 지구의 지배자가 되었다는 두 번째 인지혁명으로 탄생한 호모 데우스는 "지금의 우리로서는 상상도 할 수 없는 새로운 영역에 접근할 수 있을 것이고 결국 은하계의 주인이 될지도 모른다."[26]

과연 윌버가 생각하던 초인격적 존재가 이렇게 과학 기술의 발달로 제2

---

26 유발 하라리, 호모 데우스, 483쪽.

의 에덴동산에서 어느날 아침 갑자기 진흙 속에서 인간이 나올지도 모른다. 그러나 하라리의 말에는 혹시 전초오의 오류를 범하고 있지 않는지 검토해 보지 않을 수 없다. 하라리는 전쟁사 전공으로서 인간의 의식 전개나 종교에 대한 전문 지식에 있어서 빈약한 것이 사실이다. 그러나 그가 말하는 '업그레이드'란 말을 여기서 우리가 사용하는 '층변'으로 바꾸어 놓으면 문명사 이해의 새로운 국면을 새롭게 이해할 수 있다. 윌버는 간변과 층변에 이어 양상 변화를 말하고 있다. 양상이란 한 건물의 층이 아니고 건물의 터전 자체를 변화시키는 것이라 할 수 있다.

윌버는 알감닥밝층까지의 층변을 '평균적 양상'(average mode)이라하고, 그다음부터는 양상 변화를 하는 데 그 변화를 '전향적 양상'(advanced mode)라고 한다. 알, 감, 닥, 밝의 전향적 양상은 巫·仙·哲·法(然)과 같다. 전자를 모더니즘이라면 후자는 포스트모더니즘이라 할 수 있다. 정확하게 두 양상을 일대일 대응을 시키기는 무리이지만 밝층을 철(앎음알이)을 일치시키는 것은 정확하다. 다시 말해서 호모 사피엔스의 특징이 명징하고 모더니즘의 붕아가 이때부터고 소위 차축시대에 해당해 많은 철인이 나타날 때이다.

III
과학적 타락과 신학적 타락

신시의 타락

인간의 역사란 인간의식의 유기체적 통일을 추구하는 과정이다. 그 이유는 인류의 의식이 하나의 유기체적 통일인 '하나'(one)에서 나왔기 때문이다. 한은 우로보로스-타이폰-태모-태양신적 영웅의 과정을 거쳐 과학적 진화(타락)를 한다. 그리고 이렇게 하나인 알에서 깬 의식은 과학적 타락을 거쳐 얼로 된다. 곰-타이폰 인간에서 웅녀-태모로 층변을 하는 데는 단군신화에서 보는 바와 같이 고행이 따랐다. 그러나 하라리는 층변을 업그레이드라고 하면서 인간이 과학의 수단으로 인위적으로 업그레이드된다고 한다.

인간이 과학적 타락과 함께 제일 처음 건설한 것이 도시이다. 단군이 최초로 세운 도시가 바로 '신시'(神市)다. 신시는 캠벨이 지적한 대로 '신에 혼 빠져 있는 왕들'이 지배하였다. 제우스나 주피터 같은 신들도 그들의 올림포스를 지배했던 제왕들이다.[27] 과학적 타락과 함께 사회적으로

---

27 조셉 캠벨/이윤기 역, 『천의 얼굴을 가진 영웅』 (서울: 평단문화사, 1985), 341.

일어나는 현상들은 바람직한 것이 아니었다. 기원전 2000년의 '대전환'과 함께 인간이 인간을 종으로 부리는 노예제가 생겨나게 된다. 그래서 북한 학자들은 고조선 사회를 노예제사회로 분류한다. 권력은 아버지로부터 아들에게 세습적으로 전해졌고, 그들은 잉여 농산물을 자의적으로 분배하며, 세금제도를 만들어 과도한 징수를 한다. 자기들 자아의 상징인 왕권을 보호하기 위해서 강력한 군사력을 강화시킨다.[28]

고인돌은 이 시대를 가장 대표적으로 반영한다. 고인돌은 강한 중앙 집권적 세력 없이는 불가능하기 때문이다. 세계에서 가장 많은 고인돌 군락을 가지고 있는 남북한은 태양화 시기의 거점이라 할 정도라 해도 좋을 것이다. 이것은 어디까지나 자아의 보호와 강화를 위한 것이다. 멈포드는 이들 왕에 의하여 대량학살과 전쟁이 생겼다고 했다.[29] 과학적 타락은 세금과 대량학살전쟁에 연속된다. 왕들은 이제 스스로 내면적 수련을 통해 선인(仙人)이 될 의지도 능력도 없다. 불로초나 구해 먹고 자기에게 닥쳐오는 죽음의 불안에서 해방되려고 한다. 진정한 내적 자기 죽음을 단행하지 못하는 까닭에 극단적인 자기애에 빠지고 만다. 자기 자신을 죽이지 못하는 까닭에 대량으로 남을 죽임으로 '자기 죽음'을 대신한다고 착각한다. 진시황과 그의 무덤에서 나온 토용들 그리고 그가 불로초를 구하기 위해 보냈던 300여 젊은 남녀들은 밝층의 상징들과도 같을 정도이다.

기원전 2500년경에 수메르에는 벌써 이런 대량학살이 자행되었다. 고조선 말기에 내려올수록 강상무덤이나 누상무덤에서 보는 바와 같이 왕의 무덤 속에는 엄청난 부장품들이 쏟아져 나오고 수많은 사람이 왕과

---

28 과학원역사연구소, 『조선철학연구』 (서울: 도서출판 광주, 1988), 16.

29 L. Mumford, *The Myth of the Machine:Technics & Human Development* (New York: Harcourt, 1966), 62.

같이 묻혀 버렸음을 알 수 있다. 순장의 다른 형태가 곧 전쟁이다. 왕들은 전쟁을 통해 수많은 젊은이를 죽이고 이들 죽음을 자기 죽음과 같이 꾸미려고 했다. 이것은 왕권의 타락이요 왜곡이다. 부분이 전체 속에 복합되는 왕권은 차라리 초기에는 허술했었다. 후기에 내려올수록 그 비틀림은 더욱 심해진다. 지금은 그 정도가 더욱 심하다. 사람을 죽이는 대량학살의 무기가 더 대규모적이 되었다.

대중들도 자기 죽음을 단행할 만한 영적인 힘이 없기에 대치물인 왕을 만들어놓고 거기에 잉여 농산물을 가져다 바침으로써 대리신인 왕들과 합일을 경험하려 한다. 이들이 바친 잉여 농산물은 축적되기 시작했으며 이 제물을 성전제사장이 맡아 관리했다. 그래서 최초의 은행이 성전에서부터 시작되었다.[30] 최초의 은행장은 물론 제사장이었다. 제사장들은 영생을 팔았다. 밑천 없이 장사할 수 있는 직업이 성전 창녀와 제사장으로 나타났다. 하나는 몸을 팔고 다른 하나는 영생을 팔았다. 인간이 영원을 얻고자 하는 희구, 신과 같이 되려는 애탐, 즉 부분이 전체가 되려는 '한'의 목마름은 이렇게 비틀려 나타나기 시작하였다.

왜 인간들은 이와 같은 신적 왕을 원하고 그에게 복종하고 그가 채우는 쇠고랑에 스스로 차기를 원하는가? 왜 인간들은 눈에 보이는 신상을 만들고 그 밑에 절하기를 원하는가? 노예는 심리적으로 자기의 쇠사슬을 사랑하고 있고, 인간은 정치적 노예가 되기를 스스로 바라고 있는 것이 아닌가? 그러면 인간은 스스로 정치변혁을 할 수 있는 존재인가? 십자가의 군병이든, 망치나 낫의 군병이든[31] 인간은 자기해방이 아닌 자기예

---

30 제사장들은 알파벳을 만들고, 만들어진 문자를 통해 재산관리를 했었다. 현재 남겨진 수메르의 토판 가운데 상당한 양이 이들 제사장의 재산관리에 관한 것들이다.

31 중세기 십자군 같은 전쟁을 거룩한 성전(聖戰)으로 미화시켜 인간의 생명을 바치게 하였다. 오늘날 호메이니가 이란 국민에게 욕구했던 것이나 어떤 혁명의 이름으로 그것을 위해 인

속을 바라고 있는 것이 아닌가? 아이들이 부모가 자기를 보호해 주는 방패가 되기를 원하고 있듯이 대중들은 강력한 왕권에 보호받기를 원한다. 왕들은 그 시대의 전향적 개인으로서 처음으로 자아의식을 가진 자들이다. 이런 의미에서 그들은 영웅들이었다. 그러면 왜 모든 개인은 이런 영웅들에게 스스로 예속을 자초하는가?

그 이유는 이러하다. 모든 개인은 스스로 영웅이 되려 하는데, 영웅이 되기 위해서는 자기 초월과 자기 죽음을 단행해야 한다. 그리고 모든 개인은 부분으로서 전체에 통할만한 직관이 있어야 한다. 그러나 이 전체와 하나 되려는 '한'을 직관하고 그것을 실현하자면 자기 죽음을 해야 하기에 그것을 의도적으로 피하려고 한다. 전체와 '하나' 될 때만이 참자아의 해방과 자유가 실현된다. 그런데 대개 개인은 자기가 죽어야 참으로 살 수 있다는 역설을 피하려 한다. 밀알이 썩어야 한다는 것을 외면하려 한다. 자기 십자가를 질 수 없다. 반대로 '한'같이 보이는 대치물을 창조함으로써 대치적 만족에 빠져 버린다. 그러나 이것은 성공될 수 없는 시도이다. 자기 아닌 다른 존재가 신같이 되기를 바란다. 자기는 신이 아니고 다른 존재가 신이라고 여긴다. 그는 자기의 직관력을 더 생생하게 만들기 위해 '한'의 우상을 만들어낸다. 그것이 금송아지로 된 신상이다.

결론적으로 인간 자신이 바로 '한'이란 자각을 잊어버렸기 때문에 눈에 보이는 어떤 대상물을 '한'의 형상물로 여겨 거기에 스스로 노예가 되어버린다. 이것이 심리적으로도 정치적으로도 나타난다. 가장 손쉬운 '한'의 대치물이 정치지도자로 나타난다. 그래서 야훼는 이스라엘 민족이 왕을 뽑자고 할 때 극구 만류했다(「구약성서」 <사무엘 상> 참고). 사르곤, 람세스 2세, 알렉산더, 프톨레마이오스, 카이사르 등은 사람들이 '한'

간의 생명을 승화시키도록 하는 것이나 모두 마찬가지이다.

의 대치물을 광적으로 희구하고 있다는 것을 영악하게 파악하고 그 심리를 교묘하게 이용한 자들이다. '한'의 뒤바꿔지기가 신 같은 왕을 요구하는 근본동기이다. 물론 돈도 한의 대치물로 되기 쉽다.

신시에서부터 오늘의 서울, 동경, 뉴욕에 이르기까지 인간이 세운 도시들 속에 과학적 타락은 마약, 폭력, 범죄로 나타나고 있다. 이런 것들은 모두 자기 스스로가 존재의 근원인 '한'과 하나 되지 못해 나오는 비틀림이며 대치물들이라고 할 수 있다. 한국의 신시 곧 에덴동산은 폭군들의 횡포와 집단이기주의라는 비틀림에 의하여 자기 죽음을 단행할 수 없게 되었다. 지역, 계급, 계층 간의 집단이기주의는 선거 때마다 부끄러움도 없이 적나라하게 나타나고 있다. 세계의 도시는 모두 자기애적 에로스에 빠져 있다. 이런 상황 속에서 우리는 인류의 희망을 전망할 수는 없다. 작은 개인의 자아이든 국가 같은 큰 자아든 과학적 타락과 함께 깬 이 자아는 일단 죽어야 한다. 그렇지 않는 한 역사의 제2차 대전환은 일어나지 않을 것이다. 제1차 전환이 자아가 등장하는 전환이었다면 제2차 전환은 이 자아를 죽이는 전환이다. 진통 없이 층변 즉 업그레이드는 일어나지 않는다.

신학적 타락

종래의 전통신학에서는 '원죄'를 마치 인간이 범죄행위를 한 데서부터 발생한 것인 양 정의하였다. 범죄 이후 인간은 신과 분리되었다. 이를 '신학적 타락'이라고 한다. 그러나 이것은 매우 잘못된 정의이다. 타락은 분리 그 자체다. 그래서 모든 분리는 그 자체가 죄이다. 한(One)이 깨어지는 자체가 죄이고 타락이라는 것이다. 하나님으로부터 분리되는 모든 것이 죄이다. 그래서 에덴동산에서 인간이 선악과를 따먹은 행위는 훨씬 이차적이다. 그렇다면 창조 자체가 큰 타락행위이다. 왜냐하면 창조와 함께 모든 분리 현상 자체가 일어났기 때문이다. 서양철학자로서는 셸링이 이 사실을 알았다. 그는, "창조 자체가 타락이다. 왜냐하면 창조의 순간부터 만물이 신으로부터 분리되는 원심운동이 생겼기 때문이다"[32]라고 했다. 그는 동일성이 깨어지는 모든 것을 타락이라고 정의한 서양철학자이다. 한 알의 파괴는 곧 타락이다.

타락은 이미 빅뱅의 순간부터 있었으며, 그런 의미에서 타락은 인간이 등장하기 전부터 있어왔다. 타락은 인간이 저지른 것이 아니고 신이 저지른 것이다. 그렇다고 신이 저지른 타락, 곧 창조 자체는 제거시킬 수 없는 죄는 아니다. 창조는 원죄의 필요조건일 뿐 충분조건은 아니다. 이 말은 구태여 창조가 절대적으로 죄에 연관되어 있을 필요가 없다는 말이다. 창조 없이는 죄도 있을 수 없다. '신학적 타락'이란 하나님으로부터 망상적 분리를 하는 행위이다. 그러나 하나님께로 돌아가는 것을 반항하는 것은 창조 그 자체가 아니라 인간이 하나님을 모르는 무지 때문이다. 창조는 모든 층으로 하여금 한이라는 궁극적인 근원을 망각시키는 경향이 있다. 잊는 행위는 곧 인간의 행위이며 신의 행위가 아니다. 그래서 타락을 시작한 것은 신이지만 그것을 잊어가면서 영속화시키는 것은 인간이다.

낮은 층은 높은 층으로 초월되면서 포함된다. 그래서 종합적 한에 이르게 된다. 마음은 밑의 층인 몸을 부정하지 않고 더 높은 질서 속으로 통전시켜 준다. 만약 이것이 실패할 때 마음은 몸을 억압하게 되며 그때 신경증이 생긴다. 이렇게 추동시켜 종합화시켜 주는 목적인 역할을 하

---

32 셸링을 '동일자'의 철학자라고 한다. 헤겔은 셸링의 입장을 반대한다. 셸링은 일자로부터 다자로의 분리가 타락이라고 보았다.

는 것이 얼인 것이다. 한이 만약 얼을 잃고 나면 목적과 방향을 잃고 만다. 한속에서 완전히 종합되면 창조는 완성된다.

그 창조의 완성 속에서 일자(一者)와 다자(多者)는 통일된다. 다자가 일자로부터 분리되어 있는 상태가 곧 타락이다. 그리고 '하나됨'의 상태가 구원의 상태이다. 그래서 하나님으로부터 다자가 분리된 모든 것은 원죄이고 타락이다. 한의 '一即多' 상태가 깨어져 다자와 일자로부터 분리된 모든 상태는 원죄이고 타락이다. 그런 의미에서 모든 인간은 원죄 상태로 태어나며 스스로 죄 없다고 할 수는 없다.

환웅의 환인으로부터의 분리 그리고 단군의 환웅으로부터의 분리가 모두 한국적 의미에서 타락인 것이다. 분리 다음에 위층이 아랫층을 억압하는 현상이 생기면 문명병이 생긴다. 환웅이 환인으로부터의 분리 다음에 웅녀와의 결합은 높은(하늘) 층이 낮은(땅) 층을 억압하지 않고 화합하는 상징적 행위다. 그런 면에서 문명병은 동·서양에 있어서 차이가 있다. 우로보로스 애집증도 병적 현상이고, 균열과 분리도 병적 현상이다. 전자는 '일자병'이고 후자는 '다자병'이다. 한은 이 두 병을 다 치료하는 것이다. 치료 없이 호모 데우스로 갈 수는 없다. 과연 기계적 조합 하여 만들어 진 로봇에게는 두 병이 다 없을까?

비카오스화와 과학적 타락: 이브 만세

캠벨은 기원전 2000년경의 대전환을 '타락'(fall)이라고 했다. 그것은 또한 다름 아닌 비카오스화의 절정을 의미한다. 비카오스화란 인간의 이성과 합리성이 활짝 피어나 무의식의 비합리적인 알 카오스 상태를 파괴시키는 것을 의미한다. 에덴동산의 잠꼬대에서 깨어나는 것을 의미한다. 아담과 이브는 지식의 나무 열매를 따 먹고 이 잠꼬대에서 깨어난다.

이 깨어남을 두고 후대 신학자들은 타락이라고 했다. 에덴동산의 단꿈 속에서 인간들은 들의 백합화같이 '산은 산 물은 물' 하면서 있는 그대로 (然)의 상태를 즐기며 행복에 겨워 살았다. 그러나 이들의 '산은 산 물은 물'은 결코 성철 스님이 깨달은 그것과는 달랐었다. 전자는 전분별적 전자라면, 후자는 분별을 초월한 초분별이었다.

에덴동산의 무분별성은 우로보로스로 상징되었으며 이는 알 카오스 이다. 이러한 알 카오스는 타이폰부터 깨어지기 시작하였으나 아직 미약한 상태였다. 그러나 인간은 이미 자연으로부터 자신을 분리시켜 내기 시작했으며 타락을 경험했다. 이에 따라 죄책감, 불안, 유한성을 느끼기 시작한다. 호모 사피엔스인 크로마뇽인들이 이미 돌무덤을 쌓았다는 것이 이를 증명한다. 그들은 띠옷을 만들어 몸을 가렸다. 알 카오스 속에는 땅, 자연, 본능, 감정, 무의식 같은 것으로 그 내용이 채워져 있다. 아담과 이브의 타락은 이런 요소들로부터의 분리를 의미한다. 아담과 이브는 지식의 열매를 따먹은 후가 아니라 벌써 그 이전부터 '하나' 됨에서 분리되어 있었다.

창조 행위 자체가 분리이기 때문이다. 열매를 따 먹은 이후란 바로 이 원초적 분리를 새삼 의식한데 불과한 것이다. 그러기 때문에 열매 따 먹는 것이 원죄(原罪)가 아니라 그 순간은 바로 원죄를 자각하는 순간이다. 바로 그 순간부터 그들은 근원에서부터 분리되는 자신을 의식하기 시작했으며, 그들은 이 원초적인 소외를 깨닫기 시작한 것이다. 불교에서 말하는 인생의 생사고락을 알게 된 것이다. 이러한 '앎'은 곧 그들이 에덴동산의 잠꼬대 같은 무지의 삶 속에 더이상 있을 필요가 없다는 생각으로 만들어 주었다. 그러기 때문에 그들이 에덴동산에서 쫓겨난 것이 아니라 그들은 의식이 깨어나 제 발로 걸어 나간 것이다. 마치 병아리가 알을 깨고 알에서 제 발로 걸어 나오듯이 말이다.

이런 의미에서 이브는 악녀가 아니다. 남자보다 먼저 의식이 깨어난 것이 차라리 여자였다. 누가 이 의식의 깨어남 그리고 알을 깨고 스스로 보무도 당당하게 걸어 나오는 것을 탓하랴! 이브 만세! 타락 이전에 이미 아담과 이브는 한 몸에서 분리돼 있었으며, 그 이전에 이미 하늘과 땅 그리고 혼돈과 빛이 분리된 상태에 있었다. 이것이 더 원초적인 타락인 것이다. 아담과 이브는 이 원초적 타락을 새삼 인식한 것에 지나지 않는다.[33] 혼돈을 기준해 볼 때 타락의 원점은 이렇게 달라져 보일 수도 있다.

기독교의 일반상식이 범하는 오류란 에덴동산을 높은 상태로 보고 그것을 자칫 초인격적인 것으로 보는 데에 있다. 그래서 에덴 낙원으로 복귀하는 것이 구원인 양 착각한다.[34] 그러나 역사상에 이런 낙원이 존재한 적은 없다. 조셉 캠벨과 휴스턴 스미스 같은 학자들은 청동기 시기를 인류 문명의 황금기로 보기는 해도 그때가 곧 지상낙원이었다고는 보지는 않는다. 그래서 인류는 역사적으로 지상낙원에서 타락한 적은 없는 것이다. 다만 인류는 우로보로스의 미숙하고 몽매한 혼돈의 알상태에서 깨어 나옴이 있었을 뿐이다. 이런 전자아의 우로보로스(A)를 초인격적 지상의 낙원(C)으로 생각한 데서 많은 신학적 문제가 있었다. 이를 '세계관 1의 오류'라 한다.

이런 생각의 방향은 과학적 진화론과 일맥상통하고 있다. 인간이 낮은 물질-생물적 차원에서 높은 의식적 차원으로 깨어난다는 것이 곧 과학적 진화론이다. 이와 같은 물질에서 정신이 진화되어 나오는 분리과정을 곧 '과학적 타락'이라고 한다. 알(물질생물)에서 얼(정신)이 깨어나오는 과정을 곧 과학적 타락이라고 한다는 것이다. 지금부터 4000년 전인

---

33 Ken Wilber, *The Atman Project* (Wheaton: The Theological Publishing House, 1980), 112.
34 앞의 책 참고.

기원전 2000년경에 과학적 타락이 뚜렷해진다. 이때가 곧 '대전환'인 것이다. 과학적 타락이란 곧 알 카오스에서 비카오스화되는 과정이라고 할 수 있다. 이 아담과 이브의 타락이란 대전환이 없었더라면 오늘과 같은 문명사는 불가능했을 것이다. 아직도 대전환을 이루지 못하는 아프리카의 정글 속 사람은 우로보로스의 잠꼬대 속에서 코를 골고 있다. 그러나 그것은 또 다른 단계(C)로 초월되어져 할 타락이다. '새하늘 새땅' 그리고 '새예루살렘'으로의 향하는 길 이외의 다른 선택은 없다. 그러나 오늘날 종교는 거의 예외 없이 유치 퇴행의 방향으로 가고 있다.

진화와 퇴화 1

인류 문명사가 삼원팔소(三元八素)로 구성된다고 할 때, 여기서 팔소를 다른 말로 정리해 볼 수 있다.

1. 물리, 물질, 자연(알-우로보로스층)
2. 생리, 신체(감-타이폰층)
3. 낮은 마음(닥-언어-소속감, 태모층)
4. 높은 마음(밝-자아-개념적, 태양층)
5. 낮은 영(정령적, 응신, 巫)
6. 높은 영(정묘적, 보신, 仙)
7. 혼(궁극적, 法)
8. 연(근저, 여여, 然).

기독교에선 신이 자기를 스스로 비우는 것을 '케노시스'(kenosis)라고 한다. 이 케노시스의 과정은 얼이 점차로 하향함으로써 자기를 비워 알로 되는 것이다. 얼은 하늘 밑에서 장엄한 하향을 하면서 춤을 춘다. 시바의 우주 춤과 같다. 이것은 환웅이 신단수나무를 타고 내려오는 것과도 같다. 서양에서의 크리스마스트리가 갖는 의미가 또한 이와 같다. 예수의 하강을 바로 케노시스라 한다.[35] 신이 인간이 되는 것이기 때문에 신학적 타락이다. 이를 두고 성령으로 태어났다고 한다. 그런가 하면 예수는 인간 어머니 못에서 태어나 분리된다. 이것은 과학적 타락이다.

이제 얼은 하향하면서 조금씩 단계적으로 제 자신을 '잊어간다'. 87654321층의 순서로 자기를 상실해 나간다. 각층은 의식을 점차로 감소시켜 나간다. 초의식은 의식을 거쳐 잠재의식 속에 떨어진다. 이러한 높은 의식이 낮은 의식을 향해 자신을 상실해 나가는 것이 바로 '암네시스'(amnesis)이다. 우리는 얼의 케노시스화 그리고 암네시스화 과정을 생각해 볼 수 있다. 이것은 곧 예수의 성육신(成肉身)의 의미로 생각해 볼 수 있다.[36]

얼의 근원, 그 자체 그리고 시원과 목표는 '한'이며, 한얼로 생각할 수 있다. 그리고 문명의 8소는 이 한얼을 단계적으로 조금씩 상실한 상태이며, 그것은 이미 참 실재가 아닌 환상이다. 그래서 문명사는 한얼을 상실해 가는 과정이라고 정의해도 좋다. 그리고 바로 얼이 이와 같이 제 자신을 잃어버리는 하향적 과정을 '퇴화' 혹은 '과학적 타락'이라고 한다.[37] 지금까지의 신학이 타락을 이렇게 두 가지로 나누어 생각하지 않았기 때문에 타락의 의미를 곡해, 결국 신학이 잘 못 된 길로 들어서게 되었다.

---

35 「신약성서」 <빌립보서> 2:6-7. '오히려 당신의 것을 다 내어놓고 종의 신분을 취하셔서.'

36 '케노시스'란 말은 신약 <빌립보서>에서 예수가 자기를 비움의 의미로 사용되었다. "그 분은 하나님의 모습을 지니셨으나 하나님과 동등함을 당연하게 생각하지 않으시고 오히려 자리를 비워서 종의 모습을 취하시고"(공동번역 성서 <빌립보서> 2:25-2:26). Ken Wilber, *Eye to Eye*, 235.

37 Ken Wilber, 112.

여기서 퇴화라고 말할 때는 다음과 같은 여섯 가지 의미가 포함되어 있다. 이 여섯 가지 의미는 환웅의 내려옴 그리고 예수 성육신의 의미이기도 하다. 첫째, 신성(7층) 곧 하나님으로부터 점차로 떠나는 것이다. 둘째, 의식이 점차로 감소되는 것이다. 셋째, 암네시스, 즉 점차적인 잊어버림이다. 넷째, 얼의 점차적인 줄어듦이다. 다섯째, 소외, 분리, 불안, 해체가 증대되는 것이다. 여섯째, 객관화, 비틀림, 이원화현상이 점차 커지는 것이다.[38] 이것은 정신질환이 발생하는 순서이기도 한다.

결국 얼의 상실 과정은 갈등을 증폭시켜 왔다. 고조선-삼국통일신라-고려-조선-대한민국의 전 역사 과정은 퇴화과정이며 끝내는 이원론이 심화되고 남과 여, 계층과 계층 간의 갈등이 증폭되었다. 결국 이런 이원론적 현상은 남북분단으로 오게 되며, 분단은 퇴화의 극을 상징한다. 이런 퇴화과정이 만든 문명을 선천시대(先天時代)라고 한다.[39]

선천시대는 갈등 증폭의 시대이고, 분열이 조장되는 갈등의 시기이다. 그러면 이런 선천시대에 있어서, 즉 퇴화의 과정에서 한얼은 어떻게 그 위치를 지켜 왔는가? 두 말할 것 없이 8소의 전 과정이란 얼을 잊어버리는 고뇌의 과정이라고 할 수 있다. 8소의 전개 과정에서 얼은 상실되는 것이 아니라 잊혀질 뿐이다. 파괴되는 것이 아니라 모호해졌으며, 버려진 것이 아니라 숨겨졌을 뿐이다. 8소의 각층은 얼에서 사실적으로 분리된 것이 아니라 환상적으로 분리된 것이다. 그래서 각층의 이면에 숨겨진 곳에는 얼이 계속 잠재되어 있었기 때문에 퇴화의 과정이란 얼에 의한 얼을 통한 얼의 분리이다. 그러나 각층에는 모두 얼이 홀론적[40]으로

---

38 앞의 책 참고.

39 '선천 시대'의 '하늘'을 태양시기와 일치시켜도 좋다. 즉 선천 시대와 함께 갈등이 등장한다. 하늘과 땅이 조화되는 '후천 시대'와 대조된다.

40 각 부분에 전체가 다 포함되어 있다는 '부분 즉 전체, 전체 즉 부분'이라는 이론. 홀론적 시각

잠재되어 있었이다. 위계적이면서 비위계적이란 말이다.

그러나 8소의 각층들은 얼을 망각하고 잊어버린 후에 잃어버린 것은 아닌 소외되고, 격리되고, 분리되고, 갇혀지고, 그래서 유한해지고 말았다. 각층이 잊어버린 것은 얼 그 자체라기보다는 자기보다 먼저 있었던 선임층들을 잊어버린 것이다. 바로 이 선임층들이 각층들을 얼에다 연관시켜 준다. 즉 타이폰(2층)은 우로보로스(1층)를 얼에다 연관시켜 준다. 이를 '후래거상'이라고 했다. 문제는 낮은 층이 생겨날 때마다 자기보다 먼저 있었던 층들을 잊어버리는 데에 문제가 있는 것이다. 유럽적 균열이란 이를 두고 하는 다른 말일 뿐이다. 개구리 올챙이 시절을 모르는 것과 같다. 그 결과가 근거 자체인 얼로 망각하게 되는 것이다. 요약하면 퇴화가 진행될수록 각 층은 자기 선임층과 얼 자체를 잊고 만다. 그래서 퇴화의 마지막은 결국 무의식에 떨어지고 만다. 결국 1층의 물질과 물리적 자연에 떨어진다. 그래서 얼이 알로 변하면서 얼도 무의식적인 것이 되고 만다. 이런 무의식을 '근원적 무의식'이라고 부른다.

진화와 퇴화 2

얼이 알로 퇴화되어 근원적 무의식의 상태가 되면 거기서 바로 그 순간에 진화가 시작된다. 즉, 퇴화의 완성은 곧 진화의 시작이다. 퇴화는 높은 층(얼)이 낮은 층(알) 속으로 '접'는 것이고, 진화는 낮은 층으로부터 높은 층으로 '펴'는 것이다. 퇴화는 얼이 알이 되는 것이고, 진화는 알이 얼로 되는 것이다. '부터'라는 말이 적합하지 않다. 이 말은 자칫 원인과 결

에서 볼 때 얼이 없었던 층은 없다. 각층은 부분이면서 곧 전체였기 때문이다. 홀론에서 '홀로그래피'(Holography)가 만들어진다. 홀론(Holon)은 '홀로스holos'(전체)와 '온on'(부분)이 합하여 된 말이다.

과 관계를 표현하는 것처럼 보일 수 있기 때문이다. 왜냐하면 낮은 층으로부터 결코 높은 층을 만들어내는 것은 아니기 때문이다. 차라리 낮은 층으로부터가 아니라 모든 것이 잠재상태에 있는 근저에서부터 나온다고 해야 할 것이다. 이를 '한알'이라고 부르는 이유는 모든 것이 거기에 잠재적 상태로 저장되어 있기 때문이다. 그래서 높은 층은 한알에서'부터' 나와 낮은 층을 '거쳐' 생산된다.

2층(타이폰, 몸-신체)은 알 카오스로부터 나와 1층(우로보로스 물질)을 거쳐 등장한다. 그리고 마음(3층)은 한알에서부터 나와 물질-신체-몸을 거쳐 등장한다. 각각 하나의 높은 층은 근저의 무의식에서부터 나와 밑의 층을 거쳐 나타나게 된다. 그래서 높은 층은 낮은 층으로부터 나온 것은 아니지만, 항상 그것을 거쳐야 하기에 영향을 받고 때로는 낮은 층에 의해서 손상을 입기도 한다. 바로 마르크스(1층)와 프로이트(2층)가 염려하는 바가 이 점이라고 할 수 있다. 이 두 사상가는 1, 2층의 3, 4층에 의한 파괴에 각별히 관심있다. 서양문명사에는 그런 파괴가 심각했기 때문이다. 높은 층이 낮은 층에서 원인이 되어 나온 것은 아니지만, 거치는 과정에서 손상을 입히게 마련이다. 마치 병아리가 계란에서 부화되는 과정에서 계란껍질에 의하여 손상을 입는 것과 같다고 할 수 있다. 줄탁동시가 제대로 안 되었을 때 그러하다. 줄탁동시란 두 진화와 퇴화의 접촉점이라 할 수 있다. 높은 자아인 애미와 낮은 자아인 병아리가 동시에 만나는 순간이기 때문이다.

퇴화, 즉 얼이 알로 변하는 것을 알화(化)라고 하고, 진화 즉 알이 얼로 변하는 것을 얼화(化)라고 할 때 동양에서는 진화를 생(生)이라 하고, 퇴화를 성(成)이라고 한다. '생성'(生成)이라는 말은 결국 진화와 퇴화의 역동적 관계를 잘 표현한 말이라고 할 수 있다. 생이란 물질(알)이 정신(얼)이 되는 것이고, 성이란 정신이 물질이 되는 것이다. 전자를 개(開)라 하고 후자를 벽(闢)이라 하며 '개벽'이란 말이 이에서 유래한다. 퇴화가 끝나면 진화가 시작되고, 진화가 끝나면 퇴화가 시작되어 끝없는 역동적 작용을 하는 것이 생성이요 개벽이다. 여기서 서양신학이 말하는 무로부터 창조는 설 땅이 없다. 진화도 퇴화도 모두 유(有)에서부터 시작된다. 그러면 유는 어디서부터인가? 그 답은 무(無)로부터이다. 무는 또 유로부터이다. 이를 두고 유무상생(有無相生)이라고 한다. 여기서 우주의 기원에 관한 창조냐 개벽이냐의 논쟁은 무의미하게 된다. 동학은 이를 '기연불연'(其然不然)이라고 한다. 존재의 연쇄고리 8(然)이 여기서 유래한다.

진화는 150억 년 전 빅뱅으로부터 시작되었다. 천문학자들에 의하면 그 이전에는 물질적인 우주가 있지 않았었다. 분명한 것은 대폭발의 순간은 곧 퇴화의 한계점이었다. 그 한계점에서 물질이 정신으로부터 나온 어떤 존재 속에 던져져 들어간 것이다. 그야말로 물질이 정신으로 되는 '됨됨'의 순간이다. 생이 성이 되고 성이 생이 되는 것을 천지개벽(天地開闢)이라고 한다.[41]

30억 년 전에야 물질(1층) 단계를 거쳐 생명(2층)이 나타난다. 샤르댕은 전자를 물질계(Geo-sphere)라고 했고, 후자는 생명계(Bio-sphere)라고 했다. 이 두 층을 세 부분으로 나누면 식물, 하등동물 그리고 고등동물로 나눌 수 있다. 1만 2천여 년 전에 아주 낮은 정신권이 나타나기 시작하였다(3층). 몸에서 독립된 마음으로서 정신권(Nou-sphere)이 나타난 것은

---

41 동양 종교에서는 물질 이전에 정신이 있었고 정신 이전에 물질이 있었다는 주장을 믿는 것이 자연스럽다. 그러나 서양에서는 아직도 물질 이전에 정신이 있었다는 사실을 받아들이는 데 주저하고 있다. 스탠포드 선형가속기 연구소에 있는 존 헤게링 박사는 "통일장에서 우주가 창조되었다는 것을 알 수 있다. 그러나 일부에서는 이 우주가 순수의식에서 창조되었다고 말한다. 아직 현 단계에서는 단언할 수 없으나 거의 같은 성질이라 생각된다"라고만 조심스럽게 언급하고 있다.

기원전 2000년경이라고 할 수 있다.[42] 샤르댕의 이와 같은 분류는 대략 우리의 그것과 일치한다. 샤르댕의 정신권의 등장은 기원전 3000~4000년경이며 이때가 비카오스의 시기다. 3층은 일부 영장류 가운데 뚜렷하며 매우 진보된 정신권은 4층에서 나타난 것이 분명하다.

다윈의 진화론은 퇴화라는 다른 가닥을 무시했다는 점에서 오류를 범했다고 할 수 있다. 다윈의 자연 선택은 높은 단계가 낮은 단계를 전체적으로 포괄하지 않는 진화였다. 그러나 여기서 우리가 주장하는 바는 항상 높은 층이 낮은 층의 전부를 포괄하는 진화이다.[43] 진화가 완성될 때 퇴화로 반전한다는 주장은 다윈 추종자들에게는 매우 충격적인 얘기다. 퇴화란 점차로 해체시키고 비우는 과정이었다면, 진화는 점차로 쌓고 채우는 과정이다. 플라톤은 이러한 채우는 과정을 '회상', 혹은 '기억'이라고 했으며, 수피는 '지크르'(zikr), 힌두는 '스마라'(smara), 부처도 '회상'이라고 했다. 암네시스에 대하여 그 반대 '안암네시스'(Anamnesis)이다. 영어의 'remember'(기억)는 말 그대로 더 높은 통일을 위하여 재구성(re-membering)하는 것이다. 안암네시스의 목표는 재구성의 재통일을 하는 데 있는 것이며, 한은 '오직 하나(一)며 여럿'이다. 그리고 이러한 한은 퇴화와 진화의 두 방향으로서만 재구성될 수 있고-기억되어지고-재통일되어질 수 있다. 이러한 한의 '一卽多, 多卽一'[44]로서 성격은 우주진화의 마지막 완성인 것이다. 그 한 속에서만 '산은 산, 물은 물'이 된다. 이 점은 제8장에서 자세히 다루어 보겠다.

---

42 Richard Lischer, *Marx and Theihard* (New York: Orbis Books, 1979), 105.

43 서양적 이해에서 과거가 현재에 축적된다는 개념은 없다. 동양에서는 과거뿐만 아니라 미래도 현재에 축적된다. 이렇게 서양은 비대칭적이고 동양은 대칭적인 시간 개념이다.

44 '일즉다, 다즉일'이라고 함은 알(다)이 얼(일)이 되고, 얼이 알이 되는 양면성 즉 생성을 말하기 위함에서이다.

P 기자와 J 기자의 지혜

퇴화는 얼이 자기를 비우는 행위였다. 하나님이 자기를 공화(空化)시키는 케노시스 과정이다. 150억 년 전의 대폭발과 함께 이 공화현상이 생겼다. '하나'의 알로부터 만물이 분리되어 나오는 신학적 타락이 시작되었다. 진화란 과학적 타락 곧 얼 혹은 하나님에게로 되돌아가려는 운동이다.

기원전 2000년경에 자아라는 자기 의식적 존재가 나타났다. 단군이라는 자아가 등장하는 때다. 이 자아는 매우 손상당하기 쉽고, 분리되고, 소외된 자아였다. 이때가 과학적 타락이 크게 일어나 대전환이 있던 때다. 백수광부와 익사이론의 자아가 등장하던 때다. 아담이라는 자아가 에덴동산에서 잠을 깨던 때다. 이때의 인간들은 이중적 갈등을 겪는다. 한편으로는 과학적 타락 때문에 자기의 무의식이란 잠에서 깨어나는 고통이 따르고, 다른 하나는 신학적 타락 때문에 하나님으로부터 분리되는 고통도 따른다. 이때의 인간들은 이 두 고통을 한꺼번에 짊어지게 된다. 백수광부는 무의식 상태로 물속에 잠겨버린다. 자아에 눈을 뜨면서 불안과 죄책감을 느끼게 되는 동시에, 그는 얼로부터 이미 멀리 분리되어 있다는 자각을 하게 된다. 과학적 타락과 신학적 타락 때문이다. 이 두 타락은 거의 동시에 일어난다.

종래의 신학자들과 철학자들은 이 두 타락을 분간시키는 데에 실패하였다. 신학자들은 원죄 자체(즉, 창조)와 원죄에 대한 인식을 혼동했다. 아담과 이브는 이미 있었던 타락을 인식했을 뿐이다. 원죄에 대한 자각과 인식은 인간으로 하여금 잠재의식에서 깨어나도록 만들었다. 그런데 신학자들은 이런 잠재의식적 에덴을 초의식적 에덴으로 착각했던 것이다. 그래서 신학자들은 이 두 의식을 혼동하므로 자가당착에 빠지게 되었고, 그들은 합리적인 설명을 할 수 없어서 "모호하기 때문에 믿는다"[45]고 얼버무리고 말았다.

그런데 <창세기> 1-3장의 내용을 좀더 자세히 읽어 보면 그 속에 신학적 타락과 과학적 타락이 모두 기록되어 있음을 발견할 수 있다. 물론 이 두 타락은 한 기자가 기록한 것이 아니고 다른 두 기자가 다른 시기에 썼다. <창세기> 1장 1절부터 2장 4절까지는 소위 P 문서라고 하며 무기물질-식물-하등동물-고등동물-인간의 순서로 지어졌다. 이를 우리는 과학적 타락이라고 했다. 반대로 <창세기> 2장 5절부터 3장 전체를 J 문서라고 하며 그 반대순서로 인간이 먼저 지어지고 나서 나중에 만물이 만들어진다. P 문서는 알에서 얼로 J 문서는 얼에서 알로 그 순서가 반대이다. J 문서가 바로 신학적 타락을 말하고 있다. P 기자와 J 기자는 각각 다른 두 개의 타락을 말하고 있다. 기원전 400년경 두 문서를 편집한 기자는 이 두 가지 타락이 모두 필요하다는 것을 알았기 때문에 <창세기> 속에 두 설화를 잇달아 붙여 편집했다. 서로 다른 이 두 기사를 동시에 한 책 속에 포함시킬 수 있었던 것은 유대교의 지혜가 매우 높은 단계에 도달해 있었음을 의미한다. 이런 의미에서 유대교의 지혜는 개벽과 창조를 잘 조화시키고 있는 것 같다. 두 타락을 훼손한 것은 기독교 신학자들 특히 아우구스티누스이었다.

개벽을 창조로 바꾼 것은 후대의 신학사상이다. 창조론의 '무로부터'(ex nihilo)는 성서에 없는 말이며(『외경』 <마카비서> 2:7을 제외하고), 결국 진화의 끝이 퇴화의 시작이며 퇴화의 끝이 진화의 시작이 개벽인 것이다. 이것이 유대교적 사상의 진수이다. 앞에서 얼이 깨어나는 과학적

---

45 '모호하기 때문에 믿는다'는 말은 의식을 3단계로 발전시키기를 멈춘 상태에서 나온 말이라 할 수 있다.

타락을 언급할 때, 그 신의 이름은 엘로힘(Elohim)이었다. 엘로힘은 엘(EL)에서 기원된 엘의 복수형이다. 엘은 자연을 지배하는 우주적 신이다. 이런 엘신은 과학적 타락을 설명하기에 적합하다. 신학적 타락, 즉 얼에서 알로 되는 퇴화를 주장하는 신은 야훼였으며, 그는 자연적 힘을 지닌 신이 아니고 인격신으로서 신학적 타락을 설명하기에 적격인 신이었다. 이어지는 장에서는 두 개의 타락을 중심으로 음양오행의 구조 속에서 신관이 어떻게 나타나는지를 보여 줄 것이다. 미리 말해 둘 것은 하라리가 말한 호모 데우스는 과학적 타락의 결과 같이 보인다는 점이다.

후대의 신학자들이 과학적 타락을 무시하고 신학적 타락만을 말한 것은 오류였다. 아우구스티누스 이후 서양에는 신학적 타락만 진리로 통했다. 라마르크와 다윈이 18세기에 들어와 드디어 과학적 타락을 말한 것이다. 금세기의 베이트슨은 이를 '이중구속'(Double Binding)이란 이론으로 전개시켜 진화와 퇴화를 동시에 구속하는 것으로 발전시킨다. 이것은 마치 400~500년의 간격을 두고 씌어진 P 문서와 J 문서를 종합시켜 놓은 것과도 같다. 이제 우리는 과학과 종교가 더이상 진화냐 창조냐의 문제로 다툴 필요가 없으며 두 타락을 다시 한꺼번에 말해야 할 순간에 서 있는 것이다.

문명이냐 자연이냐?

인간사회에 있어서 악의 기원과 인간존재의 '타락'의 상태를 논할 때, 신학계에는 항상 두 가지 다른 방향의 논쟁이 있어왔다. 그 논쟁은 '자연'과 '문명' 가운데 어느 쪽에 악의 기원이 있느냐에서 유래한다. 한 무리의 문화인류학자는 인간의 '문명' 속에 남겨져 있는 '자연'적 요소가 악하다고 보고, 다른 무리의 학자들은 '자연'은 선하고 악을 도입시킨 장본인은 인간이 창조한 '문명'이라고 본다. 전자는 유가적 후자는 도가적 입장이다. 도가 사상은 '자연'의 낙원 상태에서 '문명'의 도시를 건설함으로써 악이 생겼다고 본다.

여기서 사용된 '자연'이란 말과 '문명'이라는 말을 우리의 도식대로 이해하면, '자연'은 '알', '문화'는 '얼'이라고 할 수 있다. 전자에 속한 신학자는 '알'을 악의 근원으로 본 데 대하여, 후자의 신학자들은 '얼'을 악의 기원으로 본다. 이러한 양분된 논쟁은 신학자들 사이에서만 있었던 것은 아니다. 문화인류학자와 사회학자 사이에서도 유사한 논쟁이 있었다. 즉, 우리들의 원시 조상은 비폭력적이었으며 오랜 세월 동안 사냥과 채취의 생활을 했다고 보며, 사냥과 채취는 인류의 가장 원초적인 경제 행위라고 본다. 아담의 두 아들 카인과 아벨 가운데 전자는 농경 후자는 유목민 사회를 대표한다고 보아, 신이 후자를 선호하고 전자를 배척했다고 한다. 농경과 함께 선악 시비가 생겼기 때문이다.

알란(A. Allan), 리키와 레빈(R. E. Leakey and R. Levin) 같은 학자들은 지금부터 1만 년 전에 대문화혁명, 즉 농업혁명을 일으킨 다음부터 인간들은 난폭해지기 시작했으며 악이 이 세상에 들어왔다고 본다. 이런 점에서 창세기는 이런 견해를 적절히 잘 반영하고 있다. 전자의 사냥과 채취 상태를 '자연'의 상태로 보며, 농경 생활을 하면서부터 즉 '문명'이 도입되면서부터 악이 생겼다고 본다.

사냥과 채취적 경제생활을 하는 동안에 인간이 노예를 부린다든지 땅을 정복한다고 하는 것은 무의미하다고 한다. 이들 학자에게 있어서 '자연'은 선하고, '문명'는 악하다. 폭력과 전쟁 같은 것은 인류 문명사 전체로 볼 때 너무나 짧기에 유전적인 영향을 미쳤을 것으로 보지 않는다. 그래서 폭력이나 전쟁 같은 것은 발생학적(혹은 유전적) 산물이 아니고, 문화적 산물이라는 것이다. 셰퍼드(P. S. Shepard) 역시 인간의 파괴적인 성격은 '문화'와 함께 시작되었다고 본다. 그는 수렵 생활을 하는 동안 인간들은 인간과 인간끼리, 인간과 자연 사이에 완전한 조화를 이루어 살았다고 주장한다. 그러나 위의 세 학자와는 달리 셰퍼드는 사냥꾼들을 무자비한 도살자로 보아서는 안 된다고 주장한다. 그들에게는 동물을 사랑하고 경외하는 마음이 있었으며, 죽이고 먹는 것을 모두 종교적인 의식의 한 부분으로 생각했다고 한다. 인간적 자연과 인간적 행위 사이에 대립을 끌어들인 것은 농경혁명이 일어나면서부터라고 셰퍼드는 본다. 그 결과로 탐욕을 채우기 위해서는 물불을 안 가리는 난폭성이 생기게 되었고, 종전에 없었던 창고 속에 쌀을 채우고 또 채우려 했던 것이다. 자족하면서 행복하게 살던 사냥꾼들이 탐욕스럽고 불행한 농부로 대비된다.

수렵생활을 하던 조상들을 너무 이상적으로 위의 네 학자가 보고 있음이 분명하다. 그러나 인종이 나타나면서부터 아프리카 포유동물들이 사라지고 말았다. 멸종의 이유로서 인종들이 나타나면서 너무 많이 먹어 치웠기 때문이다. 석기 시대의 사냥꾼들이 유럽과 북아프리카 일대에 나타나면서부터 모든 종류의 생물들이 사라지기 시작했으며, 이를 일러 '홍적세의 과도살상'(pleisticene overkill)이라고까지 한다. 그래도 과연 수렵생활을 하던 인종들을 천사인 양 이상화시킬 수 있단 말인가? 자연 속에는 과연 무죄한 천사 같은 인간들만 살고 있었던 것인가? 그렇다고 해서 알란, 셰퍼드 그리고 리키와 레빈 같은 학자들이 완전히 잘못되었다고 하자는 것은 아니다.

수렵 생활을 하던 인간들은 현대의 사냥꾼들과는 달리 제의와 의식을 개발하여 동물들의 종족을 보존시키기 위해서 종교적 의식을 집행했던 것이다. 오스트레일리아의 아란다(Aranda) 족은 일정한 장소 밖에서는 캥거루를 잡지 못하도록 했다. 북미주 원주민들도 들소를 잡아먹은 다음 그 영혼에 경의를 표했다. 그들은 캥거루의 생태계 보존을 예민하게 파악하고 있었다. 이와 같은 수많은 예에도 불구하고 수렵을 하던 우리의 조상들은 푸줏간 주인이었음이 틀림없다. 현대에 와서 수많은 종(種)이 멸종되어 가는 것이 좋은 예라고 할 수 있다. 지구상에 존재하는 동물 가운데 상당한 수가 가축화되면서 동물은 이제 자연이 아닌 인공물의 한 부분이 되었다. 닭과 돼지 그리고 소등이 오직 잘 먹다 죽어주기 위해 하는 것이 동물의 신세가 되었다. 동물이 행복권이란 무엇인가?

Ⅳ
성선설이냐, 성악설이냐?

악은 자유의 산물

호모 데우스는 악한 존재인가 선한 존재인가? 위의 입장들을 고려할 때에 미래 도래할 인간성은 무엇인가? 로렌즈(K. Lorens), 아드리(R. Ardrey), 윌슨(E. O. Wilson) 같은 학자들은 위의 네 학자와는 달리 '자연'의 선함을 부정한다. 자연은 야수적이며, 인간의 원시조상은 이러한 야수성으로 특징지을 수 있다고 본다. 또 인간의 야수성은 '문명'을 통해 승화되고 극복되어 졌다고 보고 있다. 전자의 학자들은 '자연'을 선하다고 보고 문명을 악하다고 본 반면, 후자의 학자들은 그 반대이다.

웨딩턴(C. H. Waddington) 같은 학자는 인간이 선악과를 따먹은 것은 진보 그 자체를 떠나서 생각할 수 없다고 보았다. 종래의 전통신학은 타락을 너무 퇴화의 방향으로만 생각한 경향이 있다. 타락이란 대가를 치르고 인간의 의식은 상승되고 문명의 진보가 이루어졌다는 것이 웨딩턴의 주장이다. 인간이 선과 악을 아는 지식에 비례하여 인간의 문화와 문명도 발달되고 진보되어졌다. 이 진보를 위해 치르는 대가가 너무나 크다는 것이다. 키에르케고르의 말을 인용하면, "의식의 정도가 증가함에 따라 절망의 정도도 증가한다. 더 많은 의식을 가지면 가질수록 더 많이 절망한다."[46] 바울도 로마서에서 선이 많은 곳에 악도 많다고 했다.

기독교신학은 인간은 완전한 상태에서 타락했으며, 그 완전한 상태로 돌아가려고 한다고 가르쳐 왔다. 인간은 타락된 존재이고 '타락'은 그 자체로서 고통과 죄의 근원이다. 그러나 구원 혹은 구속이라고 할 때 그것은 에덴동산으로 되돌아가자는 것이 아니다. 원시적 무지상태로 되돌아가자는 것이 아니다. 기독교인들이 미래에 성취하려는 곳은 에덴동산이 아니고 새 예루살렘(New Jerusalem)이다. 에덴동산이 미성숙된 무지의 상태라면, 새 예루살렘은 성숙된 완성이 이루어진 곳이다. 이 책에서는 전자를 전분별(前分別)의 상태, 후자를 초분별(超分別)의 상태라고 한다. 구속은 전분별의 상태로 되돌아가는 것이 아니고, 초분별의 상태로 상향해 나아간다. 인류역사가 에덴동산으로 되돌아가리라고 생각하는 것은 잘못이다. 그러나 기독교 신학은 이에 대한 모순 된 입장을 취해왔다.

'알'은 '얼'로 진화하고 얼은 알 퇴화한다. 여기서 두 가지 타락이 생긴다. 과학적 타락이란 종래의 진화 개념과 같다. 그리고 기독교 신학은 이를 무시해 왔었다. 타락을 윤리적으로만 보아왔기 때문이다. 전세계 모든 종교의 공통된 개념 가운데 하나가 분리 그 자체가 타락이라는 점이다. 그러나 기독교신학은 인류의 역사와 문화가 악과 함께 하향적 타락을 하는 것으로만 보았었다. 막상 성서 자체는 그렇게 기록해 놓고 있지 않는 데 말이다. 과학적 타락이란 인류역사가 악과 함께 역설적으로 '상향적 타락'을 한다고 본다. 전통 기독교신학은 이 두 타락의 종류를 구별하는 데 실패하였다.

R. 니버 같은 신학자는 그의 주저 『인간의 본성과 그 운명』에서 서양

---

46 Charles Birch & John BCEobb, 119.

사람들은 '자연'과 '정신' 그리고 '발생적 자연'과 '문화'란 이중성 속에서 고민해 왔다고 했다. 그들은 이 양자 사이의 불일치와 모순을 인지했었다. 그리고 이 모순을 인간의 근본적인 모순으로 생각해 왔었다. 로렌츠와 아드리는 '자연'의 힘을 악의 근원으로 보았으며, '문명'을 발전시킴으로 구속을 완성시키려 했다고 보았다. 반대로 리키와 셰퍼드는 인간의 본성을 선하다고 보았으며, 악의 근원은 바로 '문명' 속에 있다고 보았다.[47] 그러나 니버는 양자 사이의 긴장을 인지하면서도, 어느 한 쪽을 악과 일치시키는 것을 거부하였다. 자연도 문명도 악한 것이 아니다. 양쪽에 모두 참여하는 것은 우리의 영광이다. 이 영광을 신학은 곧 죄로 바꾼다.

인간을 '자연'이나 '문명'의 어느 한쪽에다 놓고 보는 것은 인간의 문제를 인간 의지 바깥에 놓고 보는 것이다. 우리 자신이 죄가 아니다. 우리는 죄를 산출시키는 분리라는 상황 속에 불가피하게 있을 뿐이다. 웨딩턴은 악을 자연이나 문명에 단순히 일치시키는 것을 피하고, 타락의 이중적 애매성을 이해하였다. 그의 분석에 의하면, 인간 의식의 상승과 죄는 정비례한다는 것이다. 니버 역시 양자가 상호 얼기설기 얽혀져 있다고 보았다. 우리 인간의지에 그 책임성이 있음을 강조한다. 인간 의지가 어느 편에 설 것인가는 자유이다. 악은 상황이 아니고, 상황 속에서 인간은 자유로우며 악은 이 자유의 산물이다.

노자의 비카오스 문명에 대한 경고

니버에 의하면 타락은 인간실존의 어디에서나 일어날 수 있는 현상이다. 고통이라는 대가를 치른 다음에 질서와 자유의 새 차원에 진입한

---

47 앞의 책 참고.

다. 고통을 치르며 의식은 상승된다. 이를 과학적 타락, 혹은 상향적 타락이라고 한다. 진화과정에서 30억 년 전에 생명체가 나타났으며, 생명체는 동물적 상태로 상승 진화되었다. 동물적 삶이 나타나기 전까지는 고통이란 없었다. 그리고 가치 있는 것이라고 여길 만한 것도 없었다. 동물적 삶은 매우 큰 불안정을 초래했으며, 인간의 등장은 놀랄 만한 상향적 타락이었다. 웨딩턴은 이를 문명적 진화라고 했다. 그로부터 인간은 사랑, 미움, 정의, 자유, 연민 같은 가치들 때문에 고민하게 되었다. 너무나 큰 대가를 지불하지 않을 수 없게 되었다. "젊음의 꿈이 있는 곳에 비극의 수확이 있다"라고 화이트헤드는 말했다.[48] 기계기술, 정치, 교육 등에서 새로운 해방이 나타나면, 반드시 인간은 새로운 노예적 예속을 감수하지 않을 수 없었던 것이다.

노장사상은 인간이 기계를 사용하면 기심(機心)이 생기고 기심은 인간을 불행하게 만들 것이라고 이미 2500여 년 전에 경고하였다. 신석기 문화, 농경문화 그리고 현대의 도시 문명이 치러야 할 대가는 너무나 컸다. 환경의 파괴, 대중의 노예화, 여성 지위의 하락, 전쟁, 사회의 관료적 질서, 경제적 착취구조 등 과학적 타락이 가져다준 결과는 크다. 그렇지만 과학적 타락이 가져다준 업적과 공헌은 괄목할 만하다. 산업혁명과 최근 통신수단의 발달은 과학적 타락이 가져다준 좋은 선물이다. 제1차, 제2차 대전 같은 전에 없던 악과 더불어 새로운 문명이 창조되었다. 인류가 농경 생활을 시작하면서부터 제한된 개발을 했었더라면, 지금 세상은 풍요롭고 행복스럽게 되었을 것이다.

산업혁명이 다른 나라에 들어가 다른 형태로 발전되었더라면 그리고 강대국에 의한 약소국가의 침략이 없었더라면, 좀 더 좋은 세상이 되

---

48 A. N. Whitehead, *Adventures of Idea* (London: The Free Press, 1933), 286-296.

었을 것이다. 이 모든 것들은 지나온 과거에 대한 한갓 미련일 것이다. 앞으로 인류는 어떤 방향으로 어떤 방법으로 과학적 타락을 하느냐에 따라 행복과 불행이 결정될 것이다. 하라리의 지적한 생명공학, 사이보그 공학 그리고 비유기체 합성 역시 인간이 과학적 타락으로 가게 하는 것인가? 하라리는 호모 데우스가 나타나기 위한 필요 충분 조건이 이들이라고 했다. 과학적 타락 끝에 호모 데우스가 나타날 것이다.

과학적 타락의 바람직한 양상은 인간의 의식이 얼카오스로 깨어나는 것이어야 할 것이다. 인류 문명사는 인간의 의식이 깨어남에 있어서 두 번의 큰 경험을 하였다. 그 첫째는 알 카오스적 상태, 즉 모든 것이 미분별되고 분리가 나타나지 않았던 전자아-전분별적인 것에서 분별적 비카오스적 자아로 의식이 깨어나는 것이었다. 전분별의 상태에서 인간은 애집증(incest)에 걸린다고 했다. 근친상간과 같은 애집증은 전자아가 초래해 내는 당연한 결과다. 이성적 합리성이 생겨나지 않은 정(情)이 지배하는 상태였다.

이러한 전자아로부터 자아가 기원전 2000년경부터 등장하였다. 전자아와는 달리 모든 사물을 분리 그리고 분별시켜 내는 것이 자아의 특징이다. 자아의식은 4000여 년 동안 인간과 자연, 몸과 마음, 물질과 정신을 분리시키는 데 성공하였다. 그러나 그 성공의 결과는 생태계의 파괴, 마약, 핵전쟁 같은 불행을 초래하였다.

이제 우리의 의식이 상승해야 될 상태는 전자아와 자아의 모순을, 즉 알 카오스와 비카오스화를 상호교류시켜 종합 지양하는 것이어야 한다는 것이다. 우로보로스알의 미분화는 더 분화되어져야 하고, 비카오스적 자아는 종합 통일되어져야 한다는 것이다. 즉 분열과 통일, 분리와 화합이 동시에 이루어지는 인간상이 나타나야 한다. 알이 깨어져 얼로 다시 태어나는 것이 기다려지는 인간상이다. 이를 윌버는 '초인격'(trans-person)이라고 하였다. 또한 E. 번은 상호교류를 통해 초인격(transaction)이 탄생한다고 했다. 초인격은 전자아의 모순과 자아의 모순을 모두 경험한 다음 그것을 종합 극복한다. 전자아의 애집증의 모순도 자아의 분열증의 모순도 우리는 되풀이할 수 없다. 초인격은 이런 애집증과 분열증의 모순을 극복하고 인간의 정신이 얼로 승화되어지는 것이다.

이젠 층변이 아닌 양상이 변해야 한다. 호모 데우스란 평균적 양상에서 전향적 양상으로 양상 변화를 할 때에 전향적 양상의 법(法)에 해당한다. 평균적 양상에서는 층이 변한다 하고, 전향적 양상에서는 계(界)가 변한다고 한다. 그래서 무계(巫界), 선계(仙界), 법계(法界), 연계(然界)라고 한다. 법계를 불교에서는 다르마라 하며 모든 개물이 부처라는 것을 두고 하는 말이다. 그러나 법은 다음은 연계이다. 연계에서는 호모 데우스가 '호모 호모'가 된다. 이처럼 하라리를 넘어서 우리는 나아가야 한다.

에로스와 타나토스

자기애란 자기중심적인 이기적으로 자기에 집착하는 사랑을 의미한다. 이를 에로스(Eros)라고 한다. 반대로 남을 위한 자기희생적 죽음을 타나토스(Thanatos) 즉 자기 죽음이라고 한다. 하나의 층에서 그것보다 높은 층으로 층변을 일으키자면 자기 죽음은 필수적이다. 만약에 에로스가 타나토스를 능가하게 되면 층변이 일어나지 않는다. 그때에는 이쪽 방에서 저쪽 방으로 옮기는 간변(間變)만 일어나게 된다.[49]

---

49 한국 최초 정치발전사적 관점에서 볼 때 4·5·6공은 진정한 의미에서 층변이 아니고 간변이다. 군부의 집단이기주의가 지배하는, 자기 죽음이 전혀 단행되지 않는 간변 현상이라고 볼 수 있다. 그런 의미에서 4·5·6공은 모두 군부가 지배하는 간변 현상만 있었을 뿐이다. 촛불혁명도 그것이 간변인지 층변인지 나아가 양상 변화 인지를 예의 주시하고 관찰해 보아야

한 시대의 자아들이 자기 집단이기주의에 걸려 있을 때 층변은 발생하지 못하고 동일 층 혹은 한 시대 안에서 간변만 일어난다. 이때 자아는 극단적으로 자기 층을 방어하게 된다. 그러면 자기 초월을 못하게 되고 그때에는 층변이 불가능하게 된다. 사후 대형 자기 무덤 만들기에 바쁘고 이 시기의 자아들은 자기의 영생을 보장받기 위해 보험회사에 자기 전부를 내맡긴다. 출세와 부귀영화를 위해 죽은 조상의 묘까지 이장한다. 이때 에로스 신에 사로잡힌 나는 한과 하나가 될 수 없으며 나 중심적 세계관을 만든다. 한을 나 속에 묻어 버리고 만다. 반대로 나를 타나토스 신에 희생시킬 때에는 자아에 고통과 고뇌가 따르게 된다. 에로스는 알이 얼로 깨어나지 못하도록 만들고, 알 속에서 나·자아가 섞어버리도록 한다. 그러나 타나토스는 알을 깨고 나와 얼로 초월하게 만든다.

자기 죽음이 자기애를 능가하여야 층변이 일어나는데 왜 그것이 가능해지는지가 큰 의문으로 남게 된다. 이 말은 진화를 가능케 하는 이유에 대한 설명이 되기도 한다. 또 다른 말로 하면 어떻게 자기 죽음이 가능하게 되느냐의 질문인 것이다. 이 질문에 대한 대답은 매우 중요하다. 알이 얼로 진화하는 비결은 과연 무엇인가?

만약에 높은 층이 낮은 층을 이끈다면 무슨 힘으로 어떤 방향—선이든 악이든—으로 이끄는가? 그렇다면 높은 층이 낮은 층보다 뒤에 있다면 어디서 그 끄는 힘이 생겨나는가? 이 질문에 대한 대답은 이렇다. 목적으로서의 끄는 힘인 얼(spirit)은 뒤에 있는 것인 동시에 이미 퇴화과정을 통해 앞서 있었다. 얼은 퇴화과정 속에서 알화된 속에 있었다. 즉, 퇴화의 끝이 곧 진화의 시작이기 때문에 퇴화 속에 있던 얼은 원인인 동시에 결과인 것이다. 그래서 원인결과의 이중성을 매 층마다 지니고 있어서 '자

할 것이다.

기추동적 원인'(causa sui)을 갖게 된다. 진화 속에서 낮은 층은 얼화되기까지 자기보다 한 단계 높은 층을 위한 대리만족을 한다는 것이다. 그리고 진화와 퇴화는 원환 속에서 순환하기 때문에 뒤에 있는 것(낮은 층)이 도리어 앞서 있는 것(높은 층)을 경험할 수 있다. 그러나 우리가 알아야 할 사실은 이러한 만족은 항상 대리만족이라는 것이다.

대리만족이 없어지기 전까지는 항상 낮은 층이 높은 층보다 훨씬 우선권을 가질 수 있다. 참다운 만족은 진화상의 높은 층에 있지만, 대리만족은 낮은 층이 먼저 경험한다. 대리만족, 즉 돼지고기를 먹는 동안 우리는 쇠고기가 훨씬 맛있다는 것을 안다. 대리만족을 통해 부추김을 받아 위로 상승하여 새로운 한과의 하나 됨이 성취된다.

퇴화과정을 통해서 매 단계는 만들어진다. 얼을 잊어버림이 아니라 얼을 대치시킴으로써 만들어진다. 그러다가 진화가 시작되면 진화의 매 단계에서 의식은 이 대리만족과 자신을 매우 강하게 일치시킨다. 이 일치는 만족이 완전히 채워질 때인 얼에 도달할 때까지 계속된다. 이때 각 층의 에로스(자기 애)는 무산되고 에로스의 모든 욕망은 꺼지고 만다. 그러면 드디어 타나토스(자기 죽음)가 에로스를 이기게 된다. 바로 이때 간변은 끝나고 높은 층을 향한 층변이 발생한다. 드디어 보리수나무 밑에서의 6년 고행 끝에 자기애는 죽고 자기 죽음과 함께 샛별이 보이게 된다. 십자가 위에서의 옛사람은 죽고 새사람이 부활한다. 물속에 자기 옛자아를 장사지내고 물의 세례를 받아 새사람이 된다.

한 알의 밀알은 살아 새로운 생명이 태어난다. 여기서 삭히는 것과 썩는 것은 다르다. 밀알을 삭혀야 새 생명이 되지, 썩으면 거기서 새로움이 나올 수 없다. 삭히는 것은 자기를 보존하면서 다른 것이 되는 것이고, 썩는 것은 자기가 없어져 버리는 것이다. 알은 '한참 삭힌 후'에야 얼이 된다. 알이 얼이 되기 위해서는 이처럼 삭히는 과정이 필요하다. 간변과 층

변 그리고 양상 변화라는 과정에서 의식의 변화가 생기고 호모 데우스
(법)가 호모 호모(연)로 계의 변화를 일으킨다.

V

호모 데우스와 호모 호모의 논리

우주 속에 두 개밖에 없는 대칭: 반영대칭과 회전대칭

지금까지의 토론에서 남겨진 대과제는 어떻게 간변에서 층변 그리고 층면에서 양상 변화로 문명사와 의식사가 이동할 것이냐다. 거기에는 논리적인 배경이 있어야 한다. 서양에서 그 대표적인 논리는 아리스토텔레스의 논리와 헤겔의 변증법이다. 이들 논리에서 볼 때 동양에는 논리가 없는 것처럼 보아 헤겔은 동양 정신은 비합리적인 자연 속에 잠자고 있는 전논리적 비합리적인 것으로 보았다. 그러나 이러한 서양 논리는 19세기 중엽부터 수학에 의해 도전받게 되었으며 폐기 처분까지 되었다.

19세 청년 갈루아는 방정식은 모두 대칭 구조로 되어 있고 대칭에는 반영대칭(혹은 경영대칭)과 회전대칭 두 개뿐이라고 했다. 그 결과 5차 방정식이 풀리지 않는 이유는 대칭이 성립되지 않기 때문이라는 사실을 발견하였다. 삼각형에는 3개의 꼭지점끼리 만드는 반영대칭과 삼각형을 120도, 240도 그리고 360도 회전시키는 3개의 대칭이 있을 뿐이고, 그래서 모두 6개의 대칭이 있다는 사실을 발견했다. 대칭의 개수를 셈하는 방법은 삼각형의 경우는 1×2×3=6이고 사각형의 경우는 1×2×3×4=24이다. 이를 n!로 표시하며 n-factorial이라고 한다.

두 가지 대칭을 동시에 표시할 수 있는 도상은 우리나라 태극기일 것이다. 주변의 4개(혹은 8개)의 괘는 음양대칭으로 이는 반영대칭을 그리고 가운데 원은 회전대칭을 의미한다. 서양은 최근에 와서야 발견한 두 대칭을 동양은 수천 년 전부터 알고 있었다. 동양에서 두 대칭을 이해하는 방법은 수에 대한 이해와 그것이 도상으로 나타난 하도와 낙서일 것이다.

동양에서는 수를 양수(1, 3, 5, 7…)와 음수(2, 4, 6, 8…)의 반영대칭으로 나누고, 그다음 수를 명패수와 물건수로 나누어 생수와 성수를 만든 다음, 생수와 성수 대칭을 결합하여 오행을 만든다. 이 오행이란 것이 다름 아닌 '회전대칭'인 것이다. 이를 쉽게 알아보는 방법은 아래와 같다.

1	2	3	4	5	생수(물건수)
+5	+5	+5	+5	+5	(명패수)
6	7	8	9	10	성수
수	화	목	금	토	오행

위의 매우 간단한 도표는 두 대칭이 어떻게 만들어지는가를 한눈에 보여준다. 다시 말해서 동양이 수를 이해하는데 있어서 서양과 근본적으로 다른 점은 수를 철저하게 대칭 개념으로 파악했다는 것이다.

생수와 성수의 결합인 오행은 곧 동시에 양수와 음수의 대칭적 결합이라고 할 수 있다. 즉, 1-6(수), 2-7(화), 3-8(목), 4-9(금), 5-5(토)와 같이 말이다. 그런데 여기서 한의학과 명리학 등 전 분야에 걸쳐 우리의 사고를 괴롭히는 것은 토의 경우는 5-5로서 명패와 물건이 같아지는 것이다. 이와 같이 같아지는 것을 '자기귀속적'(recursive)라고 한다면, 다시 새로운 대칭개념이 만들어 진다. 즉, '자귀속적'인 것과 '비자기귀속적'인 것이 그 경우이다. 그러면,

'비자기귀적인 것의 비자기귀속적인 것은 귀속적이고'
'비자기귀속적인 것의 자기귀속적인 것은 비자기귀속적이다.'

이라는 역설이 성립한다. 이를 고대로부터 '거짓말쟁이 역설'이라고 하고 칸토어가 집합론을 발견할 이후부터는 20세기 초에 들어와 '러셀역설'이라 한다. 이 역설은 수학과 철학과 논리학 등 전 방위적으로 인간 사고의 터전을 밑 둥지부터 흔들어 놓는다. 그 결과 나온 것이 괴델의 '비결정성 정리'인 것이다.

이 역설을 해의하는 대 장정이 음양오행의 3가지 법칙 속에 들어 있다. 즉, 음양오행, 상생상극 그리고 주객전도가 그것이다. 이러한 세 가지 법칙이 우리의 문화목록어 안에서 어떻게 전개되는가를 볼 것이다.

'주객전도'란 상생과 상극 모두에서 발생한다. 예를 들어, 목의 경우, 목생화하다 수생목이 되는 경우, 목극토하다 금극목이 되는 경우와 같이 주객이 전도되는 것을 의미한다. 그래서 회전대칭에도 주와 객 그리고 생과 극과 같은 대칭 개념이 포함된다. 이렇게 오행 안의 구조가 복잡한 이유는 위에서 말한 역설이 만들어 내는 비결정성 때문이다. 이 비결정성 문제는 모더니즘을 포스트모더니즘으로 돌려놓는 결정적 역할을 한다.

역이란 바로 이런 비결정의 문제 고민하는 것이 주특기다. 지금까지 우리가 다룬 카오스 이론과 프랙털 이론은 바로 이 역설을 과학적으로 다루는 분야라 할 수 있다. 이전까지는 이 역설을 제거의 대상이거나 축

소시키려는 대상이었지만 카오스 이론에 와서야 이 역설의 그 정체가 드러났다. 인간 문명사와 특히 의식 구조 속에도 이 역설이 나타나며 불교는 이 역설이 4성제 즉 '고'의 원인이라고 본다.

여기서는 헤겔의 변증법 역시 이 역설에 대한 해법 이상도 이하도 아니라는 것과 고구려 승랑 대사와 신라 의상 대사를 통해서 두 개의 대칭 문제를 어떻게 다루는가를 볼 것이다. 그리고 호모 데우스와 호모 호모와 같은 신관의 문제에서는 어떻게 이 역설과 연관이 되는 지를 볼 것이다. 헤겔의 변증법이 가지고 있는 결정적인 약점은 바로 두 대칭 개념에 의하여 비판받을 수밖에 없다.

헤겔과 마르크스: 변증법의 오류

동양 대다수 사상가는 진화와 퇴화가 있다는 사실을 알고 있었다. 대승불교의 경우 『반야심경』의 '색이 곧 공이요, 공이 곧 색'(色卽空, 空卽色)이라는 사상은 불교가 물질이 곧 정신이요 정신이 곧 물질임을 알고 있었음을 의미한다. 또한 생(生)과 멸(滅)을 같이 보는 것도 진화와 퇴화를 동시에 보는 사상이라 할 수 있다. 생은 과학적 타락(진화)이고, 멸은 신학적 타락(퇴화)이라 할 수 있다. 생을 진화의 과정이라고 한다면 멸은 퇴화의 과정이다. 불교는 공(空)에 머물러 버리는 것을 악공(惡空)이라 하여 이를 '상주(常住)의 오류'(fallacy of eternalism)라고 했으며, 색에만 머무는 것을 '단멸(斷滅)의 오류'(fallacy of annihilationism)라 하여 이것 역시 경계한다. 여기서 상주의 오류란 플라톤의 이데아같이 관념적 존재가 실제로 존재한다고 보는 오류이고, 단멸의 오류란 그런 것은 없으며 잡다한 개별자만 있다는 오류이다. 불교의 종지는 결국 이 두 오류를 극복하는 데 있다고 해도 과언이 아니다. 이 말은 불교가 진화의 오류와 퇴화의 오류 그리고 과학적 타락과 신학적 타락을 이미 알고 있었음을 의미한다.

인도의 20세기 힌두사상가인 스리 아로빈도(Sri Aurobindo)는 진화와 퇴화를 가장 철저하게 파악한 사상가이다. 그는 점차로 초월적 의식을 비워가면서 다 잃은 다음에 다시 제자리로 돌아가는 것을 브라만이라 말하였다. 이는 그가 퇴화와 진화를 말하는 것이다. 물질-프라나-마음-고등마음-초월마음-브라만의 순서로 진화한다고 보았다. 그는 이 과정의 반대가 퇴화라고 보았다. 아로빈도는 진화와 퇴화의 과정이 우주 속에서도 일어나고 심리 속에서도 일어난다고 보았다.[50] 아로빈도의 영향은 지대하며 간디, 라다크리슈나, 차우두리, 고피, 크리슈나 등이 그의 영향을 받았다. 그 당시 힌두사상은 초월명상을 위주로 하여 현실 실천적 의미를 가질 수 없었다. 물질과 초월의식을 일치시켜 보는 아로빈도 사상은 힌두사상이 현실 문제와 접촉되는 계기가 되었다. 그래서 간디는 아로빈도의 사상을 인도 독립운동 사상에 적용시켰던 것이다. 진화와 퇴화를 같이 볼 때 개인 영혼 구원과 사회구원을 일치시켜 볼 수 있게 되었다. 진화와 퇴화 어느 하나만 강조하면 영혼 구원의 오류인 상주의 오류를 범하게 되고, 아니면 그 반대로 사회구원의 오류인 단멸의 오류에 범하게 된다. 그런 면에서 인도에 있어서 아로빈도의 공헌은 지대했다고 할 수 있다.

서양의 기독교에서 볼 때 신학자로서 진화를 믿은 사상가는 샤르댕이었다. 샤르댕은 30억 년 전에 잠재적 물질에서부터 낮은 정신이 생겨났으며 이를 '심적 내향성'(psychic inwardness)이라고 했다. 이는 물질에 묻어 있는 정신이라고 할 수 있다. 한국어로 '늄과 넋'이라는 말이 적합하

---

50 Sri Aurobindo, *The Synthesis of Yoga* (Pondicherry: Sri Anrobindo Ashram, 1976), 5.

다. 잠재적 물질에서 넋이 나타나자 약 1백만 개의 원자가 핵을 구성하는 유기체로 과립(顆粒)되어 세포가 생겨난다. 이 신경세포가 증식되어 감에 따라서 직관과 지능이 생겨났다. 원인류 속에 있던 넋이 호모 사피엔스에 와서 고등정신으로 발전하게 되었다. 아우구스티누스 이후 전개돼온 신학적 타락에 대하여 신학자로서는 처음으로 샤르댕이 과학적 타락을 주장한다.

샤르댕 이전에 진화와 퇴화를 안 철학자는 헤겔이었다. 헤겔은 가장 높은 실재를 절대정신이라고 했다. 헤겔은 문화의 최종목표는 이 절대정신을 실현하는 거기에 도달하는 것이라고 했다. 모든 종교와 과학은 궁극적으로는 이 절대정신을 추구하는 것이라고 했다. 헤겔의 절대정신은 결코 일자(The One)만도 아니고 동시에 다자(The Many)만도 아니라고 했다. 절대정신에 대한 헤겔의 정의는 절대정신이 일자이면서 다자이고, 다자이면서 일자라는 것을 의미한다. 절대정신은 과학과 문화 그리고 종교의 완성점이며, 역사는 그것을 향해 진행하고 있다.

헤겔은 절대정신이 정체된 존재로서가 아니라 움직이는 생성(becoming)으로 보았다. "절대정신은 제 자신이 생성되는 하나의 과정이다." 절대정신은 하나의 원환운동 속에서 처음인 동시에 끝이다. 절대정신은 끝을 통해서 그리고 끝에 의한 발전한다. 이 절대정신의 발전단계가 곧 역사다. 역사는 절대정신의 운동인 동시에 절대정신을 향한 운동이다. 구체성 속에 이 절대정신을 실현하는 것이 역사이다. 역사의 끝은 곧 절대정신의 완전한 실현이다. 그 끝에서 비로소 절대정신은 다름 아닌 절대정신 자체가 된다. 역사의 끝이란 그래서 절대정신이 제 자신으로 돌아가 그 높은 단계에서 주관과 객관이 하나의 무한한 행위 속에서 통일되어지는 것이다. 그러나 헤겔 사상을 불교적 시각에서 보았을 때 절대정신을 관념의 극치로 만들어 상주의 오류를 범하고 만다. 반대급부 적으로 마르크스는 단멸이 오류를 범한다.

헤겔은 절대정신이 역사 속에서 자기실현을 해나감에 있어서 세 단계의 과정을 거친다고 보았다. 절대정신은 4층의 끝이다. 그것을 얼이라고 할 수는 없다. 헤겔은 절대정신의 3단계 발전을 다음과 같이 말하고 있다. 첫 번째 단계는 감각의식이다. 몸에 묻어 있는 마음, 자기의식이나 반성적 지식 없이 외적 세계에 대한 감각적 지각을 하는, 즉 전분별적인 전자아의식을 의미한다. 우로보로스와 타이폰의 의식과 같다고 할 수 있다. 두 번째 의식은 자아의식이다. 자기인격적 자아의식의 영역이다. 헤겔에 의하면 불행의식, 소외의식, 갈등의식, 분리의식이 바로 이 자아의식 자체가 가지고 있는 특징과 같다. 헤겔의 세 번째 의식단계는 이성(Vernunft)이다. 이 이성은 초월지식이며, 객관과 주관의 통일이며, '정신이 정신으로서 정신을 아는' 곧 초의식인 것이다.

헤겔은 역사가 자연에서 시작된다고 했는데 자연은 알의 상태이다. 알은 얼에서 타락한 퇴화를 통해 가장 낮은 영역이다. 그래서 헤겔은 자연을 타락이라 하기도 했다. 이것은 신학적 타락 곧 퇴화이다. 그러나 자연은 절대정신(얼)에서 분리되어 있지도 않고 적대시하지도 않는다. 알은 '자기 소외된 얼'인 것이다. 얼이 자기를 비움으로 알이 되었고, 알이 스스로 붸(채움) 나갈 때 얼이 된다. 그런즉 퇴화는 비(古語 '뷔')는 과정이고 진화는 붸(아기를 붸는)는 과정이다. 비(뷔)우는 것과 가득 붸는 것은 하나의 순환과정 속에 있다.[51]

알은 '알음알이'를 통해 '앎'[知識]이 되며 앎을 통해 자기의식을 비로소 갖게 된다. 공자가 그렇게도 배움[學]을 강조한 것도 인간의 의식을 알

---

51 안재홍은 우리말 풀이에서 '뷔'와 '붸'를 같다고 보면서 '뷔'[虛]우는 것은 곧 가득차 '붸'[孕]는 것과 같다고 했다. 그렇다면 알이 얼이 되는 것은 붸는 것이고, 얼이 알이 되는 것은 뷔는 것이다(『안재홍 전집』 참고).

에서 앎으로 올려놓기 위해서였다. 그러나 노자가 그렇게도 앎을 부정하고 불교가 알음알이를 해악으로 취급한 것은 인간의 의식을 초의식으로 올려놓기 위해서였다. 헤겔의 이성은 부정되는 것이 아니라 추구되어야 할 대상이었다. 그러나 붓다와 노자에게서 그런 이성은 부정되고 초월되어져야 할 대상이었다. 이 점에서 동양에서는 기원전 6세기경에 초자아에 이미 도달해 있었다.

헤겔은 그의 변증법을 자연에서 정신으로 움직이는 진화에만 적용했다는 점이다. 그래서 그의 철학은 절대정신이라는 관념론에 떨어지고 말았다. 다윈이 아우구스티누스에게 도전장을 보냈듯이, 헤겔의 이런 진화 방향에 대하여 마르크스는 그 반대의 방향, 즉 자연과 물질을 그 정점에 두고 움직이는 진화를 얘기한다. 이것을 유물론적 변증법이라고 한다. 결국 헤겔과 마르크스는 싸움 아닌 싸움, 즉 변증법의 순환과정 속에서 숨바꼭질하는 싸움을 벌인 것이다.

헤겔과 마르크스 모두 그들은 자기 당대의 수학계에 일어나고 있는 변화를 감지하지 못했었다. 정과 반이란 반영대칭 혹은 경영대칭이다. 태극기 주변의 괘들은 그런 면에서 변증법적이다. 그래서 혹자들은 헤겔 사상을 동양의 음양이론에 결부시켰다. 그러나 위에서 본 바와 같이 음양은 반드시 오행을 동반한다. 이 말은 반영대칭은 곧 회전대칭이란 말이다. 헤겔이 이 사실을 알았더라면 그에게서 절대정신 같은 개념이 나올 수 없었을 것이다. 다시 말해서 삼각형으로 돌아와 보더라도 꼭지점 간의 반영대칭은 곧 회전대칭과 같다. 그렇다면 정반합은 '지양'되는 것이 아니고 '회전'한다. 이런 회전 개념을 안 것은 니체였다. 니체의 영원회귀 사상 같은 것 말이다. 정과 반이 합이 되는 순간 그것은 회전돼 버린다. 두 대칭은 분리돼 있지 않기 때문이다. 그래서 직선적인 움직임을 할 수 없고 처음으로 되돌아와 버린다.

정에 대하여 반을 (x)와 (-x)의 관계로 보았기 때문이다. 그래서 (x)×(-x)은 한 방향으로 진행한다. 그런데 만약에 x를 정이라 하고 반을 (1-x)라고 하는 순간 (x)×(1-x)라고 하는 순간 x값을 증가시켜 나갈 때 그 결과는 회전하는 것을 발견하게 된다. 이는 먹이사슬 고리를 말할 때에 그리고 카오스 이론을 말할 때에 감초 같이 중요한 방정식이다. 19세기 중엽 페어홀스트란 독일 수학자가 발견하였으나 당시에는 각광을 받지 못하였지만 1960년대 이후 카오스 이론이 나오면서 이 방정식은 이 이론의 핵을 건드리게 되었다. 헤겔도 마르크스도 모두 세기적 천재가 저지른 단순 실수였다. 그러나 그들의 실수가 역사에 던진 짐은 너무 컸다.

다시 요약하면 음과 양 그리고 정과 반의 관계는 페어홀스트 방정식, 바로 그것과 같다. 그래서 반양대칭은 동시에 회전대칭인 것이다. 이것이 음양오행의 진의이다. 한국 불교의 승랑은 반영대칭을 의상은 회전대칭을 그들의 불교 사상을 통해 웅변적으로 아래와 같이 잘 말해 주고 있다. 호모 데우스는 마치 헤겔 변증법에서 합의 위치에 있는 것 같이 보인다. 그러나 호모 호모는 두 대칭을 결합했을 때 생겨난 결과이다.

VI
다시 산은 산 물은 물

헤겔과 승랑

알 카오스와 얼카오스는 코스모스(비카오스)가 아니라는 점에서 그 양상이 유사하다. 모음 구조의 변화뿐이다. '뉴'-'넋'에서 알음알이(앎) 지식이 생겨 그것을 다시 초월할 때 철이 든다. 인간의 의식은 아직 철이 들지 않았다. 아직도 알음알이 작용이 한창이다. 지식과 이성적 합리작용이 한창이다. 그러나 알음알이의 병폐가 심각하게 나타나고 있다. 서양 문명사의 끝은 헤겔이다. 헤겔은 서양 지성사, 즉 알음알이 과정의 끝에 나타난 인물이라고 할 수 있다. 그런 면에서 그의 철학이 갖는 특징은 4층 끝에 속한다. 4층이란 호모 사피엔스의 층이다.

진화는 헤겔의 절대정신 같은 전체를 만들어 내어 낮은 층을 압살시키는 결과를 가져왔다. 절대정신 속에 一과 多가 동시에 포함되어 있다고 하고는 그의 고질적인 변증법 때문에 결국 '상주의 오류'를 범하고 말았다. 헤겔은 자기의 논리학을 두고 자연과 유한한 정신을 창조하기 이전에, 신의 영원한 본질을 그대로 드러내 보여주는 것으로 여겼다. 상주의 오류를 극명하게 보여주는 장면이다.[52] 마르크스는 물론 그 반대의 오류, 즉 단멸의 오류를 범했다. 근본적으로 서구 문명은 변증법을 뜯어 고치지 않고는 문명병을 치유할 수가 없다.[53]

먼저 우리는 헤겔의 변증법이 지닌 문제점을 지적해 두는 것이 좋다. 헤겔이 반(反)명제를 정(正)명제에 대립하는 양항으로 마주 세운 것은 큰 공헌이라고 할 수 있다. 과거의 어느 철학자도 하지 못했던 공헌이다. 문제는 정과 반이 합(合)이 되는 과정에 있다. 헤겔은 합이 정이나 반보다 더 큰 어떤 큰 것일 것이라고 막연하게 생각하였고, 그것은 정이나 반보다 더 순수하고 절대정신에 가까운 것이라고 생각했다. 그러나 이것은 착각이었다. 이 착각에서부터 모든 오류가 생기게 된다. 그리고 정과 반이 합이 되는 것을 너무 낙관적으로 그리고 관념적으로 생각했다. 간변과 충변의 고통을 헤겔은 너무 관념적으로 쉽게 처리하고 말았다. 그 결과 그는 그의 변증법이라는 범선이 마치 순풍에 돛을 달고 항해나 하는 듯이 착각했다.

헤겔의 더 큰 착각은 변증법이 고정된 그리고 어디에나 통용될 수 있는 영구불변의 법칙쯤으로 생각했다는 것이다. 당장 그의 변증법은 동양사회나 역사발전에는 적합치 못한 것이었다. 그리고 마르크스가 유물변증법을 적용해 본 결과 여실히 들어맞지 않았다. 결국 헤겔이 충분히 현명했더라면 한번 이론을 세운 다음에는 이론 자체, 즉 변증법 자체마저 부정하는 지혜를 발휘했어야 한다. 불교 이론은 항상 사용한 다음에 반드시 버려야 할 것을 가르친다. 그러나 서양에는 이런 지혜를 가진 철학자가 없는 것이 아쉽다.

그래서 우리는 헤겔의 가장 원초적인 공헌인, 명제를 정과 반으로 양

---

52 예발트 일리예코프 저 우기동 이병수역, 『인간의 사고를 어떻게 이해할 것인가?』(서울: 책갈피, 2019), 156.

53 상주의 오류는 일자병에 걸린 오류이고 단멸의 오류는 다자병에 거린 오류이다.

립시킨 지혜를 채택할 필요성은 있다. 그리고 사용한 법칙 자체에 대해 부정하는 것을 보완하여 헤겔의 변증법을 재구성시킬 필요가 있다. 만약 그렇지 못할 경우 정반합이란 법칙은 고정된 법칙이 되어 영원히 상주하는 실체, 즉 절대정신이 있는 양 그것을 붙잡으려고 변증법이란 사닥다리를 기어오르게 된다. 그러면 절대정신이라고 하는 괴물이 생겨나고 그것은 전체를 좌지우지하는 힘을 갖게 된다.[54] 개체들은 그 전체 앞에 무의미해지게 되며, 전체 속에 귀속되는 부분적 요소들로 존재하게 되는 것이다. 이것을 환원주의의 오류라 한다.

그 전체란 괴물이 독일에서 나치로 등장하게 되며, 절대정신은 게르만 민족주의 정신으로 대치되어 버린다. 그러나 우리가 지향하는 세계는 모든 개별존재가 전체에 의해 지배받지 않고 자율적이며 평등할 것을 추구한다. 그야말로 '산은 산 물은 물'의 세계인 것이다. 프랑스의 푸코와 데리다 같은 철학자들은 지금 이 전체를 해체시키는 작업에 열중이다. 즉 그들의 부정철학이란 항상 반명제만 있어야지 정이나 합 같은 것이 있어서는 안 된다고 본다. 알랭 바디우는 더 철저한 수학 집합론의 무기로 해체시키려 한다.

5세기경 고구려의 승랑대사는 이런 세계를 건설하는 위대한 논리를 우리에게 제시해주고 있다. 즉 이제합명(二諦合明)과 삼종방언(三種方言)의 논리가 그것이다. 먼저 승랑도 헤겔과 같이 정과 반을 세운다. 그는 이를 무(無)와 유(有)라 했고 혹은 진제(眞諦)와 속제(俗諦)라고도 했다. 유가 있다 무가 있다 등의 분별심을 만드는 것은 일반중생들이 흔히 빠질 수 있는 오류이다. 그러나 유와 무의 구별은 없다. 그래서 양변을 모두

---

54 G.W.F. Hegel, *The Phenomenology of Mind* (New York: Harper and Row, 1967), 456-461.

묶은 다음에 다시 부정해야 한다. 즉 비유비무(非有非無)이다. 이제 다시
유무와 비유비무를 정과 반으로 세운다. 이번에는 두 번째의 정과 반을
다시 부정한다. 그래서 비유비무(非有非無)를 정으로 하고, 그 정에 대한
부정 '비비무 비비유'(非非無非非有)를 반으로 한다. 승랑은 여기서 끝낸
다.55

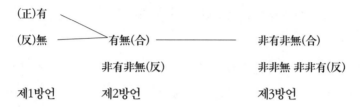

        (正)有
        (反)無 ———→ 有無(合) ——————— 非有非無(合)
                   非有非無(反)   非非無 非非有(反)
        제1방언   제2방언   제3방언

승랑의 이제합명론의 구조가 헤겔의 변증법과 유사해 보인다. 그러
나 그 취지에 있어서는 근본적으로 다르다. 헤겔은 큰 절대정신에 도달
하자는 것이고, 승랑은 도리어 그런 것은 우상이요, 없다고 파괴시키자
는 것이다. 승랑은 대립항인 정과 반이 서로 마주 비추어야 한다고 했다
[相照]. 그리고 양항은 서로 죽어야 한다[雙泯]고 했다. 양항이 자아를 죽
이는 자기 죽음 없이는 서로 비추는 일이 일어나지 못한다. 이것이 첫 번
째의 자기 죽음이다. 다음으로 두 번째 자기 죽음을 다시 단행해야 한다.
죽음이 다시 죽어야 한다. 이것이 이제합명과 삼종방언이 갖는 의미다.
이제 정반합은 세 단계로 자기 죽음을 단행해야 한다.

승랑은 두 개의 대칭 가운데 유와 무라는 대칭만을 사용하여 헤겔의
사다리를 치우려 했다. 그가 말한 '방언'이란 수단이란 뜻이다. 그러나 헤

---

55 Wing-Tsit Chan, *A Source Book in Chinese Philosophy* (Princeton: Princeton Univ.
   Press, 1963), 384-414.

겔은 이 수단에 집착했다. 유와 무란 변증법을 이중 부정을 통해 말하는 이유는 궁극적으로 그런 대칭이 성립하지 않는다는 것을 말하기 위해서이다. 대칭 자체를 부정하려는 것이 아니고 반영대칭은 회전대칭과 연관이 되있다는 것을 말하기 위해서이다. 이러한 회전대칭을 의상은 그의 해인법계도를 통해 아래와 같이 보여주고 있다. 그래서 우리는 승랑과 의상을 통해 두 대칭을 모두 보게 될 것이다. 두 개의 대칭이 동시에 성립하지 않는 한 삼법인은 실현될 수 없다. 다시 말해서 무아과 무주처가 실현될 수 없다.

데카르트는 의심하는 자기 자신은 의심할 수 없다고 했다. 여기서 서양철학의 잘못된 관념론은 싹튼다. 불교는 의심하는 자기 자신마저 철저하게 부정했어야 할 것이라고 한다. 데카르트의 오류는 의심하는 자아 자체는 있다고 긍정한 데 있다. 서양 문명의 위기는 데카르트의 자아로부터 시작된다. 승랑의 제2 합명은 바로 의심한다는 자체마저도 부정하는 것이다. 데카르트는 부정하는 자아가 있다는 근거를 신에서 찾았고 그의 관념론은 거기서부터 시작된다. 이것이 서양적 호모 사피엔스의 한계이다.

헤겔 역시 절대정신을 향해 추동시키는 자기의 관념 자체는 부정하지 않았었다. 결국 수단 자체가 하나의 절대적인 목표가 되고 대상이 되어 버린다. 승랑은 변증법의 이런 오류를 간파한 것이다. 그래서 삼종의 단계, 즉 사물에 대한 부정(1단계) 그리고 사물의 관념에 대한 부정(2단계)을 통해 철저한 자기 죽음을 단행한 것이다. 그때 '산은 산 물은 물'로서 나타난다. 이 세 단계의 죽음 없는 산은 전분별적이다. 분별을 그친 다음은 초분별적이다. 그런데 전분별과 초분별은 그 양태가 같아 '전초오'의 오류를 범하게 한다. 초분별에 도달해야 개체가 전체에 구속을 안 당하고 개체자체가 곧 전체인 一卽多가 된다.

승랑의 이제합명론에서 우리는 자기 죽음의 논리를 배울 수 있게 되었다. 한국 불교는 궁극적으로 종교적이 될 수밖에 없었다. 이 말은 사변에 의해 자기 초월을 하는 것이 아니라 실존적인 자기 죽음 없이는 초월이 불가능하다는 사실을 의미한다. 제2 합명까지가 호모 데우스의 법계에 도달하는 논리이다. 그러나 그다음 제3 합명은 호모 데우스를 너머 호모 호모로 도달하는 논리이다. 제3 합명에서 반영대칭은 회전대칭으로 변한다. 의상의 법계도를 통해 이를 확인할 차례이다. 제3 합명은 마치 라캉의 실재계와 같은 현실계에 있는 모습 그대로 자신을 드러내는 것이다. 그래서 이를 '연계然界'라고 한다.

승랑과 의상: 경영대칭과 회전대칭

페아노(G. Peano, 1858~1932)는 19세기 말 이탈리아의 수학자이다. 페아노는 이상한 곡선을 하나 발견하여 당시 수학계를 깜짝 놀라게 하였다. 소위 이를 '페아노 곡선'이라고 하는데, 페아노 곡선은 정사각형을 빈틈없이 메우는 연속곡선이다.

정사각형의 안을 연속으로 메우는 과정을 C_1, C_2, C_3… 라고, 그때에 그 연속의 극한을 C라고 하자. 그러면 C_1은 정사각형을 4등분하였을 때 생기는 네 개의 정사각형의 중심을 통과하고, C_2는 같은 정사각형을 16등분하였을 때의 모든 정사각형의 중심을 통과한다. 이와 같은 과정을 거듭하였을 때 극한으로서의 곡선 C는 정사각형 내의 모든 점을 빠짐없이 통과하게 된다. 그런 결과는 매우 충격적인 사실을 가져온다. 즉, 극한으로서의 곡선 C의 경우 정사각형 내부에 무한한 점을 만들게 되고 곡선도 만들게 된다. 그러나 정사각형의 내부는 텅 비게 된다. 이것은 역설이라 아니할 수 없다. 텅 비웠는데 가득찬 역설이 나타났다. 이 충격적인 발견은 '차원'(次元)이라든지 '연속성'에 대한 종래의 소박한 생각에 심각한 반성을 하도록 만들어 주었으며, 그 결과 오늘날의 위상기하학을 낳는 중요한 계기가 되었다.[56]

페아노 곡선은 '공간을 채우는 곡선'이다. 그러나 우리에게 놀라운 사실은 이 '공간을 채우는 곡선' 그리기가 한국의 의상대사에 의하여 서기 668년 7월 15일에 이루어졌다는 것이다. 페아노가 곡선을 그린 것이 1890년경이다. 무려 1200여 년 전에 페아노 곡선은 이미 한국의 의상대사에 의해서 만들어졌던 것이다. 이를 '법성게(法性偈),' 혹은 '화엄일승법계도'(華嚴一乘法界圖)라고도 한다.

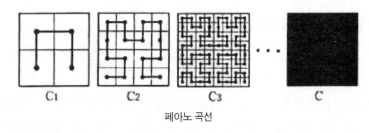

페아노 곡선

의상대사(625~702)는 원효와 함께 당으로 가서 화엄학을 공부하였다. 물론 원효는 신라로 되돌아간 일화가 있다. 일승법계도는 화엄 2조인 지엄에게 바친 의상의 졸업논문이다. 화엄사상을 7言 30句(210字)의 시로 요약하여 그것을 4각인(角印) 속에 새겨 넣은 후 그 인문(印文)을 해석해 놓은 것이다. 인도(印圖)는 시그니피앙이고, 인문은 시그니피에라 할 수 있다. 그림의 인도를 살펴보면 사각형의 중앙에서 글자 '法'이 시작되어 공간을 채워나가는 곡선을 그린다. 한번 사각형의 안으로 감겨들어 갔다가 다시 나와 다시 감겨 나오는 방법으로 210자를 배열하였다.

---

56 김용운 · 김용국, 『토폴로지 입문』 (서울: 우성문화사, 1992), 128.

의상은 인문의 의미를 가장 잘 나타내는 것이 곧 인도라고 보았다. 즉, 인도(시그니피앙)의 모양이 곧 인문(시그니피에)의 의미라고 생각하였다. 그리고 의상 자신은 이런 모양으로 인도를 만든 이유에 대하여 다음과 같은 풀이를 해 주고 있다.

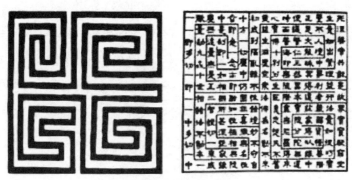

화엄일승법계도(인문, 인도)

묻는다: "무엇 때문에(印文)은 오직 하나의 길로만 되어 있는가?"

답한다: "如來의 一音을 표상하는 것이기 때문이니 하나로서의 '훌륭한 技倆'인 방법론이 그것이다."

묻는다: "무엇 때문에 구불구불 돌아가는 굴곡이 많이 있는가?"

답한다: "중생의 소질과 의욕이 같지 않음을 고려했기 때문이니 그 취지가 三乘敎에 해당함을 가리킨 것이다."

묻는다: "무엇 때문에 '印文'인 하나의 길에 처음과 끝이 없는가?"

답한다: "'훌륭한 기량은 한 방면에 치우침이 없어 '공간적으로는 있는 그대로의' 존재세계에 일치하고 '시간적으로 계기적 시간인 九世와 순수지속으로서의 일념인' 十世에 상응하여 '공간과 시간을' 빠짐없이 완전히 포용하고 있음을 표현하여 보이기 때문이니 이는 그 취지에 있어 圓敎에 해당한다"

묻는다: "무엇 때문에 사면과 사각이 있는가?"

답한다: "'布施愛語利行同事의' 四攝法과 '慈悲喜捨의' 四無量心을 顯影하
기 때문이니 이것이 가지는 의의는 삼승에 의하여 一乘을 표현한다
는 점에 있다."[57]

물론 의상의 법계도는 곡선으로 사각형을 메우지는 않았다. 54각을
만들고 그 속에 인문을 적어 넣었다. 곡선과 각으로 사각형을 다 메우고
있음은 "작은 먼지 속에 온 우주가 다 들어 있고"(一微慶中含十方)라는 인
문으로 그 뜻을 대신하고 있다. 즉, 인문을 적어 넣을 공간을 만들기 위한
편의상 공간을 남겨 놓았다.

쪽거리 현상들과 법계도

당시 페아노가 만든 곡선은 수학자들을 불쾌하게 만들었다. 평면은
2차원이다. 그런데 어떻게 1차원의 선이 2차원을 다 채울 수 있단 말인
가? 이 파격 서러운 페아노 곡선은 당시 수학자들을 분노케 만들기에 충
분하였다. 그러나 페아노 이후 70년이나 지난 후에서야 카오스 이론의
창시자라 할 수 있는 만델브로트라는 수학자에 의하여 페아노 곡선은 재
발견 되었다. 만델브로트는 실제 세계의 불규칙성의 비밀이 바로 페아
노 곡선 속에 담겨져 있음을 발견하였다.

만델브로트는 전송을 할 때 소음이 생기는 경우와 생기지 않는 경우
에 대한 이유를 몰라 고민했는데 그 해결책을 바로 페아노 곡선과 칸토
어 집합에서 찾았다. 하나의 직선에서 1/3을 제거하고 다시 남은 두 토막

---

57 義湘/김지현 역, 『華嚴一乘法界圖記』 (서울: 대한전통불교연구원, 1993), 15.

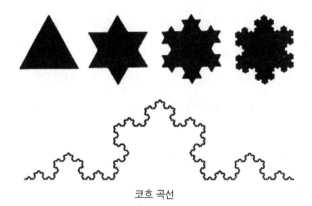

코흐 곡선

을 다시 1/3 했을 경우를 반복했을 때 칸토어 집합은 남아 있는 점들의 집합이다. 그 점들은 무수히 많지만 전체 길이는 0이다. 즉 유한(有限) 속에 무한(無限)이 들어 있는 셈이다. 이 칸토어 집합은 페아노 곡선과 결국 같다고 할 수 있다. 유한 속의 무한이란 전송 시에 오차와 무오차가 반복되는 경우와 같다고 할 수 있다.[58] 오차가 포함하는 기간 내에도 오차가 없는 기간이 존재한다. 그 반대도 가능하다. 이것이 바로 프랙털(fractal)이다. 프랙털은 우리말로 '쪽거리'로 번역된다.[59]

'쪽거리'는 코흐 곡선으로 잘 알려져 있다. 코흐 곡선이란 우리나라와 같이 해안선의 굴곡이 많은 곳에서는 쉽게 이해될 수 있다. 우리나라 지도에서 토끼 꼬리에 해당되는 영일만을 막상 방문해 보면 영일만은 직선으로 뻗어진 것이 아니라 그 안에 수많은 굴곡이 있는 것을 발견하게 된다. 의상대사가 살던 경주가 영일만과 가깝고 보면 그의 법계도가 여기서 착상되지 않았는지 상상해 보게 된다. 코흐 곡선은 삼각형의 세 변에

---

58 James Gleick, *Chaos* (New York: CHAOS, 1987), 98-100.

59 존 브리그스데이비드 피트/김광태 · 조혁 역, 『혼돈의 과학』(서울: 범양사출판부, 1991), 94.

계속 한 가지 모양의 삼각형이 형성됨으로써 결정된다. 코흐 곡선 역시 무한히 긴 선이 유한한 면적을 둘러싼다는 쪽거리 현상이다. 영일만의 토끼꼬리를 어떤 잣대로 측정하느냐에 따라서 그 길이가 다 달라질 수 있다. 달팽이가 재느냐, 토끼가 재느냐, 사람이 재느냐에 따라서 영일만의 길이는 다 다르다. 달팽이가 재는 것이 셋 가운데 가장 길 것이다. 제일 작기 때문이다.

만약 진드기가 잰다면 더 길어질 것이다. 잣대의 길이에 따라 무한한 굴곡이 무시된다. 만델브로트는 코흐의 곡선에서 측정의 단위가 작아짐에 따라서 해안선의 길이는 한없이 커진다는 것을 발견하였다. "만과 반도는 그보다 더 작은 만과 반도를 포함하며, 최소한 원자 규모로 내려가야 그 과정이 모두 끝날 것이다."[60] 개미눈물 방울 속에서 노 젓는 사공, 이 사공이 잡은 붕어, 붕어의 뱃속에서 나온 다이아몬드라는 불교적 은유법이 바로 이에 해당된다. 의상 대사의 一中多, 多中一이란 바로 이런 논리를 두고 하는 말이다. '하나'(一)의 삼각형 가운데 '여러'(多)개의 삼각형이란 뜻이다.

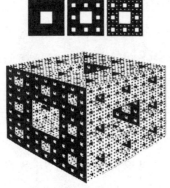

시어핀스킨과 맹거 스폰지

이와 비슷한 쪽거리 현상 가운데 '시어핀스킨' 카펫이 있다. 이것은 정사각형을 9등분하여 중앙의 정사각형을 버리는 과정을 계속 반복함으로써 만들어진다. 이와 유사한 것으로 맹거(Menger) 스폰지가 있다. 견고해 보이는 격자의 가운데 것을 제거시켜 나가는 방법으로 만들어진다.

---

60 제임스 클리크/박배식 · 성하운 역, 『카오스』(서울: 동문사, 1993), 119.

우리는 페아노 곡선, 칸토어 집합, 코흐 곡선, 시어핀스키 카펫, 멩거 스폰지에서 모두 동일한 쪽거리 현상을 발견하였다. 이 쪽거리가 가지고 있는 한결같은 의미란 '유한 속의 무한, 무한 속의 유한'의 논리이다. 하나 속의 여럿의 논리였다. 이런 쪽거리 논리란 우리 동양 세계 속에서는 결코 새로운 것이 아니다. 생수와 성수를 말할 때 자기귀속적이란 말은 쪽거리 논리의 다른 표현이다. 고사리 잎같이 자기 상사를 반복하는 것을 두고 자기 귀속이라고 한다. 그래서 거짓말쟁이 역설이 하나가 제 물결의 도래를 가져온 것이다.

불교에서 처음으로 쪽거리 그림으로 화엄의 진리를 나타내 보인 분이 의상이다. 의상대사의 법계도는 완벽한 쪽거리 그림이다. 그런데 왜 프랙털 이론을 얘기할 때 페아노로부터 그 이름이 거명되는지 참으로 안타깝다. 프랙털카오스 이론의 지적소유권은 1200년으로 거슬러 올라가 의상대사에게 돌려야 할 것은 두말할 필요가 없을 것이다. 서양 지식인들의 동양의 지혜에 대한 무지 탓으로 돌릴 수밖에 없을 것 같다.

요리사 의상대사

뉴턴은 사과나무 밑에서 우주의 만유인력법칙을 발견하였다. 프랙털과 카오스 이론도 그 발상의 출발점에 있어서 그것은 너무나도 평범한 것들이다. 해안선의 굴곡, 눈송이, 고사리 잎, 구름 모양, 산의 능선, 소용돌이가 바로 그것이다. 그 가운데 끌개현상은 한국같이 떡이나 국수를 많이 만들어 먹는 곳에서 쉽게 발견할 수 있는 이론이다. 요리사가 밀가루 반죽을 할 때 자유자재로 밀가루를 휘저어 소금, 설탕 그리고 물이 골고루 섞이도록 하는 모습에서 우리는 끌개이론을 착상하게 된다. 의상대사가 만들어 놓은 법계도는 마치 요리사가 밀가루 반죽을 이리저리 휘저어 놓은 것과 같다고 할 수 있다. 법계도란 一과 多 그리고 이(理, 초월)와 사(事, 현상)를 완전히 휘저어 섞어 놓자는 데 그 근본적인 의도가 있었던 것이다. 이와 사가 조화롭게 화합되는(理事無碍) 세계를 화엄의 세계로 보았다.

의상의 법계도 속을 들여다보면 소용돌이가 자기 속으로 감겨들었다가 다시 나왔다 한다. 결국 곡선궤도는 출발점과 같은 장소 위치로 되돌아와 끝난다. 이 중심점은 '法'자로 시작되어 '佛'자로 끝난다. 이 두 글자가 처음과 끝이고 중심점이다. 이 중심점은 궤도를 유인해 끌어들이기도 하고 내보내는 역할을 한다. 영원히 루프를 그리는 대신에 궤도는 안쪽을 향해 나선형으로 감겨둔다. 이를 카오스에서는 '끌개'(attractor)라고 한다. 회전대칭을 의미한다. 이 법계도 속에서 선은 반복되지도 않고 교차되지도 않는다. 이것은 이미 2차원의 세계를 넘어선 위상공간에서나 가능한 세계인 것이다. 의상이 사각형을 통해 회전대칭인 끌개를 말한 이유는 회전대칭 안에 반영대칭이 있다는 것을 말하기 위해서이다.

1963년에 로렌츠는 오른쪽 하나의 커브 속에 또 하나의 커브를 넣고, 왼쪽에는 그런 꼴의 커브가 다섯 개 있는 끌개를 그렸다. 로렌츠는 이 7개의 커브가 있는 루프를 그리기 위해서 컴퓨터로 500회의 되먹임 하는 계산을 했었다. 그 결과는 무한히 교묘한 나비날개의 한 쌍과도 같았다. 일종의 이중나선이다. 의상대사는 로렌츠보다 1200년 전에 이미 같은 끌개를 그렸다. 로렌츠는 물론 기상관측을 위해 이 끌개를 그렸다. 계의 온도가 상승하여 주위의 유체를 한쪽 방향으로 밀고 가면, 궤도는 오른쪽에 머물다가 돌던 운동이 멈추고, 반대 방향으로 움직이기 시작하면 궤도는 반대쪽 날개로 가로지른다. 의상은 상하좌우로 네 개의 날개를 만들어 이런 현상이 나타나도록 만들었다. 두 대칭이 절묘하게 동시에 작용하고 있다.

의상 대사도 로렌츠같이 되먹임하는 굴곡을 만들었다. 54개가 있다. 그 배가 108이니 백팔번뇌를 상징한다고 한다. 그림 속에 굴곡이 많은 이유는 사람들 마음의 근기(根機)가 다 다르기 때문이라고 했다. 그렇다면 인간들의 근기는 모두 얼마나 되는 것인가? 불교가 말하는 근기란 인간성이다. 인간 됨됨이를 두고 하는 말이다. 불교는 그러한 근기의 종류가 8만4천여 개나 된다고 했다. 팔만대장경의 유래도 여기서 기인한다. 의상의 도형 속에는 단 하나의 선이 54개의 굴곡을 만들고 있지만 사실은 근기대로 한다면 8만4천 개가 되어야 한다.

1963년 로렌츠가 '이상한 끌개'(strange attractor)를 만들 때는 몇 개의 굴곡선밖에 계산할 수 없었다. 선 하나를 인간의 근기로 의상이 보았다면 그 근기의 수효가 매우 적었다는 것을 의미한다. 로렌츠는 그러나 두 나선형의 날개가 교체되는 부분은 눈에 보이지 않는 미세한 규모의 특이한 구조를 가져야 한다는 사실을 알았다. 만델브로트도 "각각의 나선형 궤도를 포함하고 있는 두 면을 궤도의 교차 없이 합쳐서 조화시키기란 어렵다"라고 말했다.[61]

이 말은 근기가 다른 인간성을 어떻게 교체시켜 조화시킬 것인가의 문제와도 같다. 의상은 평면의 그림 속에서는 그냥 마주 붙여 놓았지만 인문에서는 '法'과 '佛'이라고 글자로 구별시켜 놓았다. 그러나 1200년 후에 로렌츠는 나선형이 마주 보이는 곳에서, 두 면이 매우 얇은 분리된 층을 형성하면서 나누어져야 한다는 사실을 알게 되었다. "각면은 사실상 한 쌍의 면이다. 따라서 그것들이 합쳐져 보이는 곳에는 사실상 네 개의 면이 있는 것이다. 이 과정을 한 번 더하면 두 면의 어느 한 면과 지극히 근접한 무한히 복잡한 면의 집합체가 있다고 결론을 내렸다"라고 로

---

61 제임스 클리크, 180.

렌츠는 말하고 있다.[62]

일본에서는 우에다 요시스케(上圖脱亮)가 이와 유사한 이상한 끌개를 발견하곤 이를 '제패니스 끌개'(Japanese attractor)라고 붙였다.[63] 이 '이상한 끌개'는 의상에 의하여 처음으로 만들어졌기 때문에 반드시 '코리안 끌개'(Korean attractor)라고 이름을 바꾸어야 할 것이라고 생각해 본다. 이상한 끌개는 공간을 접고 휘고 쥐어짜서 만드는 것이다. 바로 의상이 이런 방법으로 법계도를 만들었다.

사실 이상한 끌개를 평면 위에 그리기란 쉬운 일이 아니다. 일반적으로 궤도는 3차원이나 그보다 높은 차원의 공간을 무한히 복잡한 경로를 통해 감아 들어가면서 밖에서는 보이지 않는 내적인 구조를 갖는 복잡한 궤적을 그린다. 복잡하게 뒤엉켜 있는 3차원이나 그 이상의 다차원에서 조직의 일부분을 얇게 잘라내는, 즉 끌개의 중심부에서 한 단면을 떼어내 2차원으로 바꾸어 놓은 것이다. 이것을 '푸앵카레 사상(寫像)'이라고 한다. 끌개에서 한 차원을 없애버리고 연속적인 선을 점의 집합으로 나타내는 방법이다.

과학자들은 끌개에서 한 차원을 줄이더라도 그 본질적인 운동은 대부분 보존될 수 있다고 암묵적으로 가정하고 있다. 이것은 마치 3차원의 실물을 2차원의 화면 위에 옮겨놓고는 그것을 3차원이라고 암묵적으로 인정하면서 미술을 감상하는 것과도 같다. 의상의 법계도 속에도 이러한 암묵적인 암시가 그 속에 담겨 있다. 이러한 암묵적인 암시를 그는 인도 속에서 색깔로 구별해 놓고 있다. 즉, 흰 바탕에 붉은 선을 사용하고

---

62 앞의 책 참고.

63 프랑스의 고등과학연구소 류미르 교수에 의하여 붙여진 이름이다. 교토 대학의 우에다 교수가 '닷펀 방정식'이라 불리는 강제진동계의 미분방정식을 아날로그 컴퓨터로 풀다가 발견했다.

있다. 이는 양자 사이에 차원의 차이가 있음을 암시하는 것이라고 할 수 있다. 암시적인 내용은 인문을 통해서 자세히 밝혀 놓고 있다.

두 사람의 연인 사이에 제3자가 끼어들면 삼각관계가 벌어져 복잡해진다. 그러나 '세 사람이 모이면 지혜가 나온다'라는 말이 있다. 이 지혜가 어떻게 쓰이느냐가 문제이다. 들고양이와 산토끼는 천적이다. 그러나 천적끼리는 균형을 서로 이룬다. 이런 균형을 '리미트 사이클'(limit cycle)이라고 한다. 그러나 여기에 사냥꾼이라는 제3자가 끼어들면 천적 간의 균형은 깨어지고 카오스 현상이 나타난다. 이상한 끌개는 이와 같이 세 가지 변수가 일으키는 카오스 현상을 두고 하는 말이다. 밀가루 반죽이 계속됨에 따라 굴곡은 $2n$으로 증가되고 이상한 끌개의 날개가닥은 증가한다. 이상한 끌개는 앞의 날개를 편 모양과 유사하다.

끝으로 푸앵카레 사상을 한번 집고 넘어가기로 한다. 즉 구불구불한 곡선들의 단층촬영을 한번 해보자는 것이다. 최근 X선 단층촬영이란 터널과 같은 장치 속에 환자를 넣고 인체를 자르는 것처럼 촬영하는 것이다. '푸앵카레 사상'은 이와 비슷한 방법으로서 이상한 끌개의 굴곡이 그리는 단층을 촬영하는 것이다. 이상한 끌개의 경우는 X선과는 달리 각 궤도가 그리는 단면이기 때문에 하나씩 지날 때마다 점이 되고 궤도가 굴곡을 그릴 때마다 점이 생긴다. 그리고 끌개의 경우에는 궤도가 점점 멀어져 가서 두 번 이상 같은 궤도를 지나지 않기 때문에 이를 사상해서 보면 마치 점이 나란히 늘어서 보이게 된다.

의상 대사는 인문이 오직 하나의 길로 가면서 두 개가 겹쳐지지 않는 이유에 대하여 "如來의 一音을 표상하는 것이기 때문이니 하나로서의 훌륭한 기량인 방법론이 거기 있기 때문이라"고 했다. 여기서 8만 개의 곡선이 그리는 끌개의 단층을 촬영한다고 하자. 法자와 佛자는 처음과 끝으로 2차원 공간 속에서 만나는 것처럼 보이지만 단층촬영기법으로 본다면 그것은 서로 다른 점을 만들면서 끝이 새로운 시작을 만들어 나가야 한다. 마치 경마장에서 여러 개의 말들이 결승점에 들어오는 것과 같은 점을 만들게 된다. 이제 이러한 이상한 끌개의 푸앵카레 사상은 프랑스 과학자 에농의 손에 넘겨져 은하계의 궤도 속에 있는 카오스 현상을 관찰하는 데 사용된다.

칸토어, 로렌츠, 의상

카오스 과학의 핵심은 무엇인가 그것은 잡아 늘이기와 접기이다. 1950년대에 스매일이란 과학자는 한쪽을 길게 잡아 늘여서 길쭉한 사각형을 만든 다음 말굽 모형으로 구부려 접어 원래의 정사각형 위에 겹쳐 놓았다. 이 과정을 반복시켜 나가면 말굽 모양이 다시 말굽 모양으로 되어, 먼저 번의 1개와 정사각형과 겹친 직사각형 2개가 변형된 2개를 합쳐 3개의 U자 모양이 된다. 다음 단계는 7개, 그다음 단계는 15개가 된다. 궁극에는 무한히 많은 구불구불한 곡선을 갖게 된다. 이것은 마치 밀가루 반죽을 해 국수나 자장면을 만들 때 요리사가 하는 방법과 같다. 과정이 반복되면 무한히 많은 구불구불한 곡선이 생겨난다. 이 말굽 안에는 안장점이 있게 되고 이 안장점의 구분선 중 하나가 구부러져 다른 구분선을 가로지른다. 이를 '스파게티 동질엉킴'(homoclinic tangle)이라고 한다.[64]

의상의 법계도의 기본단위는 말굽 모양의 U형이다. U형이 꾸불구불 반복된다. 법계도에서 안장점은 가운데점이며 法자와 佛자가 만나는 곳이다. 이 만나는 점은 사실 다차원의 공간이다. 처음과 나중이 동시가 되는 시공 4차원적 공간이다. 그런데 암묵적으로 2차원 평면 위에 그려져

---

64 야마구치 마사야/한명수 역 『카오스와 프랙탈』 (서울: 전파과학사, 1993), 115-116.

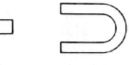

정사각형을 길게 늘인다　말굽모양으로 구부린다　말굽모양을 원래의
　　　　　　　　　　　　　　　　　　　　　　　정사각에 겹친다

말발굽 사상

있다. 의상이 법계도를 착상한 배경은 아마도 동해안의 해안선이 갖는 굴곡, 국수 만드는 법 그리고 인절미 찰떡 빚는 데서였을 것이라는 상상도 해 본다. 두 사람 사이에 의기가 서로 맞는 것을 두고 반죽이 맞는다고 한다. 늘여 드리고 접어 휘고, 접고, 다시 늘려 접히는 과정 속에서 서로 반대쪽에 있던 점과 점은 서로 무질서하게 흩뜨려져 간다. 저 멀리 떨어져 있던 점이 어느 사이에 가까이 와서 마주 붙게 된다. 반죽하는 방법이야말로 카오스의 무질서와 무작위성을 알 수 있는 가장 쉬운 예라고 할 수 있다. 따라서 의상 대사가 인간성, 즉 근기를 절구 속에서 인절미 찰떡이 무작위로 무질서하게 반죽이 되는 것을 보고서 생각하지 않았나 하는 추측도 하게 된다. 밀가루를 반죽하듯 조작을 되풀이해 나감으로써 인간성의 어떤 무작위적인 변화를 찾을 수 있게 된다고 의상은 생각했을 것이다.

　반죽이란 들뢰즈가 말하는 제곱작용인 것이다. 로렌츠나 만델브로트 같은 카오스 이론가들은 물론 이런 반죽을 컴퓨터를 통해 실험했다. 컴퓨터는 결과를 다음 단계에 대입하고, 그 결과를 또 대입하는 반복진행을 계속할 수 있는 장점이 있다. 이는 마치 절구에서 떡가루가 이리저리 반죽되는 것과 같다. 신도 반죽하는 법으로 천지를 창조했다. 즉 하루하루 창조가 끝날 때 다시 반죽했던 것이다. '밤이 되니 아침이 되더라'(창세기 1:3-1:23)를 계속 반복하였다. 반복과 되먹임이 바로 창조의 원리였다.

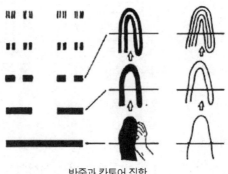

반죽과 칸토어 집합

　이제 이 찹쌀떡 반죽하는 방법을 이상한 끌개 만드는 법과 연관시키고 다시 그것을 칸토어 집합과 관련시켜 설명해 보기로 한다. 위의 그림에서 위의 두 단은 오른쪽에서 왼쪽으로 밀가루 반죽을 접고 펴 점차로 겹쳐지는 모양을 만들어 놓은 것이다. 제일 처음 그림은 밀가루 반죽의 단면을 수직으로 잘라 표현한 것이다. 접혀진 밀가루 반죽은 겹쳐지고 합쳐지면서도 완전하게 붙지는 않고 조금씩 틈을 벌려 가고 있다. 여기서 검은 원점의 수를 세어 보면 $2n$으로 증가하고 있는 것을 발견할 수 있다. 즉 2, 4, 8, 16개…의 순서로 증가하고 있다. 이는 쪽거리에서 일어나는 현상과 같다. 그런데 이 그림을 실제의 밀가루와 같은 두께를 가지고 실험을 해보면 칸토어 집합을 그대로 나타내고 있다. 칸토어는 치즈의 한 토막에서 그것을 3등분하여 가운데 것을 제거해 나가는 방법으로 유한선분 속에 있는 무한조각을 실험했던 것이다. 밀가루 반죽을 치즈로 바꾸어 놓고 생각하면 가운데 그림(위 좌측 그림)은 무한히 가운데 부분을 제거시켜 나가고 있다. 이는 곧 칸토어 집합 그대로이다.

에농과 의상

카오스 이론에서도 구체운동이 문제이다. 전체운동에서 구체운동은 푸앵카레가 지적했듯이 거의 해결하기 어려운 문제이다. 가위, 바위, 보를 아무리 해도 승과 부는 계속되는 것과 같다. 지구와 혹성 그 사이에 혹성 하나가 끼어들어 구체가 되면 그 동력학적 관계를 아무리 계산해도 복잡해지기만 한다. 성능이 좋은 컴퓨터라도 상당 시간을 천체의 궤도를 계산하면 그리고 그 계산이 점점 복잡해지면 혼돈상태에 빠지고 만다.[65]

1960년도에 프랑스의 에농이란 천문학자는 이 문제를 해결하기 위해서 고민하였다. 은하계 내에서 별들이 움직이는 궤도를 그리기란 보통 어려운 것이 아니다. 즉, 주기적인 것인가 비주기적인 것인가? 당시 천문학자들이 전통적으로 생각한 것은 주기적이든가 아니면 분명한 주기성이 복합된 준주기성을 띠는 것으로 보았다. 이를 '섭동운동'(perturbation theory) 이라고 한다. 그러나 에농은 대학원생 하일레(Carl Heiles)와 함께 컴퓨터를 사용하여 계의 에너지를 증가시키는 방법으로 섭동운동을 하는 정규적인 궤도에 무슨 변화가 생기는지를 연구하기 시작하였다. 그 결과 3단계로 변화를 일으키기 시작하였다.

1) 낮은 에너지의 경우: 이 경우에 궤적은 정기적인 주기성을 보였다. 그 궤도는 계란모양의 곡선을 보이기 시작하였다. 그러다가 차츰 8자 같은 모양이 되었다. 주기성을 보인다는 말은 비카오스적이란 말과 같다. 이것은

---

65 히페리온이란 이름을 가진 위성은 천체 감자처럼 불규칙적인 모양을 가지고 있다. 이 위성의 궤도는 규칙적으로 정확하다. 그러나 궤도상에서의 움직임은 불규칙적이다. 이언 스튜어트/박배식·조혁 역,『하나님은 주사위 놀이를 하는가?』(서울: 범양사출판부, 1993), 26.

전통적인 섭동이론에 잘 맞는 궤도였다.

2) 에너지가 차츰 증가할 경우: 주기성이 깨어지기 시작했다. 8자의 루프는 떨어져 나가기 시작하였다. 주기성을 잃는다.

3) 더 높은 에너지를 증가시켰을 경우: 어떤 부분에는 곡선이 남아 있었지만 몇 궤도는 너무나 불안정해 점들이 종이 위에 아무렇게나 흩어져 있었다. 뒤죽박죽된 스파게티에 규칙성을 띤 고깃덩이가 흩어져 있는 것처럼 보였다. 완전한 무질서 속에 질서, 질서 속의 무질서였다.

에농은 밀가루 반죽을 굴렸다 접었다 하면서 마침내는 얇은 층이 겹겹이 쌓인 구조를 만드는 것과 같은 위상공간을 접었다 늘렸다 하였다. 에농은 우주천체 속의 궤도를 관측하기 위해서 밀가루 반죽을 하였고 의상은 우리의 의식세계를 탐색하기 위해서 밀가루 반죽을 하였던 것이다. "에농은 종이 위에 평평한 타원형을 그렸다. 그것을 잡아 늘이기 위해서 그는 타원형 위의 모든 점을 중앙이 위쪽으로 잡아당겨진, 궁형 위의 새로운 점으로 옮기는 간단한 함수를 선택했다. 그것은 타원형 전체가 한 점씩 궁형 위에 사상(寫像)되는 것이었다. 그리고 그는 두 번째 사상을 선택했다. 이번엔 궁형을 안으로 오므라들게 하여 더 좁게 만드는 수축작업이었다. 세번째 사상은 그 좁아진 궁형 옆으로 돌려 처음의 타원과 깨끗하게 정돈되도록 하였다."[66] 에농의 이러한 방법은 의상이 했던 방법과 같다고 할 수 있다. 의상은 컴퓨터가 없는 시대에 살았다. 그러나 그의 의식세계 속에는 컴퓨터가 무한반복을 통해 그려내는 천체의 궤도를 알고 있었다. 그가 그려 놓은 법계도는 만델브로트, 로젠츠, 에농 같은 현대 카오스 이론가들에 의해 속속 밝혀지고 있다.

---

66 제임스 클리크, 189.

선(禪)의 세계는 분별이 없는 세계에서, 분별이 있는 세계로 또다시 분별이 없는 세계로 발전한다. 이를 알 카오스 → 비카오스 → 얼카오스라고 했다. 에농은 에너지를 컴퓨터에 놓여 가는 순서로 천체의 궤도를 관찰한 결과 주기성과 비주기성 그리고 비주기성과 주기성이 혼합되는 과정을 관찰하였다. 마찬가지로 우리의 의식세계도 에너지 수위(즉 깨달음의 수위)를 높여감에 따라서 전분별―분별―초분별의 3단계 의식변화과정이 나타난다.

에농과 하일레가 고전적인 방법으로 컴퓨터 계산을 하여 궤적을 그렸을 때에는 항상 규칙성이 같은 형태로 나타났다(왼쪽). 그러나 고전적이 아닌 방법으로 컴퓨터 계산을 했더니 궤적은 혼돈의 바다를 거쳐, 혼돈 속에 규칙성이 있는 섬모양으로 그 모습을 드러냈다(오른쪽).

에너지는 위쪽에서 아래쪽으로 흐른다. 이는 마치 선의 생활이 일상생활에서 출발하여 다시 일상생활로 되돌아 오는 것과도 같다. 당신이 선을 공부하기 전에는 산은 산이고 강은 강이다. 선을 공부하고 있는 동안은 산은 더이상 산이 아니고 강은 더이상 강이 아니다. 그러나 당신이 일단 깨닫고 나면 산은 다시 산이고 강은 다시 강이다. 이 삼 단계 의식의 발전단계는 에농이 마치 에너지 수위를 올려감에 따라서 무질서 → 질서 → 무질서 속의 질서로 바뀌는 것과 같다고 할 수 있다. 의상의 법계도 마지막 구절은 "궁극에는 참다운 근원으로서 중도의 명상에 앉았으니, 일찍이 변동한 적이 없는 것을 이름하여 부처라고 한다"[67]고 끝내고 있다.

일상성이 혼돈하다고 하여 선이라는 과정을 거치면서 질서를 찾아보았지만 결국 다시 일상성으로 되돌아온다는 뜻이다. 그러나 마지막 일상성은 질서 속의 무질서인 일상성이다. 그 점에서 첫 번째 무질서만

---

[67] 第29句 窮坐實際中道床 30句 舊來不效名爲佛.

으로서 일상성과는 다르다. 그러나 대다수 수도자는 선을 하는 과정에서 만난 질서 속에 빠져 거기서 나오지 못한다. '배고플 때 밥먹고 피곤할 때 잠자는' 일상성을 모른 채 지나고 만다. 이런 일상성 밖에 선의 세계와 따로 있는 양 착각한다는 것이다.

바로 이런 일상성으로 돌아오는 인간 자아상을 '호모 호모'라고 한다. 인간 자신 위에도 신은 없고 아래에도 신은 없다. 이를 사사무애 이사무애(事事無碍 理事無碍)라고 한다. 사람이 사람 자신이 되는 그것이 바로 '호모 호모'이다. 그러나 지금까지 인간은 자연을 신이라 하거나 하늘 위의 존재를 신이라고 하였다. 그러나 사람 자신이 곧 사람으로 되는 그것 이상 어떤 존재에 자신을 귀속시키고 만다. 동학은 사사무애 이사무애를 '기연불연'이라고 했다. 위 에농의 그림에서 우리는 카오스의 3단계에서 이런 화엄의 세계를 발견한 것이다.

알과 얼의 경영대칭

헤겔로 하여금 관념론에 빠지게 한 것은 변증법이다. 마르크스로 하여금 유물론에 빠지게 한 것도 변증법이다. 헤겔은 변증법이라는 사닥다리를 타고 올라가 회전할 줄을 몰랐다. 마르크스는 내려와 올라갈 줄을 몰랐다. <창세기> 속에서 P 기자와 J 기자, 아우구스티누스와 다윈, 헤겔과 마르크스는 모두 서양 사상사 속에서 진화와 퇴화의 한 가닥밖에는 발견하지 못하였다. P 문서(1:1-2:4)와 J 문서(2:4-3)가 <창세기>라는 하나의 책 속에 편집되듯이, 아우구스티누스와 다윈, 헤겔과 마르크스도 하나의 사상 틀 속에 같이 편집되어져야 한다. 그래서 진화와 퇴화, 과학적 타락과 신학적 타락이 숨바꼭질하면서 일어난다는 사실을 알아야 한다.

진화와 퇴화의 분리는 결국 유물론과 관념론이란 균열을 초래하게 되었다. 그러나 한국에서는 알과 얼의 어원 그리고 뷔우는 것과 삐는 것의 어원에서 보는 바와 같이 진화와 퇴화는 한시도 따로 떨어져 발생하지 않는다. 민족경전『천부경』(天符經)은 "하나는 없음에서 시작하여'(一始無始) 하나는 다시 없음에 끝나 하나가 된다"(一終無終一)[68]고 함으로써 생과 멸 그리고 진화와 퇴화가 서로 분리될 수 없음을 말해 주고 있다. 처음 '없음'(無)이란 무의식의 에덴동산이라 해도 좋다. 거기서 초의식의 '하나'가 등장하고 시작된다. 다시 없음으로 끝나고 없음에서 다시 하나가 시작된다는 것이다. 그래서『천부경』81자는 진화와 퇴화의 역동적 관계를 가장 간명하게 알려주는 경전이라고 할 수 있다. 알이 얼이 되고 다시 얼이 알이 되는 역동적 관계를 인중천지(人中天地)라고 한다. 인간이 이 광대한 우주적 작용 속에서 존재하는 의미를 간결하게 설명하고 있다. 그 알과 얼 사이에서 천지인(天地人) 삼자는 삼체운동을 한다. 호모 호모란 사람 안에 하늘땅을 포함(包含)하는 존재를 의미한다. 하늘 속에 인간이 포함(包涵)되는 것을 호모 데우스라 한다. 여기서 한자 包含은 부분이 전체 전체가 부분 속에 상호 침투하는 포함(involving)이고, 包涵은 그릇에 물을 담듯이 그리고 우편함에 편지를 담는 즉, 전체 속에 부분이 담기나 그 반대는 아닌 것과 같은 포함(including)을 의미하여 그 의미가 상반된다.

한국사상사 속에는 진화와 퇴화를 분리해 생각한 사상가는 없다. 그리고 아마도 진화가 옳은가 퇴화가 옳은가에 대해서 가장 심도 있게 고민한 사상가는 최수운이다. 수운은 알이 먼저 있어서 얼이 거기서 깨어나는지 아니면 얼이 먼저 있어서 알이 거기서 나오는 것인지 고민하면서

---

68 시작되는 無는 알 카오스이고 끝나는 無는 얼카오스이다. 『천부경』은 두 종류의 무를 말하고 있다. 그 사이에 일어나는 一과 無의 분리현상이 비카오스 현상이다.

이렇게 그 고민을 토로한다. 동경대전 <기연불연> 장에서 수운은 와 같이 말하고 있다. 이는 진화(불연)와 퇴화(기연)를 동시에 말하고 있는 것이 아닌가 추리된다.

> 천고의 만물이며 각각 이름이 있고 각각 형상이 있도다 …. 나의 나된 것을 생각하면 부모가 이에 계시고, 뒤에 뒤될 것을 생각하면 자손이 거기 있다. 그 그러함을 미루어 보면 그런 것은 그러하나(其然), 그렇지 않음을 찾아 생각하면 그렇지 않는 것이 그렇지 않다(不然). 이러므로 알기 어려운 것은 불연(不然)이요, 판단하기 쉬운 것은 기연(其然)이다. 먼 데를 캐어 견주어 생각하면 그렇기도 하고 또 그렇지 않기도 하다. 조물주에 연관시켜 보면 그렇고 그러한 것인 까닭에….[69]

우주와 역사의 기원을 조상(얼)이 있고 자손(알)이 있는 순서, 즉 진화론적 순서로 생각해보자. 수운은 이를 기연(其然)이라고 했다. 이렇게 생각해 보면 이치에 닿는 것 같은데, 더 궁극적인 사고를 전개하면 조상의 조상은 어디서 왔으며 자손의 자손은 어디로 갈 것인가? 그렇게 되면 진화가 또 설명할 수 없는 상황에 빠지게 된다. 이번에 그 반대순서로 맨처음에 조물주가 있었다고 생각을 전개해 본다. 수운은 이를 不然이라고 했다. 우주의 기원을 아메바-식물-고등동물-인간과 같이 진화론적 사고를 해도 옳고, 먼저 최고 높은 조물주가 있다고 생각해도 옳다는 것이다. 그래서 그는 '不然其然'이라고 함으로써 퇴화와 진화를 모두 받아들이는 개벽론을 펴는 것이다.

'그렇지 않기도 하고 그렇기도 하다'의 사상은 아우구스티누스와 다

---

[69] 『東經大全』<不然其然> 중에서. 이세권 편, 『東學經典』(서울: 민음사, 1986).

원, 헤겔과 마르크스, P 기자와 J 기자를 늘 하나로 묶는 결정판이며, 한국에서 관념론과 유물론의 균열은 있을 수가 없다. 이는 마치 카오스 이론에서 질서와 무질서가 번갈아 나타나는 것과 같다고 할 수 있다. 서양 문명이 진화와 퇴화, 과학적 타락과 신학적 타락 가운데 어느 하나만을 고집하는 한 문명병은 결코 치유될 수가 없을 것이다. 『천부경』과 최수운의 <不然其然>에 나타난 두 타락의 종합은 위대한 발견이라 할 수 있다.

세계 건국신화에는 천강신화(天降神話)와 난생신화(卵生神話)란 두 종류가 있다. 천강신화는 건국 시조가 하늘에서 내려온다는 것이고, 난생신화는 땅에 있는 알에서 깨어난다는 신화이다. 단군신화와 김수로왕의 신화는 전자에 속하고, 고주몽, 박혁거세, 석탈해 신화는 모두 후자에 속한다. 종교학자들은 천강신화는 북방계통에, 난생신화는 남방계통에 속한다고 했다. 그러나 두 종류의 신화를 그렇게 두 지역으로 나누어 생각하기에는 복잡한 면이 있다. 그래서 여기서는 그 기원에 대해서는 더 설명하지 않으려고 한다.

그런데 흥미로운 현상은 우리 한국에는 두 계통의 신화가 위에서 보는 바와 같이 공존한다는 사실이다. 이 공존 사실을 이렇게 생각해 볼 수 있다. 즉, 알에서 깨어나 거기서 얼적인 신의 아들이 나온다는 것은 진화를 설명하는 것이고(알이 얼이 되는), 반대로 하늘에서 내려온다는 것은 초의식의 하늘에서 하강한다는 것으로서(얼이 알이 되는) 이는 퇴화를 설명하는 것이란 점이다. 전자는 알에서 얼이 되는 것이고, 후자는 얼에서 알이 되는 것이다. 한국의 신화 편집기자들은 P 기자와 J 기자의 사상을 지혜롭게 종합할 수 있었다. 이는 참으로 위대한 착상이며 『천부경』과 최수운의 사상을 그대로 반영하는 것이라고 할 수 있다. 인류 역사는 알과 얼의 해석학이라고 해도 과언이 아니다.

마치 기원전 4세기경에 성서편집자들이 P 문서와 J 문서를 모두 편집하여 하나의 <창세기>를 만들었듯이 한국의 사가들은 천강신화와 난생 신화의 두 창생신화를 모두 편집했다. 만약 이 두 계통이 동시에 편집되지 않았더라면, 틀림없이 유물론 아니면 관념론의 오류에 빠지게 된다. '알'을 거울 속에 비춰 주면 글자가 '얼'이 된다. 이것은 알이 얼이고 얼이 알이란 뜻이다. 즉, 알과 얼은 서로 경영대칭(鏡影對稱)을 이루고 있다. 경영대칭이란 거울을 마주 보고 이루는 대칭이다. 이 우주와 세계에는 두 가지 대칭이 지배하는 데 하는 경영대칭 혹은 반영대칭(reflectional symmetry)이고 음양이 이에 해당한다. 다른 한 편에는 뒤돌아 보며 도는 회전대칭(rotational symmetry)이 있다. 반영대칭이 음양대칭이라면, 회전 대칭은 오행이다. '행'(行)이란 회전을 의미한다. 이에 알감닥박무선법연이란 3원8소를 음양오행의 대칭 개념으로 파악함으로 단원의 막을 내리려 한다.

반영과 회전대칭과 문화목록어

육당 이후 50여 년이 지난 1970년에 고려대학교의 김경탁은 불함문화론에 대한 일체 언급 없이 굄, 닭, 붉 을 문화목록어로 제시하면서 이를 시대별로 구석기 시대-굄, 신석기 시대-닭, 도토기 및 청동기 시대-붉, 철기시대-으로 구분하였다.[70] 김경탁도 육당과 같이 언어비교와 민족이동설과 발생설에 그 방법론적 근거를 두고 있다는 점에서는 같다. 지금의 '하느님'(한)이 형성되기까지는 적어도 기백만년 전부터 유동적으로 시대마다 후래거상의 변화에 따라 변해왔다는 것이다(김경탁, 1979, 111).

---

70 김경탁, <한국원시종교사> 2, 《韓國文化史大系 11》, 서울: 고려대학교민족문화연구소, 1979.

육당이 공간적으로 붉을 추리했다면, 김경탁은 시간으로 그렇게 하고 있다. 그는 육당의 '불함문화론'에 대해 그의 독자적인 방법론으로 문화목록어를 나열한다. 물론 그가 '문화목록어'란 말을 사용한 것을 아니다. 그에게서 문화목록어란 신의 명칭인 동시에 종족의 명칭이고 그 명칭을 사용하던 종족들이 살던 장소의 명칭이다. 즉, 그는 시대별로 1) 종족의 주거 환경의 변화와 이동과 도구의 변화, 2) 문화목록어 발성 기관의 변천과 언어발달 과정, 3) 신명과 종족명의 변화 등에 응용된 예들을 들어 설명하는 것으로 그의 이론을 전개하고 있다. 이에 필자는 육당과 김경탁의 방법론과 그 내용을 여기에 비교 소개한 후 필자의 입장을 피력하기로 한다.

김경탁은 제4 빙하기 이후 백만 년 전부터 인간들이(원인: 原人) 동쪽으로 이동하여 백두산 일대 고산지대에서 수렵을 주로 하는 '굴살이'를 한다. 즉, 약 백만 년 전에 아시아 대륙 북방에 거주하고 있던 원인(原人: Pekinman)이 동쪽으로 이동했는데 이들이 곰족이다. 곰족들은 백두산을 근거지로 하여 만주와 한반도 일대에서 수렵생활를 하였다. 이들은 굴 속에서 생활했으며 남녀혼교, 모계 그리고 토템으로는 곰이었다. 이 때에 인간들은 타제석기를 사용하는 소위 구석기 시대에로 돌입하는데, 이때의 종족은 곰족이고 신은 곰신이다.

융 심리학에서는 이 시기를 '타이폰 기'(Typhon period)이라 한다. 그리스 신화에서 타이폰은 카오스의 자녀로서 반인반수적 존재이다. 뭍이 물에 빠지자 인간들이 수직대칭으로 내려와 이때부터 '들살이'를 시작한다. 수직대칭은 산과 평야의 중간 지대로서 산에서 수렵과 평야에서 농사를 겸할 수 있다. 마제 석기를 사용한 소위 신석기 시대가 이 때부터 시작된다. 이때에 종족은 닭족이라 하고 신은 닭신이라 한다. 닭신은 최초로 인간의 모습을 한 신이고 그것은 남성이 아닌 여성으로 이를 두고

'태모'(太母)라 한다. 이는 '여신'(女神)과는 다른 생산과 다산을 좌우하는 엄격한 의미의 '태모'(胎母)이다. 융 심리학에서는 이 시기를 '태모기' (Greater Mother period)라 한다.

평원에서 들살이를 한 다음 기원전 13세기경부터 평야 지대로 내려와 '벌살이'를 시작한다. 도토기陶土器와 함께 청동기를 함께 사용한다. 이 때의 종족을 붉족이라 하고 신을 붉신이라고 한다. 청동기와 도토기를 사용한 도구의 발달이 과거와는 비교가 안 될 정도로 달라졌다. 진정한 의미의 역사란 이때부터 시작된다. 고조선의 여명기가 이 때부터이고 '단군조선'이란 바로 이때부터 시작된다. 이 시기의 연장이 현재까지 이어지고 있다. '벌살이'에서 작은 도시 개념이 생겨났으며, 이를 신시(神市)라고 했다. 여기서 '시'란 저잣거리 정도의 개념이다. 그러나 벌살이가 '서라벌'이 되고 그것이 '서울'로 되는 것으로 보아 도시(polis)가 붉과 함께 태동된다. 융 심리학에서는 이 시기를 '태양화 시기'(Solarization period)라 한다. 신도 여성에서 남성으로 변하는 시기로서 이를 두고 '에누마 엘리시'(enuma ellish)라 한다. 이전 시기에서 볼 수 없었던 격변의 시기이다. 고인돌이 이 시기의 상징물로 남아 있다.

철기 시대는 중국의 한대(기원전 4세기)부터 시작되었고, 한국의 삼국 시대(기원전 57년~서기 916년)가 철기 문화 시대라 할 수 있다. 그리고 오늘날 모든 건축물과 전선에 이르기까지 철이 없이는 모든 것이 불가능할 정도로 철기 문화는 지금도 지속되고 있다. 이 철기 시대부터 등장한 종족을 족이라 할 수 있고, 신은 이고 이때부터 인격화 돼 '하나님' 혹은 '하느님'이 된다. 하느님 신앙은 북부여에서 고구려를 거쳐 고려 그리고 조선조에서 지금까지 중단 없이 이어져 내려오고 있다. 그러나 우리가 알아야 할 사실은 이 결코 독자적인 것도 유일한 것도 아니란 점이다. 그 이전의 금 돍 붉을 전제하고서야 이 바로 이해될 수 있다는 점이다. 필자는 ㄱ 이전의 ㅇ을 추가하여 이를 '문화목록어'라 한다.

　다음은 문화목록어인 동시에 종족의 이름과 신의 이름들이 인간의 구강 안에서 어떻게 형성되는지 그 순서를 볼 차례이다. 눈에 보이는 종족의 이동과 변화라는 하드의 변화에 나란히 병행하면서 소프트의 변화가 동시에 진행된다. 김경탁은 인간의 구강내 짝짝이의 변화가 문화목록어의 변화 과정과 대응이 된다고 다음과 같이 보고 있다.

발성기관으로 본 문화목록어

　입 안에서 인간의 발성 기관으로 내는 소리의 순서는 인간의 언어 발달의 순서와 나아가 의식의 변화층과 일치한다. 즉, 5음의 발달 순서는 후·아·설·치·순음의 순서이다. 세종대왕이 훈민정음을 창제할 때에 아래와 같은 역의 음양오행의 구조와 순서에 따랐다. 여기에 ㅇ, ㄱ, ㄷ, ㅂ, ㅅ, 의 초성을 대응을 시키면 다음과 같다.

오행과 오음(자음)과 문화목록어

　인간은 인간의 내부 안에서 자생적으로 음을 낼 수 있는 것이 아니고, 외부에서 들려오는 소리를 듣지 않고는 발성을 할 수 없다. 농아들이 발성기관에는 문제가 없지만 말을 하지 못하는 이유는 외부에서 들려오는 소리를 들을 수 없기 때문이다. 그렇다면 백만 년 전 구석기 시대에 인간이 외부로부터 들을 수 있는 첫 번째 소리는 가장 가까이 있는 동물이 내는 소리이고, 아시아대륙 북방에 거주하던 원인들이 들을 수 있었던 그 첫 번째 그리고 가장 빈번히 들을 수 있었던 동물의 소리는 다름 아닌 곰이 내는 목구멍 소리들 즉, 후음들 'ㆆ', 'ㅎ', 'ㆅ', 'ㅇ'의 4가지이다. 이들이 모음들과 조절하여 해, 흙, 한 같은 소리들을 처음 내었을 것이다. 이들 음들을 오행에서는 수水라고 한다. 모든 생명이 물속의 올에서 나오듯이 모든 음은 후음에서 시작한다. 오행의 운행순서는 보통 목화토금수 순으로 상생을 한다. 수는 목을 낳는 모태인 동시에 오행의 순환이 끝나는 종점이다. 모태일 때를 올이라 하고 끝날 때를 이라고 한다. 그래서 후음은 모든 음의 시작을 가능하게 하는 동시에 모든 음이 수렴되게도 한다. 이들 음들이 '올'과 ''으로서 한자로는 영英 과 양壤 그리고 환桓, 환丸, 한韓 등으로 한자로 전음된다. 알은 다른 4개를 형성하는 기저와 같은 것이다. 도 끝인 동시에 전체 자체이다. 처음과 끝이 모두 후음 속에 들어 있다. 이는 수학적으로도 매우 주요한 의미를 갖는 것이다.[71]

위 도표에서 볼 때에 후음은 목 안 깊은 곳에 위치해 있으며 다른 음들과는 달리 자기 독자적으로 숨을 쉴 때와 한숨을 쉴 때 저절로 나오는 소리이다. 목구멍 다음에 위치한 것이 어금니로서 여기서 나는 소리를 '아음'이라고 한다. 수생목에 의하여 아음을 '목'이라고 한다. 아음에 해당하는 것이 ㄱ. ㅋ. ㄲ. (ㅇ)이다. 어금니는 목구멍과 가장 가까이 있어서 지금 현대인들도 후음와 아음은 방언에 따라 가장 많이 혼동된다. '해'를 '개'라 하고 '감'을 '해모'로 '아해'를 '아기'로 발음하는 것이 그 예이다. 이렇게 후음과 아음이 혼동되어 한자음으로 전음 된 경우가 '韓', '干', '解', '駕', '蓋', '高', '金', '今' 등이다.

발생 기관의 순서로 보았을 때 당연히 후 · 아 · 설 · 치 · 순이어야겠지만 훈민정음 <해례본>에서는 아 · 설 · 순 · 치 · 후의 순서이다. 이는 중국의 음운학 순서와 오행의 순서를 그대로 따랐기 때문이다. 생리적으로

---

71 멱집합에서 집합 전체 자체는 자기 자신의 부분이 된다.

폐에 가까운 소리부터 발음하기 위함이다. 해례본에서도 "오음 중에서 어금니 소리와 설음이 으뜸이다"라고 했다. 그러나 만약에 후음을 무시하고 편의상 아와 설음부터 문자 제작을 하려 했더라면 제작 자체가 불가능했을 것이다. 신의 명칭에 있어서도 마찬가지이다. 굼(아음)과 둙(설음) 이전의 자리인 후음에서 나오는 ㅇ나 • 가 없었더라면 소리 자체를 만들 수조차 없었을 것이다. 후음은 입을 벌릴 때에 자연스럽게 나오는 소리로서 동물도 자연스럽게 낼 수 있는 소리이다.

인체상으로 볼 때에 어금니 다음은 헛바닥 소리 즉, 설음이다. '목생화'에 의하여 설음은 오행으로 화이고, 'ㄷ', 'ㅌ', 'ㄴ' (ㄹ)이 이에 해당한다. 이 설음에서 문화목록어 둙이 나온다. 혀 다음에 있는 것이 이빨과 입술이다. 이빨에서 나는 소리를 치음이라 하고 입술에서 나는 소리를 순음이라고 한다. '화생토'에 의하면 순음 'ㅁ', 'ㅂ', 'ㅍ'이 생겨나 여기서 문화목록어 붉이 나온다. 다음은 '토생금'에 의하여 순음 다음에 치음 ㅊ, ㅈ, ㅅ이 나온다. 금에서 '숨'(사람)이 나온다. 바로 이곳에서 호모 호모가 탄생한다. 오행관계 속에서 호모 호모의 논리를 찾았다. 다음은 '금생수'에 의하여 다시 처음으로 되돌아온 자리에서 숨이 나온다. 수에서 울과 숨이 함께 나온다.

오행과 우리말소리

위의 분류는 발음 기관에 의한 분류지만 소리의 성질에 의해서도 다음과 같이 분류할 수 있다. 도표는 한글도 일종의 상형 문자로 본다면 발음기관 상형(ㅇ, ㅁ, ㅅ)과 발음 작용 상형(ㄱ, ㄴ)으로 나눌 수 있음을 잘 보여주고 있다. 분명히 ㅇ, ㅁ, ㅅ는 발성기관을 상형한 것이고, ㄱ, ㄴ은 발음 작용을 상형한 것이다.[72] 1867년 벨(A. M. Bell)은 가장 이상적인 문자는 소리나는 기관과 작용을 모방한 것이라고 했다. 그의 예언은 이 500여년 전에 한글에서 실현돼 있었다.[73]

발음 기관에 이어 발음 성질 즉, 청(맑음)과 탁(흐림)의 정도에 따라서 음을 분류하면 전청(아주맑음소리), 차청(버금맑음소리), 불청불탁(안맑안흐림소리), 전탁(아주흐림소리)과 같다. 흥미로운 사실은 아래 도표에서 보는 바와 같이 문화목록의 초성들 가운데 후음(ㆆ, ㅇ, ㅎ)을 제외하고는 ㄱ, ㄷ, ㅂ, ㅅ 모두가 전청에 속한다는 것이다. 그 이유는 전청이 다른 음들에 비해 가장 쉽게 발음할 수 있기 때문일 것이다. 후음 ㆆ, ㅎ, ㅇ 가운데 전청은 ㆆ인 것으로 보아 올과 의 초성도 ㆆ일 가능성이 높다(김슬옹, 2007, 183).

한글은 실로 발성기관 모양이라는 기표와 발성작용이라는 기의로 나눈 다음 발음기관별로 소리의 성질을 다시 나눈다. 이렇게 나누어 놓고 볼 때 우리 민족의 문화목록어가 갖는 의의를 재삼 인지할 수 있다.

木	아음牙音, 어금닛소리	ㄱ, ㅋ
火	설음舌音, 혓소리	ㄴ, ㄹ, ㄷ, ㅌ
土	순음脣音, 입술소리	ㅁ, ㅂ, ㅍ
金	치음齒音, 잇소리	ㅅ, ㅈ, ㅊ
水	후음喉音, 목구멍소리	ㅇ, ㅎ

소리 성질과 발성기관

---

72 첫소리 글자는 모두 17자인데, 어금니소릿자 ㄱ은 혓뿌리가 목구멍을 닫는 모양을 본뜨고, 혓소릿자 ㄴ은 혀가 위 잇몸에 붙는 모양을 본뜨고, 입술소릿자 ㅁ은 입의 모양을 본뜨고, 잇소리자 ㅅ은 이의 모양을 본뜨고, 목청소릿자 ㅇ은 목구멍의 모양을 본떴다.《훈민정음 해례본》제자해.

73 김슬옹,《28자로 이룬 문자혁명》, 서울: 아이세움, 2007, 151쪽.

문화목록어를 오행과 연관시킨 이상 우리는 문화목록어 간의 상생 상극 관계를 이를 통해 알 수 있다. 이 말을 바로 이해하기 위해서는 문화 목록어가 시대를 관류하는 동안 하나도 파손됨이 없이 축적되어야 한다. 하나라도 파손이 되고 훼손이 되면 5행간의 유기체적 성격이 말소된다. 오늘날 세계 종교의 가장 큰 문제점은 다름 아닌 민족 문화목록어가 존속되지 못해 신관의 총체적 모습과 양상이 사라지고 말았다는 데 있다. 그 이유는 후대에 오는 것들이 선대의 것들을 보존과 존속을 시키지 못하고 단절이 되어 균열이 생겼기 때문이다.

다음에 오는 음이 무엇이냐 따라서 우리 입안의 소리 나는 곳은 민감하게 반응을 보인다. 구석기 시대의 '굴살이'와 '굼'신, 신석기 시대의 '들살이'와 '닭'신 그리고 청동기 시대의 '벌살이'와 '붉'신, 철기 시대의 '하나님'(님)의 순서에서 먼저 있었던 것들이 손상됨이 없이 후대에 그대로 보존되면서 이어진다는 것이다. 그런데 여기에 한가지 규칙이 있는데 김경탁은 이를 '후래거상'이라고 했다. 즉, 그의 지적 가운데 괄목할 만한 점은 소리의 발생순서와 문화목록어의 후래거상(後來居上), 즉 "뒤에 오는 말이 위에 있다"이다. 후래거상에 의하면 음의 발생순서는 굼-닭-붉이지만 그 놓이는 순서에 있어서는 그 반대인 붉-닭-굼이다. 한자화 되면서 후래거상 현상이 뚜렷해, 붉닭, 혹은 '배달'(倍達)과 혹은 닭굼 '대감'(大監) 같은 것이 이에 해당한다. 예를 들어서 제(帝)가 천(天)보다 먼저이지만 '천제'(天帝)라고 한다.

어린 아기가 뱃속에서 생겨나는 발생순서는 촉각-후각-미각-청각-시각이다. '이비인후과'(耳鼻咽喉科)라 함으로 그 순서가 반대이다. 유식불교에서도 후래거상을 적용하여 '안이비설신'이라고 했다. 이것은 생물학적으로 발생하는 순서와는 반대이다. 나중에 나오는 말이 먼저 있었던 말과 연속과 화합이 될 때에 나중에 오는 말이 더 포괄적이고 전체적인 의미를 갖는다. 즉, 나중에 나오는 말은 자기 자신이 전체이면서 동시에 개별적이다. 수학에서는 이런 것을 두고 '순서수의 역설' 또는 '멱집합'(冪集合: power set)이라고 한다. 가장 나중에 나오는 말은 자기 자신이 한 요소인 동시에 전체 자체이다. 이를 '멱집합의 원리'라고 한다. 후래거상은 바로 멱집합의 원리 가운데 한 단면을 잘 보여준다고 할 수 있다.

서양수학에서 이러한 멱집합을 알게 된 것은 19세기 후반 칸토어의 집합론 이후부터이다. 부분의 합이 전체라는 유클리드의 공리가 멱집합을 받아들일 수 없게 했다. 먼저 있었던 말이 뒤에 오는 말과 결접될 수도 없었고, 뒤에 오는 것이 위에 거할 수도 없었다. 그래서 인도-유럽적 문화목록어들은 모두 분리되고 균열적이다. 이런 후래거상 현상이 인구 문화권에서는 찾아보기 힘들다. 그 이유는 전후 문화의 단절 때문이다. 예를 들어서 Logos와 Pathos라고 할 때에 양자 사이는 단절이고 균열이 있을 뿐이다. 김경탁은 서양에서는 신관이 다신론에서 일신론으로 발전하든지, 일신론에서 다신론으로 발전하지만 우리 민족에서는 다신론-다신론적 일신론 혹은 다신론적 일신론-일신론 시대로 발전한다고 한다. 이런 현상을 후래거상에서 찾을 수 있다. 서양에서는 문화목록어 사이에 단절과 균열이 있었지만 우리에게는 그런 것이 없는 연속과 화합이다. 다시 말해서 나중에 나타난 신은 이전에 있었던 신들을 예외 없이 악마화 시켜 제거하거나 박멸해 버린다. 후래거상(後來居上)이 아니고, 뒤에 나온 것이 앞의 것을 제거하는 후래거전(後來去前)이라 할 수 있을 것이다. 서양의 경우, 나중에 오는 신들은 모두 천사가 되고 그 이전의 신들은 모두 사탄 악마가 된다. 그러나 우리 불함문화권에서는 상반된 두 말이 연칭이 되기도 하고 결합도 된다. 예를 들어서 '우주'(宇宙)라 할 때에 우(宇)는 공간 개념이고, 주(宙)는 시간 개념이다. 서양에서 시간과 공간이 결합 관계라는 것을 알게 된 것은 20세기에 들어와서이다. 모두 언어의 전후가 균열되었기 때문이다. 인도와 유럽에서는 전과 후 사이에 균열이 생겼으며 이를 '유럽적 균열'(European dissociation)이라 한다. 인도-유럽 문화권에서 후래거상은 드문 일이다. 이에 대해 동양 특히 한국 문화권에서 후래거상은 '한국적 화합'(Korean association) 때문에 다반사로 있는 일이다. 김경탁은 문화목록어를 인간의 주거 환경의 변화, 음성 발달 과정의 변화, 그리고 언어학적 변화에다 순서대로 적용시키고 있다. 그러나 필자는 이들 문화목록어를 융의 분석 심리학에 적용한 E. 노이만과 초인격심리학자 K. 윌버의 방법론을 원용하여 문화목록어들을 대응시켜『한민족의식 전개의 역사』(지식산업사, 1988)를 저술한 바 있다. 이는 E. 노이만의 *The Origin and History of Consciousness*의 방법론을 원용한 것이다. 즉, 올-우로보로스(Uroboros), 굼-타이폰(Typhon), 돍-태모(Greater Mother), 붉-태양화(Solarization)과 같다. 후래거상에 의해 옭굼은 '왕검'으로, 돍굼은 '대감'으로 한자화 되었다. 그렇다면 텡그리는 다름 아닌 '돍굼'이라 할 수 있다. 그런 의미에서 텡그리는 다음에 말할 붉과는 다른 그 이전 층에 나타난 것이라 할 수 있다. 그러나 문화권에 따라서는 그 반대일 수도 있다. 텡그리가 일본 같은 곳에서는 천신으로 지고의 신이 되기도 한다.

불함문화론의 원천이 된 붉은 밝음과 광명을 의미하며 노이만이 언급한 '태양화 시기'에 해당한다. 인간들이 산에서 '굴살이', 평원에서 '들살이'를 끝낸 다음 다시 평야로 내려와 '벌살이'를 한다. '신시'(神市)란 벌살이 때에 해당한다. 벌살이가 시작되면서 인간에게는 '전에 들어 보지 못하던 일들'(something unheard before)이 생긴다. 오행의 토에 해당하는 순음이 발달하여 붉을 자유롭게 발음할 수 있게 되었으며 불함문화론이 비로소 시작된다. 벌살이가 도시 국가라고는 할 수 없다. '마을' 공동체를 통한 '울'(울타리)가 만들어지던 때이다. 기원전 2천년 전후는 청동기와 도토기를 겸용하던 시기에 해당한다. 이 때를 두고 서양에서는 하늘에서 신이 내려올 때를 의미하는 '에누마 엘리시'(Enuma Ellish)라고 한다. 이 시기의 특징은 하늘 문이 열리면서 하늘에서 남자 영웅신들이 일제히 쏟아져 내려오던 때이다.

그리스에선 제우스가, 바빌로니아에선 마르두크가, 인도에선 인드라가, 조선에선 환웅이 일제히 내려오던 시기이다. 이들은 하늘, 광명, 남성이라는 남성 원리를 갖춘 것이 특징이다. 그래서 이 시기를 '태양화 시기Solar age'라고 한다. 그리고 이 같은 시기를 두고 붉함문화가 등장하는 시기라 하고, 붉이 문화 목록어로 변하는 시기이다. 이 시기는 지금까지도 연장되고 있으며 이 때 변한 산천의 지명이 박과 백이란 것이다. 박(朴), 백(白), 해(解) 등 모두 태양화 시기에 해당하는 목록어들이다. 최남선은 이러한 맥락을 모르고 이 붉과 그 이전의 텡그리(둙곰)에만 함몰하게 된다.

이제 대륙의 북에는 구이에 이어 부여를 세운 해모수, 고구려의 주몽이 서고, 남에는 가락국의 김수로, 신라의 석탈해, 김알지, 박혁거세 등 우리 문화목록어인 박과 관계되지 않는 것이 없을 정도이다. 단군은 이미 텡그리(둙곰)라 했으며, 단군 이후 대륙의 남북단에는 붉문명이 태동하고 있었다. '왕검'의 '검'과 '니사금'의 '금'과 '해모수'의 '해모'가 모두 '곰'의 전음이다. '왕검'의 경우 '왕'은 후음 '올'이고 '검'은 아음이다. 그렇다면 '단군왕검'이란 둙·올·곰으로 닭의 알에서 나온 곰신이란 뜻이 된다. 김경탁의 문화목록어에 올을 첨가해 올·곰·둙·붉으로 결정지을 수 있다고 본다.

VII

인류세와 한류세: 호모 호모를 기다리며

뫔적 인간 켄타우루스

우리 말 '맘'과 '몸'의 합성어 '뫔'을 여기서 메타 언어로 사용하기로 한다. 앞에서 문명사를 3원 8소로 나누었다. 다시 그 삼원팔소를 평균적 양상과 전향적 양상으로 나눌 수 있다. 1~4층은 평균적 양상이고, 5~8계는 전향적 양상이다. 그리고 평균적 양상(1~4층)의 각층에는 매시대마다 평균적 양상의 인간과 전향적 양상의 인간이 동시에 나타난다. 예를 들면 제2층 타이폰층에서 대다수 인간이 마술적 상태에 있을 때 극히 일부의 전향적 양상의 인간들이 있었다. 이들이 다름 아닌 무당, 즉 샤먼들이었다. 샤먼들은 그 당시에 매우 높은 의식을 가진 종교, 정치, 경제를 지배하던 지도층의 인물들이었다. 그러나 샤먼들은 그다음의 仙, 儒, 佛 같은 높은 양상의 종교가 나타나면서 저급한 차원에 머물게 되었다.

평균적 양상의 1~2층을 하나로 묶어 그것을 전향적 양상의 5층과 대비시켰다. 3층에서 대부분의 평균적 양상의 인간들이 신비적인 상태에 있을 때 전향적 양상의 인간들이 나타나 보신적 의식구조를 가지고 있었다. 이들이 다름 아닌 선인(仙人)들이다. 선인들은 무당보다 한결 높은 의식구조를 가졌다. 무당들이 피동적으로 '신내림'을 기다리고 있었다면, 선인들은 자기 의지로 '신을 냄'을 단행했다. 무에서 선으로 넘어가는 것이 우리 한국같이 자연스러운 곳도 있지만, 대부분의 지역에서는 무에서 선으로의 발전이 불가능하였다. 몽고 같은 경우, 무가 그곳에서 발생은 했지만 선에 연결되지 못했다. 어쨌든 선의 전향적 양상은 6층의 보신적 양상(역사적으로 살아 대상화 된 부처)으로 나타나며 동·서양에 나타난 많은 '현자'(賢者)들이 3층 신비소속태모층에 나타난 전향적 양상의 인간들이라고 할 수 있다. 선인들 혹은 현자들이 2층의 전향적 양상의 무당들을 거부하는 경우도 있지만 한국의 경우에는 포함하나 구별하면서 초월한다.[74] 인도-유럽적 균열이 있는 곳에서는 무가 선으로 전개되지 못한다. 태모들이 모두 남성 신들에 의해 살해당하기 때문이다. 선은 무와 철 사이에서 양쪽 모두에 공동 부분을 함유하고 있었다. 최치원이 나라의 현묘한 도라 할 때 그것이 선층에 해당하는 것이다. 거기는 '포함삼교'가 특징이다. 선층이 박해당한 곳에서 가장 어려운 점이 종교간의 대화라 할 수 있다.

4층의 정신-자아-태양층에 나타난 전향적 양상은 법계(7)과 연계(8)이며 수많은 차축시대에 나타난 인물들이 이 4층의 전향적 양상의 인간들이다. 예를 들어 붓다와 노자 등은 기원전 5~6세기경의 태양 시기 2기에 살았지만, 이미 자아를 초월한 무아(無我)를 얘기하고 주관과 객관을 하나로 통일시킨 점에서 법신적(역사적 붓다의 성격을 지운 붓다) 경지에

---

74 몽고의 경우에는 샤머니즘(무층)이 불교를 정복해 버렸다. 라마교란 바로 샤먼적 불교라 할 수 있다. 만주에서는 불교에 샤머니즘이 흡수당해 그들의 고유신이 그만 푸체(fuche)가 되고 만다. 그러나 한국에서는 샤머니즘과 불교가 공존한다. 즉 불교 경내에는 대웅전과 삼신각이 동시에 모셔져 있다.

있었다. 이들은 4층의 전향적 존재들이다. 여기서 7층과 8층의 구별에 대하여 말해두는 것이 좋다. 7층이 자아(4층)의 전향적 양상으로서 초자아이다. 불교가 이 층에 해당한다. 그런데 붓다보다 5~6세기 후에 나타난 예수의 경우에는 1~4층을 모두 회복하면서 다시 초월적 자아를 갖는다. 그런 면에서 붓다가 사닥다리의 맨 위층이라면 예수는 그 사닥다리 자체인 연층(8층)에 속한다고 할 수 있다. 병 고치는 샤먼적 기적(2층)과 로고스(4층)를 동시에 지닌 존재가 예수다. 붓다가 '호모 데우스'라면 예수는 '호모 호모'였다고 할 수 있다. 그러나 교회는 호모를 박탈시켜 이데아 같은 초월적 존재로 만들고 말았다.

인간의 몸과 마음이란 전체성의 회복, 즉 짐승몸 인간인 켄타우루스(centaurus)[75]가 전향적이 될 때 8층에 속한다. 마르크스의 유물론에서 우리는 더 쉽게 8층적 면모를 볼 것이다. 실로 '호모 호모'를 추동 시키는 데는 칸트 보다는 마르크스가 훨씬 공헌할 수 있다고 본다. 유럽에서는 1500년경부터 이런 몸적 인간회복운동이 플로렌스를 중심하여 전개되었다. 현재 발전되고 있는 인문주의적-실존주의 심리학에서 몸적 심리학이 절정에 이른 것 같다. 동양에서는 8세기 혜능의 선불교에서 켄타우루스적 요소를 발견할 수 있다. 현대의 라마나 마하시(Sri Ramana Maharshis), 보바 프리 존(Bobba Free John), 아로빈도, 랑 아라드후트(Sri Rang Aradhoot), 사라나티(Yogeshnarand Saranati) 같은 인물들이 몸적인 인간의 전체성 회복에 앞장서고 있다.

인도나 중국 같은 곳에서 켄타우루스의 회복은 새삼스럽지만, 한국 문화 전통 속에는 그 화합적 성격 때문에 유불선을 종합한 포함삼교(包

---

75 켄타우루스란 말의 머리에 사람의 몸을 지닌 존재로서 인간의 동물성의 회복을 얘기할 때에 상징적으로 사용된다.

含三敎) 정신 속에서 뫔적 원형이 보존되어 내려왔음을 알 수 있다. 우리는 6세기 원효사상 속에서 뫔적 켄타우루스의 내용이 풍부해진 것을 발견한다. 그러나 그 동안 고려의 불교 그리고 조선의 유교는 분리시켜 짐승 몸을 기질지성(氣質至性)이나 인욕이라고 억압하고 열등시하게 되었다. 연층(8층)은 최치원의 현묘지도라 할 수 있지만, 유교와 불교는 그 현묘지도를 한쪽 측면만 심화시키는 데 공헌하였다. 그런데 포함삼교를 심화시키면서 다시 통일하여 연층을 회복시키는 운동이 바로 동학이라고 할 수 있다. 그런 의미에서 동학은 바람직한 미래지향적 한국인의 의식과 역사를 전망하는 사상이라고 할 수 있다. 서양에서 등장하고 있는 현재의 전향적 양상을 동학과 비교해 보면 그 위대성을 새삼 발견하게 될 것이다. 현재 우리는 평균적 양상의 4층 후기에 살고 있다. 현대적 자아가 끝나면서 탈현대의 시기에 살고 있다. 우리는 지금 무엇을, 누구를 기다리고 있는 것인가?

C.D.와 S.D.

책을 통해 생길 수 있는 가장 큰 오해는 책에 적용된 방법론이 진화론적 혹은 헤겔의 변증법이 적용되지 않았나 하는 오해 말이다. 그러나 위에서 지적된 대로 헤겔 변증법은 두 가지 대칭 가운데 반영대칭만 적용된 나머지 회전하는 대칭을 망각한 결과 절대정신이라는 사다리의 정상 개념이 나타나게 된 것이다. 그러나 3원 8소에는 두 가지 대칭 개념이 동시에 적용되기 때문에 일견 이런 오해는 불식된다. 또 다른 오해는 이 책에서 헤겔의 개체발생과 계통발생을 수용하는 것이 아니냐 하는 오해이다. 그렇다. 헤겔같이 전방위적으로는 아니더라도 어느 단위에서는 두 발생이 적용될 수 있다는 것을 여기서는 인정하고 수용한다. 윌버의 초인격 심리학은 과학에서 카오스 이론과 홀로그래피가 나타난 이후에 전개된 것이기 때문에 이런 오해를 불식시킬 수 있다고 본다.

5~8층은 1~4층의 전향적 반복이다. 그래서 현재의 4층에서 다음에 나타날 5층을 우리는 1~2층이란 평균적 양상에서 그 모습을 그려볼 수 있다. 1~4층을 '층'(層)이라고 한 데 대해 5~6층은 '계'(界)라고 구별해도 좋다. 여기서 1~8층을 모두 기(期)라고 하지 않고 층이나 계라 하는 이유는, 그것이 꼭 역사적 연기(年期, Chronical Date)를 말하자는 것이 아니고 연대기를 포함한 의식의 층기(層期, Stratal Date)를 말하기 위해서이기 때문이다. 연대기는 순서적이지만 의식의 층은 그렇게 질서정연한 순서를 따르지 않을 수도 있다. 그래서 C.D.와 S.D.는 구별하는 것이 필요하다. 부시맨의 경우 C.D.는 지금 태양 시기의 후기에 살고 있지만 S.D.는 아직 우로보로스-타이폰층(500만~20만 년 전)에 머물러 있다. C.D.와 S.D.가 병행하는 것은 매우 바람직한 일이고 다행스럽다 할 수 있다. 그런데 우리가 알아야 할 사실은 아무리 높은 층이라 하더라도 그 모든 것이 알 카오스 속에 잠재되어 있었다는 사실이다. 무에서 선으로 층변을 일으킬 수 있었던 것은 선인들이 동굴 속이나 광야에서 처절한 자기 죽음을 단행했기 때문이다. 자기 죽음을 단행하면 자기가 속해 있던 층에서 일단 자기를 분별한다. 그리고 분별시킨 다음에는 높은 층을 지향해 초월한다. 그런데 하라리는 과학 기술이 층변을 가능하게 할 수 있다고 장담하고 있다. 과연 칩의 교환으로 인간을 업그레이드할 수 있을런지는 두고 볼 일이다. 층변을 하자면 두 가지 대칭에 의한 변화가 반드시 따라야 한다.

이런 자기 죽음-분별-자기 초월을, 곧 층변을 일으키는 순서를 승랑은 이제합명론에서 논리적으로 시도하고 있다. 승랑은 반영대칭을 의상을 회전대칭을 통해 층변을 말하고 있다. 즉, 나와 너는 마주 보고 서로 비춘 다음에 상호간의 완전한 죽음을 단행해야 한다. 우리는 4층의 후기

즉 자아가 극한으로 팽창한 시기에 살고 있다. 만약 우리 시대가 층변을 일으켜 5층으로 넘어가려면 반드시 자기 죽음-분별-초월의 순서를 밟아야 한다. 즉, 우리의 태양화 자아를 죽이고 그 다음에 4층에서 자신을 분별시켜 초월해야 한다. 그러나 우리는 자기 개인이기주의와 집단이기주의의 최면에 걸려 전혀 층변을 일으키지 못하고 간변만을 되풀이하고 있다. 지금 여기서 우리는 역사의 변화와 사회의 변화라는 차원에서 층변을 말하고 있지만, 성공적인 측면을 위해서는 요가수련이나 명상을 통해 의식변화를 일으키는 사람들의 내적 수행과정을 참고로 해서 그 방향을 모색해 볼 수 있다.

사회 구원과 개인 즉, 성공적인 명상을 한다고 할 때 그 첫 단계로 무적인 영(靈)의 세계에 들어간다(5층). 그다음에 정묘의 영역에 들어가고(6층), 그다음으로 반야의 지혜 영역에 들어간다(7층). 그다음은 물질과 정신, 몸과 마음, 알과 얼의 이원적 구별이 전혀 없어지는 상호교류된 무애(無碍)의 영역(8층)에 들어가게 된다. 이런 무애의 영역은 원효의 의식구조였다.76 미래 인류가 지향되어야 할 의식구조는 바로 5~8층의 순서를 밟는 것이다. 우리 사회와 역사도 이 순서를 그대로 밟기 위해서는 개인이 그들의 의식구조 속에서 5~8층의 과정을 밟아보아야 한다.

무당에서 선인이 등장할 때와 선인에서 붓다가 등장할 때에 모두 6년 혹은 그 이상의 자기 죽음이란 고행명상이 필요했다. 무선층에서 불(佛)로 층변을 일으킬 때 전향적 양상의 인간들이 밟았던 길을 현대의 태양화 자아가 되풀이하지 않으면 절대로 4층에서 5층으로의 층변은 일어나지 않을 것이다. 7층에서 8층(然)으로 층변을 일으킨 예수의 십자가는 바

---

76 원효의 의식구조는 공과 색 그리고 이성과 감정의 세계를 상호교류시킨 의식구조였다. 이러한 원효의 의식구조가 한국적 의식구조의 원형, 즉 한의 의식구조이다.

로 또하나의 층변을 일으키는 주인공들의 고난을 얘기하고 있다. 한국 역사에 있어서 8층으로의 층변은 최수운으로 이룩되었으며 또한 그의 순교 역시 한국의 얼을 실현시키는 쓰라린 고난을 의미한다.

윌버는 인도 힌두 사상의 영향으로 개인구원과 사회구원을 일치시키는 데 있어서 약점을 노출하고 있다. 그러나 필자는 두 구원의 조화야말로 앞으로 호모 호모적 인간상이 나타나는데 있어서 필수라고 본다. 북한의 주체사상 역시 두 구원의 합이라고 본다. 항일유격 15년 기간과 조국 광복 후 외세의 포위망 속에서 스스로 제1의 그리고 제2의 고난의 행군을 성취해 나왔다. 남녘의 4·19에 촉발된 사회혁명은 촛불 혁명에 이르기까지 거기에는 개인 구원과 사회구원이 한치 분리됨이 없이 이어져 내려왔다고 본다.

한국이 농업사회의 자아에서 공업사회의 자아로 넘어갈 무렵인 1970년대 한국노동자들의 고뇌는 전태일 속에 집약되었다. 그의 죽음은 그 후 80년대 90년대 사회변화와 층변에 절대적인 영향을 미쳤다. 물론 전태일의 죽음은 위대했으나 그것이 4층에서 분리시켜 5층으로 초월시키는 데는 모자람이 있었다. 그러나 봉아는 싹텄다. 80년대의 우리의 1층과 2층의 뿌리찾기 즉 민족문화전통에 대한 새로운 각성은 풍물놀이 같은 웅신적 요소들을 구석구석에서 나타나게 하였다. 이것이 5층의 등장을 알리는 징표인 것이다. 곳곳에서 다시 서기 시작하는 짐승 몸 인간 장승들이 새 문명의 전령인 것이다.

제4물결치다

익사이온 수레바퀴의 대전환이 또 한번 일어날 때이다. 기원전 2000년 사건의 대전환 이후, 미래학자 존 네이스비트는 우리 세기를 '메가트

렌즈'(Megatrends) 곧 '대전환'의 시기라고 했다.[77] 앨빈 토플러는 『제3물결』에서 농업혁명을 제1 물결, 공업혁명을 제2 물결, 정보혁명을 제3 물결이라고 했다. 대존재의 연쇄고리상으로 볼 때 제1 물결은 3층 태모 농경 소속감 시대에 해당된다. 그리고 제2 물결은 4층 태양 시기 3기에서부터 시작된다. 제3 물결은 공장 굴뚝으로 상징되는 공업화에서 탈피하는 탈공업화 현상을 두고 하는 말이다.

제1 물결에서부터 비카오스화 현상이 나타나기 시작하여, 제2 물결 3기에는 그 절정에 이르게 된다. 즉 뉴턴데카르트적 세계관이 패러다임을 형성한다. 제2 물결은 물질주의와 인간의 개성적 자아관에 가치관을 두고 있다. 경쟁, 자기 보전, 소비 같은 가치가 공공연하게 강조된다. 구미공단의 굴뚝들 그리고 낙동강 폐수오염에 이르기까지 제2 물결은 오염, 폐기물, 범죄, 납치, 인신매매, 가정폭력과 파괴, 국제적 테러현상 들을 조장하였다. 제3물결은 균형과 자원의 보존에 관심을 갖는다. 자연보호와 삶의 존엄성 그리고 국제간의 협력문제에 관심을 갖게 된다.[78]

여기에 제4물결이 등장하고 있어서 우리의 관심을 끈다. 허먼 메이너드 2세와 수전 E. 머턴스는 '제4물결'[79]을 제기하고 있다. 제4물결은 삶의 통합과 전체성에 대한 책임이 우리 사회의 중심적 초점이 될 것이라고 예견하고 있다. 저자들은 각 물결을 다음과 같이 요약하고 있다.

---

77 네이스비트는 정보화 사회의 충격적 등장, 기술과 인간의 공존 시대, 세계 경제 체제의 형성, 기업의 혁신과 장기적 사고방식의 대두, 분권화의 시대, 자조자립의 사회, 참여의 시대, 네트워크 형성, 남서부 지역의 번영, 다양성과 개성화의 시대 등을 대전환의 특징으로 손꼽고 있다. 존 네이스비트/홍성범 역, 『메가트렌즈』 (서울: 고려원), 1988 참고.
78 허먼 메이너드 2세·수전 E. 머턴스/한영환 역 『제4물결』 (서울: 한국경제신문사, 1993), 69.
79 앞의 책 참고.

제2 물결: 우리는 분리되어 있으며 경쟁하지 않을 수 없다.

(제6층의 특징이다.)

제3 물결: 우리는 연결되어 있으며 협력하지 않을 수 없다.

(제7층 특징이다)

제4물결: 우리는 하나이며 공동 창조를 한다.

(제8층의 특징이다)

이러한 저자들의 각 물결의 특징에 대한 설명은 우리가 지금까지 설명해 온 각층의 특징과 너무나 일치하고 있다. 제1 물결과 제2 물결은 비카오스적인 특징을 지니고 있으며, 제3 물결과 제4물결은 얼카오스적인 특징을 지니고 있다. 제1 물결의 낮은 자아가 가진 솟대 중심의 소속감은 도시화 및 공업화의 제2 물결로 함께 무너진다. 우리 한국의 경우 1960년 대 말부터 제2 물결은 등장하기 시작하였다.

박정희 대통령이 1960년대 초에 미국을 방문하여 디트로이트시의 검은 연기를 뿜어내는 굴뚝을 보고 경탄하며 '우리도'라고 무릎을 쳤다는 일화가 있다. 그 이후 금수강산은 공해 강산이 되었다. 드디어 우루과이 라운드와 함께 제1 물결의 농경사회는 수 천 년 만에 무너지기 시작하며 제3 물결이 치고 있다. 즉, 우리는 연결되어 있으며 협력하지 않을 수 없는 제3 물결에 막 밀려 떠내려가고 있다. 우리가 살아나갈 길은 무엇인가? 그것은 바로 제4물결을 주도하는 길뿐이다. 제4물결의 주인공이 되는 것이다.

이제 『제4물결』 저자들의 입을 통해 그 특징이 무엇인지 알아보는 일이 중요하다. 그들은 빠른 속도로 변하고 있는 세계관 출현의 기저를 이루고 있는 일곱 가지 특징을 다음과 같이 열거하고 있다.

1) 의식의 변화: 사람들은 모든 사람과 모든 것의 상호연결과 일체성을 강조하며 바깥치레보다는 내면적 정신의 권위에 의하여 지배받게 될 것이다. 우리의 '한' 정신을 백분 발휘할 때이다. 바로 손에 손잡고 온 세계가 '하나' 되는 공동체 실현에 우리가 앞장서 가야 한다. 이것만 잘해 내면 경제는 그다음에 따르는 부차적이다. 각 민족주체의 개성도 살려주며 하나로 묶는 산업의 한얼 정신이 기여할 때다.

2) 과학주의로부터의 각성: 뉴턴-데카르트적 합리주의적 과학정신에서 탈피하여야 한다. 퍼지 과학과 카오스 과학이 이를 예고하고 있다.

3) 권위와 권력의 내면적 원천: 왼뇌의 합리주의적 의식보다는 오른뇌의 무의식적인 영감, 창의력, 계시, 직관 같은 것을 잘 개발해 내어야 한다. 이를 내면의 권위라고 한다.

4) 사회의 재정신화(respirituralzation): 인격의 무의식적 차원의 개발과 함께 평화, 진실, 사랑, 동정 같은 대사회적인 가치들을 개발하여야 한다. 프로이트 심리학이 무의식을 개발하는 데 성공했으나, 이 점에서는 실패하였다.

5) 물질주의의 몰락: 물질만능주의, 소비가 미덕인 천민자본주의 정신은 물러가고 물자를 아끼는 미덕이 나타날 것이다.

6) 정치적 및 경제적 민주화: 서방 열강들의 세계경제지배시대가 속히 종식되어져야 한다. 자본 중심의 G7은 해체되고 환경보호를 가장 잘 하고 있는 나라의 지도자들이 모여 세계경제를 주도해 나갈 것이다.

7) 국적의 초월: 농경시대부터 영토점령현상이 생겼다. 세계는 앞으로 생태계적 통일을 이루어야 한다. 마치 비무장지대의 동물들이 남북을 자유롭게 오가듯이 인간도 그렇게 되어져야 한다. 그래서 세계는 어디나 오갈 수 있는 '세계적 쇼핑센터'가 되어야 할 것이다. 그리고 자연은 모두 세계공원이 되어야 한다. 그래서 자국의 공기오염이 다른 나라의 자연을 파괴한

다는 공감대를 가져야 한다.[80]

『제4물결』의 외국인 저자들이 제시하는 일곱 가지 현상들은 세계가 지금 우리를 부르고 있는 듯한 생각을 갖게 한다.[81] 이 세계가 하나되는 공동체의식을 주도할, 즉 제4물결을 물결치게 할 주인공이 우리라고 자부해야 한다. 왜냐하면 우리에게는 '하나' 되게 하는 한 사상이 있기 때문이다. 그러기 위해서는 먼저 남북이 하나가 되는 연습부터 하여야 한다. 대통일의 예행연습이다. 세계를 하나로 만드는 대통일에 앞서 남북통일은 바로 그 소통일이 될 것이다. 우리는 남북분단을 대통일운동의 연습도장으로 생각해야 한다. 통일운동은 그래서 제4물결 운동과 함께 파도칠 것이다.

---

80 앞의 책 참고.

81 제2, 제3, 제4물결 사회의 세계관 차이 (1) 관계 — 제2 물결: 우리 자신을 경쟁할 필요를 가진 별개의 존재로 봄. 제3 물결: 서로를 연결되고 협력을 필요로 하는 존재로 봄. 제4물결: 우리를 하나로 보고 공동으로 창조하기를 원함. (2) 권위 — 제2 물결: 외면화, 권력을 자신의 밖에 있는 것으로 봄. 제3 물결: 외부적 권위에 의문을 제기하고 권위의 개인적 위치를 유지하고 권력을 되찾기 시작함. 제4물결: 권위가 완전히 내면화된 협력적인 체제를 나타냄. 권력이 사람 안에 있는 것으로 봄. (3) 가치 — 제2물결: 물질주의와 인간우위에 기초를 둠. 제3 물결: 균형과 지속에 대한 점증하는 관심을 나타냄. 제4물결: 삶과 전체에 대한 책임의 통합이 중심적 초점임. (4) 안전 — 제2 물결: 물질적 견지에서 봄. 제3물결: 물질적 토대가 의문시됨. 제4물결: 개인의 내면적 신뢰의 견지에서 봄. (5) 연구방식 — 제2 물결: 선형 사고를 강조함. 제3 물결: 직관과 비합리적 방법을 통합함. 제4물결: 인간능력의 모든 범위를 개발하기 위해 직관을 넘어 연구함. (6) 의사결정 — 제2 물결: 무의식적 대사를 인식하지 않고 합리적으로 의사결정함. 제3 물결: 의도를 갖고 행동할 필요와 의도성을 알게 됨. 제4물결: 의도의 향심성을 인식함. (7) 기업역할 — 제2 물결: 이윤을 극대화시킴. 제3 물결: 가치를 창조함. 제4물결: 세계적인 관리인으로 등장함.

'무척도'를 그리며

동학에 이어 나타난 증산사상은 그 성격에 있어서 동학과 비슷하나 또한 매우 다른 특징이 있다. 동학사상과 증산사상의 비교를 유대교 전통에 나타난 예언자적 사상과 묵시문학적 사상에 비교해 대응시켜 본다. 동학(東學)이란 서학(西學)에 대칭되는 말로서 강한 민족적 성격을 띠고 있다. 구체적인 현실에 대한 역사적 책임의식을 강조한다. 반면에 증산도는 현실의 구체적인 역사보다는 우주적 변화에 더 큰 관심을 갖는다. 그래서 동학은 예언자적, 증산사상은 묵시문학적이라고 한다.

증산도의 가장 큰 강령 가운데 하나가 원시반본(原始返本)이다. 강증산은, 엘리아데의 말 그대로, 새로운 종교는 원시적인 것의 회복 없이 불가능하다고 보았다. 즉 인류는 생명체가 처음 시작되었던 원시시대로 되돌아가야 한다고 했다. 그러면서 "이 시대는 원시반본하는 시대다"(『대순전경』 16:124)라고 강변하였다.

지금까지 고찰한 바로는 150억 년 전에 우주대폭발이 있었고, 30억 년 전에 처음으로 지구상에 생명체가 나타났으며, 500만 년 전에 인류의 조상이 등장하였다. 그렇다면 생명의 근원으로 복귀하는 것이라면 적어도 원시반본사상은 우주의 창조기원까지 거슬러 올라가는 것이어야 할 것이다.

이 원시반본사상과 함께 자연히 따르는 사상이 해원상생(解冤相生)과 수부론(首婦論)이다. 기원전 2000년 이전의 시대로 되돌아가면, 즉 원시반본을 하고 보면 분명한 하나의 실체적 존재가 나타나는데, 그것은 모계사회의 태모신 숭배이다. 원시반본하고 보면 여성의 역할과 지위가 얼마나 위대했는지를 발견하게 된다. 그래서 증산도가 원시반본과 여성 존귀사상을 일치시킨 것은 자연스럽고도 위대한 발견이라 할 수 있다.

남성중심의 종교들은 이 점에서 약점이 있다. 철저하게 역사의 뒤를 되돌아보는 것이 앞을 내다보는 비결인 것이다. 철저하게 원시시대를 되돌아봄으로써 여성의 위치를 재발견하게 된다. 이것은 여성존중에 대한 구호도 철학적 성찰도 아닌 문명사에 대한 천재적 직관에서 가능케 된 것이다. 강증산이 문화인류학과 역사고고학을 전공하여 이런 결론에 도달한 것은 물론 아니다. 인간무의식의 심층세계를 꿰뚫고 침투해들어갔을 때 집단무의식의 넓은 광장에서 원시반본사상을 만나게 되었고, 거기서 여성들의 영광과 역사 이래로 남성 원리에 의하여 탄압받아 오던 한맺힌 실상들을 파악하게 되었다. 이 무의식의 의식세계를 역사고고학과 인류학 등에 의하여 고증을 해보면 위의 기록과 같은 결과가 나온다는 점이다.

필수적으로 원시반본 다음에는 해원상생이 따르지 않을 수 없다. 원시고향으로 되돌아가 보면, 주인은 쫓겨나고 도적이 집을 차지하고 있음을 발견하게 되고, 집 빼앗긴 주인이 대문 밖에서 원한에 사무쳐 울고 있음을 발견하게 된다는 것이다. 강증산은 "이때 고대부터 쌓아온 원을 풀어 그로부터 생긴 모든 불상사를 소멸해야 영원한 화평을 이루리로다"(『天地公事』, 110쪽)라고 했다. 이 얼마나 놀라운 종교적 통찰인가? 기원전 2000년 이래로 맺혀져 내려온 온갖 억눌린 것들의 한을 풀어주지 않는 한, 영원한 평화를 이룰 수 없다고 본 것이 아닌가? 그러면 여기서 해원상생과 여성해방론에 관한 『대순전경』의 내용을 직접 들어보기로 하자.

서양의 여성은 3단계 운명의 길을 걷게 된다. 그 첫 번째 단계가 악마화(Demonization)의 길이다. 여자는 사탄으로 취급된다. 두 번째 단계가 미화된다. 메이 퀸, 미스 월드, 미스 유니버스 등 여자를 미화시켜 남자의 성적 유희 대상으로 삼는다. 세 번째 단계가 상품화이다. 자본주의사회에서 여자들을 상품선전에 이용된다. 이런 삼 단계의 과정을 거쳐서 서양 여성들은 비인간화의 과정을 밟아 오게 된다.

여기에 서양 여성해방운동은 이 3단계적 비인간화 과정에 대한 저항운동인 것이다. M. 데일리 같은 과격한 여성학자는 이 지구상에서 남성들을 영원히 추방할 것을 주장한다.[82] 가부장제도에 대한 정면도전을 하면서 완전한 여성해방을 주장한다. R. 루터 같은 학자는 고대종교로 눈을 돌려 태모신의 영광을 다시 발굴해 냄으로써 여성해방의 이론적 근거를 찾는다.[83] 류터는 동양의 노장사상에 눈길을 돌려서 남녀가 서로 상보하는 길에서 해결책을 시도한다. 기독교 남성신에 대한 혐오가 그 극단에 도달하여 미국 성서공회에서 발간한 성경책에서는 하나님을 heshe의 명칭으로 쓰도록 모두 고치고 있는 실정인 것이다. 청동기 시대 이래로 누려오던 남성들의 독주에 제동이 걸리고 있음이 분명하다. 19세기 말엽에 나타난 강증산의 사상은 이런 여성해방의 관점에서 볼 때 탁월한 점이 있다는 것이다.

> … 이때는 해원시대라 몇천 년 동안 깊이 갇혀 있어 남자의 완롱(玩弄)거리와 사역거리에 지나지 못하던 여자의 원(?)을 풀어 정음정양(正陰正陽)으로 건곤(乾坤)을 짓게 하려니와, 이 뒤로는 예법을 다시 꾸며 여자의 말을 듣지 않고는 함부로 남자의 권리를 행하지 못하리라(『대순전경』 6:134).

아직도 구한말 남성 유교 윤리가 지배하고 있을 당시에 앞으로 여자들의 말을 듣지 않고는 함부로 남자의 권리를 행하지 못하리라고 말한

---

82 Mary Daly, *Gynecology* (Boston: Beacon Press), 1978 참고.
83 R.Ruether, *New Woman and New Earth* (New York: The Seabury Press), 1975 참고.

것은 기상천외의 선언이다. 그러나 루터가 고대종교로 눈길을 돌려 문화인류학적 연구를 통해 태모신의 영광을 다시 복권시켰듯이, 강증산은 원시반본의 무의식세계에서 여성적 위대함을 발견했다. 이 양자는 우연의 일치가 아니라, 뚜렷한 과거의 한 실체에 접근하는 방법이 같았기 때문이다. 강증산의 예언은 적중하여 1백여 년 후에 전세계적으로 여성들의 자아의식이 깨어나기 시작했으며 남성들의 기운은 한풀 꺾여지고 있다. 강증산은 여자가 이제 더이상 남자들의 성희롱 대상이 아님을 분명히 하였다.

그러면 강증산이 데일리같이 이 지구상에서 남성들을 완전히 추방할 것을 강조했느냐 하면 그렇지 않다는 점이다. 강증산은 정음정양(正陰正陽)을 주장했던 것이다. 정음정양사상은 남녀가 모두 제 위치에 서는 것을 의미한다.

> … 선천(先天)에서는 하늘만 높이고 땅은 높이지 아니하였으니 이것은 지덕(地德)이 큰 것을 모름이다. 이 뒤로는 하늘과 땅을 일체로 받들어야 하느니라(『대순전경』 6:62).

수천 년간(약 4000년간) 억압받아 오던 그 많은 여성의 원혼을 뒤로 하고 그들의 맺힌 한(恨)을 풀어주어야 한다고 보았다. 이 남녀의 한이 풀려지지 않으면 인류사회에 진정한 평화가 이루어질 수가 없다고까지 파악했다. 그는 1907년 11월 3일에 그의 종도였던 차경석에 수부(首婦)가 있어야 함을 강조한다. '수부'란 말 그대로 우두머리 여인을 두고 하는 말이다. 차경석이 10년간 과부가 되어 친정에 와서 혼자 사는 자신의 이종매(姨從妹)인 고부인(高夫人)을 천거하며 이렇게 말했다.

… 내가 너를 만나려고 15년 동안 정력을 드렸으니 이제부터 천지대업을 네게 맡기리라(『대순전경』 3:31).

앞으로 이룰 하늘과 땅의 큰 일을 수부에 맡긴다고 할 만큼 강증산은 여성의 지위를 높이 평가했다. 아니, 앞으로의 세계는 여성들에 의해 주도되어 나갈 것을 내다본 것이다. 수부를 선택하여 수부를 자신과 동격의 위치에 놓으면서, 앞으로 천지공사는 수부의 역할 없이는 이루어질 수 없을 것으로 보았다. 동·서양을 막론하고 전대미문의 사상이 아닌가 한다.

기원전 2000년부터 등장한 가부장제문명은 남성 원리와 여성 원리가 상극하는 문명이었다. 인간과 자연이 상극하고, 남자와 여자가 상극하고, 물질과 정신이 상극하고, 하늘과 땅이 상극하는 문명이었다. 이런 상극하는 문명이 빚어낸 결과가 바로 AIDS, 자연파괴, 계급투쟁, 인종분규 등이다. 이 모든 상극의 시대를 선천시대(先天時代)라고 한다. "선천에는 상극의 진리(相克之理)가 인간사물을 맡았으므로 모든 인사가 도의에 이그러져서 원한이 맺히고 쌓여"(『대순전경』 5:11)라고 강증산은 정확하게 유럽적 균열을 지적하고 있다.

선천에는 위무(威武)로써 보배를 삼아 복과 영화를 이 길에서 구하였나니, 이것이 상극의 유전이다(『대순전경』 5:11).

수천 년 동안 잘못 놓인 오류에 의해 범하여진 죄과를 지금 씻어내어야 할 때임을 증산은 직시한다. 그는 여러 맺힌 한 가운데 인간이 동물을 잡아 죽이므로 동물들의 가슴에 맺힌 한도 풀어주어야 함을 강조한다. 아랍 민중이 서방세계로부터 받은 원한도 풀어주어야 함을 강조한다.

여성이 남성들로부터 맺힌 한은 말할 것도 없다. 이 모든 한을 풀어주는 것을 해원상생이라고 한다. 강증산은 인간과 인간, 인간과 자연 그리고 모든 우주 자연이 서로 척(隻)을 짓지 말라고 했다. 그래서 그는 무척(無隻) 좋은 세상을 만들려고 했으며, 이러한 원한이 다 풀린 세계를 선천에 대하여 후천(後天)이라고 했던 것이다.

> 그러므로 이제 천지도수를 뜯어 고치며 신도(神道)를 바로 잡아 만고의 원
> 을 풀고 상생의 도로써 세상을 고치리라(『대순전경』 5:4).

기원전 2000년부터 그 출발이 잘못되었다. 제우스가 타이폰을 죽이고 등장하는 하늘과 땅, 남자와 여자의 균열이 생겼다. 원한이 구천에 사무칠 정도였던 것이다. 강증산의 선언은 우주사적 선언인 것이다. 세계가 지금 남성문화가 저질러 놓은 병폐 때문에 극심한 진통을 겪고 있다. 이런 문명사적 위기 앞에서 인류가 선택해야 할 길은 별로 없는 것 같다. 구한말에 나타난 우리의 민족종교지도자들의 큰 깨달음은 우리에게 주는 시사점이 많다. F. 카프라는 『전환점』(The Turning Point)에서 이제는 바야흐로 대문명의 전환을 시도할 때라고 했다. 인류가 지녀야 할 새로운 틀 자체를 바꾸지 않으면 안 된다고 했다.[84] 그는 우주 자연이 하나의 유기체적 통일 속에 있다고 보고 이를 시스템 이론이라고 했다. 천지공사, 이것은 바로 우주의 유기체적 통일을 회복시키자는 것이다. 그렇다면 서구의 문명비평가들이 귀를 기울여야 할 실체는 바로 동양의 종교인 것이다. 그러나 동양종교인 불교나 유교마저 이미 남성화되어졌고 아직 문명전환적 자각을 못 하고 있다. 그 예로 한국의 유림들은 아직도

---

84 F. Capra, *The Turning Point* (Toronto: Bantam Press), 1982 참고.

여성들에게 지위를 보장하는 가족법 개정을 반대하고 있는 실정인 것이다. 그것에 비하면 강증산의 수부론은 위대한 것이고 문명을 앞서 내다보고 있는 것이다. 동양 종교가 문명사에 기여하려면 하루속히 남성화에서부터 벗어나야 할 것이요, 억압구조에 대한 사회적인 책임을 질 줄 알아야만 할 것이다.

우주의식을 기다리며

"인간본연의 상태를 올바르게 판단하려면 그 원천부터 살피는 것이 중요하다."[85]

이 말은 지금으로부터 200여 년 전에 루소가 그의 『인간불평등 기원론』이란 글에서 한 말이다. 인간의 생물학적 기원뿐 아니라 심리학적 기원, 즉 의식의 기원을 말하는 데도 이 말은 타당하다고 할 수 있다.

우주의 진화과정에서 볼 때 인간만큼 정교하고 복잡한 존재도 없을 것이다. 인간을 알기 위해 그동안 학문의 여러 영역에서 여러 가지로 노력하였지만 그 총체적인 모습은 아직도 미지수로 남겨져 있다. 지금 우리는 루소의 말에 귀 기울일 필요가 있다. 즉, 인간 본연의 모습을 파악하기 위해서는 그 원천부터 살피는 태도 말이다.

그러면 인간의 원천은 언제부터인가? 인류의 조상이 지구상에 처음 등장한 시기를 500만 년 전으로 본다. 생명체가 처음 나타난 시기는 30억 년 전으로 본다. 우주가 처음 탄생한 대폭발은 150억 년 전쯤에 일어났을 것으로 본다. 그것이 억 년 전이든 불과 몇백 년 전이든 우주의 시작 그리

---

85 루소/최현 역, 『인간불평등기원론』 (서울: 집문당), 1974 참고.

고 생명체의 시작은 분명히 어느 한 시점에서 일어났으며 그사이에 변화와 진화를 거듭해 왔다는 사실은 부인할 수 없다. 150억 년 전 우주 대폭발이 있기 이전까지 원천의 기원을 묻는다면 대답이 막히고 말지만, 우리가 적어도 대폭발 이후부터 인간기원의 원천으로 삼는다면 그래도 어느 정도 인간의 총체적인 모습은 파악할 수 있을 것이다.

지금까지 우리 인간들은 해와 달 그리고 별들을 눈으로 바라볼 수 있었으나, 막상 우리가 사는 지구는 바라볼 수 없었다. 그러나 인간이 만든 우주선이 인간이 사는 지구를 바라보고 그 바라보는 우주선을 인간이 바라본다. 1993년 4월 8일 지구의 오존층 파괴현황조사를 위해 발사된 미우주왕복선인 디스커버리호가 선상에 설치된 카메라로 둥근 지구표면을 우리에게 보여주었다.

금세기 전만 하더라도 인간들은 지구의 둥근 모습을 직접 육안으로 확인할 수 없었다. 케플러의 3대 법칙과 뉴턴의 운동 법칙이 정확히 지구의 운동궤도를 계산해 낼 수 있게 되었으며, 따라서 지구는 둥글고 움직인다는 추리를 해낼 수 있었다. 고대와 중세기 인간들은 지구는 평면이고 해가 움직인다고 믿었었다. 전자는 실험과 검증을 하고 그것을 측정하여 그와 같은 결론을 얻었고, 후자는 성서에 그렇게 써 있기 때문에 그렇게 믿었다. 중세기의 코스마스(Cosmas)라는 신부는 성서지형론을 주장하여 평면적 지구 이론을 내놓은 장본인이다.

케플러나 코스마스 신부는 지구가 둥글다는 것을 육안으로 직접 목격하지 않았다는 점에서는 같다. 그러나 20세기 말에 사는 우리는 지구의 둥근 모습을 촬영도 할 수 있고 목격도 할 수 있게 되었다. 그뿐 아니라, 우주 대폭발의 신비로운 모습도 육안으로 확인할 수 있게 되었다.

1993년 3월 28일부터 전세계 천문학계를 흥분의 도가니로 몰아넣었던 초신성(超新星) 폭발 현상이 바로 그것이다. 초신성은 별이 진화의 마지막 단계에서 종말을 고할 때 폭발하는 우주 현상으로 이번 폭발은 북반구에선 56년 만에 일어난 것이다.

초신성이 우리에게 던져주는 중요한 것은 그것이 별의 일생뿐만 아니라 우주의 탄생을 비롯한 천문학적인 갖가지 궁금증을 풀어줄 수 있게 되었기 때문이다. 어쨌든 지금 우리는 우리에게서 전혀 객관적으로 대상화시킬 수 없었던 것들을 대상화시킬 수 있게 되었다. 눈은 대상을 보는 주체이지만 대상이 될 수는 없다. 그래서 자기 눈을 자기가 거울 없이 본 사람은 없다. 우리는 지구 안에 살고 있다. 그래서 지구는 나와 같은 주체이다. 그러나 인간은 인공위성을 타고 지구를 객관화시켜서 객체적 대상으로 바라볼 수 있게 되었다.

여기에 성서의 말을 그대로 믿고 지구는 평평하며 태양이 지구 주위를 돈다고 믿었던 중세기 사람들과 우리들의 의식구조는 같을 수 없다. 지구가 둥글다고 확신하기는 했지만 그것은 어디까지나 추리에 의한 것이었기 때문에 17세기 과학자들과 우리들의 의식구조가 같을 수도 없는 것이다. 그동안 우리 인간들은 자연을 대상화시키고, 자기 몸을 대상화시키기도 했었다. 그럴 때마다 인간의 의식은 전환되어져 왔다. 이제 우주 자체를 객체화시킨 것에 비교하면 비교도 안 될 정도로 극소인 것이었다.

500만 년 전에서 20만 년 전까지 인간은 자연에서 자기를 전혀 분리시키지 못하고 자연 속에 잠겨져 있었다. 이때를 에덴동산 잠복기라고 한다. 그러다가 20만 년 전부터 자연에서 자기를 분리시켜 자연을 대상화시키기 시작한다. 그다음 단계로 자기의 몸을 마음에서 분리시켜 내는 작업을 하였다. 그러면서 기원전 4000년경부터는 뚜렷한 정신화과정이 일어나 지금 인간과 유사한 정신으로 대상화된 물질이나 육체를 제어하고 대상화시킬 수 있게 된 것이다. 샤르댕은 이런 정신화현상이

나타난 시기를 정신권(Nou-sphere)이라고 하였다.[86]

이제 우리 인류는 우주의식(cosmic consciousness)에 눈을 뜨는 것이다. 우주의식이란 다름 아닌 우주선이 우리를 바라보고, 바라보는 우주선을 또 우리가 볼 수 있는 의식이다. 대상화를 시킨 주체를 다시 대상화시킬 수 있는 의식, 그러면 대상과 주체는 포함하면서 초월하는 주체의 등장을 두고 하는 말이다. 우리는 종래에 대립하던 갖가지 대립물들을 통일시켜 초월하는 초의식(super-consciousness)의 등장을 기다리고 있다.

이 지구상에 아직 문명국은 한 곳도 없다. 세계의 정치경제를 주도하고 있는 미국이라는 나라는 추잡한 무기상들에 의하여 좌지우지되는 나라이다. 자국의 이익 앞에 모든 것을 초월하는 국가이기주의는 세계 도처에 만연되어 있다. 태양 시기에 생겨난 자아는 생태계의 위기, 제국주의의 침략전쟁, 자본주의의 착취로 그 양태가 나타나고 있다.

그래서 문명과 문명은 서로 실오리같이 얽혀 풀려지지 않고 있으며, 수천 년 동안 때 묻은 우리들의 자아의 때는 벗겨지지 않고 있다. 최근 국내 금성사에서 개발한 카오스 세탁기는 빨래의 엉킴을 풀어주고 옷에 구김살이 없이 구석구석 깨끗이 빨아줄 것이라 선전하고 있다. 카오스 기능은 엉킴을 푸는 기능에 있다. 비카오스화되면서 지금 인류라는 자아는 때가 묻어 있는 옷을 입고 있다. 이 옷을 벗어 카오스 세탁기에 넣고 빨아야 할 것이다.

강증산은 엉킴을 척(隻)이라고 했다. 이런 엉킴이 없는 세계를 무척 좋은 세계라고 했다. 인간의 원한이 곧 문명과 사회의 엉킴을 초래한다. 이 원한을 푸는 것을 해원상생(解冤相生)이라고 했다. 남자가 여자를 억

---

86 Theilhard de Chardin, *The Phenomenon of Man* (New York: Harper Torchbooks, 1955), 191.

압해서 생기는 원한, 강대국이 약소국을 짓밟은 데서 생기는 원한, 인간이 동물들을 살해하는 데서 생기는 원한 등 인류 문명사는 원한(怨恨)으로 하늘에 사무쳐 있다. 이 원한을 풀어 큰 '한'으로 승화시켜야 한다. 이것이 곧 후천선경의 세계이다.

여기에서 우주진화의 목표이자 인류 문명의 종착역은 궁극적으로 척없는, 무척(無隻) 좋은 세상을 만드는 것이다.[87] 그 세계를 불교는 색즉공, 공즉색(色卽空, 空卽色)이라고 했으며, 사사무애(事事無碍)와 이사무애(理事無碍)의 세계라고도 했다. 두 반대세력이 평등해지면서 서로의 자율과 자주성이 확보되는 그런 세계이다.

여기에 절대평등과 절대자유가 담겨져 있으며 우리 민족 얼의 상징이라고 할 수 있는 도상(圖像)을 제시하여 이 책의 결론을 대신하려고 한다. 모든 엉킴이 풀려지는 카오스 세탁기 안에서 문명의 척과 한이 다 풀려나기를 바란다. 7세기 신라의 의상대사가 그린 '화엄일승법계도'(華嚴一乘法界圖)이다. 이 법계도는 앞으로 인류 문명을 조명하여 거기로 이끌어가는 상징이 될 것이다. 우주도 인간의 역사도 결국 이 그림 속으로 수렴될 것이다. 샤르댕의 오메가 포인트(Omega Point)이며, 기독교의 새하늘과 새땅의 깃발이 될 것이다. 하늘나라 정문에는 이 깃발이 걸려 있을 것이다. 이 두 그림은 아무런 척이 없는 무척 좋은 세상을 그린 그림이다.

코로나19나 미세먼지와 함께 오메가 포인트가 하나의 공상적 관념의 산물 같이 들리기 시작하였다. 생태 환경론자들과 페미니즘 운동가들이 다투어 대안을 제시하고 있다. 그러나 이 모두가 아니 다라는 것이다. 새로운 인간이 나타나지 않고는 안 된다는 것이다. 해밀천은 이를 '새

---

87 강증산은 "모든 일에 조심하여 남에게 척을 짓지 말고 죄를 멀리하여 순결한 마음으로 정심 수도하여 천지공정(天地公庭)에 참여하라"고 했다. 증산도, 『道典』, 2:20:3.

인간중심주의'라고 했다. 하라리는 새인간을 신이 인간이 되는 호모 데 우스라고 한다. 그러나 3원 8소라는 문명사적 시각에서 보았을 때에 그 것은 '호모 호모'이어야 한다.

'인류세'란 무엇인가?

지금부터 4000여 년 전에 우리 역사는 얼(하늘)에서 알(땅)로 내려오 는 퇴화로 개국되었다. 이것이 단군설화이다. 그리고 지금부터 2000여 년 전에는 고주몽, 김알지가 모두 알에서 깨어나 얼이 되므로 진화를 하 였다. 이것은 제2의 개국이었다. 얼이 알이 되고(퇴화), 알이 얼이 되는(진 화) 것은 우주의 과정 속에서도 일어나고 우리 속에서도 일어나고 짧게 는 하루의 생활 속에서도 일어난다. 낮이 밤이 되는 것은 얼이 알이 되는 것이고, 밤이 낮이 되는 것은 알이 얼이 되는 것이다. 아니 한순간 속에서 도 이 두 과정은 순간순간마다 반복되고 있다.

역사란 얼이 알이 되고 알이 얼이 되는 역동성을 활성화시켜야 한다. 이를 '한의 역동성'이라 한다. 이 역동성이 살아 있을 때는 나라도 흥하고 역동성이 죽을 때는 나라도 기운다. 역사 속에서 진화와 퇴화는 매 2000 년마다 뒤바뀐다. 박혁거세와 고주몽이 알에서 깨어나 진화한 지 2000 여 년, 이제 우리는 얼이 알이 되는 과정을 밟을 차례이다. 우리는 음식문 화에서 진화와 퇴화의 지혜를 가지고 있다. 김치는 삭힌다. 한국음식은 대개 곰삭혀야 제 맛이 난다. 또 곰삭힌다는 말은 판소리에서 고난을 통 해 생소리를 성숙하게 만든다는 뜻으로 쓰인다.

알이 삭혀지면 얼이 되는데 삭히는 것은 썩히는 것과는 달리 자기자 신이 그대로 있으면서 더 맛좋은 것으로 변하는 상승작용, 즉 시너지즘 (synergism)을 의미한다. 썩는 것은 자기 자신의 고유성을 상실해 버려 열

악한 낮은 차원으로 떨어져 버리는 것이다. 삭히는 것은 자기 고유성을 지니면서 다른 높은 차원으로 상승 초월하는 것이다. 그래서 낮은 알층에서 높은 얼층으로 변하는 것을 삭힌다고 한다. 만약 우리 역사가 2000여 년 전에 삭히지 못해 썩었다고 한다면 원시 마술 신비 농경 주술 사회에서 벗어나지 못했을 것이다. 그러나 불교, 유교, 기독교 등을 삭혀 우리 알이 얼로 승화 초월하도록 공헌한 것이 동학사상이다. 잘 삭혀 왔다. 알은 삭힐 때 생명으로 부활한다.

이제 우리는 얼이 알이 되는 작용을 해야 한다. 환웅이 하늘(얼)의 기득권을 다 버리고 이 땅 위(알)로 하강했듯이, 우리 민족은 이제 자기를 비우는 작용을 해야 한다. 비우는 것은 자기부정과 자기기득권의 포기 없이는 불가능하다. 기독교인들이 예수가 하늘 영광과 기득권을 다 버리고 낮고 낮은 이 세상에 내려왔다고 노래하듯이 우리 역사 속에 제3의 케노시스 사건이 일어나야 한다.

한류(韓流)란 알이 얼이되고 얼이 알이 되는 역동성에서 생명력을 갖는다. 3원 8소에서 간변에서 층변으로 그리고 층변에서 양상 변화로 이어져야 한다. 그때에 법계에서 호모 데우스가 연계에서 호모 호모가 태어난다. 실로 바야흐로 지금 우리는 인류세(anthropocene)를 논할 차제에 왔다.

46억 년의 역사를 가지고 있는 우리 지구의 암석층에는 그동안 수많은 생명이 나타났다 사라졌다. 멸종한 기록들이 남겨져 있고 이러한 층을 연구하고 거기에 이름을 매기는 학회를 '국제층서학회'(혹은 층서학회)라고 한다. 층서학회에 의하면 지금 우리는 과거 일만 년 동안의 살기 좋던 홀로세(holocene)를 끝내고 다른 세로 접어들고 있는데 파울 크뤼천이란 학자는 이를 '인류세'(anthropoocene)라 불러야 한다고 한다. 이에 클라이브 해밀턴은 『인류세』(이상북스, 2018)에서 한 개인이 아닌 인류 전체의 임종학을 다루고 있다.

해밀턴은 인류의 임종을 막으려는 네 부류의 운동을 말하면서 '신인간중심주의'를 제시한다. 신인간중심주의가 무엇인지는 구체적으로 말하고 있지 않지만 지금 전개되고 있는 다른 세 가지 운동의 과오를 지적하는 데서 해밀턴의 주장이 분명해진다. 물론 해밀턴이 그렇게 연관시키고 있지는 않지만 그의 신인간중심주의가 그 내용에 있어서 주체사상의 그것과 같다고 보아 인류세에 대한 '주체세'(Juchecene)라는 층서명을 독자적으로 여기에 소개하려고 한다.

인류세가 인류가 멸종한 다음 미래의 암반에 기록될 명칭이라면 주체세는 다가올 임종을 막아보자는 처방전이라는 점에서 인류세와 다르다고 할 수 있다. 해밀턴은 자기 책의 마지막 끝 단어를 '두 번 다시 아니어야'(never again)로 끝내고 있다. 지구에 두 번 다시 이런 재앙이 오지 않게 하는 처방전은 과연 무엇인가?

'에를레프니스'(erlebnis)란 말은 '갑자기 우연히 생긴 일'을 의미하는 것으로, 우리말로 '별안간'으로 번역될 수 있을 것이다. 지금까지 생각해 온 방식대로는 지구와 인간의 역사에 별안간 나타난 엄청난 균열의 규모를 포착할 수 없다. 그래서 "우리로 하여금 20세기와 21세기 초의 특정한 사회현상을 뛰어 넘어 인간의 조건과 지구상에서 인간의 위치에 대해 생각해 볼 것을 촉구한다"(해밀턴, 102쪽).

이제 겨우 5000여 년도 안 되는 인간의 역사를 말하기엔 간에 풀칠 할 정도라고 봐야 한다. 삼국시대, 고려시대가 아닌 층서학자들이 지구의 지질을 연구할 때 사용하던 절(age), 세(epoch), 기(period), 대(era), 누대(eon) 같은 용어들이 더욱 실감나게 되었다. 코로나가 인류 대멸종의 전조가 아닌지 지구촌이 함께 공포에 떨고 있다. 그러나 코로나의 가장 큰 원인이 지구의 기후 변화에 있다면 질병의 원인을 지방, 인류, 세회(사회), 세시(우주 변화)의 네 가지로 분류한 이제마에 귀를 기울일 때이다. 인간의 질병이 오존층 파괴에 의한 기후 변화와 코로나19가 무관하다 할 수 없게 되었다.

오존층 파괴 연구로 노벨 화학상을 받은 바 있는 독일 막스플랑크연구소의 파울 크뤼천 박사는 2000년 "인류 전체가 지구에 큰 영향을 미쳤으므로 현 지질시대를 '인류세'(人類世: Anthropocene)라고 불러야 한다"고 했다. 지질시대의 가장 큰 단위가 신생대, 중생대 같은 대(代)이고, 중간이 페름기, 쥐라기 같은 기(紀)이고, 가장 작은 단위가 홀로세, 플라이스토세 같은 '세'(世)이다.

인류세가 다른 세와 다른 점은 세의 주인공인 인류가 스스로 붙인 이름이란 점이다. 충적세와 홍적세 그리고 홀로세 등이 있지만 공룡이 자기 살던 세에 이름을 붙인 것은 아니다. 인간들이 그렇게 이름 붙인 것에 불과하다. 그러나 인류세는 스스로 인류 자신이 '인류세'를 만들었고 이름마저 스스로 붙여 보았다. 그리고 자기의 이름대로 임종의 침상에 지금 누워 있다.

크리천 박사가 '인류세'란 명칭을 붙인 다음 이에 대한 논쟁이 뜨겁다. 클라이브 해밀턴은 '인류세 시대의 인간의 운명'을 단행본으로 논하고 있다. 과학은 물론 철학과 신학을 망라한 시각에서 멸종 앞에 선 인류의 미래에 관해서 치밀한 언급을 하고 있다. '인류세'에 대하여 반론으로 '인간세', '자본세' 등 다른 이름을 거론하는 사람들도 있다. 이 글에서는 인류세 대신에 '주체세'를 논해 본다. 그것도 해밀턴이 말한 신인간 중심 사상이 주체사상의 '사람 중심'과 같이 들리기 때문에….

1945년과 인류세의 시작

역사시대가 아닌 지질시대 구분법에 따라 인류문명사를 구분하면 우리가 사는 시대는 신생대(Cenozoic) 제4기에 속하는 홀로세(Holocene) 이다. 신생대가 시작된 지는 6600만 년밖에 되지 않았고, 그 가운데 제4 기가 시작된 지는 고작 258만 년 전이다. 그리고 마지막 빙하기가 끝난 1만 년 전부터 홀로세에 들어섰다. 그런데 바야흐로 그 홀로세가 우리 인 간들에 의해 인위적으로 끝나고 인류세도 인위적으로 시작되었다는 것 이다.

크리천이 1945년을 찍어서 인류세가 시작되었다고 하는 이유는 원 자폭탄이 투척된 이래로 지구촌 곳곳에서 핵실험의 결과로 10만 년이나 지나도 사라지지 않을 방사성 동위원소가 거의 영구적으로 남아 있기 때 문이다. 물론 이에 동의하지 않는 사람들 가운데 말름(Andreas Malm) 같 은 사람은 인류세는 궁극적으로 자본주의와 함께 시작되었기 때문에 '자 본세'(Capitalocene)라 하는 것이 타당하다고 한다. 여성해방 운동가 해러 웨이(Donna Haraway)는 자본주의란 궁극적으로 부유한 백인 남성중심 문화의 결과이기 때문에 인간 자체와 대척점에 있는 술루(Chthulu)를 따 와 '술루세'(Chthulucene)라 하자고 한다.

지금까지 인류세를 정의하는 제 관점에서 볼 때 인류세는 우리 한반 도의 운명과 어느 하나 연관되지 않는 것이 없어 보인다. 1945년과 자본 주의 그리고 백인 남성 문화가 인류세 정의의 중심에 등장하는 용어들이 기 때문이다. 그렇다면 우리는 남북이 같이 인류세보다 더 적합한 용어 를 우리 안에서 찾아야 할 것이다. 우리 한민족의 관점에서 홀로세 다음 에 급격하게 다가오는 새로운 세가 우리에게 던져주는 의미와 이에 대처 하는 방향은 무엇인가?

지구과학자들이 홀로세가 끝나고 인류세가 시작되었다고 믿는 주된 이유는 대기 중 이산화탄소 농도의 급격한 증가와 그로 인한 지구 시스템 전반에 미치는 연쇄적 영향 때문이라 한다(해밀턴, 16쪽). 1945년 제2차 대전이 끝나고 한반도는 분단되었고 지구 시스템에는 급격한 혼란이 조성되었다. 변화의 속도와 파급력이 인류 역사상 전체를 통해 볼 때 전에 없던 일들이 벌어졌다. 그래서 이 시기를 '거대한 가속도의 시대'라 부른다. 100만 년 이래 암석 기록들을 보면 1945년 원자폭탄 피폭 이후 지표면에 퇴적된 방사능이 급작스럽게 쌓이게 되었고 이를 '밤 스파이크' (Bomb spike)라 부른다.

이 '밤 스파이크'와 함께 일본은 패망하였고 우린 해방과 함께 분단이 되었다. 우리 한반도의 시각에서 보았을 때 인류세도 자본세도 술루세도 다 옳다. 1945년이 인류문명사에서 새로운 의의를 갖는 이유는 '자연'이란 개념이 달라졌다는 것이다. 지금까지 자연이란 인간이 어떻게 제어할 수 없는 것이라 정의되어 왔는데 1945년 이후부터는 인간이 자연을 만들고 있으며 그 만들어 놓은 자연에 인간 자신이 종속되고 말았다는 것이다. 다시 말해서 미세먼지 같은 경우는 인간이 만든 결과이지만 인간 자신도 어쩔 수 없이 당할 수밖에 없는 자연, 곧 '제2의 자연'이 되어버리고 말았다.

과거 1만 년 홀로세 동안 인간은 따뜻한 기후 그리고 맑은 공기와 물을 즐기며 잘 살아왔다. 다시 말해서 홀로세가 주는 제1의 자연 속에서 '자연으로 되돌아가자'라고 구가하면서 잘 살아왔는데 이제 인류세의 도래와 함께 제2의 자연, 즉 인간이 만들어 놓은 자연을 향해 도연명의 귀거래사를 읊을 수 있겠느냐다. 우리에겐 돌아갈 자연은 없다. 그럼 어디로 가야 하나?

공기도 공기이지만 앞으로 인류에게 있어서 더 큰 문제는 물이다. 인체의 대부분을 차지하는 물이 점점 부족해져 간다는 것이다. 미국 엘에이 근처 빅 베어란 산정에는 산정호수가 있다. 오랜만에 방문을 했을 때 그 많던 물이 거의 다 사라지고 바닥만 드러나 있었다. 과연 물 부족이란 사태가 무엇인지 실감할 수 있었다. 하늘엔 마실 공기가 없고 땅엔 마실 물이 없다는 것은 멸종의 다른 표현일 것이다.

제2 자연의 도래는 우리가 사는 자연 세계와 인간이 맺고 있는 관계를 전도시키고 말았다. 1세기 전, 아니 30여 년 전만 해도 예측할 수 없었던 일이다. 해밀턴은 경고하고 있다. "지구 경로의 돌이킬 수 없는 위험한 변화가 우리의 미래이며, 역사적 균열이 존재하기 이전 시대에서 물려받은 사고방식들은 분명히 문제가 있다는 사실을 직시할 때이다"(해밀턴, 70쪽). 인간이 만물의 영장이라고 잘났다고 자랑하던 그러한 관념부터 뿌리째 뽑아버려야 한다. 아직도 정신 못 차리고 GNP나 GDP를 자랑하고 매년 경제성장률이나 각 국마다 비교하는 사고방식을 언제까지 더 유지할 것인가?

인류세 앞에 잘못 진단한 운동가들

그럼 인류가 이 지경이 되도록 만든 책임이 누구에게 있었던 것인가? 당장 1989년 동구 공산권이 무너질 때 자본주의의 만수무강을 외치고 공산주의의 영원한 패망을 선전하던 사람들이 지금 인류세에 대하여 무슨 언질을 던지고 있는 것일까? 인류가 화석으로 변할지도 모르는 위기 앞에서 지금도 자본주의의 영원한 승리를 부르짖고 있을 것인가?

'인류세'의 저자 해밀턴은 인류 멸종의 위기 앞에 임종의 병상에 처해 인간을 진단하고 처방하는 족속들을 네 가지로 분류하고 있다. ① 위기는 오직 신의 섭리에 의해서만 해결될 수 있다는 인간의 무기력함을 주장하는 '종교적 근본주의자들', ② 이제 인간에게 해결할 능력이 남아 있지 않다고 주장하는 극단적 환경운동가들과 생태학자들—'포스트휴머니즘', ③ 인간에게 위기 극복의 강한 가능성이 남아 있기 때문에 그 힘을 행사하는 것을 두려워해서는 안 된다는—'에코모더니스트', ④ 인간의 강함과 지구의 강함을 더욱 강화시켜 양자가 맞물리게 해야 한다는 '신인간중심주의'가 그것이다.

이들 네 부류의 사람들이 지금 인류 임종의 침상에 나타나 너도 나도 자신들이 해결사라고 자처하고 있다. 그러나 이들 부류의 사람들이 하는 일들의 내용을 자세히 들여다보면 신인간중심주의를 제외하곤 문제를 더 악화시킬 뿐 문제 해결에 전혀 도움이 되지 않는다. 그러면서 ④번째로 '새로운 인간 중심주의(the new anthropocentrism)를 대안으로 들고 있다. 이 마지막 부류의 주장은 환경 파괴자들이든 보호론자들이든 자기들의 힘을 과신하고 남용해 무절제하게 사용해 왔기에 앞으로 더 힘을 절제 있게 신중하게 사용해야 한다고 경고한다.

해밀턴은 '새로운 인간 중심주의'라고 말하고 있으나 구체적으로 그 내용을 제시하고 있지는 않다. 다만 반자본주의, 반백인남성주의인 것만은 분명한 것 같다. 그러면서 해밀턴은 서양 철학과 신학 전반에 걸쳐 비판적이다. 서양 철학의 주류가 된 이원론적 사고 구조와 뉴턴-데카르트적 세계관은 인간과 자연을 대립 구조를 만들어 결국 환경 파괴 주범이 되었다.

인류세가 반자본주의 그리고 반백인남성주의를 겨냥한다면 미국에 대척점에 서 있는 곳과 나라를 생각해 보지 않을 수 없고, 그곳은 '북부 조선' 혹은 '북조선'을 생각하지 않을 수 없다. 거기에 어떤 희망이 있을 것이란 기대를 걸고. '인류세'란 말 자체가 인류의 멸종을 전제한 후의 지구과학에 부쳐진 이름이라면 이 시점에서 이 지구를 구제한다는 전제를 할 때 그곳은 당연히 자본주의와 백인 남성이 지배하지 않는 곳이 될 곳이고, 그렇다면 우리의 눈은 '북부 조선'으로 쏠릴 수밖에 없다.

자본세와 인류세

'자본세'란 말을 만들어 낸 사람은 제이슨 무어이다. 그는 크뤼천의 '인류세'란 말에 반기를 들고 '자본세'란 말을 만들어 내었다. 충서위원회는 되도록 정치적으로 중립적인 용어를 선택하려고 한다. 홀로세 다음으로 '자본세'가 집중조명 되는 이유는 제2의 자연이 자본주의를 가능했기 때문이다. 자본주의 때문에 산업혁명 이후 소비지상주의가 만연했고, 화석연료 생산업체들 로비의 영향력으로 1945년 제2차 대전 이후부터 놀랄 만큼 지구 온난화가 가속화되었다.

1945년, 하필이면 한반도 분단과 때놓을 수 없는 이 기간에 국제충서위원회가 '인류세'라고 명명한다면 지구의 종말과 함께 한반도는 지구의 지층에 영원히 기록될 것이다. 그러면 무엇이 어떻게 기록될 것인가? 백인남성 그리고 부자 자본주의에 대척점으로 혹자들은 정착토착민 (settler colonialism) 즉, 미국 인디언을 손꼽는다. 인류세 담론을 비판하면서 자본주의-백인 남성은 1492년 이래로 정착 토착민들을 살던 곳에서 추방하고 살해한 후, 거기다 오늘날 자기들 중심의 국가를 건설하여 드디어 인류세를 도래케 했다는 것이다. 그래서 인류세가 말하는 기후위기를 극복하기 위해서는 토착민들이 살아 온 방식과 그들의 토착지식과 정신세계를 배워야 한다고 한다. 정착토착민을 강화시켜 다른 백인 남성부류를 약화시켜야 한다는 주장이다. 그러나 '걸리버 여행기'에서 토착민들이 외래인들을 밧줄로 묶어 두면 힘을 못 쓸 줄 알았지만 그것은 착각이었다. 외래인들은 밧줄을 끊고 말았다.

토착민들이 백인 부유 남성들과 맞서 싸우기란 바위에 계란 던지기 정도밖에 되지 않을 것이다. 그러면 과연 자본주의-백인 남성들에 맞서고 인류세를 대신할 수 있는 정체는 없다는 말인가? 크뤼천은 책의 결론에서 '새로운 인간' 즉, ① '신인간중심주의'를 강조하고 있다. 신인간상이란 인간의 '강해진 힘'과 '지구의 강해진 힘'이 결합되는 것이라고 했다. 다시 말해서 신인간상은 인간의 강해짐이 자연을 약화시켰기 때문에 환경 재앙이 왔다는 ② 포스트휴머니즘이나 존재론적 다원주의를 반대한다. 다른 한편 ③ 인간을 강하게 함으로 지구를 약하게 하려는 에코모더니즘도 부정한다.

크리천은 "일부의 철학자의 입장은 지구의 강해진 힘만을, 다른 입장은 인간의 강력한 힘만을 인정한다. 또 다른 일각에서는 두 힘을 모두 인정하지 않는다"라고 하면서 ④ "우리가 지구와 인간의 힘 모두를 인정할 때 우리는 인간이 직면한 새로운 상황을 제대로 파악할 수 있다." 이를 두고 인류세의 '이율배반'이라고 한다. 인류세의 이율배반이란 "인간은 더 강해졌다. 자연도 더욱 강해졌다"와 같다. 인류 문명사란 인간과 자연 간의 힘겨루기이었으며 인간과 지구가 모두 강해지는(win-win) 것이 새로운 인간상인데, 그것은 이율배반적 혹은 역설적인 것이어야 한다.

이를 '이중진리'라고 한다. 인간과 자연은 지금까지 대립 구도이거나 어느 하나가 다른 것에 예속 내지 종속되는 것이었다. 이것이 낡은 인간상이다. 그래서 인간과 지구가 모두 동시에 강해지도록 하는 것이 신인간상이라고 한다. "신인간 중심적 자아는 근대의 주체처럼 자유로이 부유하지 못하며 항상 자연에 엮인 채 자연의 구조 안에서 매듭을 이룬다"(91).

인간이 자연과 매듭같이 맞물린다는 것은 '국지적 local'이기도 하고, '보편적'(global)이기도 한 'glocal'이다. 자연에서 벗어나 있지만 자연에 의해 제약받고 있으며, 힘과 자주성을 누리고 있지만 그 자주성이 방종에 쓰이지 않도록 하는 것이 신인간중심적 자아이다.

신인간중심주의와 다른 견해들의 비교

해밀턴은 인간과 지구(자연)에 '약해진 힘'과 '강해진 짐'을 적용하여 위의 표와 같이 네 가지로 지금까지 나타난 이론 혹은 운동을 분류한다. 지구에 사는 인류의 임종을 앞두고 임종의 침상에서 보이는 네 가지 종류가 일목요연하게 표로서 제시되었다. 우측 하단의 ④ 신인간중심주의는 인간의 힘도 지구의 힘도 모두 강해져야 한다는 주장이다. 이는 다른 세 가지 이론과 운동 차원에서 볼 때 모두 비판의 대상일 수 있다.

①은 종교적 근본주의적 입장으로 인간도 자연도 모두 무기력하여 오직 신의 섭리만이 답이라는 주장으로 신천지를 비롯한 기독교의 빛바랜 주장으로서 제일 처음으로 폐기 처분될 수밖에 없다. ③ 에코모더니즘 운동은 잘 알려진 대로 인간의 기술이 갖는 힘을 휘두르거나 강화시켜서 지구 자연을 더 제어해 나가야 한다는 모더니즘을 더 강화시키자는 운동이다.

② 포스트휴머니즘은 신인간중심주의와 인간의 힘을 강화해야 한다는 점에서는 같으나 지구를 인간이 제압해 약화시켜야 한다는 점에서는 다르다. 이들은 마치 에덴동산을 거니는 아담과 하와가 신으로부터 자연을 잘 다스리라고 부탁 받은 청지기와 같이 지구상에서 행세하려 한다. 그러나 이 지구상에는 노예에 대한 착한 주인이 없듯이 착한 청지기는 없었다. 에코모더니즘은 이렇게 아직도 홀로세에 인간이 살고 있는 것처럼 착각하고 있다.

② 포스트휴머니즘은 신인간 중심주의 강한 지구 그리고 약한 인간

을 대망하는 주장을 하고 있는 영향력을 가장 많이 끼치고 있는 조류이다. 오늘날 위기가 인간의 힘이 비대해지고 지구가 약해진 데 그 원인이 있기 때문에 역으로 지구(가이아)에 힘을 실어 주고 인간을 약화시키자는 주장이다. 신유물론이라고도 하며 인간의 청지기 직분을 박탈해 자연에 돌리려 하나 역설적이게도 이 운동은 오히려 인간의 힘을 더욱 강화시키는 오류를 범하고 말았다. 오늘날 주변의 페미니즘과 생태철학 그리고 포스트 식민주의 운동이 모두 포스트휴머니즘 운동에 해당한다.

신인간중심주의는 포스트휴머니즘이 자연을 약화시키는 것을 반대한다. 서로 맞물리자면 인간과 지구(자연) 간에는 서로 균형이 같거나 맞아야지 어느 하나가 약화되어서는 안 된다고 본다. 포스트휴머니즘은 최근에 와서야 자기 당착에 직면하여 인간을 옹호하는 방향으로 기울고 있다. 신인간중심주의가 주장하는 인간과 자연 간의 균형을 유지하기 위한 당연한 결과라 할 수 있다. 그래서 요즘 페미니즘이나 생태환경론자들의 주장을 보면 교모하고 공허한 말장난으로 자가당착적 모순에서 벗어나려하는 모습을 여실히 발견할 수 있다.

포스트휴머니즘은 뉴턴-데카르트적 이원론을 비판하는 데서 출발했지만 결국 자기 자신들이 인간과 지구를 이원론적으로 대립시키는 오류를 범했다. 이에 ④ 신인간중심주의는 물질과 정신의 이원론을 극복하나 정신과 물질의 상호 맞물려 있음을 인지하고 인간도 지구도 상호 강화되어야 한다고 한다.

주체사상과 신인간중심사상

8. 종교를 말하는 가운데서 "북한 정권은 광란적인 국가 종교인 주체사상을 신민들에게 주입한다. 주체사상은 마르크스레닌주의와 고대 한

국의 전통, 한국인의 고유 순수성에 대하 인종주의적 믿음, 김일성 일가의 신격화가 결합된 것이다. 김씨 가문이 태양신의 후손이라고 주장하는 사람은 아무도 없다. 하지만 김씨 일가는 역사 속의 그 어떤 신보다 더 영열히 숭배된다."[88] 그는 남한 태극기 부대에 준하는 발언을 그의 유명도에 걸맞지 않게 쏟아 내고 있다. 주체사상을 그는 일본제국주의에 비교하면서 핵개발은 멸망을 자초하는 것이라고까지 말하고 있다. 그러나 그의 이러한 주장은 남북의 분단 역사와 상황을 제대로 판단하지 못하고 있으며 북한 정권이 1930년대 항일유격대 투쟁 역사의 연장선상에 있다는 사실도 전혀 알지 못한 데서 나온 결과라 할 수 있다. 더욱이 주체사상에 대한 그의 발언은 전쟁사 전공자로서 무지의 한계를 여실히 드러내고 있다. 주체사상의 사람 중심 사상을 해밀턴의 신인간 중심 사상과 비교하는 작업부터 시작하기로 한다.

지금까지 신인간중심주의를 기준으로 다른 세 가지 견해들을 각각 비교해 볼 때에 해밀턴이 말하고 있는 신인간중심주의는 주체사상에 많이 접근하고 있는 것을 발견할 수 있다. 인간과 자연의 상호 맞물림 그리고 뉴턴-데카르트적 세계관의 극복이란 관점에서 볼 때에 두 개의 사람 중심 사상은 멀지 않고 가깝다.

주체사상이 해밀턴의 인류세의 새인간중심주의와 일치하는 면은 유물론과 관념론 이원론의 극복이라 할 수 있다. 포스트휴머니즘이 갈망하는 대단원이 이원론의 극복에 있었지만 오히려 더 균열을 강화시킨 면이 있다면 주체사상은 이에 적절히 대처했다. 중국과 구소련이 낫과 망치(유물론)를 당 마크로 삼은 데 대하여 '북조선'은 거기에 붓을 넣었다. 이는 상징적으로 유물론과 관념론의 통일이라 할 수 있다.

---

88 유발 하라리, 『21세기 21가지 제언』 (김영사, 2018), 26쪽.

인간과 지구의 힘을 모두 강화시켜야 한다고 할 때에 그것은 궁극적으로 관념론과 유물론의 통일이라 할 수 있다. 인간중심의 세계관의 논리에 의하면 세 가지 생명력인 물질적 생명력, 정신적 생명력, 사회협조적 생명력에 의하여 추동된다. 그래서 인간의 3대 생명력의 발전수준에 알맞게 인간의 자주적 지위와 창조적 역할의 수준이 결정된다. 이것은 주체사상이 인간을 자주성, 창조성 그리고 의식성으로 정의한 것과 맥을 같이 한다. 그래서 주체사상을 인간중심 세계관에서 보면 객관적 존재성의 측면만을 물질세계의 본질적 특징으로 보는 유물론이나 주관적 측면만을 본질적 특징으로 보는 관념론은 모두 배격된다.

즉, 김정일의「주체사상에 대하여」에서 "역사에는 여러 가지 유형의 세계관이 있었지만 사람을 중심으로 세계에 대한 관점과 입장을 밝힌 것은 없었습니다. 세계를 관념이나 정신의 세계로 보는 관념론자들은 더 말할 것이 없고(세계관 1), 지난 시기 세계를 물질의 세계로 본 유물론자들도 사람을 중심으로 세계에 대한 관점과 입장을 밝히지는 못하였던 것입니다(세계관 2). 주체사상은 사람을 단순히 세계의 한 부분으로서가 아니라 세계를 지배하는 주인으로 내세움으로써 종래와는 달리 세계의 주인인 사람을 중심으로 세계와 그 발전에 대하는 새로운 세계관을 확립하였습니다(세계관 3). (괄호 안은 필자의 것임)

그러면 유물론과 관념론을 조화시킬 존재는 무엇인가? 주체사상은 그것이 '사람'이라고 한다. 우리는 여기서 주체사상에서 말하는 '사람'의 의미가 무엇인지 분명히 파악하게 된다. 사람을 관념으로만 파악하려는 세계관 1과 물질로만 파악하는 세계관 2의 한계와 잘못을 극복하고 그것을 종합시켰을 때에 사람 그 자체가 떠오른다는 것이다. 이것이 주체사상의 세계관 3이다. 여기에 독특한 사람의 의미가 있다. 이러한 주체사상에서 말하는 사람의 의미를 제대로 파악하지 못한 데서 주체사상에 대한 온갖 오해와 곡해가 발생하게 된다.

먼저 '사람 중심'이란 말이 무슨 새로운 맛과 의미를 갖느냐고 비판한다. 역대 철학으로서 사람을 다루어 그 중심으로 생각하지 않는 철학이 어디 없었느냐고 비아냥거린다. 한마디로 말해서 진부하다는 것이다. 서양 철학사에서는 르네상스로부터 인본주의 또는 인도주의에 관심을 갖게 되었으며 18세기 계몽기에 이르러서는 존 로크, 루소로부터 대표되는 사회정치 철학이 인간의 자유, 평등, 정의, 권리 등에 관한 문제를 다루게 되었다.

르네상스 이후 서구에 등장한 인간 중심 사상은 거의 기독교적 인간관에 대한 반동으로 등장했다는 사실을 알아야 한다. 기독교도 초기에는 원시 고대의 자연 종교의 신관에서 인간을 해방시키면서 등장하였다. 그러나 중세기 스콜라 철학은 인간을 다시 인격신의 예속물로 만들어놓고 말았다. 르네상스 이후 서구 철학은 인간을 신의 복속 상태에서 해방시키려 했으며, 그 결과 빚은 과오는 인간을 너무 개별적이게 했으며 인간을 원시 동물적 형태로 끌고 가고 말았다. 다시 말해서 지금까지 서구의 인간주의는 신중심 아니면 개인주의적이었다. 그리고 물질 아니면 정신으로 파악했다. 그 결과 인간을 자연과 유리된 존재로 만들고 말았다.

그 결과 나타난 것이 다윈과 마르크스와 프로이트의 인간관인 것이다. 인간을 경제적 조건과 성적 본능으로만 보게 되었다는 것이다. 그리고 로크나 밀의 인간관은 인간을 개체적 존재로만 파악함으로써 인간 소외를 초래했고 이 점이 바로 오늘날 자본주의 시민사회가 가진 인간상의 병폐이다. 이러한 인간관을 형성시킨 데는 라이프니츠의 단자론이 한몫 거들었다고 할 수 있다. 창 없는 단자(windowless monad)는 창살 없는 아파트적 공간 속에 인간을 밀폐시키고 말았다.

위에서 말한 ① 종교 근본주의, ② 포스트휴머니즘, ③ 에코모더니즘, ④ 신인간중심주의를 주체사상적 입장에서 볼 때 먼저 세 가지는 모두 서양 철학이 범한 과오를 반복하고 있다는 것을 발견할 수 있다. 그리고 해밀턴이 제시한 ④ 신인간중심주의는 주체사상과 대동소이하다고 본다.

그래서 인류세를 '주체세'로 대치해야 마땅할 것이다. 그 이유는 해밀턴이 아무리 새인간중심주의를 강조해 말한다하더라도 그것이 서구 전통 속에서 그것을 구가하기란 거의 불가능하기 때문이다. 이 말은 인류의 종말이란 임종의 침상에서 그 어느 의사도 환자를 바로 진단하지 못하고 있다는 것을 의미한다. 명색과 구호는 '신인간중심주의'라고 하지만 정치 사회라는 현실 속에서 구가하기란 불가능하다는 말이다.

그러나 주체사상은 이미 역사의 현장에서 실천을 통해 검증되고 있다. 이를 해밀턴은 '자연과정'(natural process)이라고 한다(책 97). 필자는 이를 항일유격대원들이 춥고 굶주림 속에서도 왜 야생동물에 손을 대지 않은 데서 찾으려 한다. 회고록(『세기와 더불어』) 전권에는 왜 그랬는지에 대해서는 말하지 않고 있다. 그러나 비록 나중에 전향하기는 했지만 김동하란 남부군이 쓴 '노고단은 알고 있다'를 읽던 중에 그 이유를 알게 되었다. 주인공이 이현상을 만나러 갔을 때에 막사 앞으로 노루가 지나가는 데 총으로 쏘지 않는 것을 보고 의아해 한 동료에게 그 이유를 물은 결과 "우리 항일유격대와 야생 동물은 같은 운명이라네. 서로 돕지 않으면 이 어려운 환경에서 살아남기 어렵지"라고 말하는 데서 회고록에서 말하지 않은 이유를 알게 되었다. 유격대원들은 산속에서 굶어 죽어도 야생동물을 살상하지 않았다. 자연과정을 몸으로 체험한 것이다.

호모 호모로서의 신 인간 탄생이 고난 없이 공학적 조작에 의하여 태어 날 수는 없다. 그러나 하라리는 현대 과학 기술을 통해 충분히 호모데우스가 탄생할 수 있다고 확신하고 있다. 에덴동산에서 신이 물질인 진흙을 주물러 인간을 만들 듯이 앞으로 과학자들이 그러한 인간을 만들어 낼 것이고 그런 인간들이 '호모 데우스'라는 것이다. 그러나 그렇지 않다고 본다. 간변에서 층변으로 다시 층변은 양상변화를 거쳐야 새로운 인간과 신이 탄생한다. 그러한 전과정에는 '고행'과 '자기 죽음'이란 과정을 거쳐야 한다.

기독교 요한계시록은 새하늘새땅은 기독교인들이 로마의 학정을 견디어 낸 고난을 통과해 나온 백성에게만 그것이 가능하다고 했다. 현대 인류 문명사에 일본제국주의는 가장 악랄했으며 그 악랄함의 터널을 빠져나온 사람들은 '호모 데우스'가 아니고 '호모 호모'로 탄생할 것이다. 그리고 호모 호모는 호모 데우스의 주인이 될 것이다. 주인 없는 호모 데우스는 위험하다. 그래서 동학의 삼경(三敬) 사상은 '인내천' 사상의 모체이며 천을 공경하고[敬天], 사람을 공경하고[敬人], 물건을 공경하라[敬物]고 했다. 이러한 삼경사상 없이 태어난 호모 데우스는 위험 천만이라 아니할 수 없다. 유발 하라리에게 권한다. 『동경대전』과 『용담유사』를 한번 읽어 보고 글을 쓰라고. 삼경 사상을 다 갖춘 것이 주체사상이란 정도는 알아야 할 것이다.

실로 회고록은 많은 사실을 알게 하지만 야생동물과 유격대원들 간의 공동체 운명 정신은 인류세 앞에서 돋보이게 한다. '자연과정'이라는 관점에서 보았을 때 주체사상이 죽어 멸종돼 가는 인류에 희망을 던져 인류세를 대신하는 주체세로 남지 않을까 생각해 보게 한다. 그래서 대동강변 주체탑 옆에 서 있는 당마크는 인류가 멸종된 다음에 이 지구에 한 무리의 인간들이 살았다는 한 표징이 되지 않을까 생각해 본다. 인간과 자연지구의 조화, 궁극적으로는 정신과 물질의 조화, 그것 이외에 인간이 다음 세에 남길 다른 것이 무엇일지 아직 모르겠다.

보이지 않는 함대: "병란兵亂이 곧 병란病亂이니라!"

하라리는 "기아 다음으로 인류의 두 번 째 강적은 전염병과 감염병이었다"[89] 과학자 브뤼노 라뚜르는 지금 지구의 급박한 위기 상황을 "연료가 바닥난 비행기, 구멍난 배, 불타고 있는 집"에 비유했다. 그러면서 이러한 급박한 시대를 '인류세'라고 했다. 충적세나 홍적세같이 이번엔 인간 자신이 만든 세, 즉 인류세가 1945년부터 시작되었다는 것이다. 2차대전 이후 지구에 쌓이는 인간들이 만들어 낸 쓰레기들이 하나의 층을 만드는 세를 '인류세'라 부르자는 것이다.

그러나 2019년 코로나19가 전 지구촌을 휩쓸자 Before Corona(B.C)와 After Corona(A.C)로 세기 구분을 하자는 말도 나오고 있다. 보통 하나의 세는 한 종의 멸종 다음에 후대에 부쳐지나 '인류세'는 인류가 언젠간 당연하게 사라질 것을 전제하고 부쳐진 이름이라는 점에서 다른 것들과 다르다. 인류 멸종을 초래할 듯한 코로나, 어떻게 바라볼 것인가?

볼 일이 있어 김포공항을 들렀다. 입구부터 개미 새끼 하나 얼씬하지 않고 큰 홀 안은 불이 꺼져 있었다. 전에 볼 수 없었던 광경이다. 말 그대로 '록다운'이다. 2500여 년 전 노자의 도덕경 한 구절이 생각났다. 도덕경 80장에서 "배나 수레가 있더라도 탈 일이 없고, 이웃 나라가 서로 바라보이고 닭이나 개의 울음소리가 들릴 정도의 거리에 있더라도, 백성들이 늙어 죽을 때까지 서로 오가는 일은 없을 것이다."(80장)

노자의 이 말은 오늘의 코로나19를 예견하고 한 말 같다. 노자의 말은 인류 문명에 대한 경고라 할 수 있으나 결과는 코로나가 우리에 가져다 준 현주소와 같아져 버렸다. 그리고 노자는 "날카로운 무기와 튼튼한 갑

---

89 유발 하라리, 『호모 데우스』, 20

옷이 있더라도 전쟁할 일이 없다"라고 했다. 노자의 희망 섞인 말은 인류 문명에 대한 경고로 남아 왔다. 그러나 노자는 자기가 살던 춘추전국 시대에 어떻게 전쟁 없는 세상이 될 것인지에 대해서는 어떤 구체적인 진단도 대안도 내놓지 않았다.

금년은 동학 농민혁명 120주년이 되는 해이다. 수운 최제우는 노자가 말하는 그런 세상이 오자면 '개벽'(開闢) 없이는 불가능하다고 한다. 그리고 개벽에는 반드시 괴질(怪疾)이 따른다고 하면서

"아동방 3년 괴질, 인물이 많이 상하지 않겠는가?"(용담유사, '권학가' 중에서)

"십이제국 괴질운수 다시 개벽 아닐런가?"(용담유사, '몽중노소 문답가' 중에서)

여기서 '아동방'이란 '우리나라'란 뜻이고, '십이제국'이란 '세계만방'을 의미한다. 전 지구촌에 괴질이 돈 다음에야 개벽이 일어나고, 그 과정에 우리나라에서도 많은 사람이 다칠 것이라는 말이다. 120여 년 전 수운의 말을 오늘의 코로나에 연관시켜 생각하는 것이 타당할지 않을지는 불문에 부치더라도 코로나가 가져다주는 충격은 가히 '천지개벽'이라 할 정도이다. '전에 들어보지 못하던 일들'(something unheard before)이 벌어지고 있기 때문이다.

지금 우리에겐 전에 읽기를 멀리하던 글들이 오히려 눈길을 끌고 공감을 갖게 한다. 기독교 신약성서 가운데 '요한계시록'과 우리나라 비결 책 가운데 '정감록'과 '남사고 비결' 같은 문헌들에 관심 있게 되는 것이 자연스럽게 되었다.

요한계시록에 의하면 종말의 날에 "넷째 봉인을 떼니 칼과 굶주림과 역병이 땅에 창궐하여 짐승들이 사람들을 죽이는 일이 생길 것이며"(6장 7-8절)라고 했으며, 정감록에선 말세에 서울에서 여주 이천 사이에 괴질

로 죽은 사람들의 시체가 산더미 같이 쌓일 것이라 했고, 남사고는 '격암유록'에서 "말세에 이름 없는 괴질병으로 앓아 죽은 시체가 산과 같이 쌓여 계곡을 메울 것이라"('말중운' 중에서)라고 했다.

이런 묵시문학적 문헌들은 사회 혼란과 혹세무민의 도구로 사용될 수 있는 위험성이 있기에 제도권의 학계와 특히 정치권에선 금서로 지목돼 세인들의 입에 오르내리지 못하게 했다. 그러나 민간 내부의 경우에선 사정이 달라 이들 문헌이 지속적인 생명력을 가지고 살아 있는 글들로 읽혀 왔다. 그런데 코로나19와 함께 오히려 이들 문헌이 더 현실적인 것으로 우리 앞에 다가오고 있다.

이들 문헌에게 한 가지 공통적인 것이 있다면 위기의 원인이 정치에 있다는 것과 위기에 대한 대안을 제시하고 있는데, 그 대안이란 철저하게 윤리적이라는 데 있다. 요한계시록의 경우 위기의 근원은 로마 제국이고 대안은 앞으로 올 '새하늘 새땅'이다. 정감록의 경우 정 씨 왕국이 대안이라는 것이다. 남사고의 경우는 인간들이 천명을 어겼기 때문이란 것과 그 대안은 올바른 마음을 갖는 것과 십승지로 몸을 피하는 것이라고 한다.

동학의 경우는 문제의 진단이 더욱 강력하고 대안 역시 간명하다. 다시 말해서 서학이 들어와 무기로서 동양을 제패하려는 것과 서학 혹은 서교가 조상신은 없다고 하면서 자기는 천당 가겠다고 하는 어린아이들도 웃을 짓을 하는 자기만 위하는(各者爲心) 심보가 잘못되었기 때문에 동학이 그 대안이라는 것이다.

문재인 정부는 지금 코로나 위기를 맞아 그 극복을 위해 한국판 뉴딜을 발표했다. 그러나 과연 바른 위기 진단 위에 세워진 것인지 의혹의 눈을 던지지 않을 수 없다. 자칫 2차 토목 산업 위에 4차산업을 올려놓으려 하는 것은 아닌지 의심하지 않을 수 없다. 이에 대해 시민 단체들은 '그린

-뉴딜'로 반대하려 한다. 다시 말해서 정부의 위기 진단과 대안이 문제의 본질을 빗겨갈 위험성이 높다는 것이다. 문재인 정부의 뉴-딜이 잘못 설정되었다고 한다면 그린-뉴딜은 바로 된 것인가? 그 대안을 병란(兵亂)과 병란(病亂)의 상호 관련성과 3통 사상과 연관시켜 민족 대통일 과업에 코로나19가 갖는 의의를 모색해 보기로 한다.

제러미 리프킨은 경향신문과의 대담에서(2020. 5. 14.) 코로나19 위기의 본질을 두고 기후변화와 잘못된 세계화에 있다고 하면서 물 순환 교란으로 인한 생태계 붕괴라고 진단한다. 우리가 사는 지구라는 행성은 물로 가득 차 있는데 지구 온난화로 지구의 물 순환이 바뀌고 있다. 지구가 1도씩 뜨거워질 때마다 대기는 7%씩 더 많은 강수량을 빨아드려 과거에 물로 가득 차 있던 호수를 오랜만에 방문하게 되면 아마도 리프킨의 말을 실감하게 될 것이다. 미국 LA 근교에 있는 빅 베어 산정호수가 그 좋은 예가 될 것이다.

리프킨의 두 번째 진단은 인간이 야생의 터를 침범한 것에 있다고 본다. 1900년대만 해도 인간이 사는 땅은 14% 정도였으나 지금은 거의 77%이다. 야생 생명이 삶의 터전을 인간에게 빼앗기고 이주를 하기 시작했고 이것이 바이러스 이동과 전염의 원인이 되었다. 즉, 바이러스는 동물의 몸에 올라타서 이동했고. 최근 몇 년 동안 에볼라, 사스, 메르스, 지카와 같은 팬데믹이 발생한 이유가 되었다.

리프킨은 앞으로 더 많은 전염병이 창궐할 것이라 한다. 이제는 팬데믹이 올 때마다 1년 반 정도 록다운될 것을 예상해야 한다. 초기 단계에서 록다운을 해도 약 6개월 뒤에는 두 번째 파고가 찾아온다. 초반에 완전히 봉쇄하지 않으면 두 번째 파고는 훨씬 심각할 것이다. 리프킨은 위기의 원인을 기후 변화 다음으로 세계화와 신자유주의를 손 꼽고 있다. 세계화가 각 지역마다 장기 이익보다는 단기 이익을 우선시함에 따라서 나무를 보고 숲을 보지 못하는 우를 범했다. 4대강 사업 같은 것이 그 대표적인 예가 된다. 그래서 전염병이 발생하는 순간 전세계 인프라가 동시에 무너져 버렸다.

작년에 미국 트럼프 행정부가 중국과 무역마찰을 일으킬 때 의료용품까지 관세를 매기는 바람에 미국의 의료 물량이 어이없을 정도로 부족한 상황이 벌어졌다. 그래서 리프킨은 "전염병을 통해 한 가지 배울 것이 있다. 세상에 있는 모든 것이 하나의 망으로 연결돼 있다는 것, 우리가 한 가족이라는 것, 우리가 함께하지 않으면 다 같이 무너진다는 사실 말이다"라고 결론했다.

구한말 사상의학을 주창한 이제마(1837~1900)는 인간의 병은 지방(地方), 인륜(人倫), 세회(世會), 천시(天時), 이 네 가지에 의하여 생긴다고 했다. 지방은 인간이 사는 지역, 인륜은 인간 내부의 심리 혹은 가족 관계, 세회는 인간이 사는 사회구조 그리고 천시는 인간이 사는 시대의 우주 변화를 두고 하는 말이다. 오늘날 코로나19 위기의 진단에 있어서 이제마의 진단만큼 종합적으로 마음에 와닿는 것도 없을 것이다.

석학 리프킨의 진단이 현실적이고 과학적이기도 하지만 종합적이지는 못한 것이 사실이다. 한국 정부가 제시한 뉴-딜이 제2차산업 위에 올려놓는 4차산업이라면 이것은 토목 사업을 다시 하려는 것이 아닌가 하는 우려 즉, 천시와 지방을 무시하는 것이 될 수 있을 것이고, 시민 단체의 그린-뉴딜 역시 우주 변화를 주요시하는 천시에 부합하는 데 그칠 수 있다. 물론 필자는 여기서 외국의 어떤 석학이나 서양의 시민운동 단체와 연계된 진보 단체들의 위기 진단과 대안 제시보다 우리 고유 사상에서 찾을 것을 여기서 강력히 제안한다.

이제마보다 더 강력하고도 이해하기는 어렵지만 어쩌면 가장 실현성이 높은 위기 진단과 대안은 강증산의 것이 아닌가 한다.

'병란兵亂'과 '병란病亂'은 서로 상통한다

19세기 말 전라도 땅에서 태어난 강증산(1871~1909)은 가장 강력한 그리고 가장 큰 판을 짜 괴질을 진단하고 있다. 강일순 혹은 강증산은 시두, 흑사병, 천연두 같은 괴질들을 두고 '병란'(病亂)이라고 하면서 같은 발음을 가진 '병란'(兵亂)과 대비시켜,

장차 전쟁은 병으로써 판을 막으리라,

앞으로 싸움 날만 하면 병란兵亂이 날 것이니,

병란兵亂이 곧 병란病亂이니라 (도전, 7:35)

두 말의 발음이 같아서 '병란'(兵亂)은 '전쟁'이라 하고, '병란'(病亂)은 그냥 '병' 혹은 '병란'이라 부르기로 한다. 음양 이론에 적용하여 '병란'(兵亂)은 '양'이고 '병란'(病亂)은 '음'이라는 것이다. 그래서 양자를 길항(拮抗)관계로 보아 앞으로 큰 전쟁을 막으려면 반드시 병란(病亂)이 먼저 일어나야 한다는 것이다. 다시 말해서 코로나19 같은 병란(病亂)은 오히려 앞으로 큰 전쟁(병란兵亂)을 막기 위한 불가피한 수단이라는 것이다. 마치 음과 양이 서로 상대적으로 길항하듯이 말이다. 참으로 대단한 시각이고 코로나19에 처하여 가장 현실적인 진단같이 보이기도 한다.

병란은 큰 전쟁이 나오기 전 전령사같이 올 것이라고 하면서 "난리가 나간다. 난리가 나간다. 난리가 나가고 병이 들어 온다"(5:33) 그 병란의 참화가 얼마나 심한지 "한 집안 문중에 단 한 사람이라도 살아남아도 집에 운이 터졌다 하리라"(7:24) 이 말은 위에서 최수운이 용담유사에서 말한 '십이제국 괴질 운수 개벽이 아닐런가'와 일맥상통한다. 개벽은 병란과 같은 대 파탄(破綻) 없이는 불가능하다고 하면서 "파탄이 나간다 파탄

이 나간다"(5:33)라고 했다. 요즘 말로 '록다운'이 났다는 말이다. 얼마나 파탄이 났는지를 보기 위해 한 번 그 붐비던 공항을 나가보라. 무엇이 파탄인지 실감이 날 것이다. 이런 적이 없었던 파탄이다. 반 년 전에도 예측 못했던 파탄이 어디 있을 수 있단 말인가?

앞으로 한반도에서 세계의 병란을 끝낼 전쟁이 벌어지는 데 그것을 씨름판에서 마지막 승부를 가르는 씨름 즉, '쌍씨름'에 증산은 비유했다. 씨름을 전쟁에 비유하여 아기판과 총각판으로 나누어 모두 병란(病亂)으로 끝을 보게 된다고 한다. 제1차 대전은 스페인 독감(1918~1919)으로 종지부를 찍었다. 1914년에 발발한 1차 세계대전은 1918년 9월 데번스 미국기지에 들어 온 스페인 독감은 하루에 100여 명이 죽어나가게 했는데 이것은 전쟁으로 죽는 숫자를 능가했다. 윌슨 대통령도 즉각 전쟁을 중단시킬 수밖에 없었고, 드디어 1918년 11월 11일 제1차 세계 대전은 끝났고, 전쟁이 끝나자 스페인 독감은 맞바람에 게 눈 감추듯 사라졌다. 전쟁과 괴질 사이에는 무슨 상통 관계라도 있는 듯이.

고대 아테네가 무너진 것도 괴질 때문이었다. 역사학자 투기디데스는 "신들을 숭배하든 하지 않던, 역병은 남녀와 노소, 노예와 장군 심지어는 의사들까지 생명을 앗아 갔다"라고 기록하고 있다. 결국 역병 때문에 아테네는 몰락할 수밖에 없었다. 로마 제국이 멸망한 것도 실크로드를 타고 동양에서 서양에 전달된 시두 때문이었다. 남미의 아즈텍이 멸망한 것도 400배의 군사력을 가지고도 스페인에 망한 이유는 스페인군의 노예 가운데 하나가 옮긴 전염병 때문이었다.

이처럼 병란(兵亂)과 병란(病亂)은 불가분의 관계가 있다. 이를 한반도 통일과 관련하여 한 번 생각해 보자. 우리의 최대 과제는 70년 이상 세계 역사상 유례없는 정전협정을 평화협정으로 바꾸려 데 있다. 그러나 미국이 이를 방해하고 응하지 않고 있다. 이런 미국의 역사를 보자.

1620년 미국 청교도들이 북미주 땅에 들어 올 때 시두 균을 함께 가지고 들어 왔다. 백인들은 이 균에 의해 죽지 않는데 면역력에 약한 원주민들은 속절없이 죽어 갔다. 그래서 1775년 미국 독립전쟁은 사실상 시두 전쟁이었다.

원주민들이 속수무책으로 시두로 죽어갔기 때문이다. 미국 지배하에 세계 평화가 이루어진다는 말을 'PAX AMERICANA'라고 한다. 그런데 이런 미국의 세계 제패가 사실상 시두(POX) 때문이라고 하여 POX AMERICANA란 포스터까지 만들어 미국은 기고만장이었다. 이 포스터에 의하면 군대가 열 지어 지나가고 그 뒤로 시두신이 총을 메고 뒤따라 행진한다. 그리고 포스터 밑엔 '1775~1782의 위대한 시두 전염병이여! The Great Smallpox Epidemic of 1775~1782'란 글귀까지 적혀 있다.

바로 그런 미국이 지금 코로나19(POX) 앞에 맥을 못 추고 있다. 한국에서 입마개와 진단 키트를 구입해 갈 정도이다. 이를 넘어서 코로나19는 미국과 중국의 체면마저 한없이 손상시키고 있다. 이것이 고대 아테네, 로마, 몽골제국의 종언을 고하게 한 신호가 아닌지 주시하지 않을 수 없다. 강증산은 "앞으로 좋은 세상이 오려면 병으로 병을 씻어 내야 한다"(2:139)고 말했다. 마치 우주 변화에서 음이 양을 양이 음을 조절해야 하듯이 병란(兵亂)은 병란(病亂)으로 조절되어야 한다는 말이다. 로마의 종말이 회자에 오르듯 미국의 종말 역시 흥미의 대상이다. 그 종말의 순간이 눈에 보이지 않은 미생물에서 온다면 우리는 그 이유를 단순히 정치에서 찾아서는 안 될 것이다. 병란(兵亂)과 병란(病亂)의 관계에서 보아야 할 것이다.

그러나 음과 양의 길항에는 형언할 수 없는 고난이 따라야 한다. 기독교의 성육신을 이렇게 음양 관계로 보았으면 기독교가 성숙한 종교가 될 수 있지 않을까 상상해 본다. 1908년 강증산은 음양 길항이 고난의 앞날을 가져 온다고 보면서 "천하 창생이 모두 저 송사리 떼와 같이 먹고 살려고 껄떡거리다가 허망하게 다 죽을 일을 생각하니 안타깝고 불쌍하다. 허망한 세상! 세상만사 덧없이 넘어간다. 세상만사 헛되고 허망하다"라고 하면서 혼자서 구슬피 울었다고 한다.

> "장차 병란兵亂과 병란病亂이 동시에 터지느니라. 전쟁이 일어나면서 바로 병이 온다. 전쟁은 병이라야 막아 내느니라."(5:41)

병란(兵亂)을 막기 위해 병란(病亂)은 불가피하고, 이때에 수많은 군생들이 송사리 떼같이 몰살당할 것을 내다보면서 운 것이다. 그러면서 추운 겨울날 홑옷을 입고 얼음 위에서 '의통'(醫統) 공사를 했다. '의통'이란 "병든 사람, 병든 세상을 살려내서(醫), 한 가족 한 마음으로 세계를 통일한다(統)"는 것을 의미한다. 여기서 증산이 말하는 의통은 병란(兵亂)과 병란(病亂)의 음양 갈등과 조화에서 오는 치유라는 것을 알아야 한다. 먼저 양란을 겪는 동안 인간들은 한없는 고통(苦痛)을 겪어야 한다. 고통 다음에 두 란은 서로 상통(相通)하게 된다. 요한계시록은 병란(兵亂)을 '아마겟돈'이라고 했으며, 병란(病亂)은 넷째 봉인을 뗄 때 나타난다고 했다. 아마겟돈 전쟁 때에는 도시가 세 토막이 날 것이다. 산들이 자취를 감추고 하늘에선 우박이 쏟아져 내릴 것이라고 했다. 양란의 피해가 얼마나 심각할 것이란 것을 예외 없이 말해주고 있다(계 16장 19-21절). 예수의 전 생애는 십자가도 부활도 아니고 병든 자들의 병을 고치는 일이었다. 그것은 병란(病亂)을 치유한 것이다. 십자가는 로마 정부와의 정치적 전쟁이었다. 이것이 의통이 아니고 무엇이겠는가? 강증산이 말하는 의통은 양란을 조화시키는 것이다. 부활을 강조한 바울은 예수의 의통이 갖는 의의를 반감시키고 말았다.

병란(兵亂)과 병란(病亂)의 고통을 다 겪은 다음에야 서로 상통(相通)한 다음에야 통일(統一)이 온다. 우리 겨레는 이번 코로나19를 겪으면서 남다른 의미야 하고 각오를 해야 할 것이다. 삼통(고통, 상통, 통일)을 견디어 내는 것이란 의미 말이다. 미국은 시두 POX로 원주민들을 멸종시키고 POX AMERICANA를 실현했다고 의기양양했다. 미 기병대 뒤를 뒤따라오던 시두가 이젠 앞서 가면서 미국을 최대 궁지로 몰아가고 있다. 이젠 아이들까지 이름 모를 피부병으로 고생하고 있다.

우리를 분단시켜 놓고 그렇게도 남북민족이 함께 갈구하고 있는 평화협정에 도장 하나 찍어주지 않고 있다. 중국도 마찬가지이다. 미국도 중국도 일본도 한반도 영구 분단이 그들의 꿈이다. 문재인 정부의 뉴딜 정책이 후버 댐 공사 하나 하는 것 같은 것으로 착각해서는 안 된다. 그것은 POX AMERICANA 음모를 혁파하는 것이어야 할 것이다. 이것이 코로나19가 우리 민족에게 주는 경고이다.

민족 대통일을 앞두고 어쩌면 병란(兵亂)과 병란(病亂)의 고통을 다 겪어야 할 숙명을 타고 났는지도 모른다. 그러나 우리는 위대한 '아리랑 민족', 저 흥안령 모진 엄동설한 눈보라를 겪으며 넘어온 민족이다. 문재인 정부는 삼통을 다 성취해 내는 결기를 가지고 뉴딜을 시작해야 할 것이다. 그 누구의 말보다도 최수운, 이제마 그리고 강증산 같은 위대한 우리 선대들의 말에 귀를 기울여야 할 것이다. 우리의 뉴딜은 개벽 정신에 기초를 둔, 그린 뉴딜도 넘어선 '개벽 뉴딜'이 되어야 할 것이다.

동성애와 '호모 호모'

우리 시대가 가장 넘기 어려운 윤리적 과제 가운데 하나가 동성애 (homo sex)의 문제이다. 그러나 이 문제 역시 위에서 제시한 3원 8소적 관점에서 보면 간명하게 정리될 수 있다. 3원 8소 가운데 어느 하나의 소에 집착하거나 기준해 말하기 때문에 오해와 반목이 생긴다. 전세계 보수 기독교 세력이 이구동성으로 반대하고 있는 것은 동성애이다.

그러나 3원 8소라는 관점에서 보았을 때 4층-밝층-태양화 시기의 관점에서 보았을 때 동성애에 대한 가장 극심한 반대 반응이 생긴다. 분별적 자아가 강한 태양열과 빛과 함께 나타나면서 성간의 분별이 확연하게 다르게 보인 것이다. 그러나 그 이전의 알, 감, 닥층에서 보았을 때에 이성애만 전부가 아니라는 사실을 쉽게 발견할 수 있다. 1950년대 미국 킨제이 보고에 의하면 인간의 성행위는 놀랍게 다양하다는 사실을 발견하게 한다. 이 보고서에 의하면 인간이 성행위를 하는 데 있어서 남자과 여자 사이뿐만 여러 다양한 관계 사이에서도 그것이 가능하다는 사실을 이 보고서는 우리에게 알리고 있다. 그 다양성이란 결국 3원 8소적 한계 내에서 일어나는 변화 정도에 불과하다.

알-우로보로스층에서 볼 때 아직 자아가 자기 자신으로부터 분리되지 않은 상태이기 때문에 인간은 자기 몸을 자기 자신이 즐겁게 하는 성행위를 한다. 이집트 신 아톰이 자기 성기를 자기가 자극해 처음 인간을 생산하는 경우가 이에 해당한다. 우리나라를 비롯하여 전세계적으로 퍼져있는 알 신화 다시 말에서 알을 깨고 나오는 신화가 모두 이러한 알의 의식구조를 반영한다고 볼 수 있다. 에덴동산의 지복한 상태에서 아담은 이브 없이 독거한 적이 있다. 이때 성적 만족은 자기 자신을 통해 얻는 길밖에 없었다.

그러나 알-우로보로스는 애집증과 공서적 합일 같은 정신병 나아가 나르시시즘과 자폐증과 같은 병을 유발한다. 그래서 아담의 곁에 이브가 생기게 되고 인간은 지복의 동산에서 나와야 한다. 분리가 생겨야 한다는 것이다. 이러한 분리는 심리적으로 아기가 젖을 떼기 싫어하는 이상의 진통이다. 다자가 없는 일자가 오직 지배하던 기간이다. 그러나 어차피 반드시 지나야 할 기간이다. 그리고 가장 오랜 기간 동안 인간을 지배하던 기간이다. 그 만큼 흡인력과 흡착력이 강한 기간이다. 잡아 당기는 인력이 가장 강한 기간이다. 오이디푸스 콤플렉스의 유래란 알-우로보로스의 흡인력이라고 볼 수 있다. 동성애의 기원이 여기인 이유가 여기에 있다. 동성애를 반대하는 이유는 동성애 자체 보다는 알-우로보로스 층의 애집증이 유발하는 병 때문이다. 동성동본 끼리 결혼을 반대하는 이유도 보두 같은 것이 같은 것의 결합 즉, 자기로부터 분리되지 않을 때에 유발하는 유치퇴행과 같은 병 때문이다.

감-타이폰층은 인간이 짐승몸 인간인 때 기간이라고 할 수 있다. 우리나라 단군신화에서 곰이 여인이 되었고 이 여인과 결혼한 환웅이 단군을 낳았다. 그리스 로마 신화에서도 인간과 동물 간의 성교는 흔히 발견된다. 그러나 성애의 대상이 비록 동물이긴 하지만 인간이 처음으로 자기가 아닌 대상과 성행위를 한 것은 감-타이폰 층에서 처음 나타났다. 동물과의 성행위를 수간(獸姦)이라고 하며 킨제이 보고에 의하면 미국인 대다수가 수간을 하고 있다는 사실이 보고되었다. 이들의 의식층은 아직 타이폰 층에 머물러 있기 때문이다. 인간의 유전인자 98%가 침팬지와 같다는 사실을 안다면 수간에 대한 편견도 하나의 편견일 뿐이다.

닥-태모층은 인간이 최초로 사람끼리 성관계를 하는 단계라 할 수 있다. 그러나 이 기간의 성관계는 오직 다산과 생산을 위한 성행위였지 그것이 인격적 애정을 가지고 만나는 것은 아니다. 마치 동물 세계에서 성행위를 오직 생산이 필요할 때에만 이루어지듯이 말이다. 여기서도 동성애를 반대하는 이유 가운데 하나가, 동성애는 생산으로 이어질 수 없다는 것이 그러면 자손 이어가는 가문이 단절된다는 조금 고급스러운 동성애 반대이론이 나오게 된다.

밝-태양화 시기는 남녀칠세부동석의 시기로서 남녀 간의 분별이 뚜렷해지는 시기이고, 성관계는 이때부터 생산뿐만 아니라 인격적 결합이 주요시된다. 남녀 간에 상사병이라는 현상도 이때 생긴다. 육체적 결합 없이 오직 정신적 사랑을 하는 소위 '플라톤적 사랑'도 인간의 자의식이 확실해지면서 너와 나가 분리된 상태에서 이성애가 생기는 경우이다. 성행위하는 자세에 있어서도 남녀가 동물과 같이 뒤로 하는 성행위가 아니고 성행위를 할 때 얼굴을 마주하고 하는 것도 상대방의 미를 함께 감상하는 즉 다시 말해서 이데아가 함께 하는 성행위가 이때부터 생긴다. 태모층의 비너스가 얼굴이 없는 유방과 히프만 강조된 이유도 여기에 있다. 트로이전쟁이 이성애 간의 미를 탐하는 전쟁이었고, 화랑과 준정이 서로 질투에 의하여 죽이기까지 하는 이성애가 밝층부터다.

여기까지가 호모 사피엔스(밝층)이 나타나기까지의 성의식 과정을 말한 것이다. 동성애를 반대하는 가장 큰 이유가 미분리 그리고 전분별의 위험성 때문이라는 것을 발견하게 되었다. 그러나 태양화 시기와 함께 분리와 개별적 자아가 나타나면서 사실을 알게 된 이상 더이상 동성애에 대한 편견을 갖는 것은 합리적이지 않다.

분리적, 개별적 그리고 개성적 자아가 나타나면서부터 이성애가 우선시 되었고 나아가 절대시 되면서 동성애 반대가 나타나는 것을 알게 되었다. 그러면 태양화 시기 이성애에는 문제가 없느냐다. 분리 그 자체를 타락이라고 했다. 거기서 인간 소외로부터 오는 갈등과 증오는 인간 간에 증폭되고 있다. 유럽적 균열에 의하여 하늘 남성신이 땅의 여성신을 악마화, 미화 그리고 상품화하는 과정에서 이성애의 최대 위기에 직면하였다. 그 결과 이성애보다는 동성애가 사회현상적으로 자연히 나타나게 되었다.

그래서 동성애는 태양화 시기의 이원론적 갈들이 조장하는 사회 현상적인 것과 함께 인간 내면에서 분비되는 분비물과도 불가분의 관계가 있다는 사실이 연구 보고 있다. 다시 말해서 인간이 성행위를 하는 것은 결혼이란 제도가 만들어 주는 것이 아니라 내면에서 분비되는 분비물에 의한 극히 수동적 결과에 의하여 피할 수 없는 것이라는 것이 연구되었다.

타임지에 의하면 짝짓기의 네 단계에 따라 그때마다 나오는 분비물은 다음과 같다. 첫째 단계: 두 남녀가 처음으로 서로 짝짓기를 할 때 일어나는 현상이 '눈맞기'(imprinting)이다. 이때 손에는 약간의 땀이 나고 머리에서부터 혈관에 미치는 충전 현상이 나타난다. 둘째 단계는 상대방에 끌려듦(attraction) 현상이 생긴다. 이제부터 머릿속에서는 '암페타민'(amphetamine)이라는 신경중추를 자극시키는 각성제가 나오기 시작한다. 이 암페타민 속에는 세 가지 분비물이 포함되어 있다. '도파민'(dopamine), '노르에피네프린'(norepinephrine), '페닐레틸아민'(phenyl-ethylamine)이 그것이다. '도파민'은 신경활동에 필수적인 아민이고, '노르에피네프린'은 아드레날린 신경말단부의 중추신경계라고 여겨지는 곳에서 생성되는 신경전달물질로써 혈관수축, 혈압항진, 기관지 팽창 등에 작용한다. 셋째 단계, 서로 간에 끌어당김의 단계 다음에는 서로 '손대기'(attachment) 단계에서 나오는 분비물이 바로 엔돌핀(endorphin)이다. 모르핀과 유사한 것으로서 마음이 즐겁고 기쁠 때에 머릿속에 흘러들어간다. 넷째 단계: 이제 두 남녀는 서로 '껴안기'(cuddling) 단계까지 왔다. 이때 나오는 분비물은 '옥시토신'(oxytocin)이다. 눈맞기, 끌기, 손잡기, 껴안기의 네 단계에서 나오는 호르몬 분비물, 즉 냄새에 의한 자극, 암페타민, 엔돌핀, 옥시토신은 모두 독특한 역할을 한다.

그런데 여기서 한 가지 놀라운 사실은 위의 화학분비물이 반드시 이성 간에서만 나오는 것이 아니라 동성애 간에도 그대로 적용된다는 것이다. 최근의 보고는 동성애란 선천적으로 분비물의 이상에서 발생한다고 한다. 결국 동성애와 이성애의 차이는 분비물에 따라 결정된다고도 한다. 다시 말해서 이성 간에 분비물이 안 나오는 경우는 동성애자가 될 수밖에 없고 차라리 자연스럽다는 것이다.

이제 호모 사피엔스는 호모 데우스로 진화할 즈음에 처해 있다. 호모 데우스에게 성애는 어떤 모습일까? 이성애가 그대로 유지되고 동성애는 지금과 같이 배철될 것인가? 가장 궁금한 질문일 것이다. 3원 8소적 시각에서 보았을 때 인간이 평균적 양상에서 전향적 양상으로 양상 변화를 할 때 어떤 성행위가 생길 것인가? 지금과 같이 여전히 이성애가 우선적이고 동성애는 배척될 것인가?

그렇지 않다고 본다. 논리적으로 볼 때 동성애와 이성애가 모두 병적이다. 동성애가 애집증에서 생긴 일자병이라고 즉 미분리에서 오는 병이라면, 이성애는 소외증에서 생긴 다자병이다. 그렇다면 호모 호모에서는 '일즉다 다즉일'의 일과 다가 분리되면서 합일하기 때문에 인간의 성 관념은 지금과는 다르게 될 것이다. 그것은 어느 방법을 취하던 그것은 개인의 권리와 특권이라는 것으로! 그래서 달라진 것은 성행위의 다양성을 보는 인간이 눈이 달라질 것이다. 광화문에 모이는 퀴어 집회를 보는 눈도 별 신기할 것도 없는 것으로 달라질 것이다.

결론을 대신하여

1994년 책을 처음 쓸 당시에는 국내 정치적으로 매우 불안정하였고, 국제적으로는 동구 공산권이 무너지고 새로운 가치관을 모색하던 때이다. 그러나 지금 정치적으로는 비교적 안정 되었으나 뜻밖의 불청객 새로운 질병이 온 지구촌을 혼미 상태로 이끌어 가고 있다. 그 원인을 진단할 때에 근본적으로 인간이 인간을 바로 보지도 진단하지도 못한 데 있었던 것이다. 현재 인류인 호모 사피엔스의 두뇌 구조를 격하시켜 호모 호모로 즉, 인간 본연의 모습을 되찾는 것이라고 이 책은 주장하고 있다. 그 본연의 모습은 지금 아프리카 콩고 정글에 살고 있는 보노보족일지도, 그리고 한반도 북단에 살았던 덕천 력포 인간 정도일지도 모른다. 그러나 이들의 가방 속에는 스마트 폰과 노트북이 들어 있을 것이다. 그래서 이 책은 사피엔스의 두뇌 속에 인각 돼 있는 이념이나 주의 주장 같은 신피질의 찌꺼기들을 청소할 것을 강력히 권하면서 결론을 대신한다.

보노보족은 지구상에 살고 있는 생명 공동체 가운데 가장 이상적인 평화 공동체를 이루고 살고 있는 유인원 족들이다. 이들은 비록 인류가 아닐지 몰라도 지구촌이 하나이면서 여럿이 잘 조화 된 공동체를 이루면서 살고 있는 유일한 족들이다. 이를 한류세의 족들이라고 한다. 만약 이들이 90분 간격으로 암컷과 수컷이 어떤 점유욕이나 소유욕 없이 성생활하는 것이 망측하게 여겨진다면 지금 인류 공동체 가운데서 도덕성을 가지면서도 보노보와 같이 사는 곳의 사람들을 찾아 가면 될 것이다. 우리는 우리의 가장 가까운 덕천 역포 지역에 지금도 살고 있는 곳으로 가보면 될 것이다. 인류세 대신에 한류세의 주인공이 바로 우리 자신이란 것을 발견하게 될 것이다.

문명사적으로 볼 때에 '호모 호모'는 수렵채집인에 더 가까울 것이다. 인간은 벌살이 농경생활을 하기 시작하면서 도구를 통해 자연을 정복하려는 습관이 생기기 시작했다. 인간의 손에 도구가 들려져 있지 않다면 생존을 위해서 바람소리 하나 이상한 물체 하나에도 감각적으로 민감해야 할 것이다. 호모 호모는 마치 미어켓같이 작은 바람 소리하나에도 쫑긋 귀를 세워 주위를 살피는 동물같이 환경에 적응하려 할 것이다. 농경생활로 들어오면서 이런 인간의 몸의 감각은 무디어졌다. 그 이전의 굴살이와 들살이를 할 때, 즉 수렵채집인 생활을 할 때에 인간들은 가장 좌우뇌와 뇌의 상중하 층이 균형 잡혀 있었다.

유발 하라리도 이 점에 있어서 필자와 의견을 같이 한다. 그는 수렵채집인들에게서 우리는 두 가지점을 배울 수 있다고 했다. 첫째로 수렵채집인들은 자연환경을 보습 쟁기로 갈아엎어 바꾸려 하지 않고 그것에 순응하려 했다. 그래서 그들은 현대인보다 훨씬 유연성과 적응력이 뛰어났다. 둘째로, 수렵채집인들은 자기 몸과 감각에 민감했다. 현대인들은 가상공간에 살면서 점점 자기 몸과 감각에 멀어지고 있다. 마치 야생동물들이 주위의 작은 소리와 물체에도 민감하게 반응하듯이 호모 호모는 이성이나 지성 작용보다는 육감에 의한 감각과 감관에 민감해야 할 것이다. 이것이 단군신화가 말하는 인간의 어머니는 곰이었다고 한 진정한 이유인 것 같다.

앞으로 인간을 사피엔스에서 격상될 것인가 격하될 것이냐 할 때에 필자는 후자의 입장을 취한다. 하라리는 커즈와일(Ray Kurzweil)과 같이 사피엔스에 과학 기술을 접목 시켜 격상 시켜야 한다는 '트랜스휴머니즘(trans humanism)을 주장한다. 경제 성장을 위해 과학기술과 인간이 결합된 사이보그의 출현을 기대하고 있고 이를 하라리는 '호모 데우스'라고 한다. 경제 성장을 위해 인간의 노력만으로는 불충분하기 때문에 과학 기술과 인간의 결합은 불가피하다는 것이 트랜스휴머니즘의 주장인다. 이런 트랜스휴먼이 탄생하는 해를 2045년으로 보고 있다. 이 해를 '기술적 특이점'(singularity)의 해로 본다. 이에 대해 다니엘 코엔(Daniel Cohen)은 "지금 우리에게 필요한 것은 컴퓨터를 이기는 것도, 컴퓨터 자체가 되는 것도 아니다. 진정 필요한 것은 컴퓨터를 수단으로 충분히 활용하면서 우리의 인간성이 확보된 미래라고 생각 한다" 이러한 인간성을 지닌 새로운 인간을 '호모 호모'라고 한다.

2500여 년 전 어느 제사장(Priest)이 자기 민족이 강대국에 포로로 된 시기에 창세기 P문서 기자는 신이 인간을 지은 것을 후회했다고 기록하고 있다. 신이 인간을 만들 때에 진흙이라는 무기물질에 숨을 불어 넣었다고 한다. 마찬가지 지금 인간은 바로 그 신의 위치에서 무기물질을 생명 있는 존재로 바꾸려 하고 있다. 그것이 AI 산업이다. 다시 말해서 신인간 사이보그 그리고 로봇을 만들려 하고 있다. 과연 P문서 0

기자가 후회했다는 기록을 반복하지 않기를 바란다.

참고문헌

〈한글 문헌〉

고순호.『불교학개론』. 서울: 선물출판사, 1983.

공연무득.『화엄학 체계』. 서울: 우리 출판사, 1988.

「과학동아」 1994, 1월호 서울: 동아일보사.

과학원역사연구소『조선철학연구』. 서울: 도서출판 광주, 1988.

과학원출판사 편집부.『조선말사전』. 평양: 동광출판사, 1990.

국문학신감편찬위원회.『국문학신저』. 서울: 새문사, 1985.

김경탁. "하나님 개념의 발전사."『한국문화사대계 Ⅵ』. 서울: 불교사상사, 1973.

김경희.『아동심리학』. 서울: 박영사, 1986.

김광일.『한국전통문화의 정신분석』. 서울: 시인사, 1984.

김규영.『시간론』. 서울: 서강대출판부, 1987.

김두하.『벅수와 장승』. 서울: 정음문화사, 1988.

김병모.『한국인의 발자취』. 서울: 정음사, 1981.

김부식.『한국사기』. 서울: 광조출판사, 1972.

김상일 편.『인류문명의 기원과 한』. 서울: 가나출판사, 1988.

김상일.『한밝문명론』. 서울: 지식산업사, 1987.

_____.『한사상』. 서울: 온누리, 1986.

_____.『한철학』. 서울: 전망사, 1983.

김성배.『한국의 민속』. 서울: 집문당, 1980.

김영주.『한국미술사』. 서울: 나남, 1992.

김용국· 김용운.『토폴로지 입문』. 서울: 우성문화사, 1992.

김용운· 김용국.『프랙탈』. 서울: 동아출판사, 1992.

김원룡.『청동기 시대와 그 문화』. 서울: 삼성미술문화재단, 1981.

_____.『한국고고학 개설』. 서울: 일지사, 1986.

김인회.『한국무속사상연구』. 서울: 집문당, 1987.

김일부/이정호 역.『정역』. 서울: 아세아문화사, 1987.

김재원.『단군신화 신연구』. 서울: 탐구신서, 1982.

김정배.『한국민국문화의 기원』. 서울: 고려대출판부, 1986.

김종안.『아! 좋은 생각, 오른쪽 뇌』. 서울: 길벗, 1993.

다치가와 무사시/김구산 역.『여신들의 인도』. 서울: 동문선, 1993.

데스몬드 모리스『털없는 원숭이』. 서울: 정신세계사, 1991.

동아일보 편.『한국인 진단』. 서울: 동아일보사, 1991.

동아출판사 편.『한국상징사전』. 서울: 동아출판사, 1993.

라이어닐 카슨 외/편집부 역.『지구변화와 인류의 신비』. 서울: 느티나무, 1990.

라이얼 왓슨/박홍길 역.『생명조류』. 서울: 고려원미디어, 1992.

로널드 더스키·마릴린 휠런/문창수 역.『피아제-콜버그 도덕발달입문』. 서울: 정경사, 1984.

로저 레윈/.박선주 역『인류기원과 진화』. 서울: 교보문고, 1992.

루소/최현 역.『인간불평등기원론』. 서울: 집문당, 1974.

리처드 리키.『재미있는 인류이야기』. 서울: 민예당, 1992.

마쓰이 다카후미/김원식 역.『지구 46억년의 고독』. 서울: 푸른산, 1990.

모리 마사히로/이혜영·김정희 역.『로봇에도 불성이』. 서울: 불광출판부, 1987.

모리스, B./김인식 역.『학습이론과 교육』. 서울: 교육과학사, 1996.

박덕규.『피아제의 발생학적 인식론과 구조론』. 서울: 민성사, 1992.

박문기.『백이』. 서울: 정신세계사, 1987.

박용숙.『한국미술의 기원』. 서울: 예경산업사, 1990.

_____.『한국고대미술문화사론』. 서울: 일지사, 1978.

_____.『한국시원사상』. 서울: 문예출판사, 1985.

박정훈 외.『내 탓이오』. 서울: 보성출판사, 1991.

박제상/김은수 역.『부도리』. 서울: 가나출판사, 1986.

반네겜, A./.김경수 역『통우의례』. 서울: 을유문화사, 1985.

백광하.『태극기』. 서울: 동양수리연구원, 1967.

백영자·유효순.『서양복식문화사』. 서울: 경춘사, 1991.

북애자/신학균 역.『규원사화』. 서울: 명지대출판부, 1978.

불랑쉬 페인/이종남 역.『복식의 역사』. 서울: 까치, 1989.

「사이언스」 1993. 4월호. 서울: 계몽사.

「신해경」. 서울: 민음사, 1985.

셜리 맥클레인/김구사 역.『내면세계의 탐험』. 서울: 교문사, 1991.

송호수.『한민족의 뿌리 사상』. 서울: 한뿌리학회, 1983.

수잔 케이저/김순심 역.『복식사회심리학』. 서울: 경춘사, 1991.

심규항.『신이란?』. 서울: 제일문화사, 1981.

심재훈 엮음.『갑골문』. 서울: 민음사, 1990.

야마구치 마사야/한명수 역.『카오스와 프랙탈』. 서울: 전파과학사, 1993.

양귀자.『나는 소망한다, 내게 금지된 것을』. 서울: 살림, 1992.

양주동.『고가연구』. 서울: 일조각, 1983.

앨리슨 루리/유태순 역.『의복의 언어』. 서울: 경곡사, 1986.

오카노 우리가.『불교임상심리학』. 서울: 불광출판사, 1992.

옥성조/김동희 역.『세계여성사』. 서울: 백산서당, 1986.

왕빈.『신화학입문』. 서울: 금난출판사, 1980.

위트로크, M. C./고영희 역.『인간의 뇌와 교육』. 서울: 중앙적성출판사, 1986.

유동식.『한국종교와 기독교』. 서울: 기독교서회, 1969.

_____.『민속종교화 한국문화』. 서울: 현대사상사, 1978.

_____.『한국무교의 역사와 구로』. 서울: 연세대출판부, 1975.

_____.『한국신학의 광맥』. 서울: 전망사, 1982.

유병덕. "한국종교맥락에서 본 원불교사상."『문신 김상룡박사 회갑기념논문집』. 이리: 원광
　　　대출판부, 1985.

유승국.『동양철학연구』. 서울: 근역서재, 1983.

윤사순.『한국사상』. 서울: 열음사, 1984.

윤성범.『한국적 신학』. 서울: 선명문화사, 1972.

윤세원 감수.『시간과 인간』. 서울: 평범서당, 1983.

윤주병.『종교심리학』. 서울: 서광사, 1986.

의상/김지현 역.『화엄일승법계도기』. 서울: 대한전통불교연구원, 1993.

이규태.『민속한국사 II』. 서울: 현암사, 1983.

이남덕.『한국어 어원연구 I, II, III, IV』. 서울: 이화여대출판부, 1985.

이능화.『조선유학사』. 서울: 보성문화사, 1977.

이몽희.『한국현대시의 무속적 연구』. 서울: 집문당, 1990.

이병윤. "영혼현상의 분석심리학적 이해."『한국사상의 원천』. 서울: 양영각, 1973.

이부영. "샤머니즘과 무속."『한국사상의 원천』. 서울: 양영각, 1973.

이세권 편.『동학경전』. 서울: 민음사, 1986.

이안 스튜어트/박배식·조혁 역.『하느님은 주사위 놀이를 하는가?』. 서울: 범양사출판부,
　　　1993.

이은진 엮음.『단군신화연구』. 서울: 온누리, 1986.

이정호.『정역과 일부』. 서울: 아세아문화사, 1985.

_____.『정역연구』. 서울: 국제대학 인문사회과학연구소, 1976.

이종철.『장승』. 서울: 열화당, 1993.

이중재.『한민국사』. 서울: 명문당, 1992.

이철원.『공무도하가』. 서울: 금문서관, 1993.

이태녕.『요가의 이론과 실천』. 서울: 민족사, 1988.

이현희.『동양사상과 동학혁명』. 서울: 청아출판사, 1984.

이형구.『한국고대문화의 기원』. 서울: 까치, 1991.

임승국 역.『환단고기』. 서울: 정신세계사, 1986.

임철재. "한국고대인의 심성." 『한국고대문화와 인접문화와의 관계』. 서울: 정신문화연구원, 1981.

임효재. 『한국고대문화사의 흐름』. 서울: 집문당, 1992.

장광도/이철 역. 『신화·미술·제사』. 서울: 동문선, 1990.

장효문. 『판소리 전봉준』. 서울: 자유세계, 1993.

전규태. 『한국신화와 원초의식』. 서울: 이우출판사, 1980.

정찬정. 『역경내주도해』. 중국: 己獨書社, 1988.

정호완. 『우리말 상상력』. 서울: 정신세계사, 1991.

제베데이 바루부/임철규 역. 『역사심리학』. 서울: 창작과 비평사, 1988.

제임스 클라크/박배식·성하운 역. 『카오스』. 서울: 동문사, 1993.

조명기 편. 『한국사상의 심층연구』. 서울: 우석, 1982.

『조선유적유물도감』. 평양: 동광출판사, 1990.

『조선전사』. 평양: 과학역사사전출판사, 1979.

『조선전사 I』. 평양: 존선인민출판소, 1979.

조셉 캠벨/이윤기 역. 『천의 얼굴을 가진 영웅』. 서울: 평단문화사, 1985.

조시 스무트·키 데이비슨/과학세대 역. 『우주의 역사』. 서울: 까치, 1994.

조흥윤. 『무와 민족문화』. 서울: 민족문화사, 1990.

존 브리그스·데이비드 피트/김광태·조혁 역. 『혼돈의 과학』. 서울: 범양사출판부, 1991.

존스톤, F. F.·셀비, H./권이구 역. 『형질인류학 및 선사학고학』. 서울: 탐구당, 1981.

중촌원. 『중국인의 사유방법』. 서울: 동서문화사, 1971.

진 시노라 볼린/조주현 외 역. 『우리 속에 있는 여신들』. 서울: 또 하나의 문화, 1992.

진홍섭. 『한국미술전집 3』. 서울: 동화출판공사, 1978.

짐머, H.. 『인도의 신화와 예술』. 서울: 평단문화사, 1984.

천관우. 『한국상고사의 쟁점』. 서울: 일조각, 1978.

_____. 『인물로 본 한국고대사』. 서울: 정음사, 1882.

최길성. 『한국민간신앙의 연구』. 대구: 계명대출판부, 1989.

최남선. "불함문화론." 『최남선 전집 I』. 서울: 현암사, 1984.

최동환. 『삼일신고』. 서울: 하남, 1991.

최몽룡. 『인류문화의 발생과 전개』. 서울: 동성사, 1985.

_____. 『도시의 기원』. 서울: 백록출판사, 1984.

최범철. 『절대무와 Hans Waldenfels의 겸허신학』. 서울: 감리교신학대학원, 1984.

최영진·이기동. 『주역 上』. 서울: 동아출판사, 1994.

최창열. 『우리말 어원연구』. 서울: 일지사, 1986.

칼 구스타프 융/이부영 역. 『인간과 무의식의 상징』. 서울: 집문당, 1984.

칼 세이건/김명자 역. 『에덴의 용』. 서울: 정음사, 1990.

캘빈, S. H. 외/최현 역. 『융심리학입문』. 서울: 범우사, 1988.

클리프트, W. B./이기춘·김성민 역. 『융의 심리학과 기독교』. 서울: 대학기독교출판사, 1984.

探作光貞/신영선 역. 『의(衣)의 문화인류학』. 서울: 교문사, 1990.

토마스 볼핀치/최혁순 역. 『그리스·로마신화』. 서울: 범우사, 1987.

폴 벤느/김지영 역. 『그리스인들은 신화를 믿었는가』. 서울: 신생총서, 1993.

프롬, E./김지훈 역. 『사랑의 기술』. 서울: 청년사, 1992.

하라리, 유발 외 5인/정현옥 역. 『초예측』. 서울: 웅진 지식하우스, 2019.

하이네 콕스/김관석 외 역. 『세속도시』. 서울: 기독교서회, 1969.

한국도교사상연구회 편. 『도교와 한국사상』. 서울: 범양사출판부, 1988.

한상복. 『한국인과 한국문화』. 서울: 심설당, 1983.

한태동. "사유의 흐름." 「신학논단 제18집」. 서울: 연세대학교, 1989.

허먼 메이너드 2세·수전 E. 머턴스/한영환 역. 『제4물결』. 서울: 한국경제신문사, 1993.

현상윤. 『한국유학사』. 서울: 민중서관, 1978.

화이트헤드, A. N./오영환 역. 『과정과 실재』. 서울: 민음사, 1991.

〈영문 문헌〉

Ashbrook, J. B.. *The Brain and Belief*. Bristol: Wyndham Hall Press, 1988.

Aurobindo. *The Life Divine*. Pondichery: Centenary Library, XVIII, XIV.

_____. *The Synthesis of Yoga*. Pondichery: Centenary Library, XX. XXI.

Bakan, D.. *The Duality of Human Existence*. Chicago: Rand McNally, 1966.

Becker, E.. *Escape from Evil*. New York: Free Press, 1975.

_____. *The Denial of Death*. New York: Free Press, 1973.

Bessy, M.. *Magic and the Supernatural*. London: Spring Booksm, 1972.

Blum, G.. *Psychoanalytic Theories of Personality*. New York: McGraw-Hill, 1953.

Boehme, J.. *Six Theosophic Points*. Ann Arbor: Univ. of Michigan Press, 1970.

Boulding, E.. *The Underside of History*. Boulder: Westview Press, 1976.

Brace, C.. *The Stages of Human Evolution*. Engelwood Ciffs, N. J.: Prentice-Hall, 1967.

Brown, D.. "A Model for the Levels of Concentrative Meditation." Int. J. Clin. Exp. *Hynosis*, vol. 25, 1977.

Brown, N. O.. *Life Against Death, Middletown*. Conn: Wesleyan Univ. Press, 1959.

Buber, M.. *I and Thou*. New York: Scriber's, 1958.

Burke, K.. "The Rhetoric of Hitler's 'Battle'", *The Philosophy of Literary Form*. New York: Vintage, 1957.

_____. *Primitive Mythology*. New York: Vintage, 1959.

Cambell, B. G.. *Humankind Emerging.* Boston: Little Brown and Company, 1976.

Cambell, J.. *The Masks of God.* New York: Viking; vol.1. *Primitive Mythology*, 1959; vol.2. *Oriental Mythology*, 1962.

Chaudhuri, H.. *The Evolution of Integral Consciousness.* wheaton, III: Quest, 1977.

Chang, G.. *The Buddhist Teaching of Totality.* Philadelphia: Univ, of Penn, Press, 1971.

Churchland, P. S.. *Neurophilosophy.* London: A Bradford Book, 1986.

Clark, G.. *Archaeology and Society.* London: Methuen, 1957.

_____. *The Stone Age Hunters.* London: Thames and Hudson, 1967.

Cobb, J. B.. *Beyond Dialogue.* Philadelphia: Fortress Press, 1982.

_____. *Chrisian Natural Theology.* Philadelphia: The Westminster Press, 1974.

_____. *The Structure of christian Exitence.* New York: A Crossroad Book, 1979.

Coomaraswamy, A.. *A Hinduism and Buddhism.* New York: Philosophical Library, 1943.

Cox, Harvey, *The Secular City.* New York: The Macmillan Company, 1965.

Daly, M.. *Beyond God The Father: Toward a Philosophy of Woman's Liberation.* Boston: Benem, 1973.

Deutsche, E.. *Adavita Vedanta.* Honolulu: East-West Center, 1969.

Edgertonl, F.(trans.), *The Bhagavad Gita.* New York: Norton, 1945.

Eliade, M.. *Cosmos and History.* New York: Harper, 1959.

_____. *Shamanism.* New York: Phantheon, 1964.

_____. *The Myth of Eternal Return.* New York: Pantheon, 1954.

Fedren, P.. *Ego Psychology and the Psychosis.* New York: Basic Books, 1952.

Fenichel, O.. *The Psychoanalytic Theory of Neurosis.* New York: Norton, 1964.

Foulks, D.. *A Grammar of Dreams.* New York: Basic Books, 1978.

Frazer, J.. *The New Golden Bough.* New York: Criterion, 1959.

Freuds, S.. *Moses and Monotheism.* New York: Knopf, 1939.

_____. "The Ego and The Id." *Standard Edition(SE)*: vol.19.

_____. "The Interpretation of Dreams." *Standard Edition(SE)*: vols.4 and 5.

Fromm, E. & Suzuki, D. T. & DeMartino, R.. *Zen Buddhism and Psychoanalysis.* New York: Harper, 1970.

Fung Yu-Lan. "*A History of Chinese Philosophy.*" Bodde, D.(trans.). 2 vols, Princeton: Princeton Univ. Press, 1952.

Gebser, J.. "Foundations of the Aperspective World." *Main Currents*, vol.29 no.2, 1972.

Gilson, E.. *The Unity of Philosophical Experience.* London: Sheed and Ward, 1968.

Gleik, *Chaos.* New York: CHAOS, 1989.

Guenon, R.. *Man and His Becoming According to the Vedanta.* London: Luzac, 1945.

Habermas, J.. *Theory and Practice*. Viertel, J.(trans.), Boston: Beacon, 1973.

Hall, D. L.&Ames, R. T.. *Thinking Through Confucius*. New York: State Univ. of New York Press, 1987.

Harris, T. A.. *I am Ok, You are Ok*. New York: Harper and Row, 1973.

Hartshorne, C.. *Philosophers Speak of God*. Chicago: Univ. of Chicago Press, 1953.

Hartshorne, C.. *The Logic of Perfection*. La Salle, III: Open Court, 1973.

Heidegger, M.. *Being and Time*. New York: Harper, 1962.

Hixon, L.. *Coming Home*. Garden City, New York: Anchor, 1978.

Hicart, A.. *Kingship*. London: Oxford Univ. Press, 1969.

Jaynes, J.. *The Origin of Consciousness in the Breakdown of the Bicameral Mind*. Boston: Houghton Mifflin, 1976.

Jung, C. G.. *The Collected Works of C. G. Jung*. Adler, G.&Fordham, M.&Read, H(eds.): Hull, R. F. C.(trans.), 1953-1971, Bollington Series XX, princeton: Princeton Univ. Press.

Kaplan, L.. *Oneness and Separateness*. New York: Simon and Schuster, 1978.

Kim, Hee Jin, *Dogen Kigen*. Arizona: Arizona Univ. Press, 1980.

Klein, M.. *The Psychoanalysis of Children*. New York: Delacorte, 1975.

Koestler, A.. *The Ghost in the Machine*. London: Hutchison of London, 1967.

Kramer, S.. *Sumerian Mythology*. Philadelphia: American Philosophical Society, 1944.

Krishnamurti, J.. *Commentaries on Living*. Series I-3. Wheaton, III: Quest, 1968.

La Barre, W.. *The Human Animal*. Chicago: Univ. of Chicago Press, 1954.

MacLean, P. "The Triune Brain Emotion and Scientific Bias." in the *Neurosciences: Second Study Program*. New York: W. H. Freeman Company, 1985.

Marx, K.. *Selected Writings on Sociology and Social Philosophy*. Bottomore, T. and Rubel, M.(eds.), London, 1956.

Maslow, A.. *Toward a Psychology of Being*. New York: Van Nostrand Reinhok, 1968.

McCarthy, T.. *The Critical Theory of Jürgen Harbermas*. Canbridge: MIT Press, 1978.

Merton, T.. *Zen and the Birds of Appetite*. New York: Directions, 1968.

Mickunas, A.. "Civilization as Structures of Consciousness." *Main Currents*, vol.29., no.5, 1973.

Mishra, R.&Yoga Sutras, *Garden City*. New york: Anchor, 1973.

Mori, Masahiro, *The Buddha in the Robot*. Tokyo: Kosei Pub. Co., 1982.

Mumford, L.. *The Myth of the Machine: Technics and Human Development*. New York: Harcourt, 1966.

Mumford, L.. *The Transformations of Man*. New York: Harper Tochbooks, 1956.

Muriti, T.. *The Central Philosophy of Buddhism*. London: Allen&Unwin, 1960.

Muses, C.&Young, A.(eds.), *Consciousness and Reality*. New York: Discuss, 1974.

Neumann, E.. *The Great Mother*. Princeton: Univ. of Princeton Press, 1954.

_____. *The Origins and History of Consciousness*. Princeton: Princeton Univ. Press, 1973.

Nishida, K.. *Intelligibility and the Philosophy of Nothingness*. Honolulu: East-West Center, 1958.

Nishitani, K.. *Religion and Nothingness*. Berkeley, Univ. of California Press, 1982.

Northrop. F.. *The Meeting of East and West*. New York: Collier, 1968.

Oppenheim, A.. *Ancient Mesopotamia*. Chicago: Univ. of Chicago Press, 1964.

Pagels, E. "The Gnostic Gospels' Revelations." *New York Review of Books*, vol.26, No.16-19, 1979.

Piaget, J.. *The Essential Piaget*. Gruber, H., and Voneneche, J.(eds.), New York: Basic Books, 1977.

Preston, J. J.(ed.), *Mother Worship*. Chapel Hill: Univ. of North Carolina Press, 1982.

Pritchard, J. B.. *Ancient Near Eastern Texts*. Princeton: Univ. of Princeton Press, 1969.

Radhakrishnan, S.&Moore, C.. *A Source Book in Indian Philosophy*. Princeton: Princeton Univ. Press, 1957.

Reich, C.. *The Greeting of America*. New York: Random House, 1970.

Riesman, D.. *The Lonely Crowd, Garden City*. New York: Doubleday, 1954.

Robinson, J.(ed.), *The Nag Hammadi Library*. New York: Harper, 1979.

Robiunson, R. H.. *The Buddhist Religion*. North Situate: Duxbury Press, 1992.

Segan, C.. *The Dragons of Eden*. New York: Ballantine, 1977.

Schuon, F.. *Logic and Transcendence*. New York: Harper, 1975.

_____. *The Transcendent Unity of Religions*. New York: Harper. 1975.

Sjoo, M.&Mor, B.. *The Great Cosmic Mother*. Sanfrancisco: Haper & Row Publications, 1975.

Smith, H.. *Forgotten Truth*. New York: Harper, 1976.

Stace, W.. *The Philosophy of Hegel*. New York: Harper, 1955.

Stumpf, S. E.. Philosophy: *History and Problems*. New York: McGraw Hill Book Company, 1983.

Sullivan, H. S.. *The Interpersonal Theory of Psychiatry*. New York: Norton, 1953.

Suzuki, D. T.. *Essays in Zen Buddhism*, Series I-3, London: Rider, 1970.

_____. *Manual of Zen Buddhism*. New York: Grove, 1960.

_____. *Studies in the Lankavatara Sutra*. London: Rouledge and Kegan Paul, 1964.

Takakusa, J.. *The Essentials of Buddhist Philosophy*. Honolulu: Univ. of Hawaii Press, 1956.

Tart, C.(ed.), *Transpersonal Psychologies*. New York: Harper, 1975.

Teilhard de Chardin, P.. *The Future of Man*. New York: Harper, 1964.

_____. *The Phenomenon of Man*. New York: Harper, 1964.

Waldenfels, H.. *Absoulte Nothingness*. New York: Paulist Press, 1980.

Watts, A.. *The Supremeidentity*. New York: Vintage, 1972.

Wastman, H.. *The Structure of Biblical Myths*. Dallas: Spring Publications inc., 1983.

White, J.(ed.), *Kundalini, Evolution, and Enlightenment*. Garden City, New York: Anchor, 1979.

Whtie, L.. *The Science of Culture*. New York: Grove, 1949.

Whitehead, A. N.. *Modes of Thought*. New York: Macmillan, 1966.

_____. *Process and Reality*. New York: The Free Press, 1978.

_____. *Science and Modern World*. New York: Mentor, 1950.

Whyte, L. L.. *The Next Development in Man*. New York: Mentor, 1950.

Wilber, K.. "Microgeny." *Re-Vision*, vol.I, no.3/4, 1978.

_____. "Physics, Mysticism, and the New Holographic Paradigm: A Critical Apprasisal." *Revision*, vol.II, no.2, 1979.

_____. "Where It Was, I Shall Become." in *Walsh*, 408, 1978.

_____. *Eye to Eye*. New York: Anchor books, 1985.

_____. *The Atman Project*. Wheaton, III: Quest, 1980.

_____. *The Spectrum of Consciousness*. Wheaton, III: Quest, 1977.

_____. *Up From Eden*. New York: Anchor Press, 1981.

찾아보기

김상일 사상 전집 1

호모 데우스 너머 호모 호모
— 카오스모스로 모색해본 새 인간상

2020년 6월 22일 초판 1쇄 인쇄
2020년 6월 29일 초판 1쇄 발행

지은이 | 김상일
펴낸이 | 김영호
편 집 | 김구 박연숙 전영수 김율 디자인 | 황경실
펴낸곳 | 도서출판 동연
등 록 | 제1-1383호(1992. 6. 12)
주 소 | 서울시 마포구 월드컵로 163-3
전 화 | (02)335-2630
전 송 | (02)335-2640
이메일 | h-4321@daum.net / yh4321@gmail.com
블로그 | https://blog.naver.com/dong-yeon-press

Copyright ⓒ 김상일(Kim Sang-yil), 2020, Homo Deus beyond Homo Homo

ISBN 978-89-6447-590-4 94100
ISBN 978-89-6447-589-8 94100(시리즈)